MUSKEL Guide *speziell* für Frauen

Gezieltes Training
Anatomie

Für Jean-François Debord,
Professor für Morphologie
an der Hochschule für Bildende Kunst in Paris,

und für Dominique Bastian,
Professorin für Anatomie
an der medizinischen Fakultät in Paris,

die mir so viel beigebracht haben.

Hinweis:
Das vorliegende Buch wurde sorgfältig und nach neuesten Erkenntnissen der Wissenschaft erarbeitet. Dennoch erfolgen alle Angaben ohne Gewähr. Weder Autor noch Verlag können für eventuelle Nachteile oder Schäden, die aus den im Buch gegebenen praktischen Hinweisen resultieren, eine Haftung übernehmen.

Hinweis zur Atmung:
Die in diesem Buch vorgestellten Atemrhythmen sind fortgeschrittene Techniken für gesunde und erfahrene Kraftsportler mit langjähriger Trainingserfahrung. Einsteiger verwenden die klassische Atmung, d. h. grundsätzlich beim Heben eines Gewichtes aus- und beim Senken einatmen.

Klappenaußenseiten: Verzeichnis anatomischer Begriffe
Klappeninnenseiten: Tiefe und oberflächliche Muskulatur (Vorder- und Rückansicht)

Bibliografische Information Der Deutschen Bibliothek
Die Deutsche Bibliothek verzeichnet diese Publikation in der Deutschen Nationalbibliografie; detaillierte bibliografische Daten sind im Internet über http://dnb.ddb.de abrufbar.

Titel der französischen Originalausgabe:
EXERCICES POUR UNE BELLE LIGNE

BLV Verlagsgesellschaft mbH
München Wien Zürich
80797 München

2., durchgesehene Auflage

Deutschsprachige Ausgabe:

Übersetzung aus dem Französischen: Lydia Krämer/ Dr. Achim Eckert
Lektorat: Dr. Christa Söhl/Edith Ch. Kiel
Text und Grafiken: Frédéric Delavier

Herstellung: Peter Rudolph
DTP: Satz+Layout Fruth GmbH, München
Einbandgestaltung: Joko Sander Werbeagentur, München

ISBN 3-405-16614-4

Printed in France by Pollina s. a. (February 2004) N° L92841-A

Frédéric Delavier

MUSKEL Guide *speziell* für Frauen

Gezieltes Training
Anatomie

INHALT

Einleitung . . . 5

DIE GESÄSSMUSKELN

1 • Kniebeuge im Ausfallschritt . . . 13
2 • Ausfallschritt mit Langhantel . . . 14
3 • Ausfallschritt nach vorn mit Stab . . . 15
4 • Ausfallschritt nach vorn mit Kurzhanteln . . . 16
5 • Auf eine Bank steigen . . . 17
6 • Abduktion des Beines im Stand . . . 18
7 • Abduktion des Beines im Stand mit »Tube« . . . 19
8 • Abduktion des Beines im Stand am tiefen Block . . . 20
9 • Abduktion des Beines im Stehen am Pendel . . . 22
10 • Abduktion des Beines im Liegen mit »Tube« . . . 23
11 • Abduktion: seitwärtiges Wegführen des Beines im Liegen . . 24
12 • Abduktion im Sitzen am Gerät . . . 25
13 • Seitliches Anheben des Oberschenkels am Boden . . . 26
14 • Hüftstrecken am Pendel . . . 27
15 • Hüftstrecken im Stand . . . 28
16 • Hüftstrecken am Boden . . . 30
17 • Hüftstrecken bäuchlings am Gerät . . . 31
18 • Hüftstrecken am tiefen Block . . . 32
19 • Hüftstrecken am Boden mit »Tube« . . . 34
20 • Hüftstrecken auf einer Bank . . . 35
21 • Hüftstrecken auf dem Bauch liegend . . . 36
22 • Hüftstrecken im Stand mit »Tube« . . . 37
23 • Beckenheben vom Boden . . . 38
24 • Beckenheben auf einem Bein . . . 39
25 • Beckenheben, Füße auf einer Bank . . . 40
26 • Rückwärtsneigen des Beckens (Retroversion) . . . 41
27 • Kleine Beuge der Oberschenkel (Plié), Füße nach außen . . 42

DIE BEINE

1 • Kniebeugen . . . 46
2 • Kniebeugen mit Stab . . . 48
3 • Kniebeugen mit gegrätschten Beinen und Stab . . . 49
4 • Kniebeugen mit Langhantel vorn . . . 50
5 • Kniebeugen mit »Tubes« . . . 51
6 • Kniebeugen mit Stab vorn . . . 52
7 • Kniebeugen an der Multipresse . . . 53
8 • Kniebeugen am Gerät . . . 54
9 • Kniebeugen mit Kurzhanteln . . . 55
10 • Einfache Kniebeuge . . . 56
11 • Kniebeugen mit weit gegrätschten Beinen . . . 57
12 • Ausfallschritt zur Seite im Wechsel . . . 58
13 • Einbeinige Kniebeuge . . . 59
14 • Beinpressen im Stehen – »Hack Squat« . . . 61
15 • Beinpressen in Schräglage . . . 62
16 • Beinstrecken am Gerät – »Leg Extension« . . . 64
17 • Knieheben im Stand – »Knee Lifts« . . . 65
18 • Knieheben mit Gewicht . . . 66
19 • Adduktion am Boden . . . 67
20 • Adduktion am tiefen Block . . . 68
21 • Adduktion am Gerät . . . 69
22 • Adduktion mit Ball . . . 70
23 • Rumpfaufrichten mit gestreckten Beinen . . . 71
24 • Beugen des Oberkörpers nach vorn – »Good Morning« . . 72
25 • »Good Morning« mit Stab . . . 74
26 • Beinbeugen in Bauchlage am Gerät – »Leg Curl« . . . 75
27 • Einbeinbeuge im Stehen am Gerät . . . 76
28 • Beinbeugen im Sitzen am Gerät . . . 77
29 • Beinbeugen auf der Bank . . . 78
30 • Beinbeugen im Vierfüßlerstand . . . 79
31 • Beinbeugen im Kniestand . . . 80
32 • Fersenheben stehend am Gerät . . . 81
33 • Fersenheben am Gerät – »Donkey Calf Raise« . . . 82
34 • Fersenheben mit Kurzhantel . . . 83
35 • Fersenheben mit Langhantel . . . 84
36 • Fersenheben sitzend mit Langhantel . . . 85
37 • Fersenheben sitzend am Gerät . . . 86

DIE BAUCHMUSKELN

1 • Bauchpresse oder »Crunch« . . . 89
2 • Bauchpresse oder »Crunch« mit den Füßen auf dem Boden 90
3 • Bauchpresse oder »Crunch« mit Bauchtrainer . . . 91
4 • Sit up am Boden . . . 92
5 • Halb-Aufrichten des Oberkörpers am Boden . . . 94
6 • »Crunch« mit den Unterschenkeln auf der Bank . . . 95
7 • Horizontales Beinstrecken am Boden . . . 96
8 • Diagonales Beinstrecken am Boden . . . 97
9 • Sit up an der Sprossenwand . . . 98
10 • Bauchpresse oder »Crunch« im Sitzen auf der Bank . . . 99
11 • Sit up auf der Schrägbank . . . 100
12 • Sit up auf der Schrägbank . . . 101
13 • Sit up mit frei hängendem Oberkörper . . . 102
14 • Knieheben am Gerät . . . 103
15 • Knieheben an der Stange . . . 104
16 • Bein- und Beckenheben auf dem schräg gestellten Brett . . 105
17 • Beckenheben am Boden . . . 106
18 • Beckendrehung am Boden . . . 107
19 • Bauchpresse oder »Crunch« schräg, Füße am Boden . . . 108
20 • »Fahrradfahren« oder Schräglage am Boden, wechselseitig 110
21 • Seitliches Beugen des Oberkörpers am Boden . . . 111
22 • Bauchpresse oder »Crunch« am hohen Block . . . 112
23 • »Crunch« am Gerät . . . 113
24 • Seitliches Beugen des Oberkörpers auf dem Gerät . . . 114
25 • Bauchpresse schräg mit Bauchtrainer . . . 115
26 • Seitliches Beugen am tiefen Block . . . 116
27 • Seitliches Beugen am hohen Block . . . 117
28 • Seitliches Beugen mit Kurzhantel . . . 118
29 • Drehen des Oberkörpers mit Stab . . . 119
30 • Drehen des Oberkörpers im Sitzen mit Stab . . . 120
31 • Drehen des Oberkörpers im Sitzen am Gerät . . . 122
32 • »Twist« . . . 123
33 • Baucheinziehen im Sitzen . . . 124
34 • Kräftigung der Bauchmuskulatur im Ellbogenstütz . . . 125

DER RÜCKEN

1 • Oberkörperheben am Boden . . . 128
2 • Diagonalstütz . . . 129
3 • Oberkörperheben auf dem Gerät . . . 130
4 • Rumpfaufrichten . . . 132
5 • Rumpfaufrichten im Sumo-Ringer-Stil . . . 134
6 • Strecken des Oberkörpers am Gerät . . . 135

KENNTNISSE ÜBER DEN KÖRPER FÜR EIN GEZIELTERES TRAINING

KONSTITUTIONSTYPEN

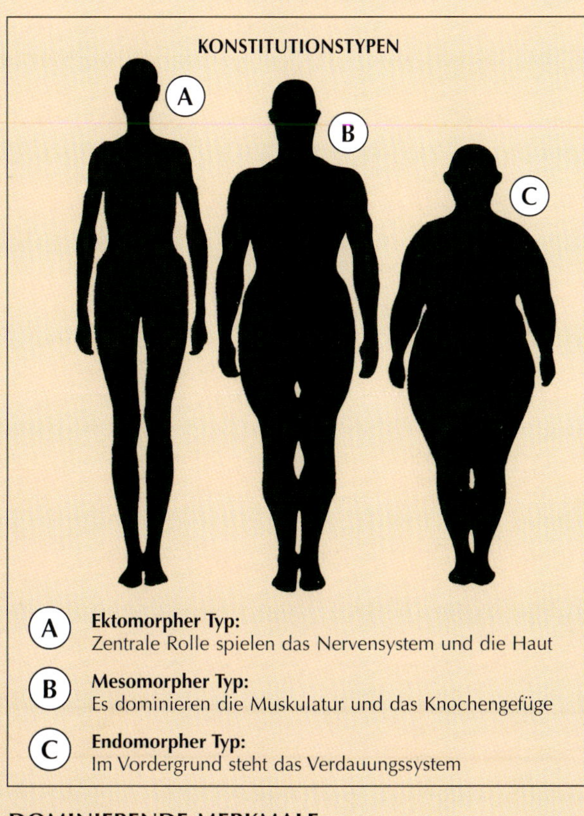

(A) **Ektomorpher Typ:** Zentrale Rolle spielen das Nervensystem und die Haut

(B) **Mesomorpher Typ:** Es dominieren die Muskulatur und das Knochengefüge

(C) **Endomorpher Typ:** Im Vordergrund steht das Verdauungssystem

DOMINIERENDE MERKMALE DER KONSTITUTIONSTYPEN

Um seinen Körper für ein besseres Training gut kennen zu lernen, sind einige Grundbegriffe nützlich.

Der Embryo, aus dem wir entstanden sind, ist das Ergebnis der Befruchtung einer Eizelle durch eine Samenzelle. Gegen Ende der zweiten Woche zeichnen sich bei der Entwicklung dieses Embryos bereits drei Keimblätter ab, das äußere Keimblatt, das sog. Ektoderm, das mittlere Keimblatt, das sog. Mesoderm, und das innere Keimblatt, das Entoderm. Jedes dieser Keimblätter ist der Ursprung für bestimmte Teile des Organismus:

- Das Ektoderm bildet zum einen die Oberhaut (Epidermis) und die Sinnesorgane sowie zum anderen das zentrale Nervensystem und die peripheren Nerven.
- Aus dem Mesoderm entwickeln sich vor allem die Knochen, die Muskeln, die Ausscheidungs- und Geschlechtsorgane, das Herz-Kreislaufsystem und das Blut.
- Das Entoderm seinerseits bildet die Darmschleimhaut und die dazugehörigen Drüsen.

Die vorherrschende Rolle eines dieser drei Keimblätter führt im Laufe des Wachstums bei jedem Einzelnen zu einem bestimmten Konstitutionstyp.

DOMINIERENDE ROLLE DES EKTODERMS BEIM EKTOMORPHEN TYP

Ektomorphe Menschen wirken zerbrechlich und zart, sie sind langgliedrig, ihre Schultern sind schmal. Trotz des zarten Körperbaus springen die Knochen hervor. Durch das nahezu völlige Fehlen von Fett sind alle Fasern des Muskelsystems sichtbar Die Muskeln sind allerdings nur wenig ausgebildet. Die in der Regel hyperaktive Schilddrüse beschleunigt den Stoffwechsel, sodass eine Gewichtszunahme nur schwer möglich ist. Viele Ektomorphe, die kräftiger werden möchten, können sich einem intensiven wöchentlichen Training unterziehen, da sie dank eines sich rasch regenerierenden Organismus schnell zu Kräften kommen. Im Gegenzug müssen sie viel und ausgewogen essen und ihre Nahrung sollte proteinreich sein. Um zuzunehmen, müssen sie mehr Kalorien aufnehmen, als sie verbrauchen, was gar nicht so einfach ist. Ektomorphen fehlt es oft an Muskelspannkraft und häufig finden sich unter ihnen Personen mit gebeugter Haltung und Erkrankungen der Wirbelsäule (Kyphose, Lordose, Skoliose) auf Grund fehlender Kraft der Rückenstrecker und der Bauchwand. Diese Bindegewebsschwäche ist übrigens auch häufig der Grund für eine Senkung (Ptose) des unteren Teils der Bauchdecke, sodass die Eingeweide nicht mehr gehalten werden können. Ektomorphe müssen ihre Muskulatur kräftigen, um Haltungsfehler ausgleichen zu können.

AUS DEM EKTODERM GEBILDETE ORGANE

- Epidermis, Hautanhangsgebilde (Haare, Körperhaar, Nägel)
- Hautdrüsen
- Schleimhäute der Mund- und Nasenhöhle, des Scheiden- und Afterkanals
- Nervengewebe
- Sinnesorgane
- Zahnschmelz
- Augenlinse
- Hirnanhangdrüse
- Nebennieren

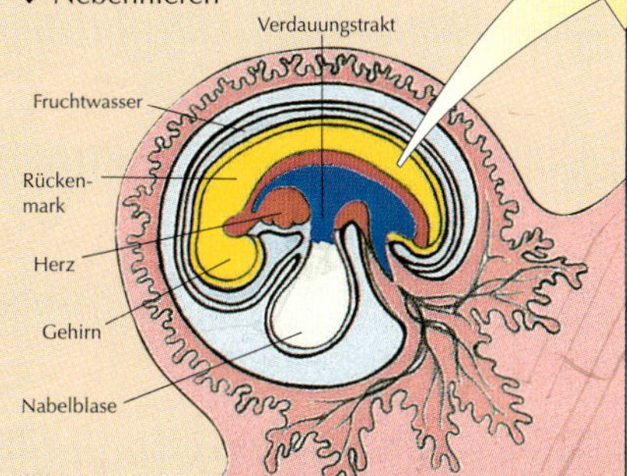

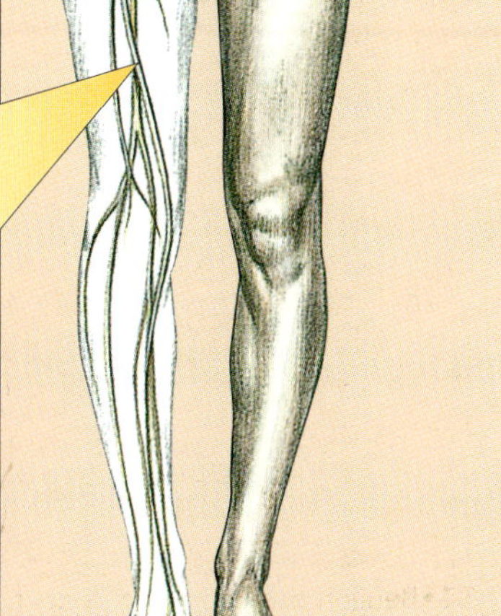

ZENTRALE ROLLE DES MESODERMS BEIM MESOMORPHEN TYP

Mesomorphe sind muskulöse Menschen mit kräftigem Knochenbau und starken Gelenken. Durch ihre großen Schlüsselbeine und die muskulösen Schultern wirken sie breitschultrig, und ihr Brustkorb ist im Verhältnis zu ihrem Taillenumfang mächtig – im Gegensatz zum hoch gewachsenen Körperbau und gerundeten Bauch der Endomorphen.

Auffallend ist bei Mesomorphen die beträchtliche Ausbildung der Muskeln an den unteren Gliedmaßen, das heißt, sie haben kräftige Waden und Unterarme, wobei Letztere manchmal sogar der Armdicke entsprechen können.

Da eine der Wirkungen von Testosteron – dem hauptsächlich von den Hoden abgesonderten Hormon – in einer Erhöhung des Muskelumfangs liegt, findet sich naturgemäß ein Großteil der Mesomorphen unter Männern.

Da das Testosteron – allerdings in geringerer Menge – jedoch auch von den Nebennieren (einer kleinen Drüse über den Nieren) abgesondert wird, gehören auch einige Frauen zum mesomorphen oder muskulösen Typ, da diese Drüsen bei ihnen aktiver sind als bei anderen Frauen, aber ihre Entwicklung entspricht niemals der bei männlichen Mesomorphen.

Die weite Verbreitung des mesomorphen Typs unter den Männern ist darin begründet, dass die natürliche Auswahl, die im Laufe der Evolution über Millionen von Jahren stattgefunden hat, nur die kräftigsten männlichen Wesen selektioniert hat, nämlich jene, die dazu in der Lage waren, zu jagen und ihre Frauen und Kinder vor äußeren Gefahren zu schützen und die sich in zweiter Linie auch bei ihren Geschlechtsgenossen Respekt verschaffen konnten, weil sie bei den Frauen ankommen.

Für diese Anpassung musste sich der Organismus der männlichen Wesen auf Aufgaben mit hohem Energieverbrauch ausrichten (Muskulatur und Knochenbau kräftig, Herz und Schlagadern gut ausgebildet) – eine Reaktion auf die intensive Geschäftigkeit, die sie für das Überleben und die Fortpflanzung entfalten mussten. Inzwischen hat sich das Leben der Menschen zwar sehr stark verändert, aber Millionen Jahre der Evolution lassen sich nicht von heute auf morgen auslöschen.

Mesomorphe sind häufig aktiv. Aber auch wenn sie bei allen Sportarten Erfolg haben, so hindert sie andererseits oft ihre recht beachtliche Muskelmasse bei ausdauernden Betätigungen, wie zum Beispiel dem Laufen über sehr weite Strecken. Dieser Typ hat nur selten Gewichtsprobleme, es sei denn, er nimmt zu viel Nahrung zu sich. Selbst mit einem weniger ausgeprägten Krafttraining können Mesomorphe eine ausgeglichene athletische Körperbeschaffenheit beibehalten.

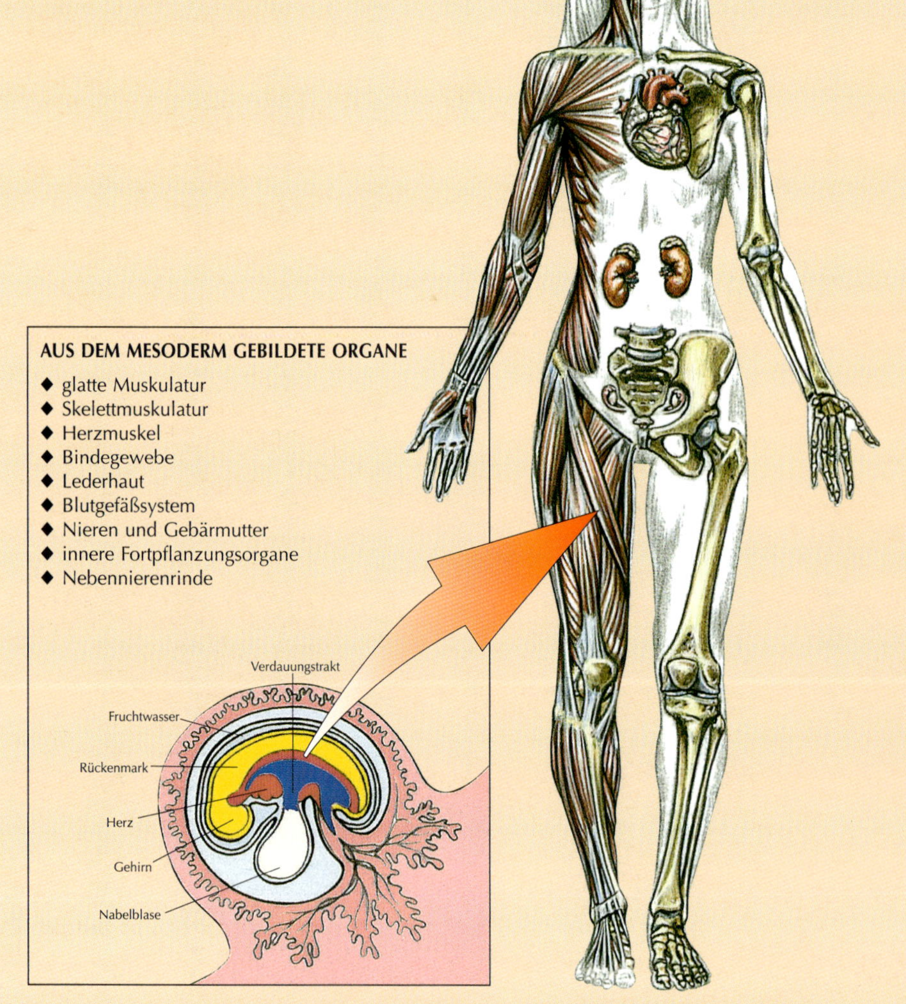

AUS DEM MESODERM GEBILDETE ORGANE

- glatte Muskulatur
- Skelettmuskulatur
- Herzmuskel
- Bindegewebe
- Lederhaut
- Blutgefäßsystem
- Nieren und Gebärmutter
- innere Fortpflanzungsorgane
- Nebennierenrinde

ENTSCHEIDENDE ROLLE DES ENTODERMS BEIM ENDOMORPHEN TYP

Ohne Berücksichtigung krankhafter Fettleibigkeit hat bei Endomorphen alles rundliche Formen. Durch die stärkere Entwicklung der Fettschicht verschwindet bei ihnen die sichtbare Muskelmasse und sie wirken weich. Kein Knochen zeichnet sich ab, die Gliedmaßen sind eingebettet und wirken spitz, Oberschenkel und Schulterpartie stehen gegenüber den Waden und Unterarmen recht deutlich hervor. Ihr Knochengerüst ist zwar weniger zart als das der Ektomorphen, aber auch weniger massig als das muskulöse der Mesomorphen.

Die starke Ausbildung ihres Verdauungssystems verleiht ihnen eine gedrungene, manchmal sogar aufgeblähte Statur, es scheint als sei ihr gesamter Organismus voll auf Nahrungsaufnahme ausgerichtet. Der endomorphe Typ findet sich häufiger bei Frauen, bei denen der Verdauungsapparat im Verhältnis stärker ausgebildet und auch mehr Fett vorhanden ist (auf Grund der Wirkungen einiger von den Eierstöcken produzierter weiblicher Hormone).

Frauen sind von Natur aus mit mehr Fett ausgestattet, damit sie ein Kind mit den eigenen Reserven austragen und ernähren können. Daher wird Energie bei ihnen für den Fall des Auftretens einer Schwangerschaft in der Form von Fett gespeichert.

Im Gegensatz zu den Ektomorphen ist bei den Endomorphen die Schilddrüse weniger aktiv. Ihr Stoffwechsel ist langsam und läuft weniger schnell ab als bei den anderen Konstitutionstypen. Im Gegenzug ist bei ihnen der Nahrungsbedarf nicht hoch, was im Fall einer Nahrungsmittelknappheit ein Vorteil ist. Um heutigen Schönheitsidealen nahe zu kommen, müssen sie zum Abbau ihrer Fettreserven oftmals drakonische Diäten befolgen. Diese können auf lange Sicht zu Mangelernährung führen.

Endomorphe haben nur selten Rückenprobleme. Ihre vom starken Oberkörpervolumen umhüllte Wirbelsäule hat sich an die zu tragende Last angepasst, sie hat einen Teil ihrer Wölbungen verloren und so die Form einer Säule erlangt. Dagegen verursachen bei Endomorphen die Knie häufig Probleme. Auf Grund des hohen Gewichts, das sie bereits vor dem Ende ihres Wachstums erlangen – einem Zeitraum, in dem die Knochen noch leichter verformbar sind –, haben sich bei ihnen die Beinknochen verformt, oft in Form eines »X« *(Genu valgum)*, was Probleme verursachen kann.

Um in Form zu sein und um das Überhandnehmen von Fett in ihrem Körper im Griff zu behalten, müssen Endomorphe ein regelmäßiges Training mit einer strikten Ernährung verbinden. Gleichzeitig müssen sie darauf achten, nicht in die Falle des Übertrainierens zu gehen, und ernährungsbedingte Mangelerscheinungen auf Grund zu strenger Diäten vermeiden.

AUS DEM ENTODERM GEBILDETE ORGANE

- Auskleidung von Rachen, äußerem Gehörgang, Mandeln, Schilddrüse und Nebenschilddrüse, Thymusdrüse, Kehlkopf, Luftröhre und Lungen
- Harnblase, Harnröhre, Scheide
- Leber und Bauchspeicheldrüse
- Verdauungstrakt

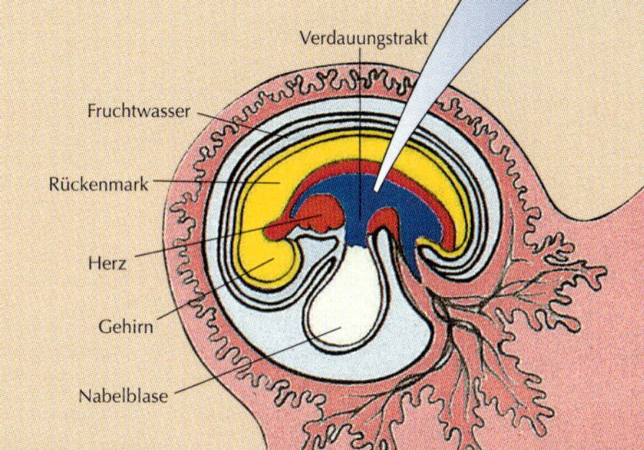

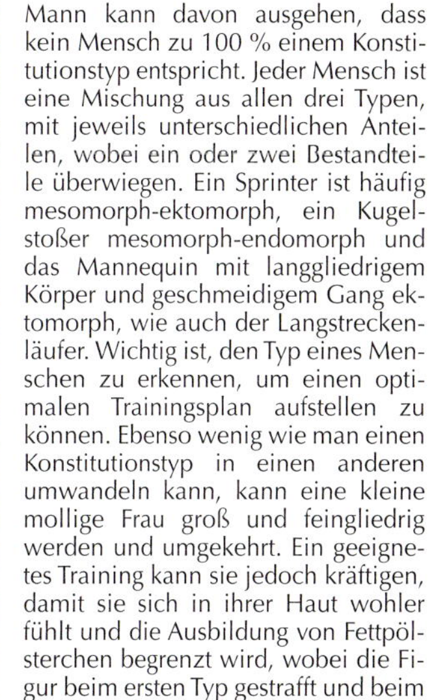
Mann kann davon ausgehen, dass kein Mensch zu 100 % einem Konstitutionstyp entspricht. Jeder Mensch ist eine Mischung aus allen drei Typen, mit jeweils unterschiedlichen Anteilen, wobei ein oder zwei Bestandteile überwiegen. Ein Sprinter ist häufig mesomorph-ektomorph, ein Kugelstoßer mesomorph-endomorph und das Mannequin mit langgliedrigem Körper und geschmeidigem Gang ektomorph, wie auch der Langstreckenläufer. Wichtig ist, den Typ eines Menschen zu erkennen, um einen optimalen Trainingsplan aufstellen zu können. Ebenso wenig wie man einen Konstitutionstyp in einen anderen umwandeln kann, kann eine kleine mollige Frau groß und feingliedrig werden und umgekehrt. Ein geeignetes Training kann sie jedoch kräftigen, damit sie sich in ihrer Haut wohler fühlt und die Ausbildung von Fettpölsterchen begrenzt wird, wobei die Figur beim ersten Typ gestrafft und beim letzten Typ gekräftigt wird und die Muskeln gestärkt werden.

FETTVERTEILUNG BEI DER FRAU

Ein Hauptunterschied zwischen männlichem und weiblichem Körper ist das Fett, das bei der Frau üppiger vorhanden ist, wodurch ihre Muskelkonturen verschwimmen, vorstehende Knochen mehr oder weniger verschwinden und Flächen sich runden, sodass sich an manchen Stellen charakteristische Falten und Grübchen bilden.

Normalerweise macht das Fett bei einer Frau zwischen 18 und 25 % ihres Gewichtes aus, während es beim Mann nur 10–15 % sind. Dieser Unterschied ergibt sich daraus, dass die Frau zu einem bestimmten Zeitpunkt ihres Lebens einen Fötus und dann einen Säugling mit ernähren soll. Daher wird bei ihr im Hinblick auf eine zukünftige Schwangerschaft Energie in Form von Fett gespeichert und zwar vor allem für die beiden letzten Drittel der Schwangerschaft.

Aus verschiedenen Gründen hat die Natur bei der Frau je nach Klima unterschiedliche Arten der Fettverteilung gewählt. So findet sich in warmen Ländern das Fett eher am Gesäß (bei den Schwarzafrikanerinnen), auf den Hüften (bei den Mittelmeeranwohnerinnen) und um den Nabel herum (bei manchen Asiatinnen). Diese Verteilung verhindert, dass die Frau in einen heißen Fettmantel eingehüllt ist, der beschwerlich zu tragen wäre und der Wärmeregulierung bei großer Hitze wenig zuträglich wäre. Im Gegensatz dazu ist in kälteren Ländern das Fett gleichmäßiger verteilt, was einen besseren Schutz während strenger Winter ermöglicht.

Unabhängig von der Art der Fettverteilung ist deren vordringliche Funktion, das Überleben der Art zu sichern, denn sie ermöglicht der Frau und ihren Kindern das Überleben in einer Hungersnot.

Es ist wichtig, darauf hinzuweisen, dass das Anlegen einer ausreichenden Fettreserve für das reibungslose Funktionieren des Organismus notwendig ist: Daher darf die zwanghafte Furcht vor Fettleibigkeit oder die Identifikation mit abwegigen Schönheitsidealen nicht dazu führen, dass das Fett vollständig verschwindet. Ein fast vollkommener Abbau von Fett kann zu schwerwiegenden hormonellen Problemen führen, was dann sowohl ein Aussetzen der Menstruation (Amenorrhö) als auch ein vorübergehendes Fehlen des Eisprungs und damit eine zeitweise Unfruchtbarkeit mit sich bringen kann. Diese vorübergehende Unfruchtbarkeit ist ein natürlicher Schutz davor, dass die Frau ein Kind zur Welt bringt, das sie nicht ausreichend ernähren könnte und ernsthaft ihr Überleben in Gefahr bringen könnte.

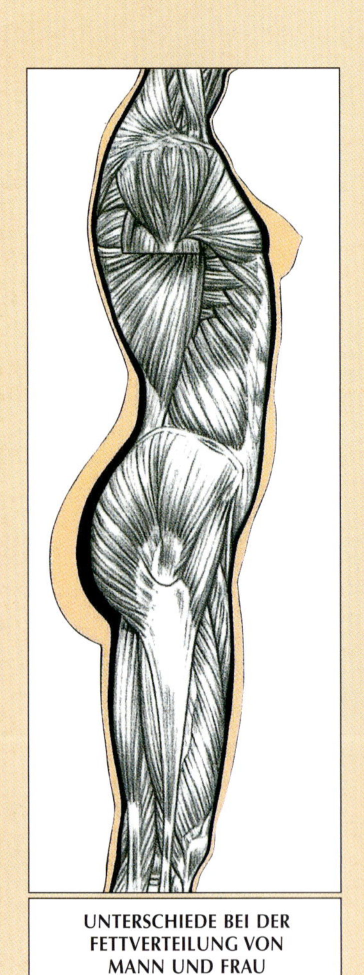

UNTERSCHIEDE BEI DER FETTVERTEILUNG VON MANN UND FRAU

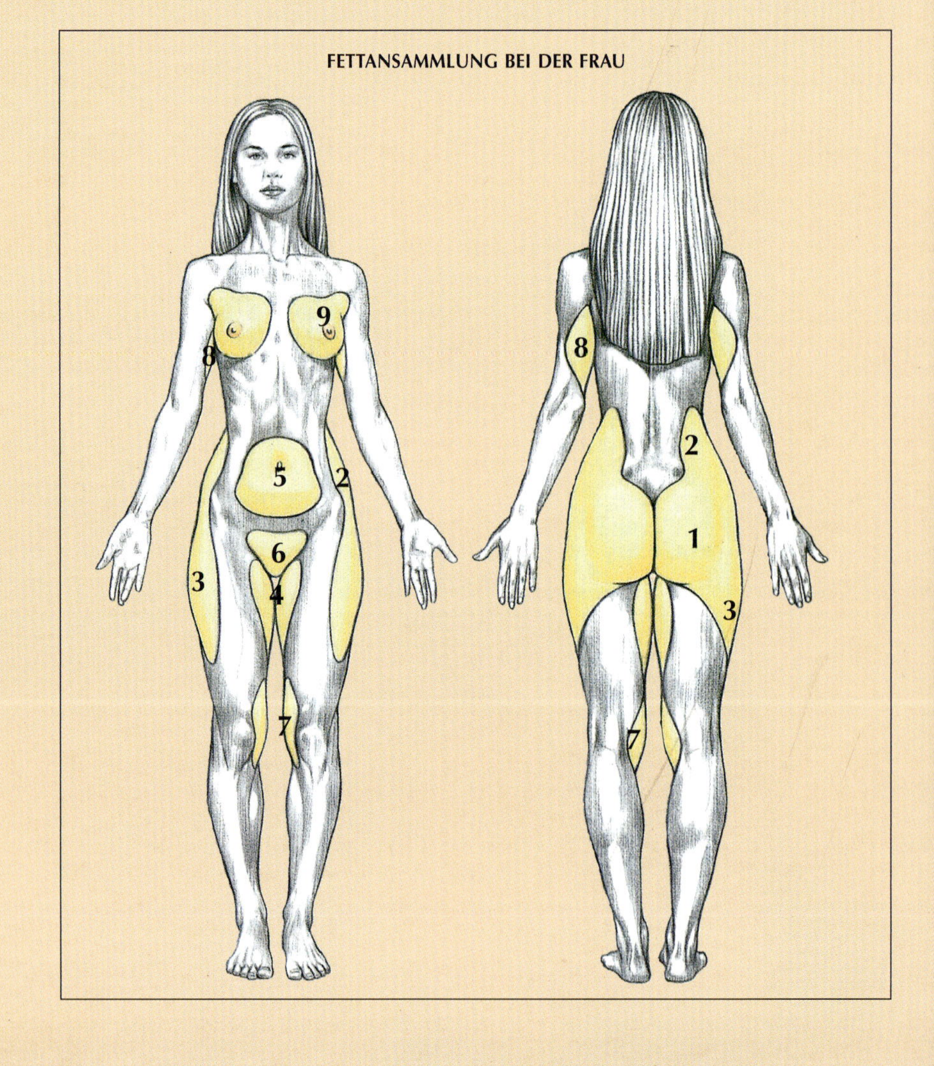

FETTANSAMMLUNG BEI DER FRAU

HAUPTORTE DER FETTANSAMMLUNGEN

Die Fettreserven sammeln sich in bestimmten Körperregionen an, dabei bleiben die Beugezonen der Gelenke in der Regel ausgespart, sodass Bewegungen nicht behindert werden. Die Fettverteilung ist bei beiden Geschlechtern häufig gleich, der Hauptunterschied liegt in einer an manchen Stellen stärkeren Fetteinlagerung beim weiblichen Geschlecht.

1. GESÄSS

Die Gesäßregion kann bei der Frau beträchtliche Ausmaße annehmen, was fast vollständig auf das Fett zurückzuführen ist, und im unteren Teil durch die Gesäßfurche begrenzt wird. Außer als Energiereserve hat diese Fettansammlung den Zweck, die Afterregion zu schützen, und das Sitzen bequemer zu machen, denn sie verhindert den direkten Kontakt der Knochen (Sitzbeinhöcker) mit dem Boden oder der Sitzgelegenheit.

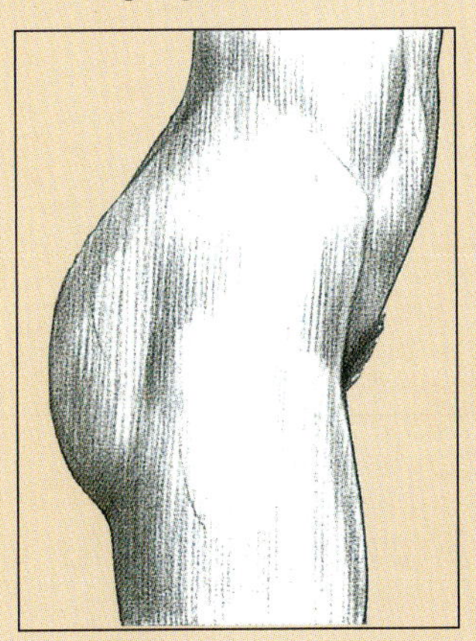

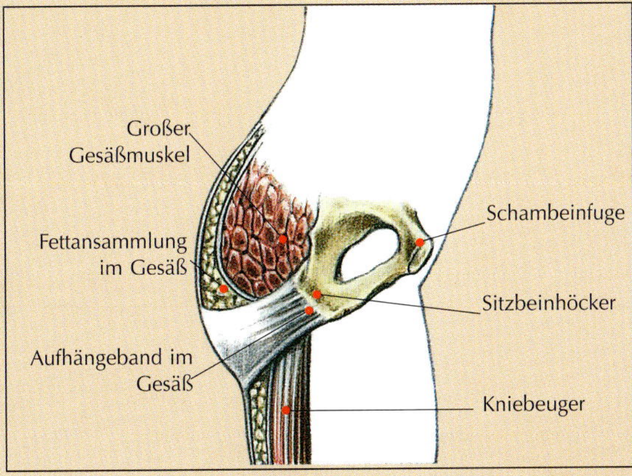

DIE GESÄSSFURCHE

Die Gesäßfurche wird von festen Faserzügen gebildet, die den unteren Teil der Gesäßregion mit dem Sitzbein verbinden. Diese Verwachsung von Fasern führt dazu, dass das Fett in einer Art Tasche festgehalten und so verhindert wird, dass es in den hinteren Teil des Gesäßes wandert. Im Alter führt das Verschwinden von Fett bei manchen Menschen dazu, dass die Tasche sich entleert und der untere Teil des Gesäßes erschlafft und herabhängt. Ein geeignetes Training dieser Region ermöglicht es, das Verschwinden des Fettes und den Straffheitsverlust durch Muskelaufbau auszugleichen und es von innen her festzuhalten.

2. UNTERER RÜCKEN

Diese Fettansammlung, die zweitwichtigste, verschmilzt mit der der Gesäßregion, das Gesäß wird damit höher und scheint bis zur Taille zu reichen.

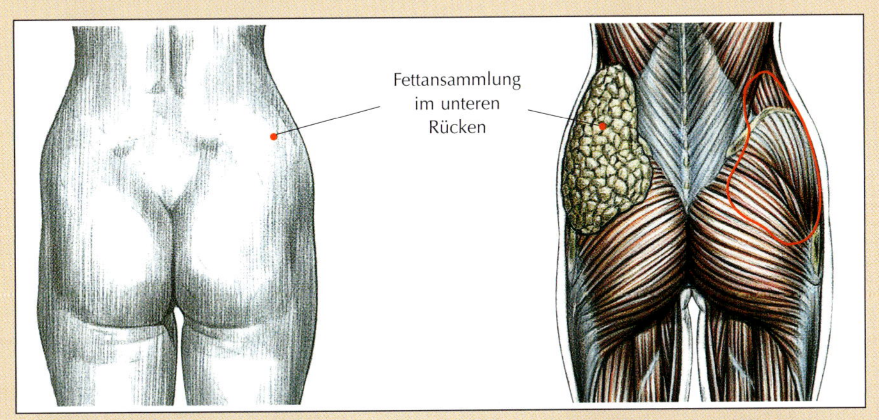

3. UNTER DEM GROSSEN ROLLHÜGEL ODER »REITERHOSEN«

Diese bei Mittelmeeranwohnerinnen häufige Fettansammlung kann sehr ausladend sein. Sie liegt über dem oberen äußeren Teil des Oberschenkels, genau oberhalb der Vertiefung des großen Rollhügels und verschmilzt mit dem Fettgewebe der Vorderseite des Oberschenkels und hinten mit dem des Gesäßes. Tritt hier ein Übermaß an Fett auf, finden sich auf der Haut oft zahlreiche mehr oder weniger große Vertiefungen, die sog. »Orangenhaut«, bedingt durch nicht dehnbare Faserzüge, welche die tiefe Hautschicht auf Höhe der Vertiefungen wie kleine Kabel mit der Sehnenplatte der Muskelhülle verbinden, wobei das Fettgewebe in die Zwischenräume hineinragt (ein Phänomen, das an das Stepppolster erinnert).

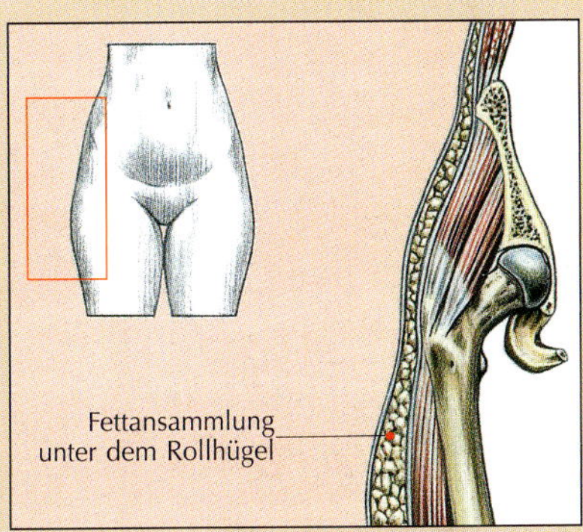

4. INNENSEITE DER OBERSCHENKEL
Diese bei der Frau recht verbreitete Fettverteilung spielt ästhetisch eine wichtige Rolle, denn das Fett füllt den Raum zwischen den beiden Gesäßbacken aus, der häufig ausgeprägter ist als beim Mann.

5. UM DEN NABEL HERUM
Wie der Bereich unter dem großen Rollhügel ist die Nabelgegend eine der wenigen Stellen, an der sich auch bei mageren Frauen eine Anhäufung von Fett findet.

6. SCHAMBEIN
Diese dreieckige Region ist bekannter unter dem Namen »Venushügel«. Sie schützt das die beiden Schambeine verbindende Gelenk vor Stößen.

7. KNIE
Bei Frauen tritt in der inneren Knieregion häufig eine Fettansammlung auf.

8. DER OBERE INNERE TEIL DES ARMES
Diese bei Frauen besonders ausgeprägte Region dient zum einen als Energiespeicher und schützt zum anderen die Nerven und Arterien, die in der inneren, oberen Armregion zu Tage treten.

9. BRÜSTE
Die Brüste bestehen aus Fett, welches die Milchdrüsen umschließt, das Ganze wird durch ein Bindegewebsnetz zusammengehalten, das auf den großen Brustmuskeln liegt. Auch Männer besitzen sowohl Brustdrüsen als auch Fettgewebe in der Brust (verkümmert).

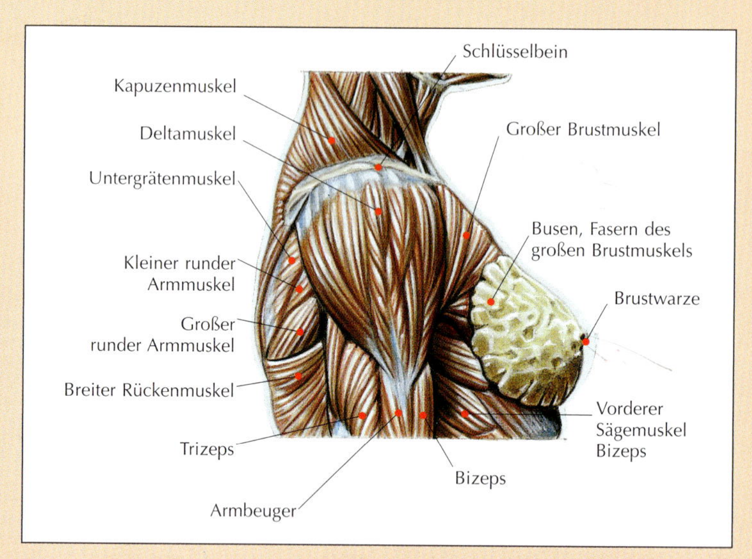

ZELLULITE

Körperfett besteht zu großen Teilen aus Fettzellen, den Adipozyten, deren Hauptaufgabe in der Einlagerung von Energiereserven liegt. Diese Zellen sammeln daher Energie in Form von Lipiden an, welche sie abgeben, sobald der Organismus sie benötigt. Die Fettzellen werden in Form kleiner Fettanhäufungen sichtbar, die durch faseriges Bindegewebe voneinander getrennt sind. Diese fetthaltigen »Knötchen« bilden Klumpen zwischen Lederhaut (die tiefe Hautschicht) und Muskeln. Wenn die Fettzellen mehr Energie anhäufen, als sie wieder abgeben, nehmen sie an Größe beträchtlich zu mit allmählichem Überhandnehmen von Fett.

Bei der Frau finden sich an der Haut von Gesäß und Hüften häufig zahlreiche mehr oder weniger große Vertiefungen, die umgangssprachlich als »Orangenhaut« bezeichnet werden. Sie entsteht in diesen Körperregionen durch nicht dehnbare Faserzüge, die wie kleine Kabel auf Höhe dieser Vertiefungen die Sehnenplatte der Muskelhülle mit der tieferen Hautschicht verbinden, wobei das Fettgewebe in die Zwischenräume hineinragt (ein Phänomen, das an Steppdecken erinnert).

Diese Eigenheit hat bei Frauen große Auswirkungen. Wenn der Organismus weniger Kalorien verbraucht, als er aufnimmt, nehmen die Fettreserven zu. Das Zellulite verursachende Fett in unteren Hautschichten wird durch ein Netz faserigen Bindegewebes isoliert. Daher wird es – ebenso wie die Lymph- und Blutgefäße, die es durchqueren – zusammengepresst, und der Stoffwechsel wird verlangsamt. Dadurch erreicht das Blut diese gepolsterten Fettregionen nur schwer, um die angesammelten Fettsäuren abzutransportieren. Daher ist es leicht verständlich, dass diese Fettansammlungen nur schwer vom Organismus zu mobilisieren sind und dass sie sich sogar durch intensives Training nur mit Mühe völlig zum Verschwinden bringen lassen. Es kommt zum Beispiel nicht selten vor, dass Frauen, die sich eine strenge Diät auferlegt haben, zwar einerseits abnehmen und Fett in den Brüsten verlieren, aber gleichzeitig ihre breiten Hüften behalten.

Die Hormone spielen eine Rolle bei der Verstärkung und dem Auftreten der Zellulite. Bei der Frau begünstigen nämlich hormonelle Schwankungen, besonders ein Überschuss an Östrogen im Laufe des Monatszyklus oder während einer Schwangerschaft das Zurückhalten von Wasser in den unteren Hautschichten. Diese Wasseransammlung drückt in Verbindung mit dem Fett die Lymph- und Blutgefäße zusammen, was die Zirkulation verlangsamt und die Mobilisierung der Energiereserven der unteren Hautschichten durch den Organismus noch schwieriger macht.

Diese Systeme zum Schutz und zum besseren Haushalten mit Fett haben sich wahrscheinlich im Laufe der Evolution bei der Frau ausgebildet, um fetthaltige Gewebe zu speichern und sie in Hungerszeiten besonders in den sechs letzten Monaten der Schwangerschaft und während der Stillzeit abrufen zu können.

DIE GESÄSSMUSKELN

I

1. Kniebeuge im Ausfallschritt
2. Ausfallschritt mit Langhantel
3. Ausfallschritt nach vorn mit Stab
4. Ausfallschritt nach vorn mit Kurzhanteln
5. Auf eine Bank steigen
6. Abduktion des Beines im Stand
7. Abduktion des Beines im Stand mit »Tube«
8. Abduktion des Beines im Stand am tiefen Block
9. Abduktion des Beines im Stehen am Pendel
10. Abduktion des Beines im Liegen mit »Tube«
11. Abduktion: seitwärtiges Wegführen des Beines im Liegen
12. Abduktion im Sitzen am Gerät
13. Seitliches Anheben des Oberschenkels am Boden
14. Hüftstrecken am Pendel
15. Hüftstrecken im Stand
16. Hüftstrecken am Boden
17. Hüftstrecken bäuchlings am Gerät
18. Hüftstrecken am tiefen Block
19. Hüftstrecken am Boden mit »Tube«
20. Hüftstrecken auf einer Bank
21. Hüftstrecken auf dem Bauch liegend
22. Hüftstrecken im Stand mit »Tube«
23. Beckenheben vom Boden
24. Beckenheben auf einem Bein
25. Beckenheben, Füße auf einer Bank
26. Rückwärtsneigen des Beckens (Retroversion)
27. Kleine Beuge der Oberschenkel (Plié), Füße nach außen

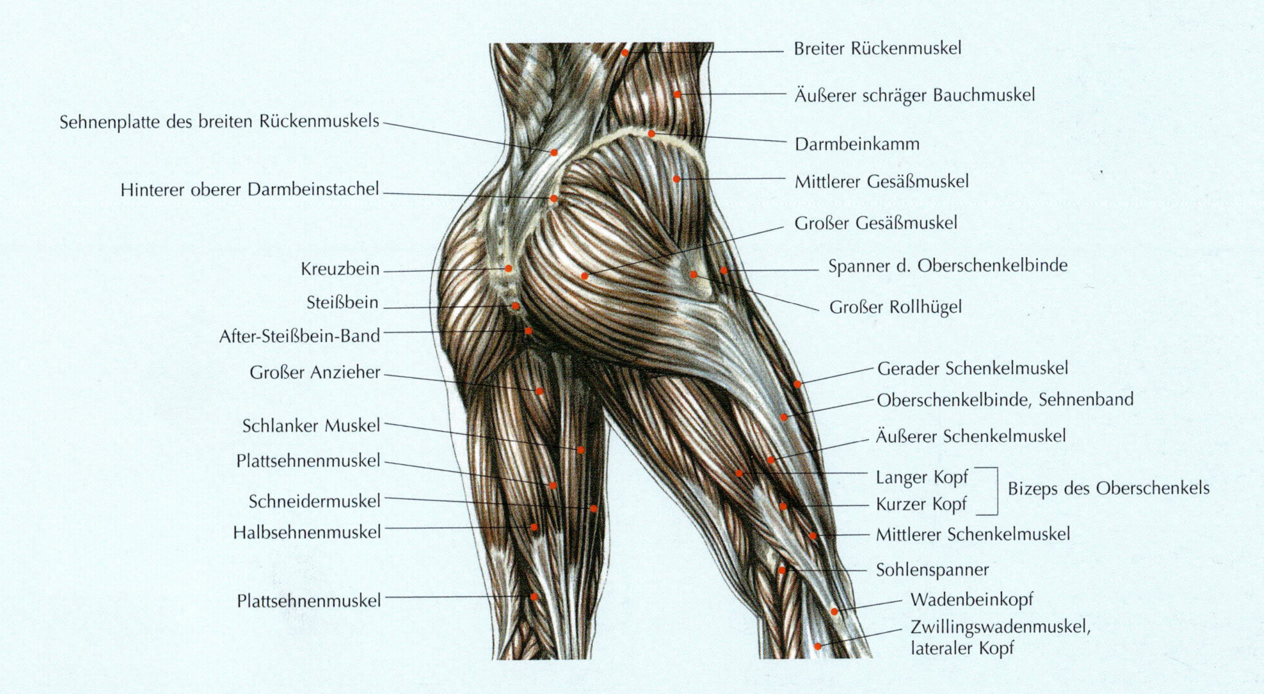

DAS DELTA DES GESÄSSES

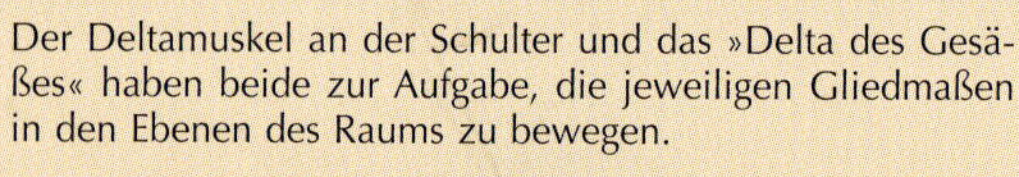

Der Deltamuskel an der Schulter und das »Delta des Gesäßes« haben beide zur Aufgabe, die jeweiligen Gliedmaßen in den Ebenen des Raums zu bewegen.

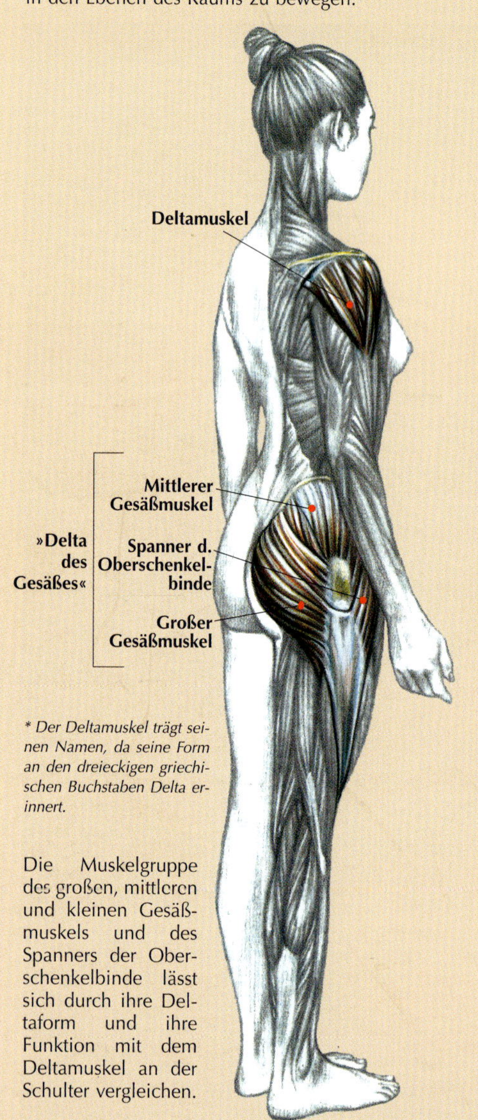

»Delta des Gesäßes«
Mittlerer Gesäßmuskel
Spanner d. Oberschenkelbinde
Großer Gesäßmuskel
Darmbeinkamm
Großer Rollhügel
Oberschenkelbinde, Sehnenband
Seitlicher Gelenkknorren des Oberschenkels

** Der Deltamuskel trägt seinen Namen, da seine Form an den dreieckigen griechischen Buchstaben Delta erinnert.*

Die Muskelgruppe des großen, mittleren und kleinen Gesäßmuskels und des Spanners der Oberschenkelbinde lässt sich durch ihre Deltaform und ihre Funktion mit dem Deltamuskel an der Schulter vergleichen.

Das »Delta des Gesäßes« ist ein Gefüge aus Muskeln, das am Oberschenkelknochen zusammentrifft, bestehend aus mittlerem, kleinem und großem Gesäßmuskel und von der Oberfläche her gesehen an der Oberschenkelbinde oder Tractus iliotibialis* (dem oberflächlichem Teil des großen Gesäßmuskels und des Spanners der Oberschenkelbinde) ansetzt. Wenn die gesamte Muskelgruppe zusammenwirkt, kommt es zu einer Seitwärtsbewegung (Abduktion) des Beines. Wie beim Deltamuskel der Schulter hat der »Deltamuskel des Gesäßes« zur Aufgabe, die Gliedmaßen in den Ebenen des Raums zu bewegen.

** Die Oberschenkelbinde und ihr sehniger Verstärkungszug (Tractus iliotibialis) sind Verdickungen der Sehnenplatte, in der die Oberschenkelmuskeln befestigt sind und eingehüllt werden. Mit ihrem unteren Teil ist diese Verdickung unterhalb des seitlichen Gelenkknorrens mit dem Unterschenkel verbunden.*

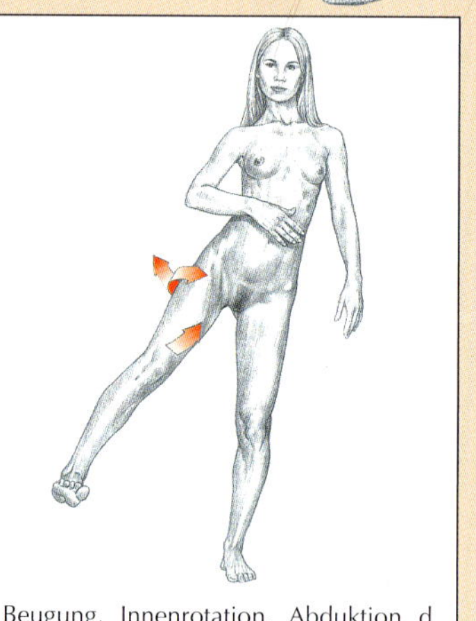

Beugung, Innenrotation, Abduktion d. Oberschenkels durch kleinen u. vorderen Teil d. mittleren Gesäßmuskels.

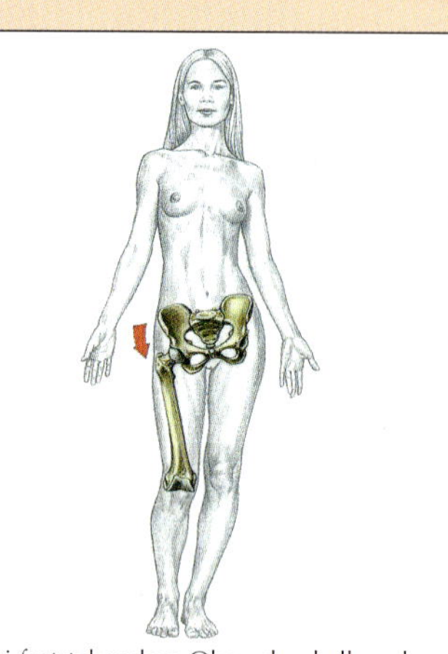

Bei feststehendem Oberschenkelknochen neigt der »Deltamuskel des Gesäßes« das Becken zur Seite.

KNIEBEUGE IM AUSFALLSCHRITT

1

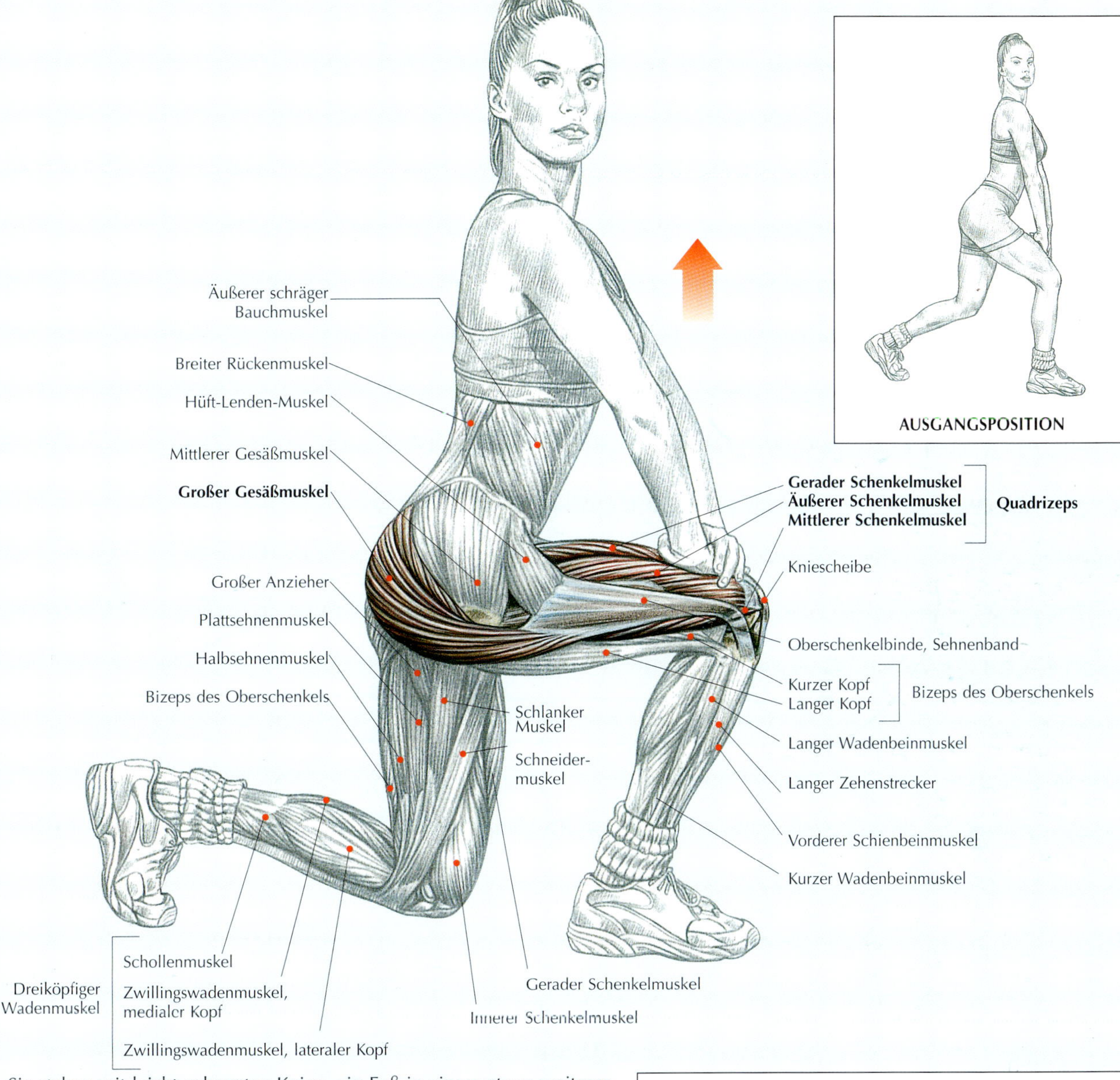

Sie stehen mit leicht gebeugten Knien, ein Fuß in einem etwas weiteren als einfachem Schrittabstand vor dem anderen, die Hände auf dem nach vorn zeigenden Oberschenkel, der Oberkörper ist gerade mit vorgestreckter Brust:

– Beim Einatmen das Knie des vorderen Oberschenkels beugen, bis Letzterer waagerecht ist;

– das Knie wieder strecken, bis Sie in die Ausgangsposition zurückkehren; am Ende ausatmen.

– Je weiter der Schritt ist, desto mehr wird der große Gesäßmuskel gekräftigt.

– Je enger der Schritt ist, desto mehr wird der vierköpfige Schenkelmuskel (Quadrizeps) gestärkt.

Zum Erzielen der besten Resultate ist diese Bewegung wechselseitig mit vielen Wiederholungen zunächst auf der einen, dann auf der anderen Seite auszuführen, das Wesentliche dabei ist, die Muskelarbeit zu spüren.

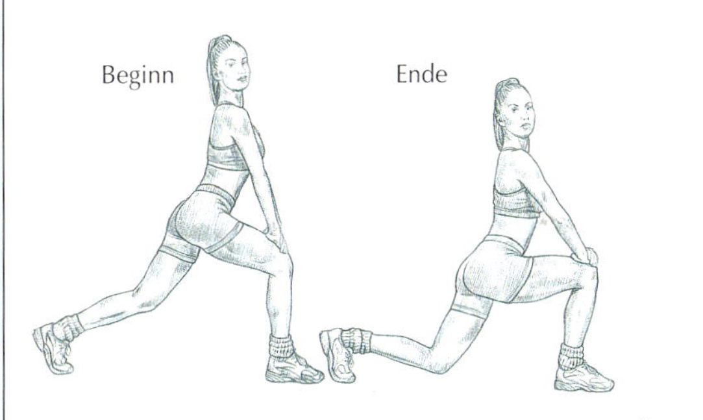

DIE VARIATION MIT EINEM GROSSEN ABSTAND DER FÜSSE KRÄFTIGT DEN GROSSEN GESÄSSMUSKEL STÄRKER.

2 AUSFALLSCHRITT MIT LANGHANTEL

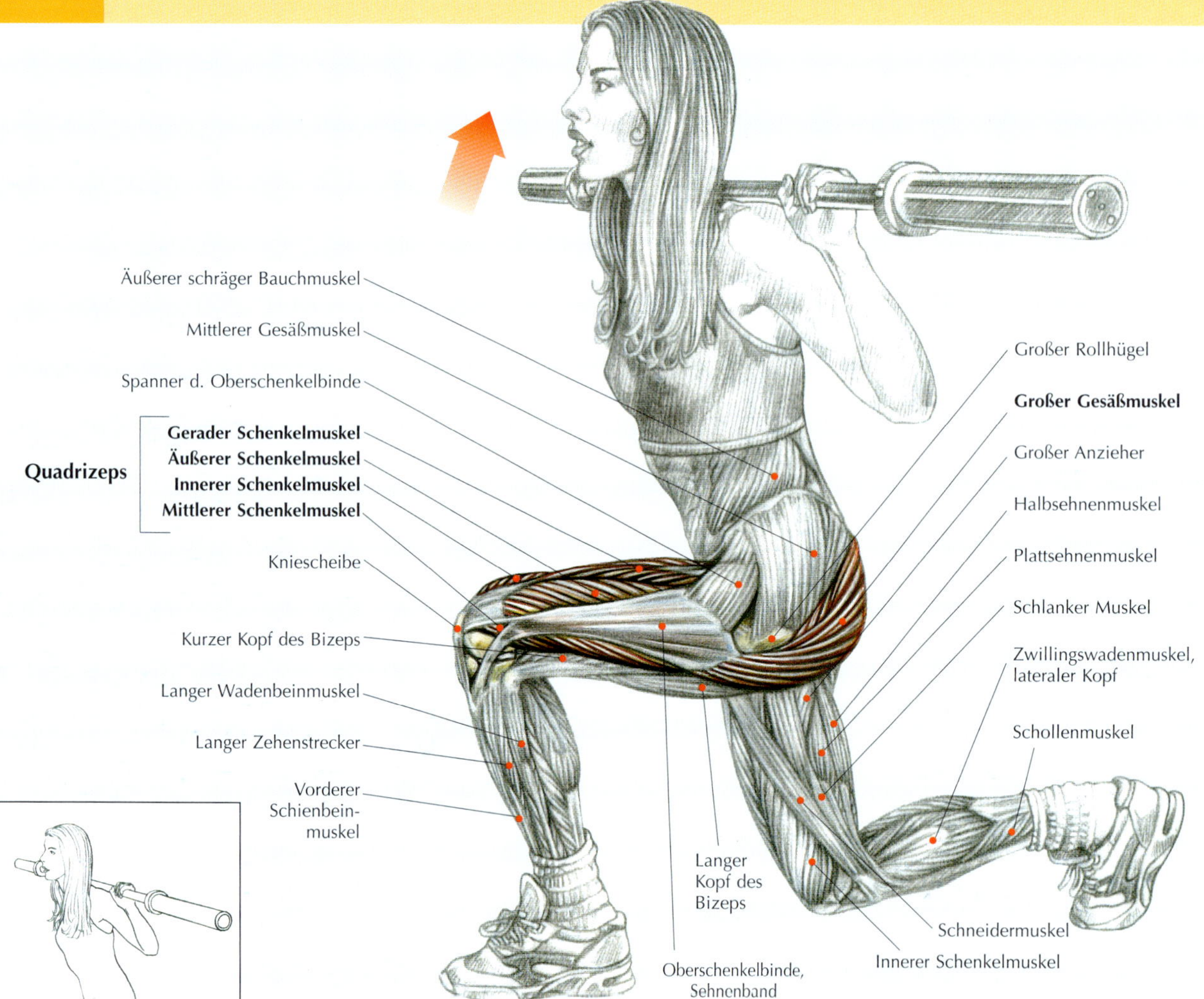

VARIATION MIT EINFACHEM SCHRITT

VARIATION MIT KURZHANTELN

Sie stehen mit leicht gegrätschten Beinen, die Langhantel ruht hinter dem Nacken auf dem Kapuzenmuskel:

– Beim Einatmen einen großen Schritt nach vorn machen, den Rumpf gerade halten. Beim Ausfallschritt soll der Oberschenkel des vorderen Beins stabil in der Waagerechten oder mit seinem oberen Teil ein wenig unterhalb des Knies sein. Zur Ausgangsposition zurückkehren und ausatmen.

Diese Übung, die den großen Gesäßmuskel aufbaut, kann auf zwei Arten ausgeführt werden: Bei einem normalen Schritt nach vorn wird der vierköpfige Schenkelmuskel trainiert. Bei einem großen Schritt werden mehr die Kniebeuger und der große Gesäßmuskel gekräftigt und der gerade Schenkelmuskel und der Hüft-Lenden-Muskel des knienden Beines wird gedehnt.

Anmerkung: Da beinahe das gesamte Körpergewicht auf das nach vorn gestellte Bein verlagert wird und die Bewegung einen guten Gleichgewichtssinn verlangt, empfiehlt es sich, mit geringem Gewicht zu beginnen.

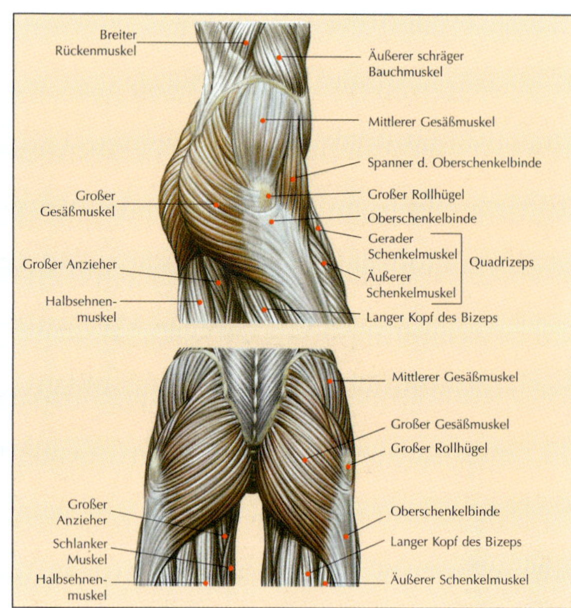

AUSFALLSCHRITT NACH VORN MIT STAB 3

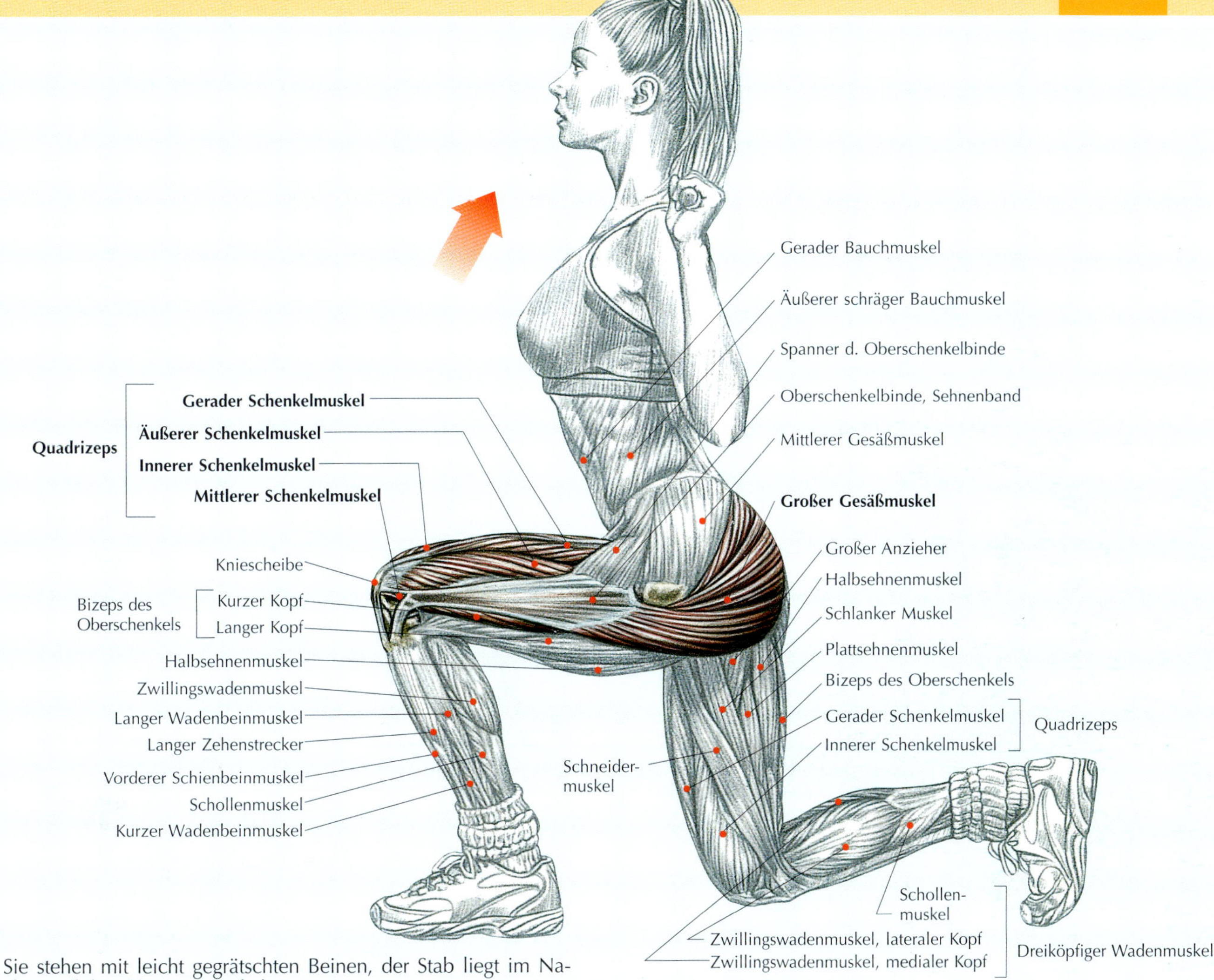

Sie stehen mit leicht gegrätschten Beinen, der Stab liegt im Nacken auf dem Kapuzenmuskel:
– Beim Einatmen einen großen Schritt nach vorn machen und dabei den Oberkörper so gerade wie möglich halten;
– wenn der nach vorn gesetzte Oberschenkel waagerecht oder etwas darunter ist, diesen stark strecken und wieder in die Ausgangsposition zurückgehen;
– nach dem Aufstehen ausatmen.

Diese Übung trainiert hauptsächlich die großen Gesäßmuskeln sowie die vierköpfigen Schenkelmuskeln. Bei einem kurzen Schritt werden die vierköpfigen Schenkelmuskeln intensiver gekräftigt. Es ist eine hervorragende Übung, um einen guten Gleichgewichtssinn zu bekommen und um Kraft vor einem Training mit der Langhantel aufzubauen. Je größer der Schritt ausgeführt wird, desto mehr werden der Hüft-Lenden-Muskel und der gerade Oberschenkelmuskel des hinteren Beins gedehnt. Auf Grund der Kombination aus Muskelarbeit und Muskeldehnung gehört diese Übung zum Aufwärmprogramm zahlreicher Sportler.

Der Ausfallschritt kann in einem Trainingsgang abwechselnd rechts und links durchgeführt werden oder es können Trainingsgänge erst auf der einen, dann auf der anderen Seite vorgenommen werden.

Anmerkung: Da das Körpergewicht zum großen Teil auf einem Bein liegt, empfiehlt es sich für Menschen mit schwachen Knien, den Ausfallschritt nach vorn nur mit Vorsicht durchzuführen.

AUSFÜHRUNG MIT EINFACHEM SCHRITT: VORWIEGEND DER QUADRIZEPS WIRD TRAINIERT

AUSFÜHRUNG MIT GROSSEM SCHRITT: VORWIEGENDES TRAINING DER GROSSEN GESÄSSMUSKELN

4 AUSFALLSCHRITT NACH VORN MIT KURZHANTELN

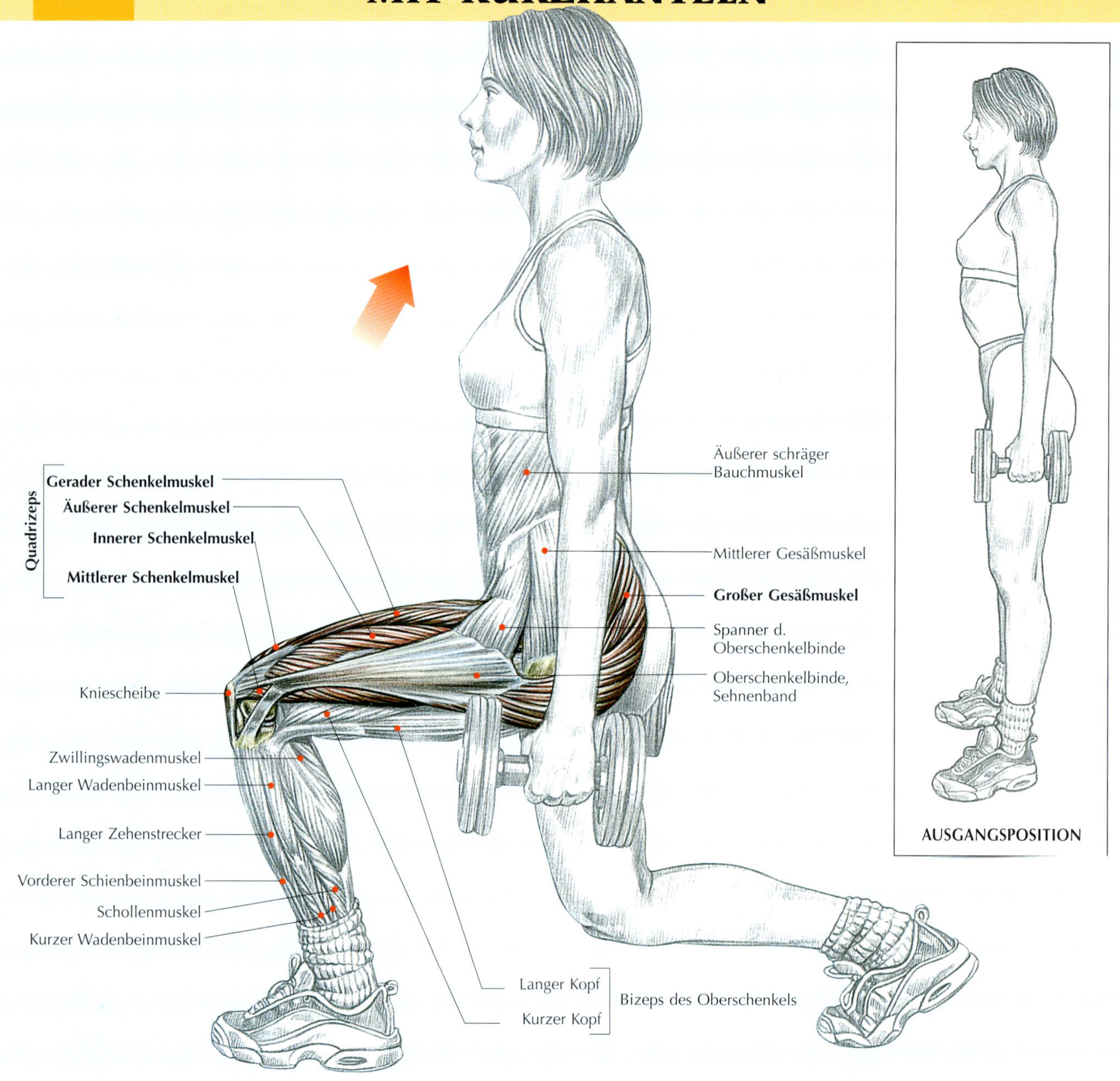

Sie stehen mit leicht gegrätschten Beinen, eine Kurzhantel in jeder Hand:
– Beim Einatmen einen großen Schritt nach vorn machen, dabei den Oberkörper so gerade wie möglich halten;
– den nach vorn gesetzten Oberschenkel waagerecht oder etwas darunter halten, diesen stark strecken und wieder in die Ausgangsposition zurückkehren; danach ausatmen.

Diese Übung trainiert vor allem die großen Gesäßmuskeln und die vierköpfigen Schenkelmuskeln.

Anmerkung: Da das ganze Körpergewicht für eine Zeit lang auf dem nach vorn gestellten Bein liegt und bei dieser Übung zum Schutz des Kniegelenks ein guter Gleichgewichtssinn notwendig ist, empfiehlt es sich mit nur leichten Gewichten zu beginnen.

Variationen:

1. Je größer der Schritt, desto mehr wird der große Gesäßmuskel des vorderen Beines gekräftigt und desto mehr werden die Hüft-Lenden-Muskeln und der gerade Oberschenkelmuskel des hinteren Beines gedehnt.

2. Je kleiner der Schritt, desto mehr wird der vierköpfige Schenkelmuskel des vorderen Beines gekräftigt.

Es ist möglich, ganze Sätze erst auf der einen Seite und dann auf der anderen Seite durchzuführen oder in einem einzigen Trainingssatz von rechts nach links zu wechseln.

AUF EINE BANK STEIGEN

5

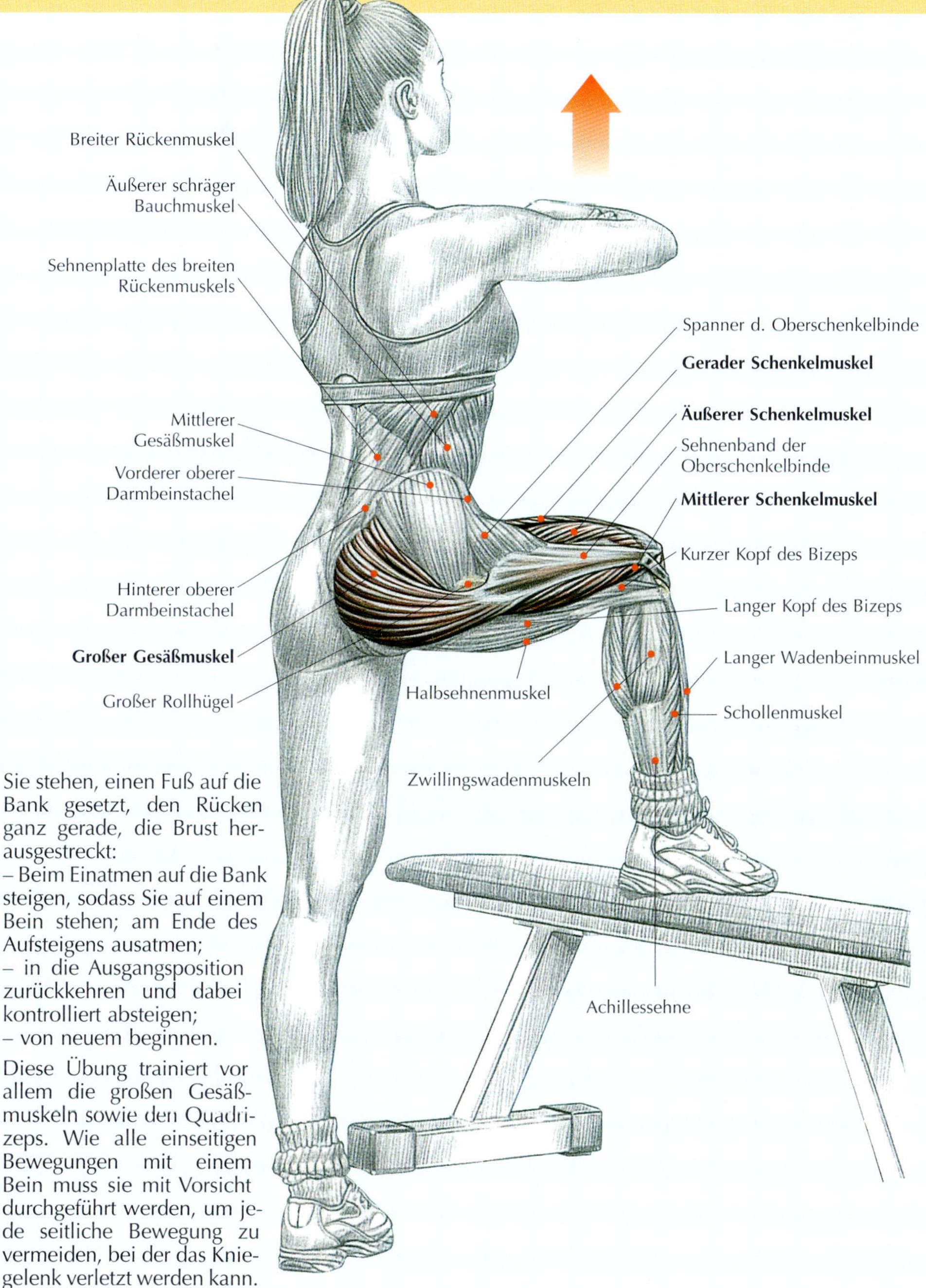

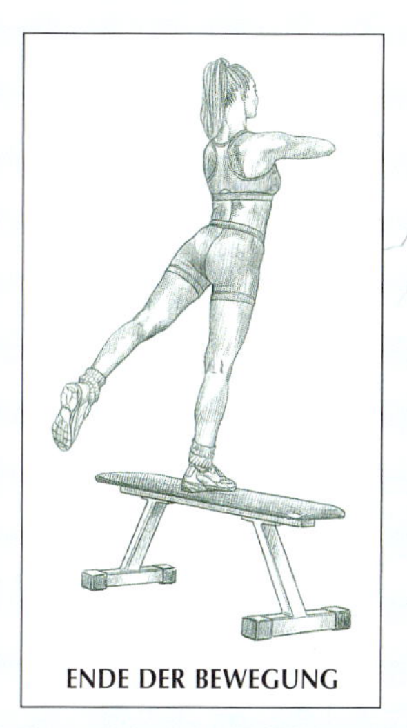

ENDE DER BEWEGUNG

VARIATION MIT DEM STAB

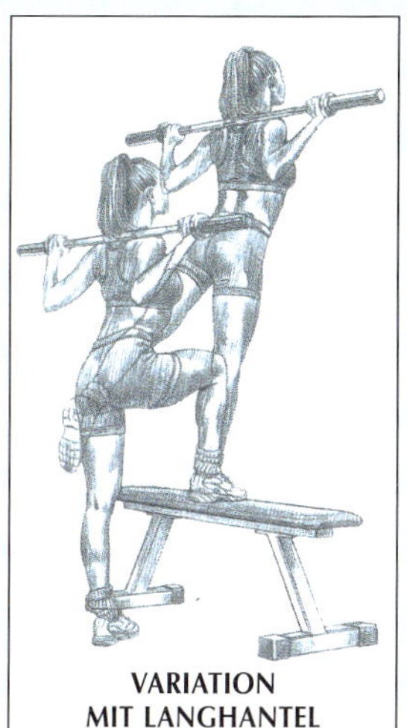

VARIATION MIT LANGHANTEL

Sie stehen, einen Fuß auf die Bank gesetzt, den Rücken ganz gerade, die Brust herausgestreckt:
– Beim Einatmen auf die Bank steigen, sodass Sie auf einem Bein stehen; am Ende des Aufsteigens ausatmen;
– in die Ausgangsposition zurückkehren und dabei kontrolliert absteigen;
– von neuem beginnen.

Diese Übung trainiert vor allem die großen Gesäßmuskeln sowie den Quadrizeps. Wie alle einseitigen Bewegungen mit einem Bein muss sie mit Vorsicht durchgeführt werden, um jede seitliche Bewegung zu vermeiden, bei der das Kniegelenk verletzt werden kann.

Variationen:

1. Die Bewegung kann durchgeführt werden, indem der Aufstieg in einem Trainingssatz abwechselnd auf dem rechten, dann auf dem linken Fuß vorgenommen wird.
2. Die Bewegung kann kraftvoll mit vielen Wiederholungen durchgeführt werden.
3. Wenn der Aufstieg auf die Bank ohne Hilfe des am Boden stehenden Beines durchgeführt wird, wird der große Gesäßmuskel intensiver trainiert.
4. Mit einer Langhantel auf den Schultern ist diese Übung bei Sprintern beliebt. Obwohl sie die Gesäßmuskeln, vierköpfigen Schenkelmuskeln und das Gleichgewicht sehr stärkt, muss diese letzte Variation mit äußerster Vorsicht durchgeführt werden (vor allem beim Abstieg), um die Gelenke im Knie und in der Lendenregion zu schonen. Diese letzte Variation, auf eine Bank zu steigen, dürfen daher Menschen mit Rücken- oder Knieleiden nicht ausführen.

6 ABDUKTION DES BEINES IM STAND

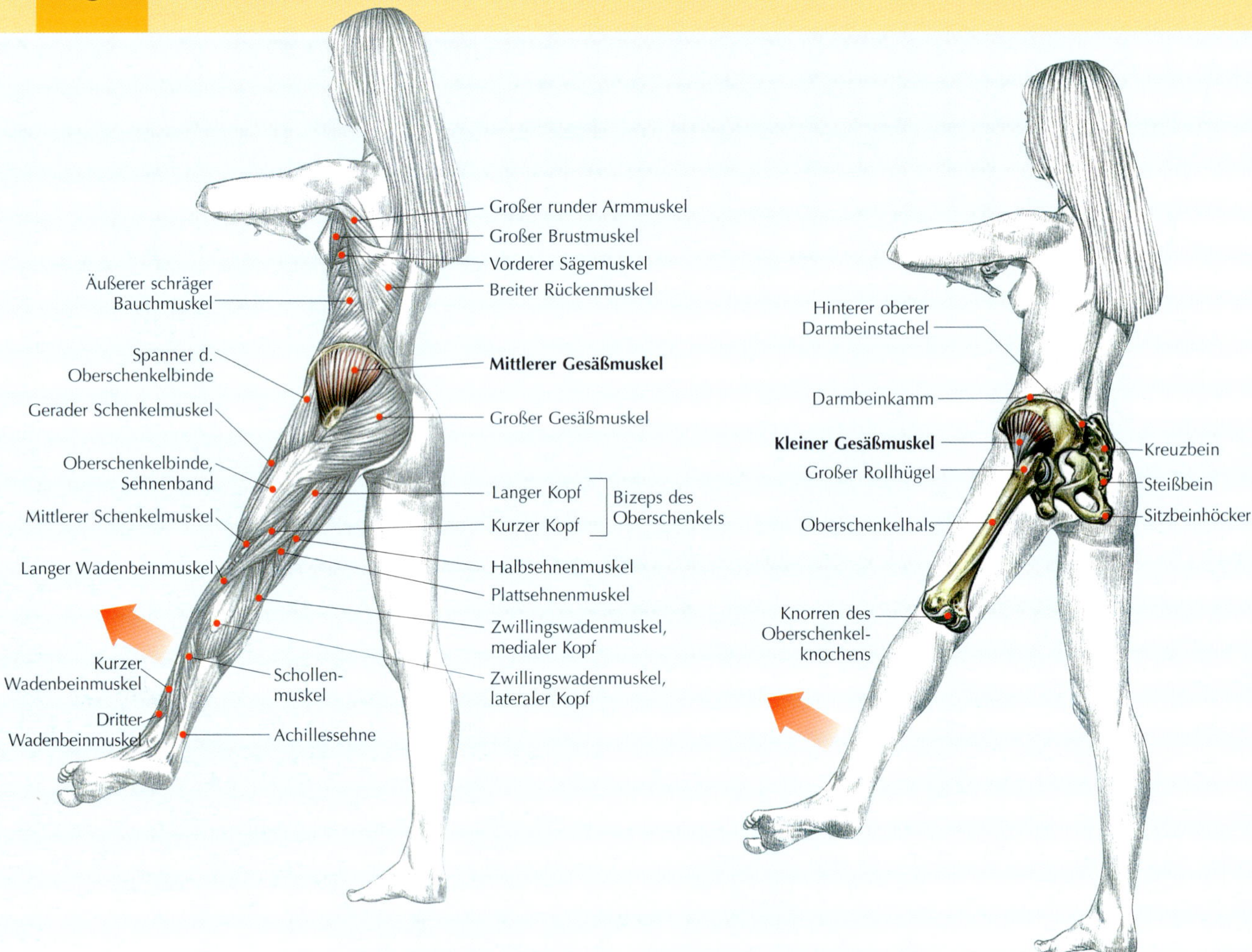

VARIATION MIT ZUGBAND

Sie stehen auf einem Standbein, die Arme vorn gekreuzt oder Sie halten sich für ein besseres Gleichgewicht mit einer Hand fest:
- Das Bein so hoch wie möglich zur Seite heben;
- langsam in die Ausgangsposition zurückkehren und von neuem beginnen.

Diese Übung, bei der der **»Deltamuskel im Gesäß«** gekräftigt wird, trainiert vor allem den **mittleren Gesäßmuskel** und den tiefer gelegenen **kleinen Gesäßmuskel**.

Anmerkung:
- Wird das Bein leicht nach vorn gehoben, wird der **Spanner der Oberschenkelbinde** intensiver gekräftigt.
- Wird das Bein leicht nach hinten geführt, werden die oberen Fasern des **großen Gesäßmuskels** intensiver gekräftigt.

Die Abduktion des Beines im Stand wird begrenzt durch den Anschlag des Oberschenkelhalses auf den Rand der Hüftgelenkpfanne. Es ist sinnlos zu versuchen, den Oberschenkel in die Waagerechte zu bringen.
Wie alle Übungen ohne zusätzliche Last ist sie am wirksamsten, wenn man lange Sätze mit vielen Wiederholungen durchführt, bis ein leichtes Brennen im Muskel zu spüren ist.

Variationen:
1. Zur Steigerung des Trainingseffekts kann eine Gewichtsmanschette oberhalb des Knöchels oder ein Zugband verwendet werden.
2. Um ein besseres Gleichgewicht zu haben, kann die Übung auf einen Stab gestützt durchgeführt werden.

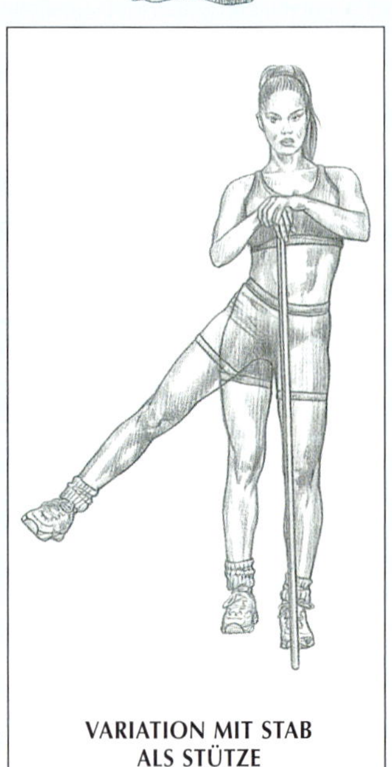
VARIATION MIT STAB ALS STÜTZE

ABDUKTION DES BEINES IM STAND MIT »TUBE« 7

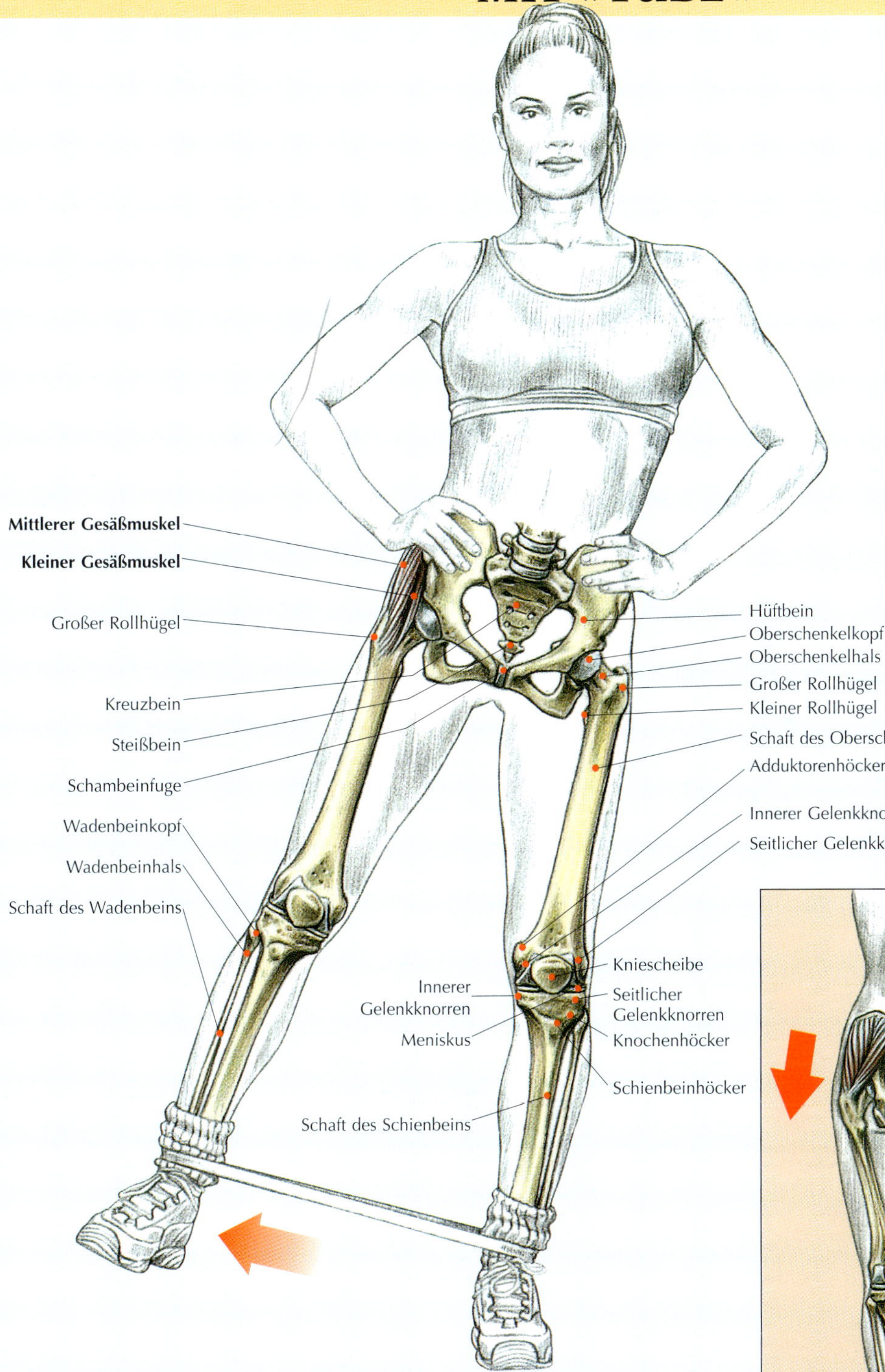

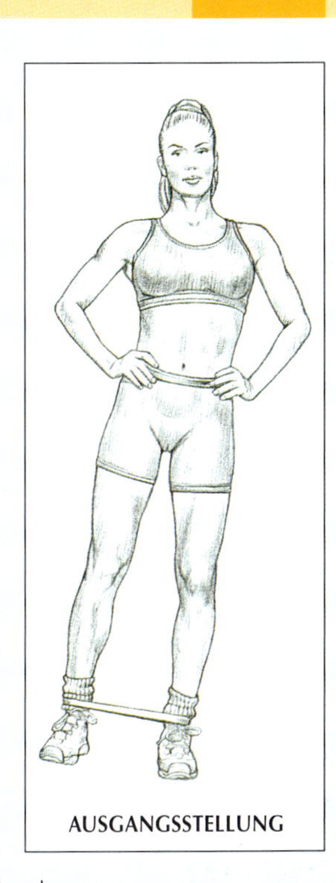

AUSGANGSSTELLUNG

Sie stehen auf einem Standbein, ein Zugband um die Knöchel:
– Bein leicht seitwärts wegführen.

Wie alle Übungen mit einem Zugband können dabei nur mit vielen Wiederholungen gute Resultate erzielt werden. Mit einem doppelten Zugband wird die Anstrengung erhöht, die Amplitude der Bewegung wird jedoch verringert. Diese Übung trainiert den mittleren Gesäßmuskel und den tiefer gelegenen kleinen Gesäßmuskel.

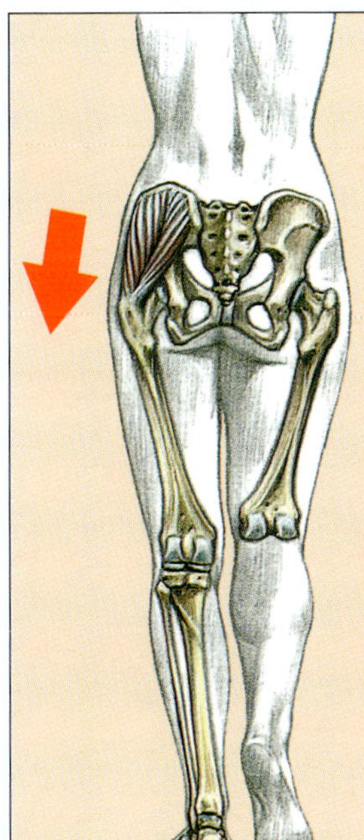

FUNKTION DES MITTLEREN UND DES KLEINEN GESÄSSMUSKELS BEIM GEHEN

Neben ihrer Aufgabe bei der Abduktion des Beines spielen der mittlere und der kleine Gesäßmuskel auch beim Gehen eine sehr zentrale Rolle, da sie das Becken stabilisieren und verhindern, dass es zu dem Zeitpunkt, wenn das Gewicht auf einem Bein liegt, schräg wegkippt.

8 ABDUKTION DES BEINES IM STAND AM TIEFEN BLOCK

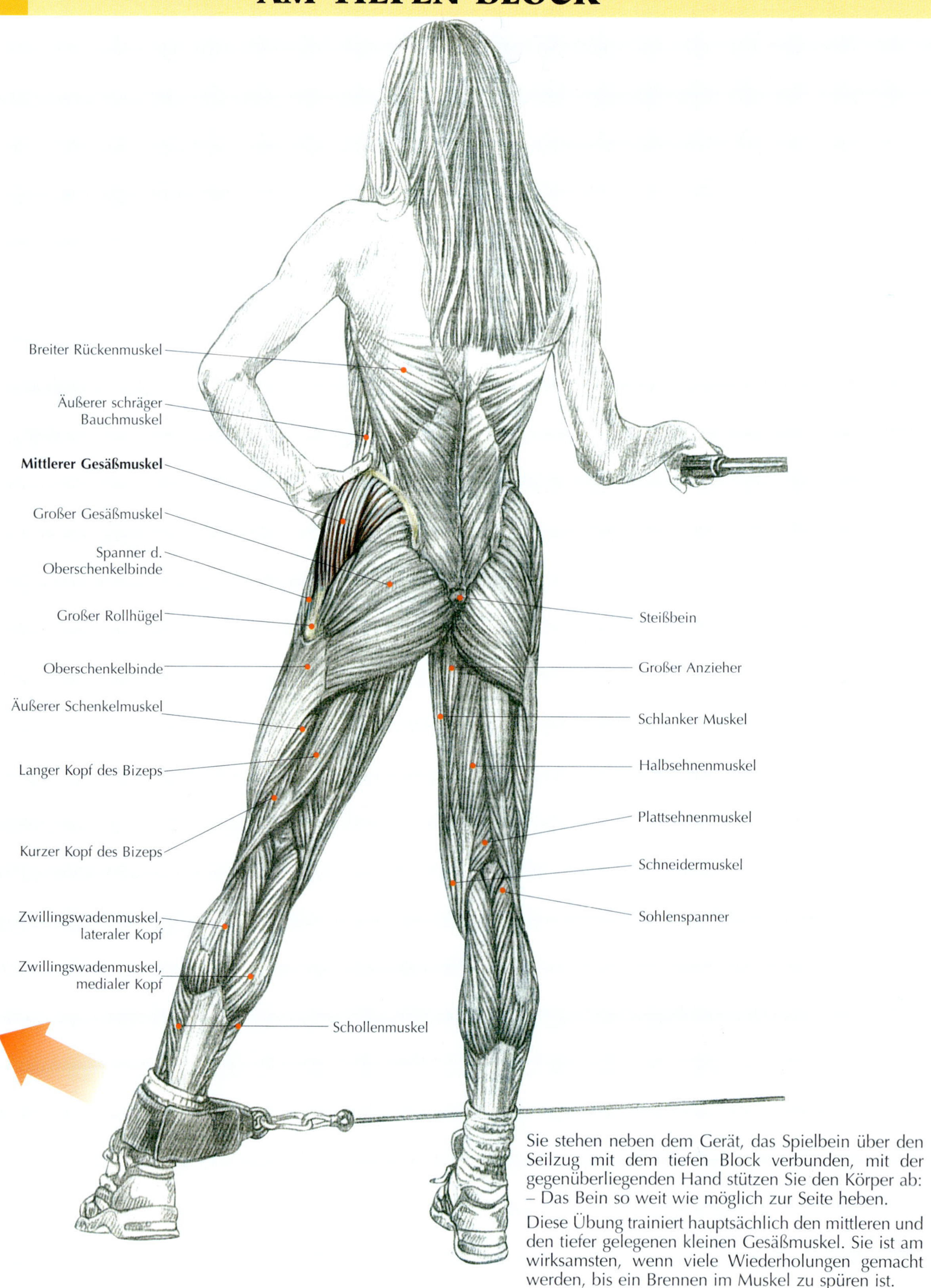

Sie stehen neben dem Gerät, das Spielbein über den Seilzug mit dem tiefen Block verbunden, mit der gegenüberliegenden Hand stützen Sie den Körper ab:
– Das Bein so weit wie möglich zur Seite heben.

Diese Übung trainiert hauptsächlich den mittleren und den tiefer gelegenen kleinen Gesäßmuskel. Sie ist am wirksamsten, wenn viele Wiederholungen gemacht werden, bis ein Brennen im Muskel zu spüren ist.

INDIVIDUELLE UNTERSCHIEDE IN DER BEWEGLICHKEIT DER HÜFTEN

Abgesehen von der Tatsache, dass das Becken beim Einzelnen nicht gleich locker und die Muskeln nicht immer gleich geschmeidig sind, ist die individuelle Beweglichkeit der Hüften vor allem auf Grund des unterschiedlichen Knochenbaus im Hüftgelenk verschieden. Wichtig für die Bewegungsamplitude bei der Abduktion der Hüfte ist der Knochenbau.

Beispiel:
- Durch einen fast waagerechten Oberschenkelhals *(Coxa vara)* in Verbindung mit einem recht hohen und dicken Rand der Gelenkpfanne werden die Abduktionsbewegungen begrenzt.
- Sitzt der Oberschenkelhals fast senkrecht *(Coxa valga)* in Verbindung mit einem kleineren Rand der Gelenkpfanne, wird das seitliche Wegführen erleichtert.

Es ist daher sinnlos zu versuchen, das Bein sehr weit zur Seite anzuheben, wenn der Körperbau nicht dafür geeignet ist.

Wenn die Abduktion des Beines forciert wird, stößt der Oberschenkelhals an den überstehenden Rand der Gelenkpfanne, und das seitliche Anheben des Beines wird mit einem Abkippen des Beckens auf den Kopf des gegenüberliegenden Oberschenkelknochens kompensiert. Außerdem können viele erzwungene Bewegungen zur Seite auf lange Sicht bei manchen Menschen kleinste Verletzungen auslösen, wodurch es dann zu einer übermäßigen Ausbildung des oberen Rands der Gelenkpfanne kommt, und somit zu einer nur begrenzten Gelenkigkeit der Hüfte. Dabei besteht auch das Risiko schmerzhafter entzündlicher Reaktionen.

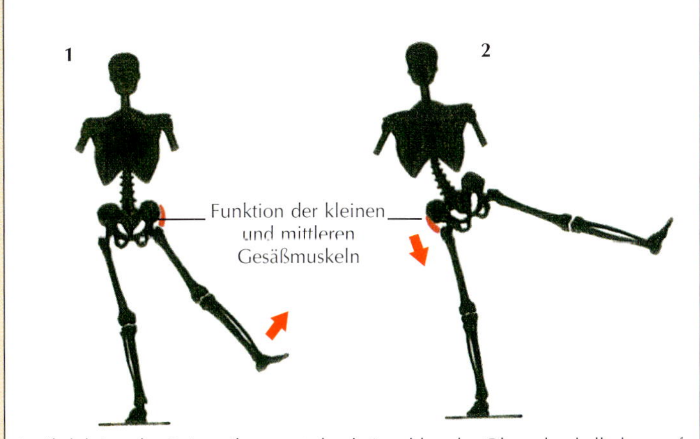

1. Abduktion des Beines (begrenzt durch Anschlag des Oberschenkelhalses auf den Rand der Hüftgelenkpfanne).
2. Durch Kippen des Beckens auf dem gegenüberliegende Bein kann der Bewegungswinkel der Abduktion erweitert werden.

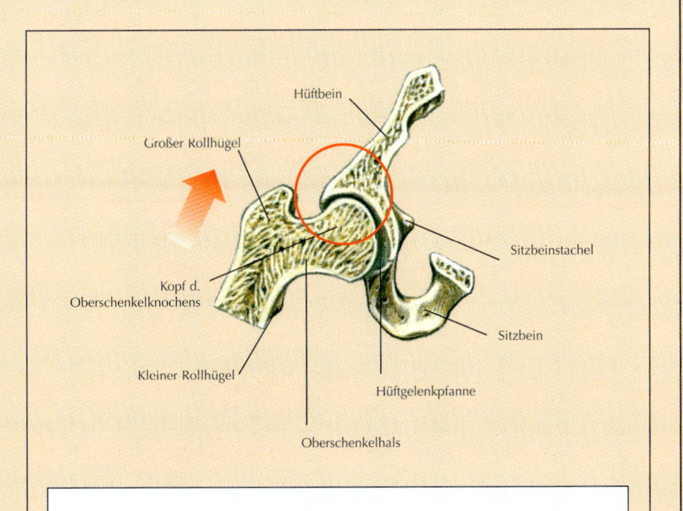

Anschlag des Oberschenkelhalses auf den Rand der Hüftgelenkpfanne begrenzt die Schwingungsweite bei der Abduktion.

UNTERSCHIEDLICHE ANATOMISCHE AUSPRÄGUNGEN DER HÜFTE

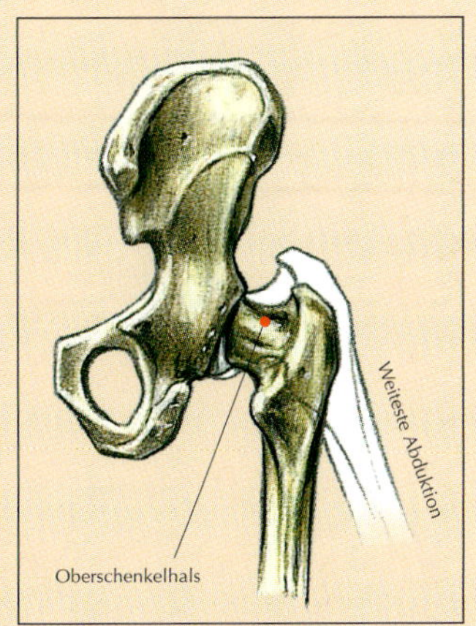

Ein fast waagerechter Oberschenkelhals wird *Coxa vara* genannt. Damit wird eine Abduktion begrenzt, da der Oberschenkelhals schneller an den oberen Rand der Gelenkpfanne stößt.

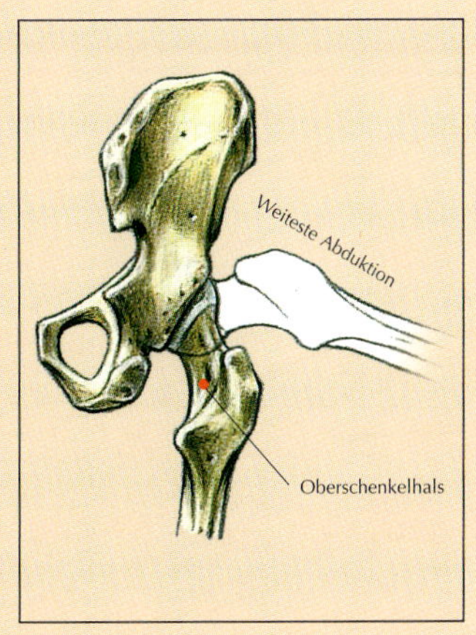

Ein steil aufgerichteter Oberschenkelhals wird als *Coxa valga* bezeichnet. Eine solche Anatomie der Hüfte macht bei der Abduktion eine größere Schwingungsweite möglich.

9 ABDUKTION DES BEINES IM STEHEN AM PENDEL

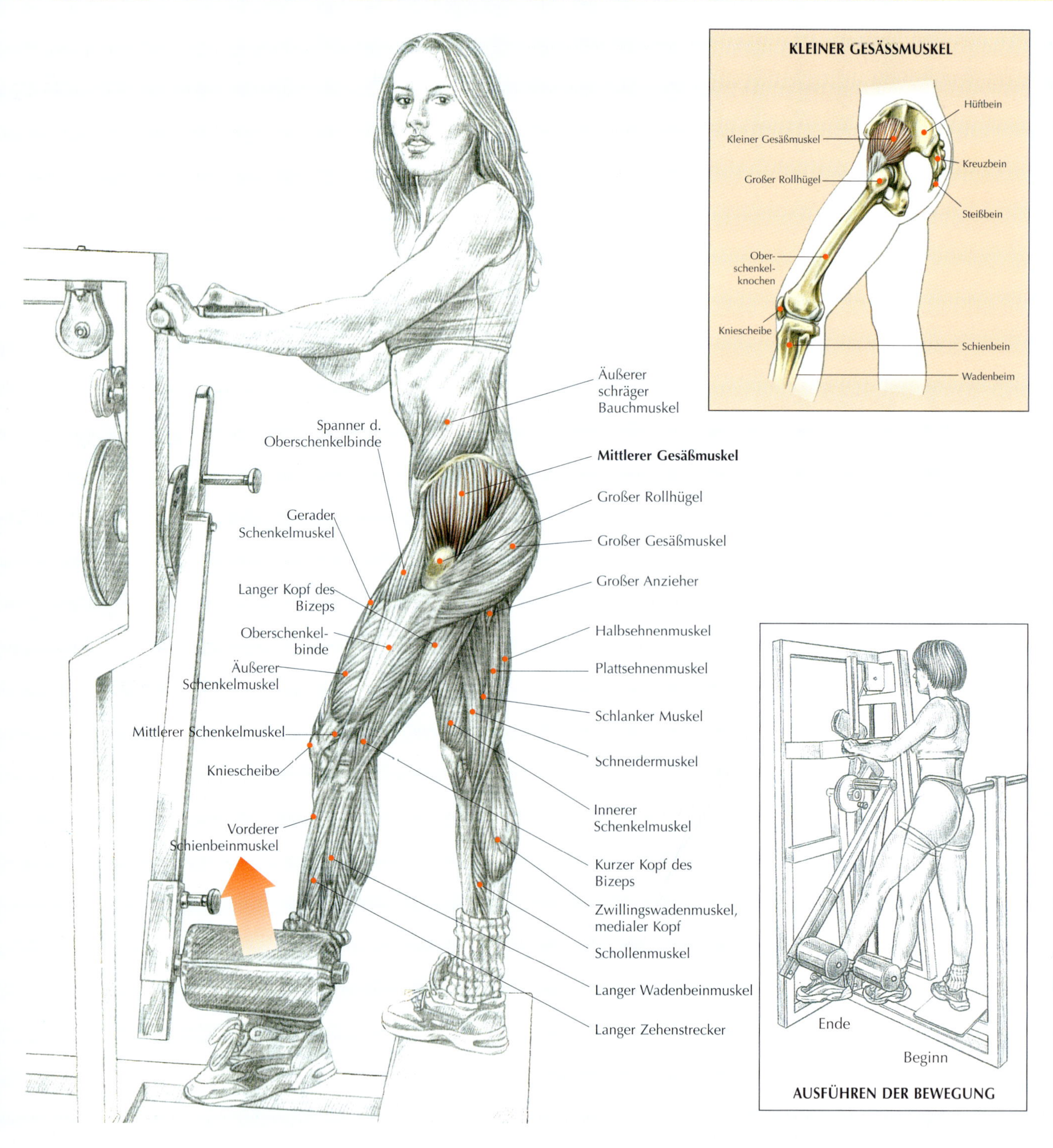

Sie stehen auf dem Gerät, das Standbein auf der Platte, die Rolle liegt an der Unterschenkelaußenseite des Spielbeines auf:
– Das Bein so hoch wie möglich zur Seite heben und langsam wieder zur Ausgangsposition zurückkehren. Es ist zu beachten, dass die Bewegungsamplitude der Abduktion durch den Anschlag des Oberschenkelhalses auf den Rand der Hüftgelenkpfanne begrenzt wird.

Diese Übung eignet sich hervorragend zur Festigung des mittleren und kleinen (tiefer liegenden) Gesäßmuskels, dessen Funktion mit den vorderen Fasern des mittleren Gesäßmuskels identisch ist. Sätze mit vielen Wiederholungen bringen das beste Resultat.

ABDUKTION DES BEINES IM LIEGEN MIT »TUBE« 10

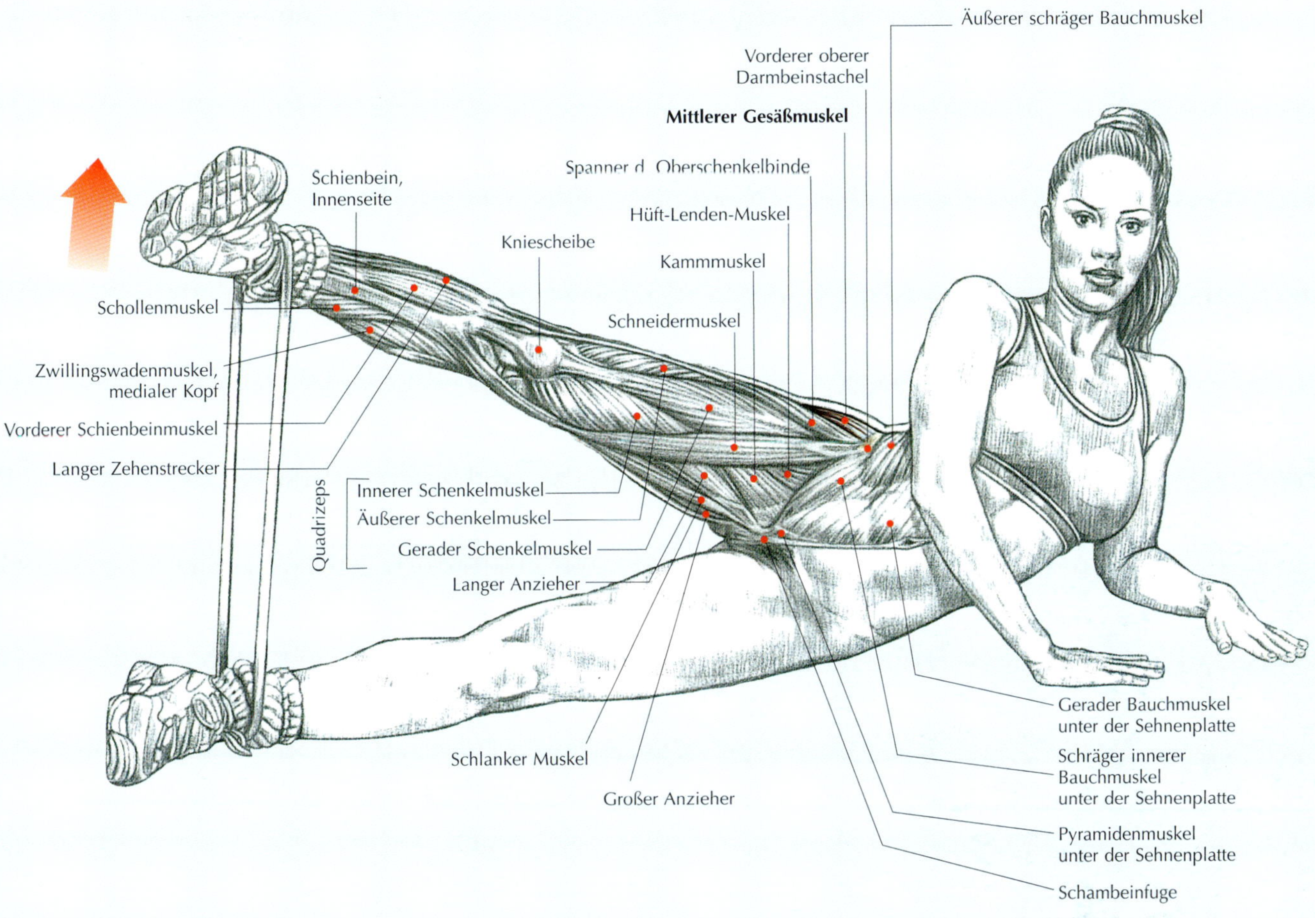

AUSGANGSSTELLUNG

Sie liegen auf der Seite, auf den Unterarm gestützt, ein Zugband um den Knöchel:
– Das Bein zur Seite anheben, Knie dabei immer angespannt;
– in Ausgangsposition zurückkehren, ohne dabei die Spannung des Zugbandes zu lösen;
– von neuem beginnen.
Diese Übung trainiert den mittleren Gesäßmuskel und den tiefer gelegenen kleinen Gesäßmuskel; dies sind die Hauptmuskeln der seitlichen Rundung der Hüfte.
Viele Wiederholungen führen zu den besten Resultaten.

Anmerkung: Zur Steigerung des Trainingseffekts kann die Übung mit zwei Zugbändern um die Knöchel durchgeführt werden.

SCHNITT DURCH DIE HÜFTE BEI DER FRAU, DIE POSITION DES MITTLEREN UND KLEINEN GESÄSSMUSKELS ZEIGEND

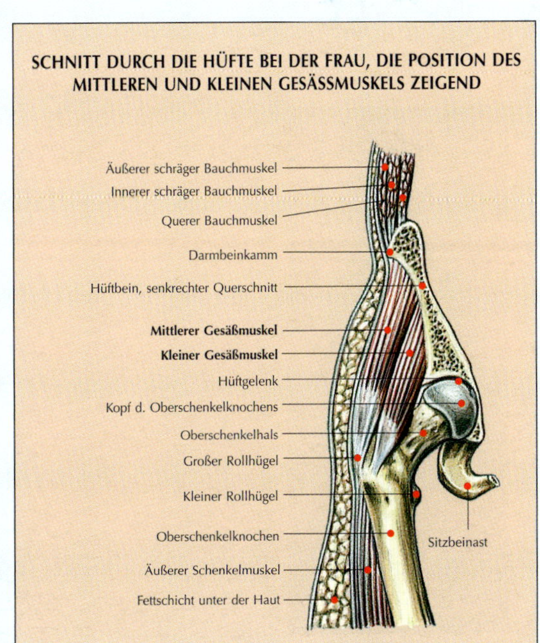

11 ABDUKTION: SEITWÄRTIGES WEGFÜHREN DES BEINES IM LIEGEN

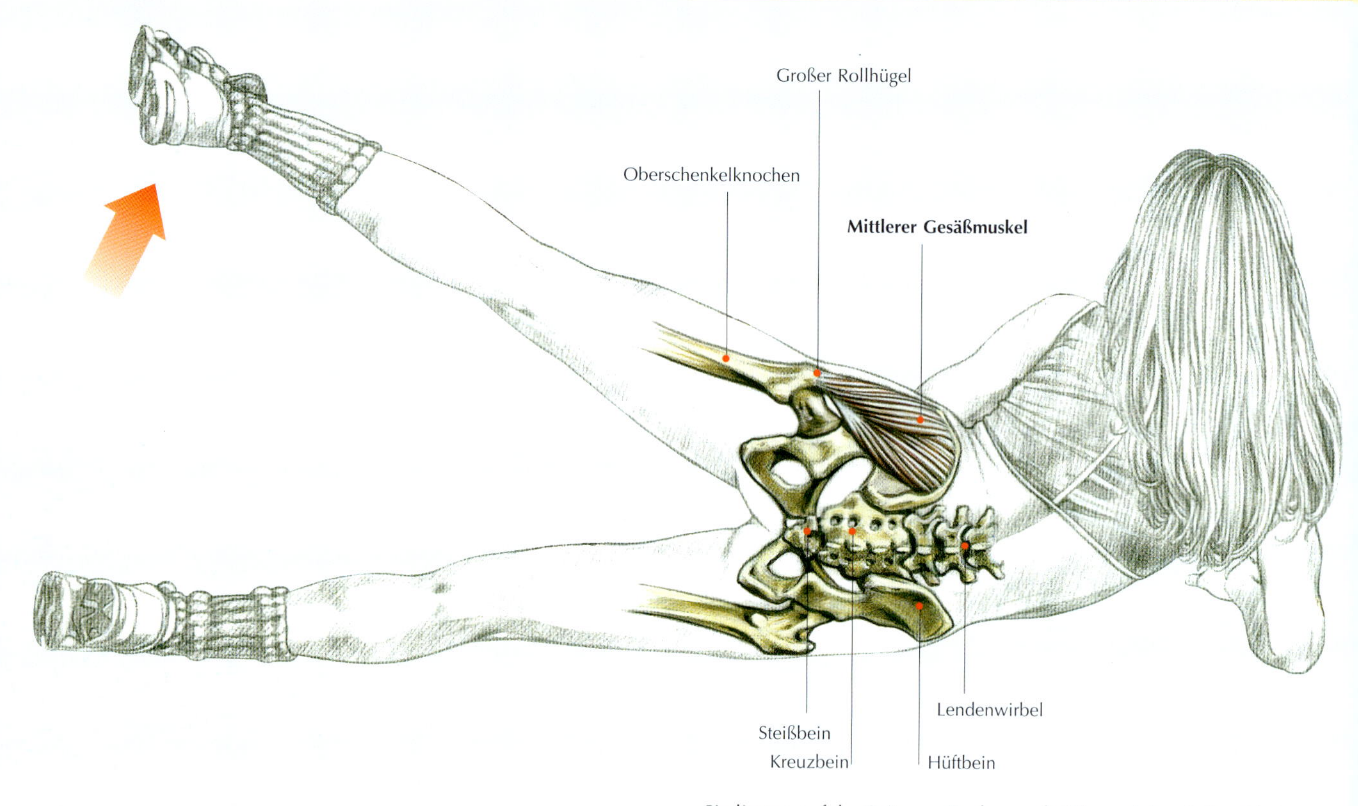

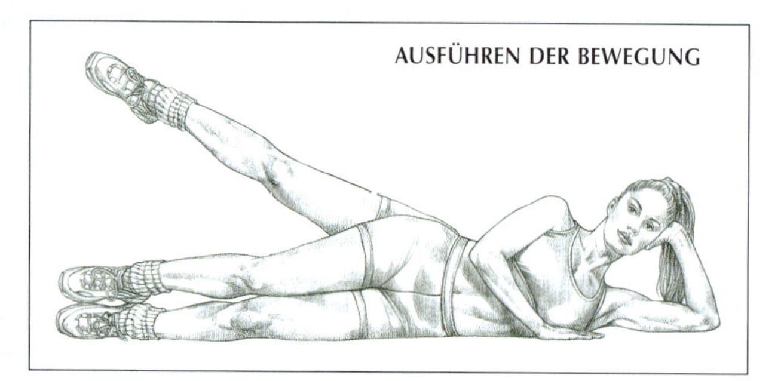

AUSFÜHREN DER BEWEGUNG

Sie liegen auf der Seite am Boden und stützen sich mit dem Unterarm ab, der Kopf wird aufrecht gehalten:

– Das gestreckte Bein seitlich nach oben heben, dabei einen Winkel von 70° nicht überschreiten. Während des Bewegungsablaufes bleibt das Bein gestreckt.

Diese Übung trainiert den mittleren und kleinen Gesäßmuskel. Man kann sie mit einer größeren oder auch kleineren Bewegungsamplitude ausführen und die Muskeln auf dem Höhepunkt der Abduktion für einige Sekunden in isometrischer Anspannung halten. Das Bein kann sowohl leicht nach vorn oder hinten als auch senkrecht angehoben werden.

Zur Steigerung des Trainingseffekts kann eine Gewichtsmanschette oberhalb des Knöchels getragen oder möglicherweise ein Zugband oder der tiefe Block verwendet werden.

DIE DREI MÖGLICHKEITEN, DAS BEIN ANZUHEBEN

2

1

3

TRAINIERTE BEREICHE

1 2 3

1. Bein senkrecht angehoben

2. Bein leicht nach hinten angehoben

3. Bein leicht nach vorn angehoben

ABDUKTION IM SITZEN AM GERÄT 12

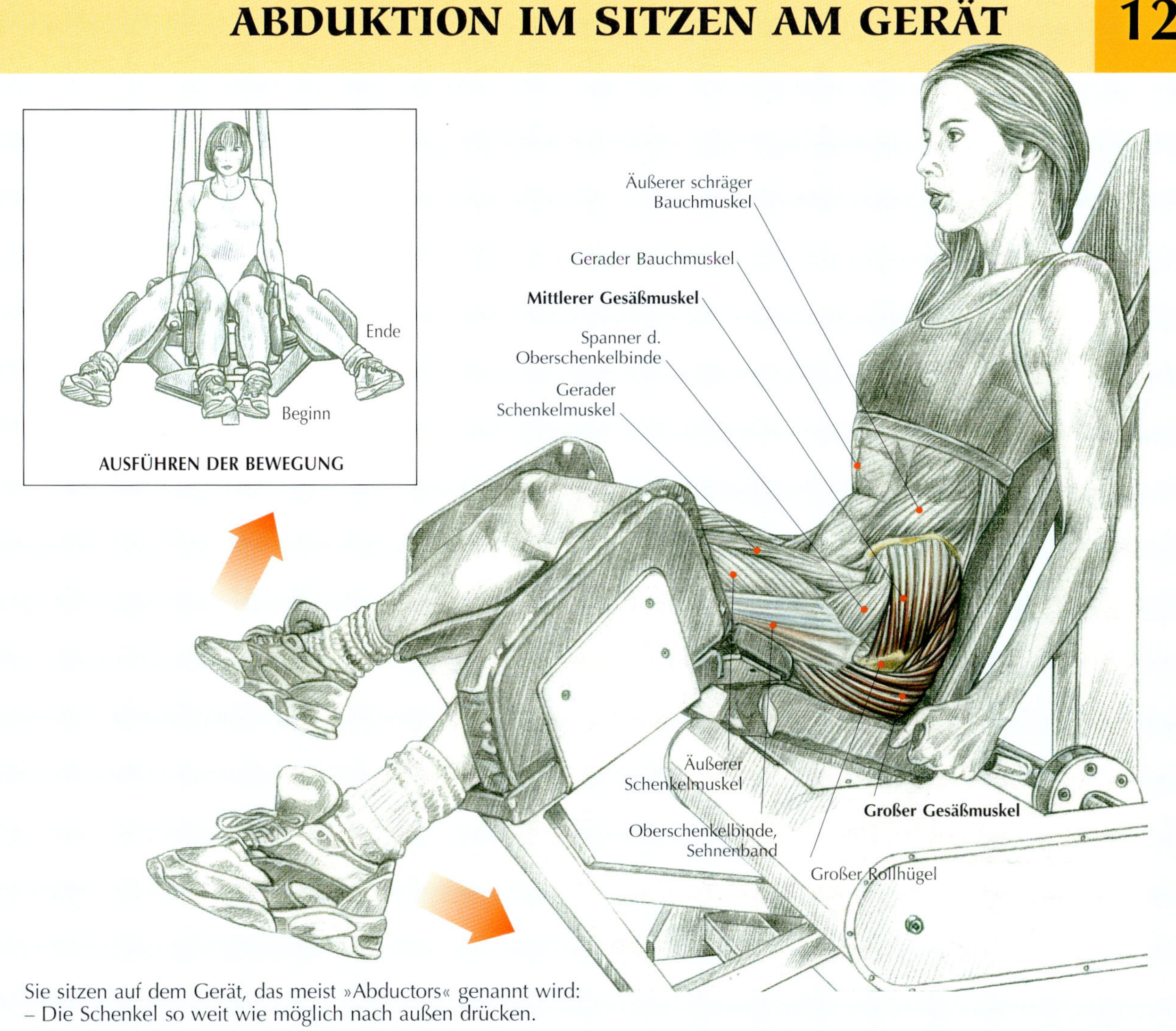

Sie sitzen auf dem Gerät, das meist »Abductors« genannt wird:
– Die Schenkel so weit wie möglich nach außen drücken.

Wenn die Rückenlehne des Gerätes stark nach hinten geneigt ist, wird der mittlere Gesäßmuskel gekräftigt, ist sie nur wenig geneigt oder gerade, wird der obere Teil des großen Gesäßmuskels trainiert. Ideal wäre es, in einem Übungsgang den Neigungswinkel des Oberkörpers zu variieren.

Beispiel:
Bei zehn Wiederholungen liegt der Rücken an der Lehne, bei zehn weiteren beugen Sie den Oberkörper nach vorn.

Diese Übung ist sehr gut für Frauen geeignet, weil sie den oberen Teil der Hüfte kräftigt und rundet, was die Taille hervorhebt und schmaler erscheinen lässt.

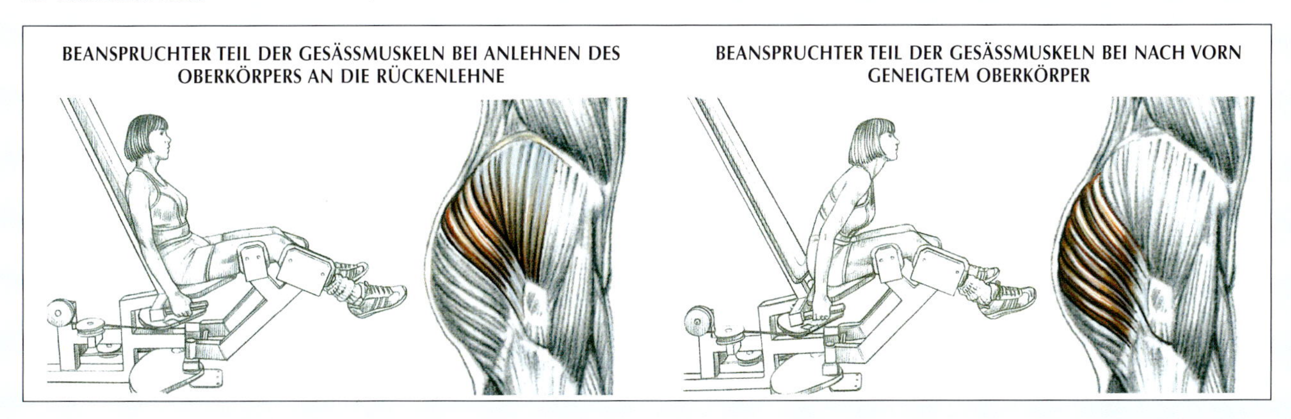

BEANSPRUCHTER TEIL DER GESÄSSMUSKELN BEI ANLEHNEN DES OBERKÖRPERS AN DIE RÜCKENLEHNE
BEANSPRUCHTER TEIL DER GESÄSSMUSKELN BEI NACH VORN GENEIGTEM OBERKÖRPER

13 SEITLICHES ANHEBEN DES OBERSCHENKELS AM BODEN

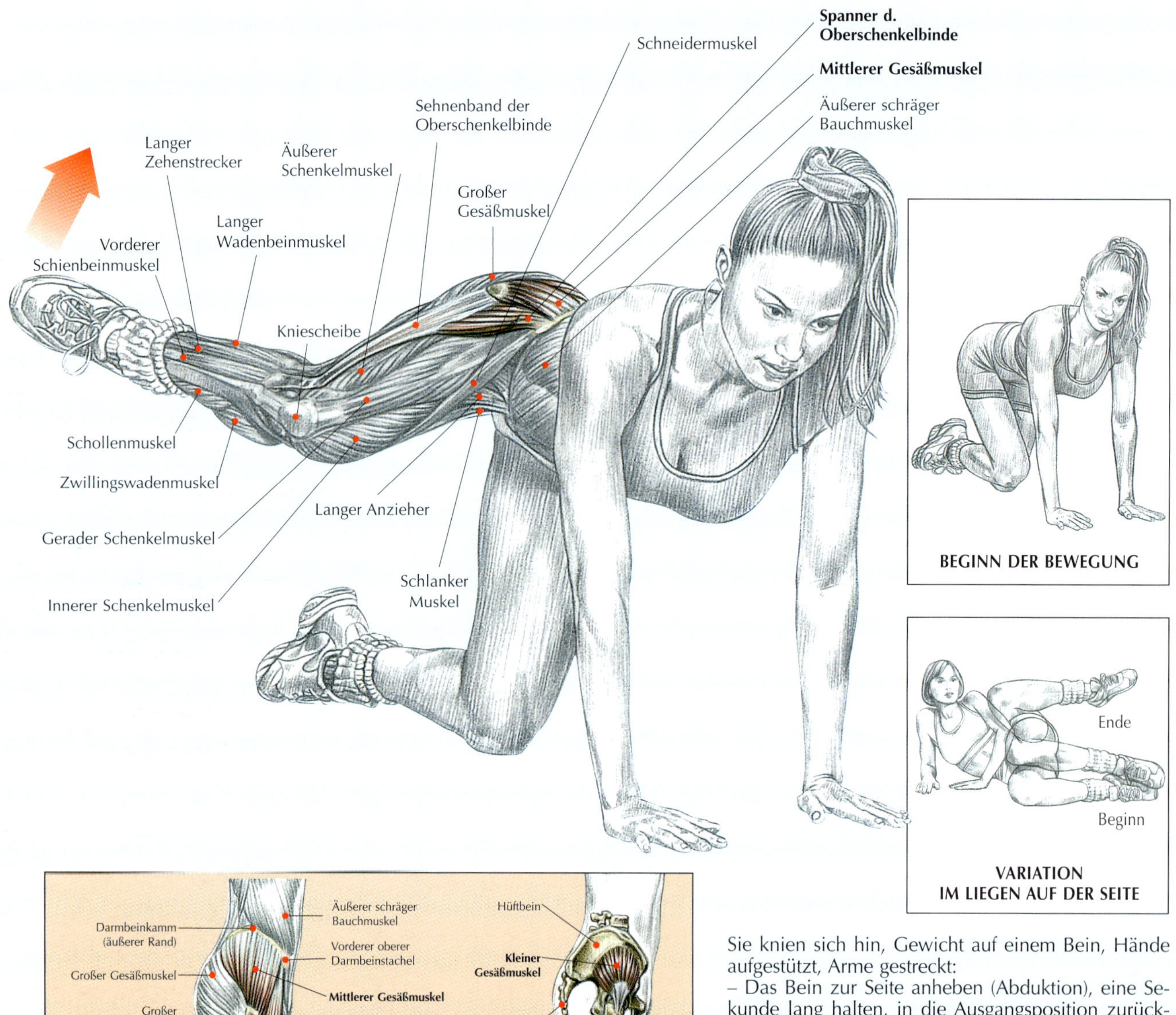

BEGINN DER BEWEGUNG

VARIATION IM LIEGEN AUF DER SEITE

Darmbeinkamm (äußerer Rand)
Großer Gesäßmuskel
Großer Rollhügel
Langer Kopf des Bizeps
Zweiköpfiger Schenkelmuskel, kurzer Kopf
Plattsehnenmuskel
Wadenbeinkopf
Zwillingswadenmuskel, lateraler Kopf
Schollenmuskel
Langer Wadenbeinmuskel
Kurzer Wadenbeinmuskel
Achillessehne
Fersenbeinhöcker
Äußerer schräger Bauchmuskel
Vorderer oberer Darmbeinstachel
Mittlerer Gesäßmuskel
Gerader Schenkelmuskel
Spanner d. Oberschenkelbinde
Oberschenkelbinde
Äußerer Schenkelmuskel
Mittlerer Schenkelmuskel
Kniescheibe
Langer Zehenstrecker
Vorderer Schienbeinmuskel
Hüftbein
Kleiner Gesäßmuskel
Kreuzbein
Oberschenkelknochen
Kniescheibe
Wadenbeim
Schienbein

BEANSPRUCHTE MUSKELN

Sie knien sich hin, Gewicht auf einem Bein, Hände aufgestützt, Arme gestreckt:
– Das Bein zur Seite anheben (Abduktion), eine Sekunde lang halten, in die Ausgangsposition zurückkehren und von neuem beginnen.
Diese Übung kräftigt vor allem den mittleren und den kleinen Gesäßmuskel, den Spanner der Oberschenkelbinde, und auch die tiefer liegenden gesamten äußeren Drehmuskeln der Hüfte. Diese Übung wird mit gestrecktem oder leicht gebeugtem Bein ausgeführt. Sie kann mit geringer Bewegungsamplitude im letzten Teil der Abduktion ausgeführt werden. Um den gesamten »Deltamuskel des Gesäßes« zu trainieren, kann ein Satz dieser Übung mit Hüftstrecken am Boden (Übung 16) kombiniert werden.
Wie alle Bewegungen ohne zusätzliche Gewichte bringen viele Wiederholungen, bis es zum Gefühl von Brennen im Muskel kommt, die besten Resultate.

Vorsicht: Die Abduktion des Beines wird durch den Anschlag des Oberschenkelhalses am Rand der Gelenkpfanne begrenzt. Deshalb nicht versuchen, den Oberschenkel mit Gewalt weiter als bis zur Waagerechten zu bringen.

HÜFTSTRECKEN AM PENDEL

14

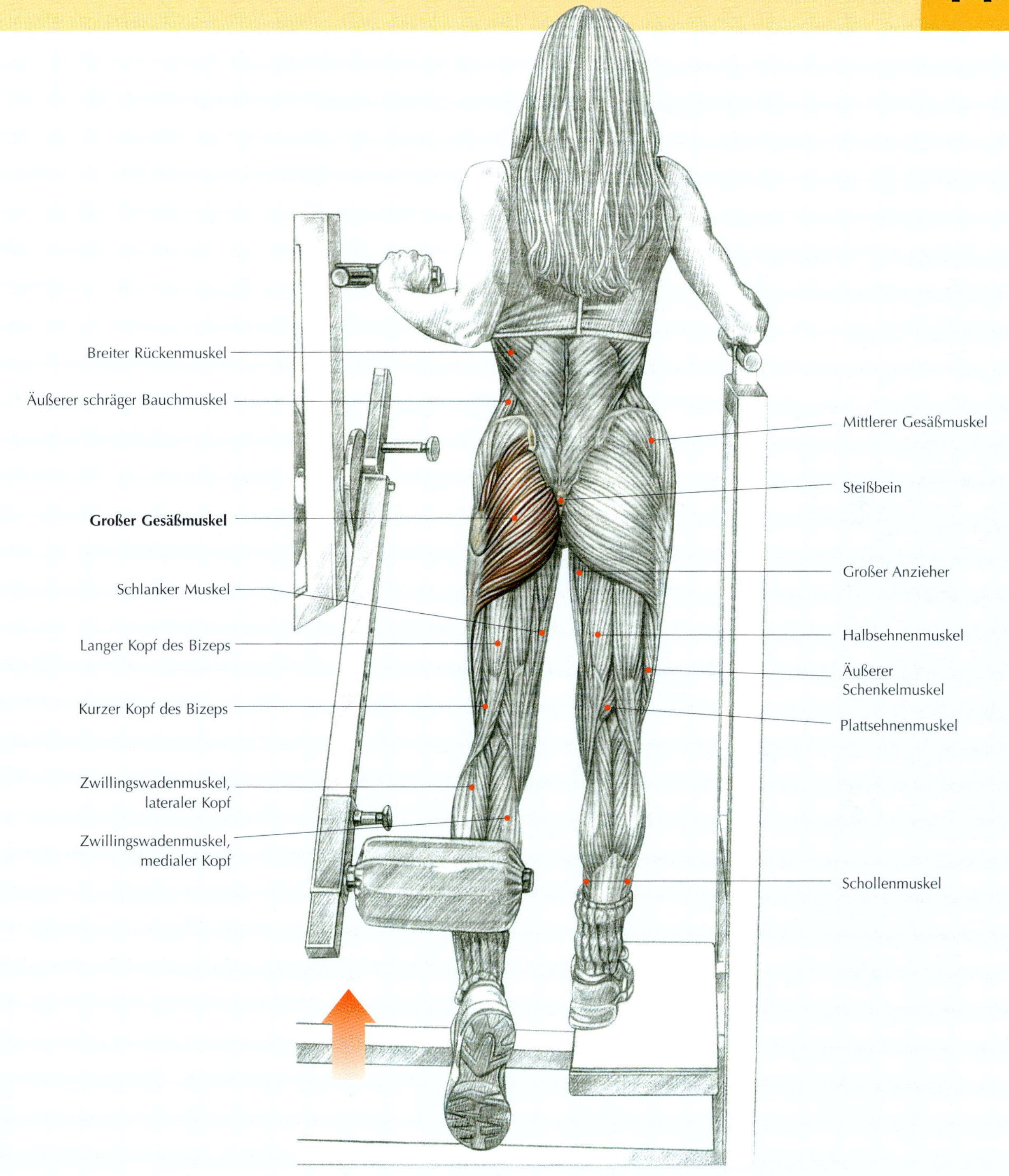

Der Oberkörper ist etwas nach vorn geneigt, die Hände umfassen die Griffe, mit einem Bein stehen Sie auf der Platte, das andere ist leicht nach vorn gestreckt, und die gepolsterte Rolle liegt an der Wade an, auf halber Höhe zwischen Knie und Fußgelenk:

– Beim Einatmen den Oberschenkel gegen den Widerstand nach hinten führen und dabei die Hüfte überstrecken;
– in isometrischer Anspannung für zwei Sekunden verharren;
– zur Ausgangsposition zurückkehren und am Ende der Bewegung ausatmen.

Diese Übung trainiert hauptsächlich den großen Gesäßmuskel und in geringerem Maße auch den Halbsehnenmuskel, den Plattsehnenmuskel und den langen Kopf des Oberschenkelbizeps.

Beim Hüftstrecken am Gerät können kurze Sätze mit größeren Gewichten oder längere Sätze mit geringeren Gewichten durchgeführt werden.

15 HÜFTSTRECKEN IM STAND

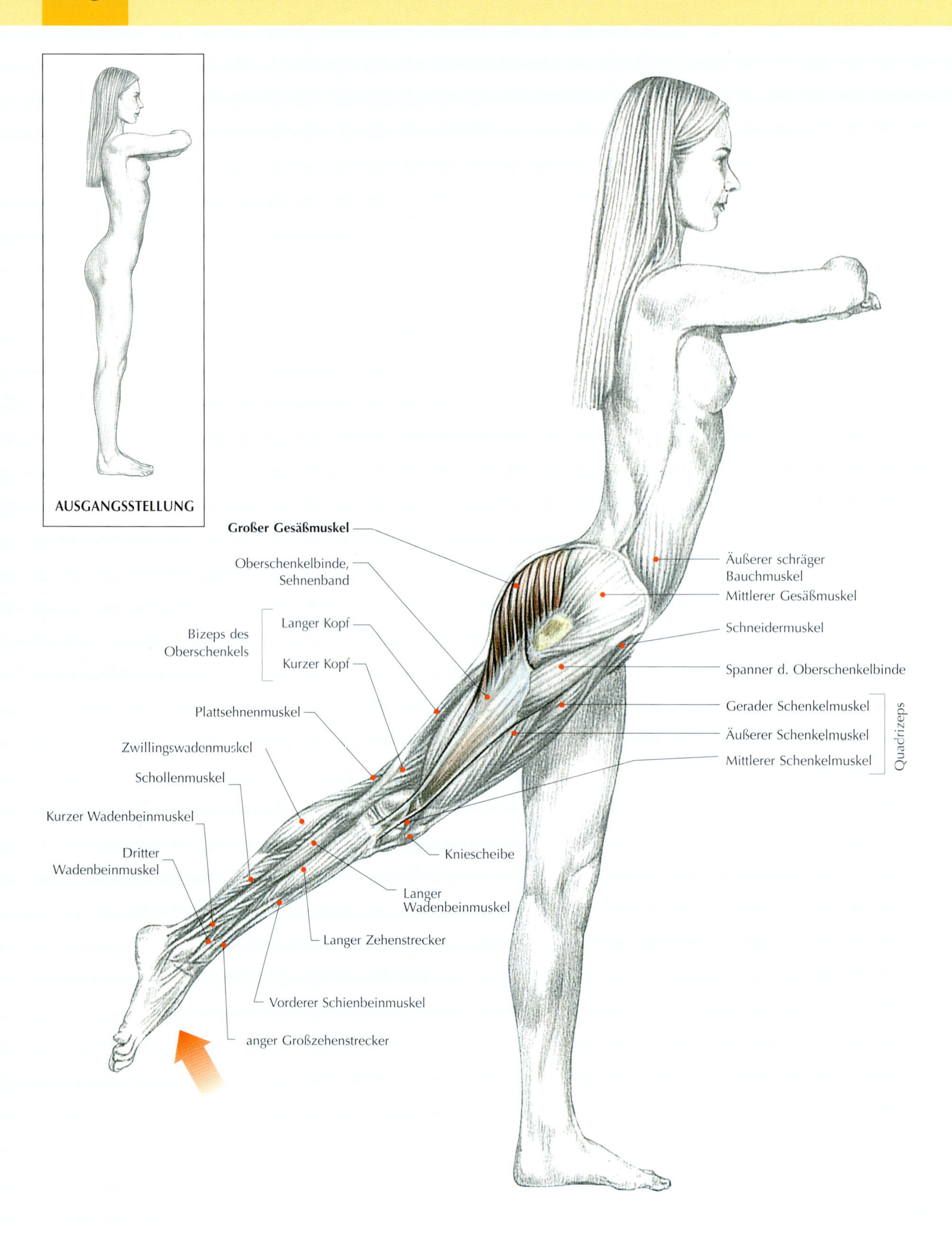
AUSGANGSSTELLUNG
Großer Gesäßmuskel
Oberschenkelbinde, Sehnenband
Bizeps des Oberschenkels
Langer Kopf
Kurzer Kopf
Plattsehnenmuskel
Zwillingswadenmuskel
Schollenmuskel
Kurzer Wadenbeinmuskel
Dritter Wadenbeinmuskel
Äußerer schräger Bauchmuskel
Mittlerer Gesäßmuskel
Schneidermuskel
Spanner d. Oberschenkelbinde
Gerader Schenkelmuskel
Äußerer Schenkelmuskel
Mittlerer Schenkelmuskel
Quadrizeps
Kniescheibe
Langer Wadenbeinmuskel
Langer Zehenstrecker
Vorderer Schienbeinmuskel
anger Großzehenstrecker

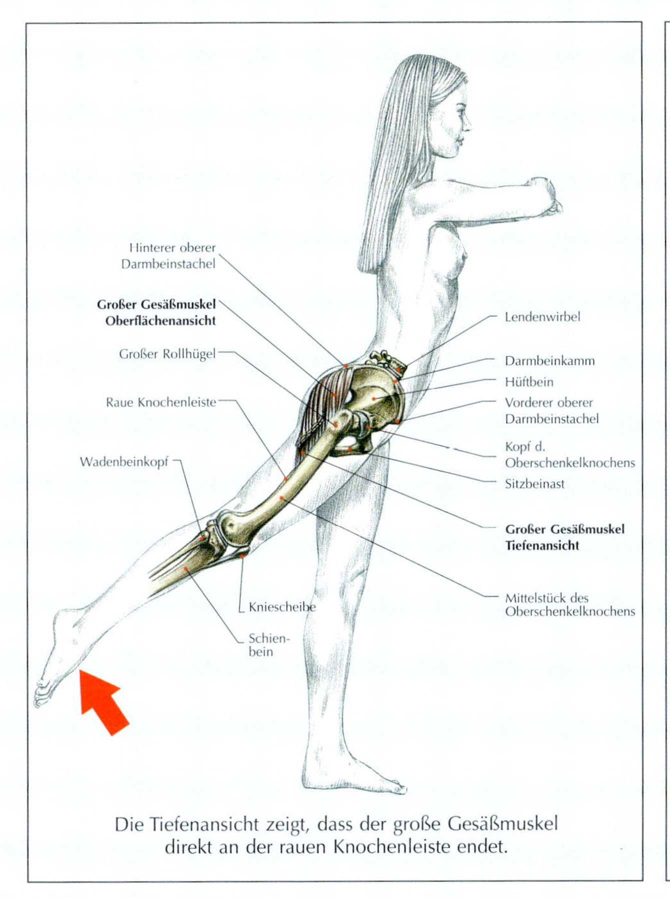

Die Tiefenansicht zeigt, dass der große Gesäßmuskel direkt an der rauen Knochenleiste endet.

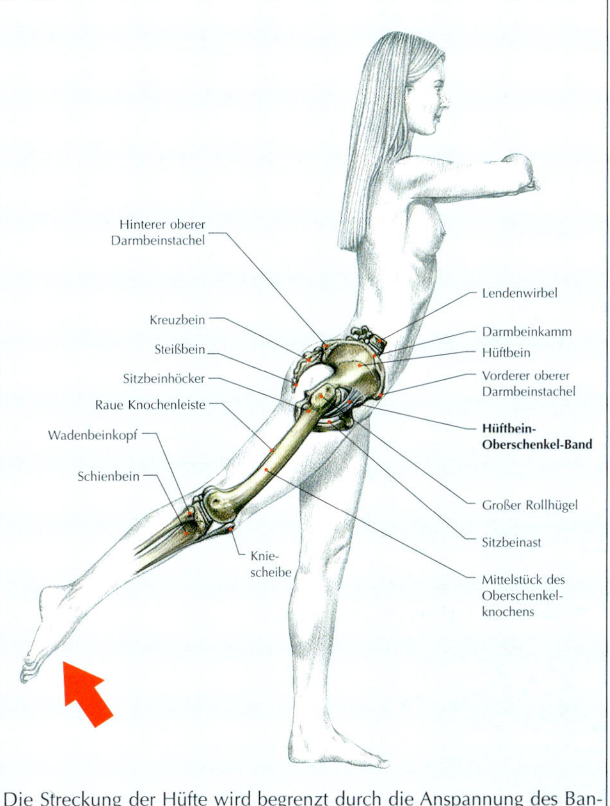

Die Streckung der Hüfte wird begrenzt durch die Anspannung des Bandes zwischen Darmbein und Oberschenkel, auch Bertin-Band genannt.

Sie stehen auf einem Bein, das Becken leicht nach vorn geneigt, die Arme vorn gekreuzt:
- Hüfte strecken;
- langsam in die Ausgangsposition zurückkehren und von neuem beginnen.

Es ist festzuhalten, dass die Streckung der Hüfte durch die Dehnbarkeit des Darmbein-Oberschenkel-Bandes (Bertin-Band) begrenzt ist.

Diese Übung trainiert vor allem die großen Gesäßmuskeln und in geringerem Maße auch die gesamten Kniebeuger, mit Ausnahme des kurzen Kopfs des Bizeps.

Wie alle Bewegungen ohne zusätzliche Gewichte bringen viele Wiederholungen, bis es zum Gefühl eines Brennens im Muskel kommt, die besten Resultate.

Zur Steigerung des Trainingseffekts kann eine Gewichtsmanschette oberhalb des Knöchels getragen oder mit einem Zugband gearbeitet werden.

Zum Erreichen einer höheren Standfestigkeit können Sie sich auf einen Stab stützen.

VARIATION MIT EINEM STAB

Beginn der Bewegung — Ende der Bewegung

16 HÜFTSTRECKEN AM BODEN

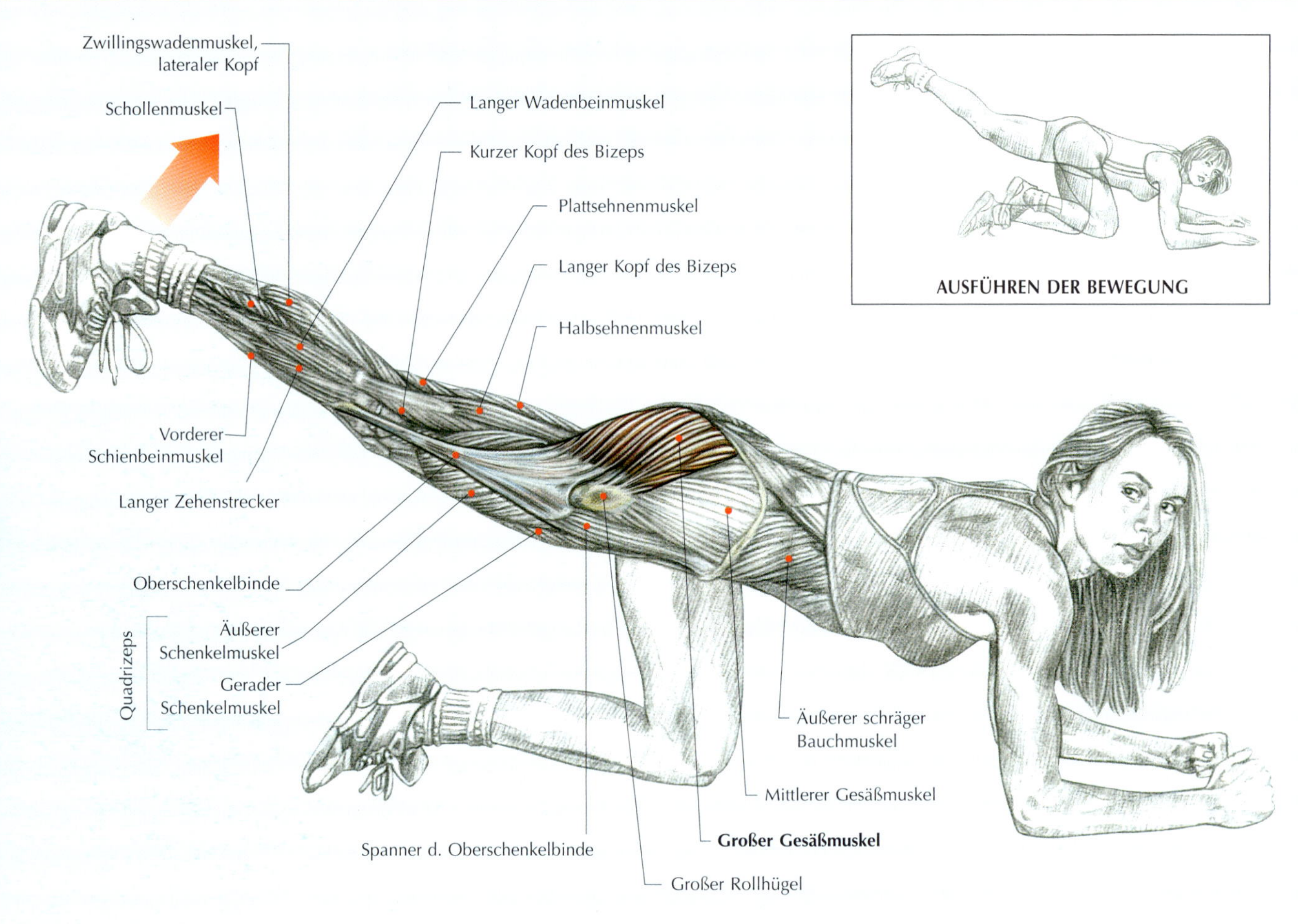

AUSFÜHREN DER BEWEGUNG

VARIATION MIT GEBEUGTEM BEIN

Sie knien mit einem Bein am Boden, das andere ist unter die Brust gezogen, mit den Unterarmen und den Händen stützen Sie sich ab:

– Das an die Brust gezogene Bein nach hinten führen, bis die Hüfte vollkommen gestreckt ist.

Bei vollständig gestrecktem Bein trainiert diese Übung die Kniebeuger und den großen Gesäßmuskel; wenn das Knie gebeugt wird, wird nur (und auch weniger intensiv) der große Gesäßmuskel gekräftigt.

Diese Bewegung kann mit größerer oder geringerer Bewegungsamplitude im letzten Teil der Streckung ausgeführt werden. Am Ende der Streckung kann der Muskel für ein oder zwei Sekunden in isometrischer Anspannung gehalten werden. Um eine höhere Intensität zu erreichen, kann eine Gewichtsmanschette um die Knöchel gelegt werden. Ihre Leichtigkeit und Effizienz haben diese Übung sehr populär gemacht, und sie wird häufig bei der Aerobic eingesetzt.

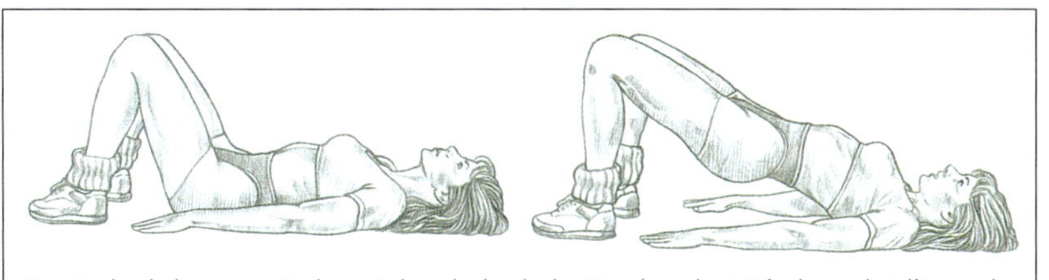

Das Beckenheben vom Boden wird auch durch das Strecken der Hüfte bewerkstelligt und trainiert vor allem den großen Gesäßmuskel. Weil keine Hilfsmittel dazu benötigt werden, lässt sich diese Übung wie die vorige überall durchführen.

HÜFTSTRECKEN BÄUCHLINGS AM GERÄT

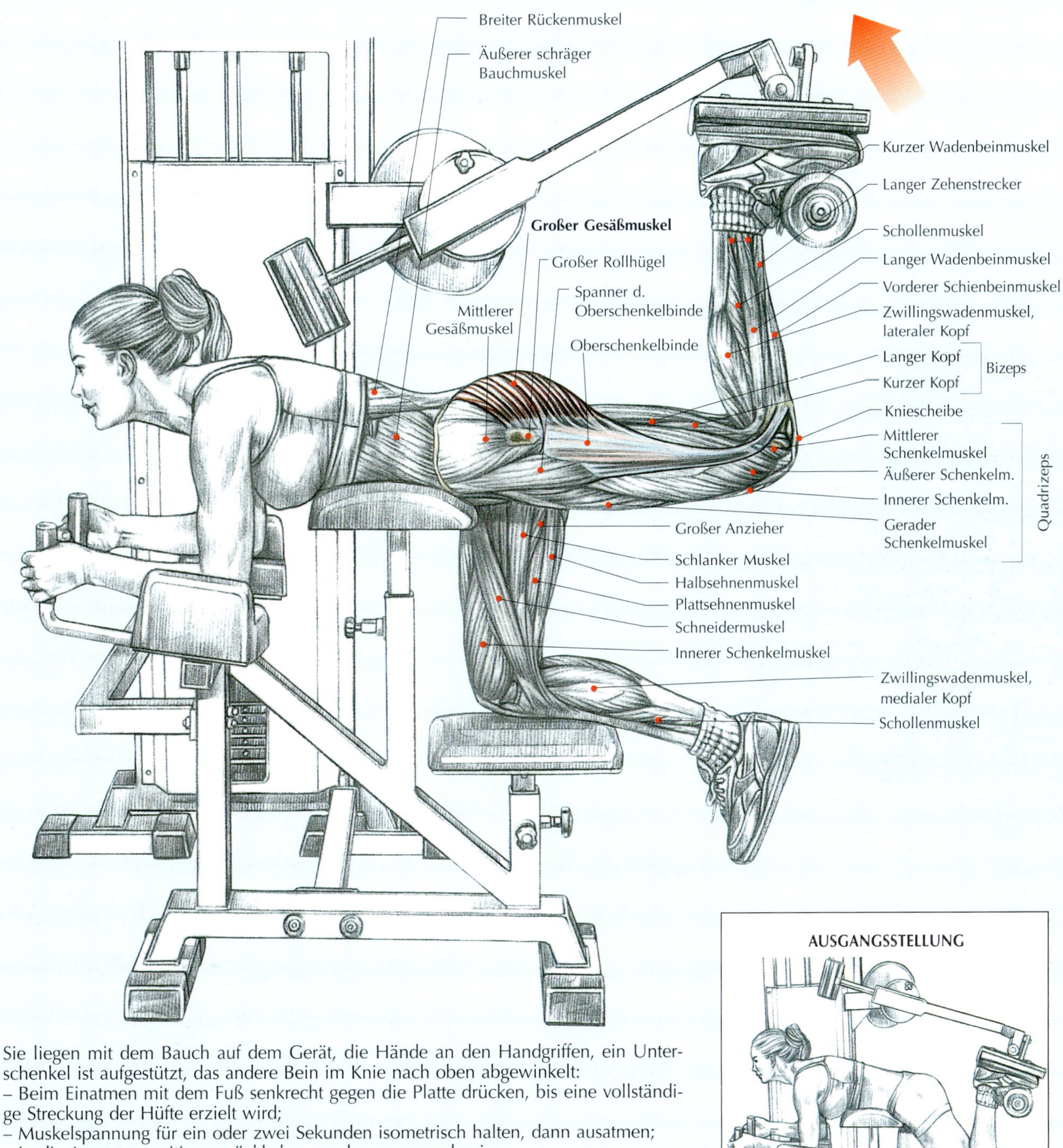

Sie liegen mit dem Bauch auf dem Gerät, die Hände an den Handgriffen, ein Unterschenkel ist aufgestützt, das andere Bein im Knie nach oben abgewinkelt:
- Beim Einatmen mit dem Fuß senkrecht gegen die Platte drücken, bis eine vollständige Streckung der Hüfte erzielt wird;
- Muskelspannung für ein oder zwei Sekunden isometrisch halten, dann ausatmen;
- in die Ausgangsposition zurückkehren und von neuem beginnen.

Diese Übung trainiert hauptsächlich den großen Gesäßmuskel. Zudem bewirkt die gebeugte Stellung des Knies, dass die Kniebeuger erschlafft sind, Letztere werden also beim Hüftstrecken leicht gekräftigt. Sätze von 10 bis 20 Wiederholungen führen zu guten Resultaten. Um an Kraft zuzulegen, kann die Last erhöht und dafür die Zahl der Wiederholungen verringert werden.

Anmerkung:
Beim Hüftstrecken im Liegen am Gerät werden die gleiche Bewegung und Stellung wie beim Hüftstrecken am Boden, einer verbreiteten Übung in Gymnastikkursen, ausgeführt.

18 HÜFTSTRECKEN AM TIEFEN BLOCK

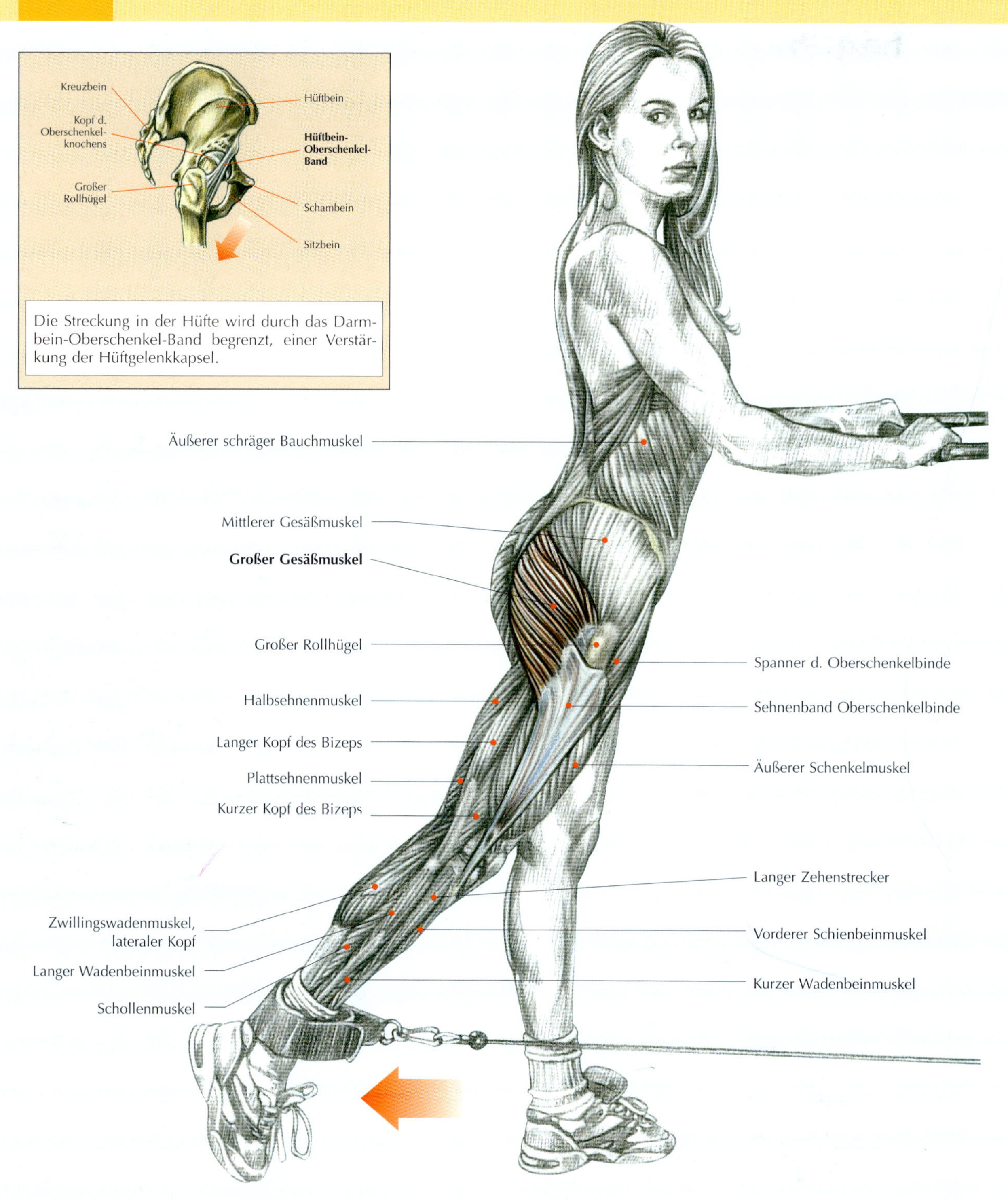

Die Streckung in der Hüfte wird durch das Darmbein-Oberschenkel-Band begrenzt, einer Verstärkung der Hüftgelenkkapsel.

Sie stehen vor dem Gerät, die Hände auf dem Griff, das Becken nach vorn geneigt, ein Bein als Standbein und das Fußgelenk des Spielbeins mit dem tiefen Block verbunden:

– Das Bein von der Hüfte her nach hinten strecken. Es ist zu beachten, dass die Hüftstreckung durch das Darmbein-Oberschenkel-Band begrenzt wird.

Diese Übung trainiert vor allem den großen Gesäßmuskel und in geringerem Maße auch die Kniebeuger mit Ausnahme des kurzen Kopfes des Bizeps. Sie kräftigt die Gesäßmuskeln und gibt dem Po eine schöne runde Form.

DAS GESÄSS, EINE BESONDERHEIT BEIM MENSCHEN

Auch wenn einige große Affen gelegentlich auch aufrecht gehen, so ist der Mensch der einzige Primat, und auch eines der wenigen Säugetiere, das eine Fortbewegung vollständig auf zwei Beinen angenommen hat.

Ein direkt mit dieser der Art der Fortbewegung in Zusammenhang stehendes Merkmal ist die Ausbildung des großen Gesäßmuskels, der der größte und stärkste Muskel im menschlichen Körper geworden ist.

Die Entwicklung des Gesäßes ist tatsächlich eine Besonderheit des Menschen. Im Vergleich sind bei Vierfüßern die großen Gesäßmuskeln verhältnismäßig weniger stark ausgebildet. So besteht z. B. die Kruppe beim Pferd, die manche mit dem Gesäß gleichsetzen, eigentlich aus den Kniebeugern (der hintere Teil des Oberschenkels beim Menschen).

Beim Menschen spielt der große Gesäßmuskel, ein Streckmuskel der Hüfte, beim Gehen keine sehr zentrale Rolle, da das Geradestellen des Beckens (und damit das Hüftstrecken) im Wesentlichen durch die Kniebeuger sichergestellt wird. Während des Gehens muss man das Gesäß nur einmal berühren, um festzustellen, dass es praktisch gar nicht angespannt wird.

Sobald die Anstrengung allerdings zunimmt – etwa beim Hinaufgehen einer Steigung, beim schnellen Gehen oder Laufen –, wird der Gesäßmuskel aktiv, und die Hüfte wird kraftvoll gestreckt und der Oberkörper aufgerichtet.

Das Verständnis dieser Biomechanik macht deutlich, dass mit bestimmten Bewegungen der großen Gesäßmuskeln und der Kniebeuger, wie dem »*Good Morning*« (siehe Seite 72) und dem Rumpfaufrichten mit gestreckten Beinen (siehe Seite 71), umso mehr die großen Gesäßmuskeln und umso weniger die Kniebeuger gekräftigt werden, je größer die dabei verwendeten Gewichte sind.

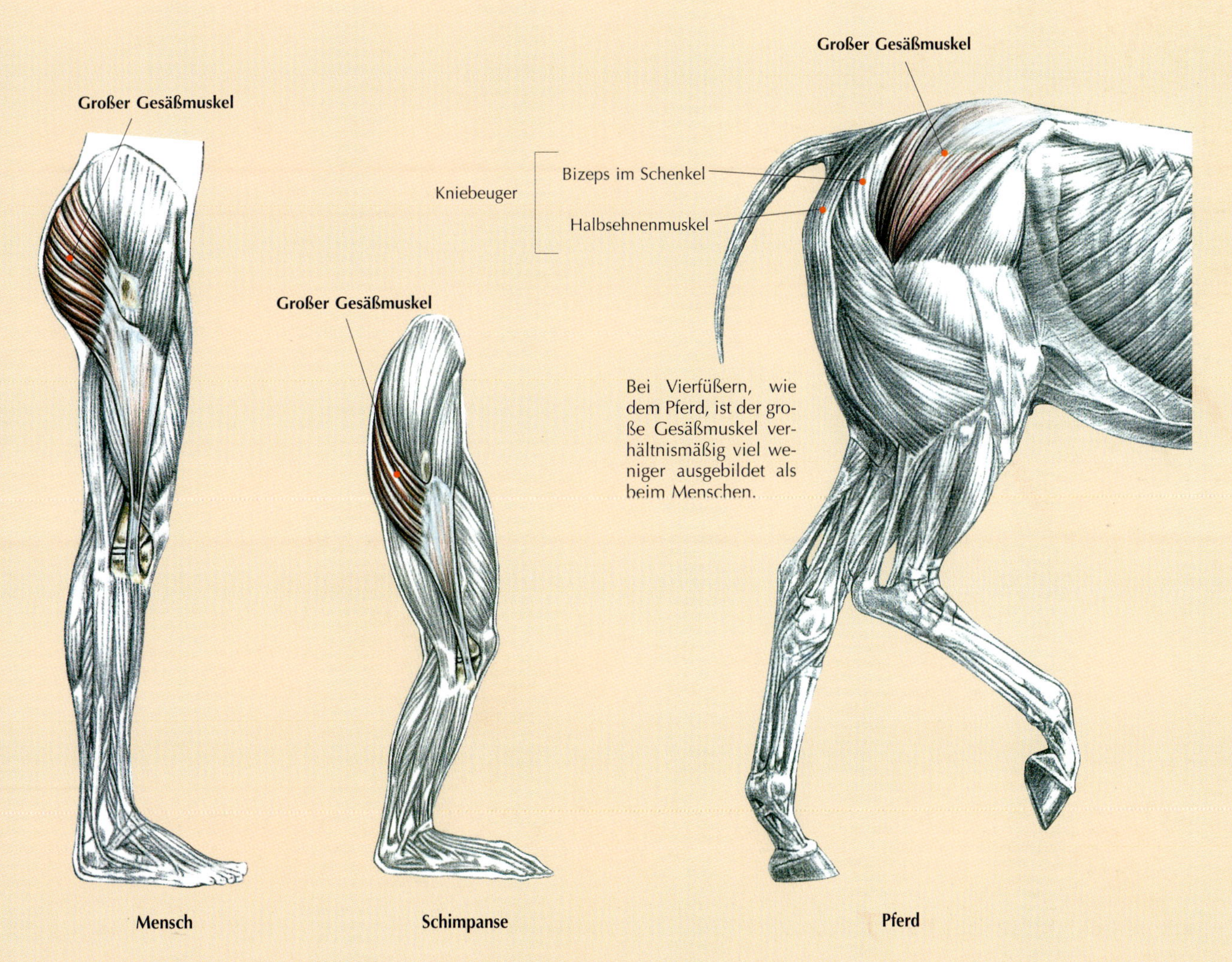

Bei Vierfüßern, wie dem Pferd, ist der große Gesäßmuskel verhältnismäßig viel weniger ausgebildet als beim Menschen.

19 HÜFTSTRECKEN AM BODEN MIT »TUBE«

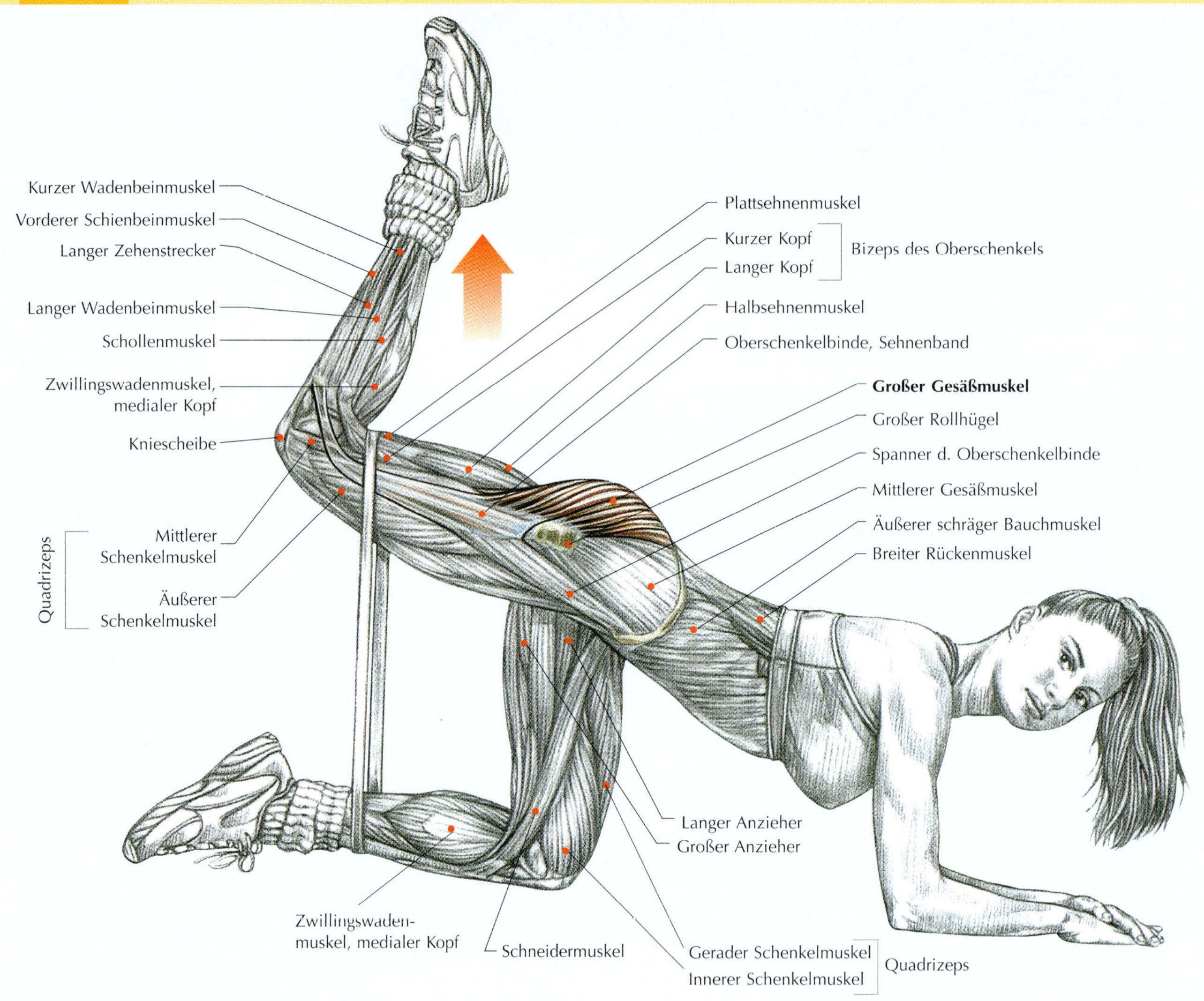

Sie stützen sich auf die Unterarme und auf ein Knie, das andere Bein ist angehoben, der Oberschenkel etwas unterhalb der Senkrechten, das Knie gebeugt, das Zugband ist um das Kniegelenk und das Fußgelenk am Boden gespannt:

– Hüfte vollständig strecken, um so das Bein so hoch wie möglich zu heben;

– in die Ausgangsposition zurückkehren, ohne die Spannung des Zugbandes zu lockern und von neuem beginnen.

Diese Übung, die immer in kleiner Bewegungsamplitude ausgeführt wird, trainiert den großen Gesäßmuskel und in geringerem Maße auch die Kniebeuger.

Viele Wiederholungen führen zu den besten Resultaten.

HÜFTSTRECKEN AUF EINER BANK 20

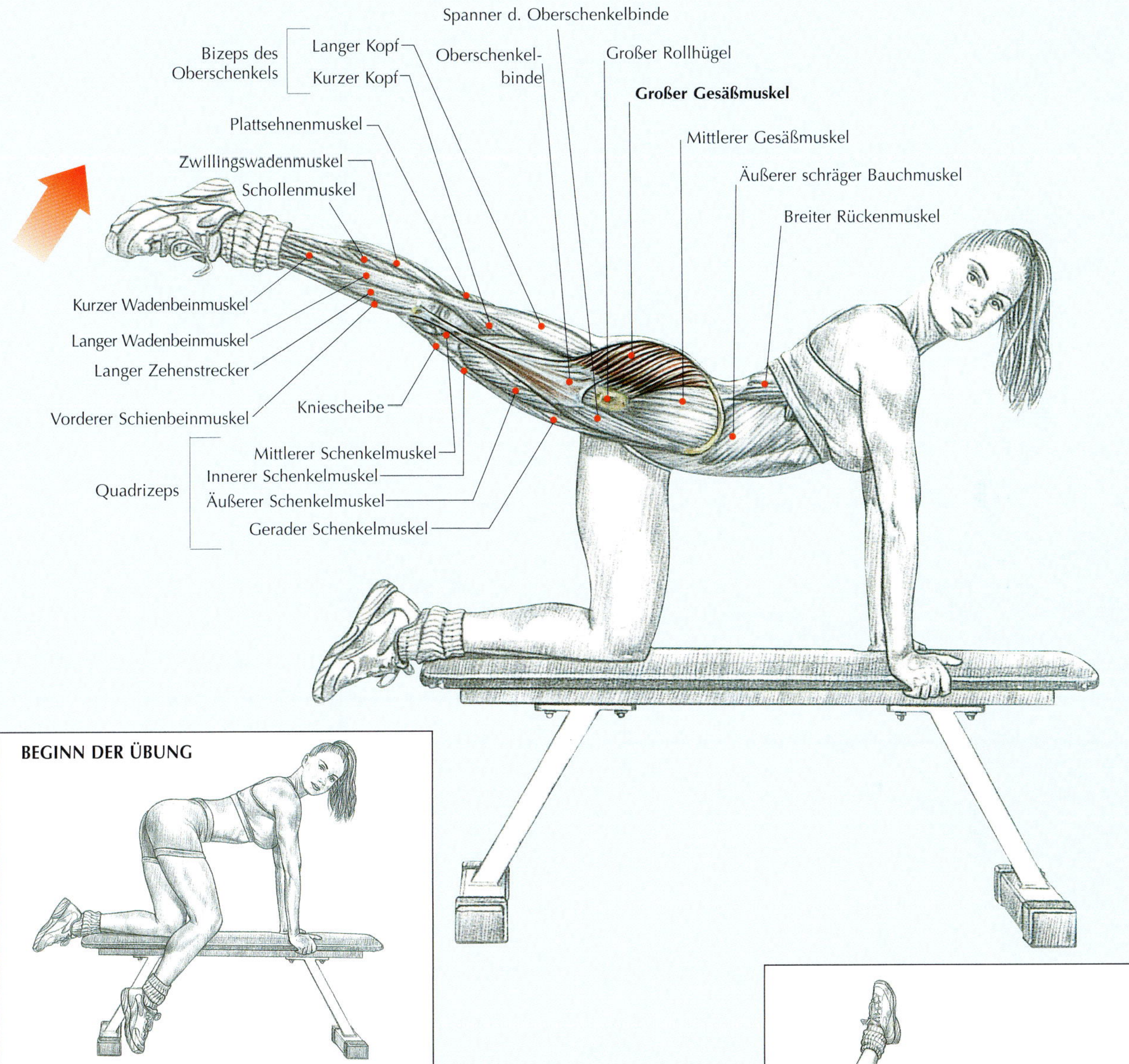

BEGINN DER ÜBUNG

Sie knien mit dem Knie eines Beines auf der Bank, der Fuß des anderen Beines steht auf dem Boden, Sie stützen sich auf die Hände, die Arme gestreckt, der Rücken gerade oder ein leichtes Hohlkreuz:
- Das Bein am Boden für eine vollständige Streckung der Hüfte nach hinten ziehen;
- in die Ausgangsposition zurückkehren, diesmal jedoch, ohne den Boden zu berühren und von neuem beginnen.

Diese Übung, mit gestrecktem Bein ausgeführt, festigt die Kniebeuger (Oberschenkelbizeps mit Ausnahme des kurzen Kopfes, Halbsehnenmuskel, Plattsehnenmuskel) sowie den großen Gesäßmuskel. Durch Beugen des Knies am Ende der Streckung der Hüfte kann die Arbeit der Kniebeuger verringert werden. Im Vergleich zum Hüftstrecken am Boden spürt man bei dieser Übung das Einsetzen der Arbeit des großen Gesäßmuskels besser.

Eine erhöhte Muskelspannung ohne Längenverkürzung (isometrisch) kann für ein bis zwei Sekunden am Ende der Streckung beibehalten werden. Zur Steigerung des Trainingseffekts kann eine Gewichtsmanschette oberhalb des Knöchels verwendet werden. Mit vielen Wiederholungen, bis ein Brennen im Muskel zu spüren ist, werden die besten Resultate erzielt.

VARIATION
Gebeugtes Knie am Ende der Hüftstreckung

21 HÜFTSTRECKEN AUF DEM BAUCH LIEGEND

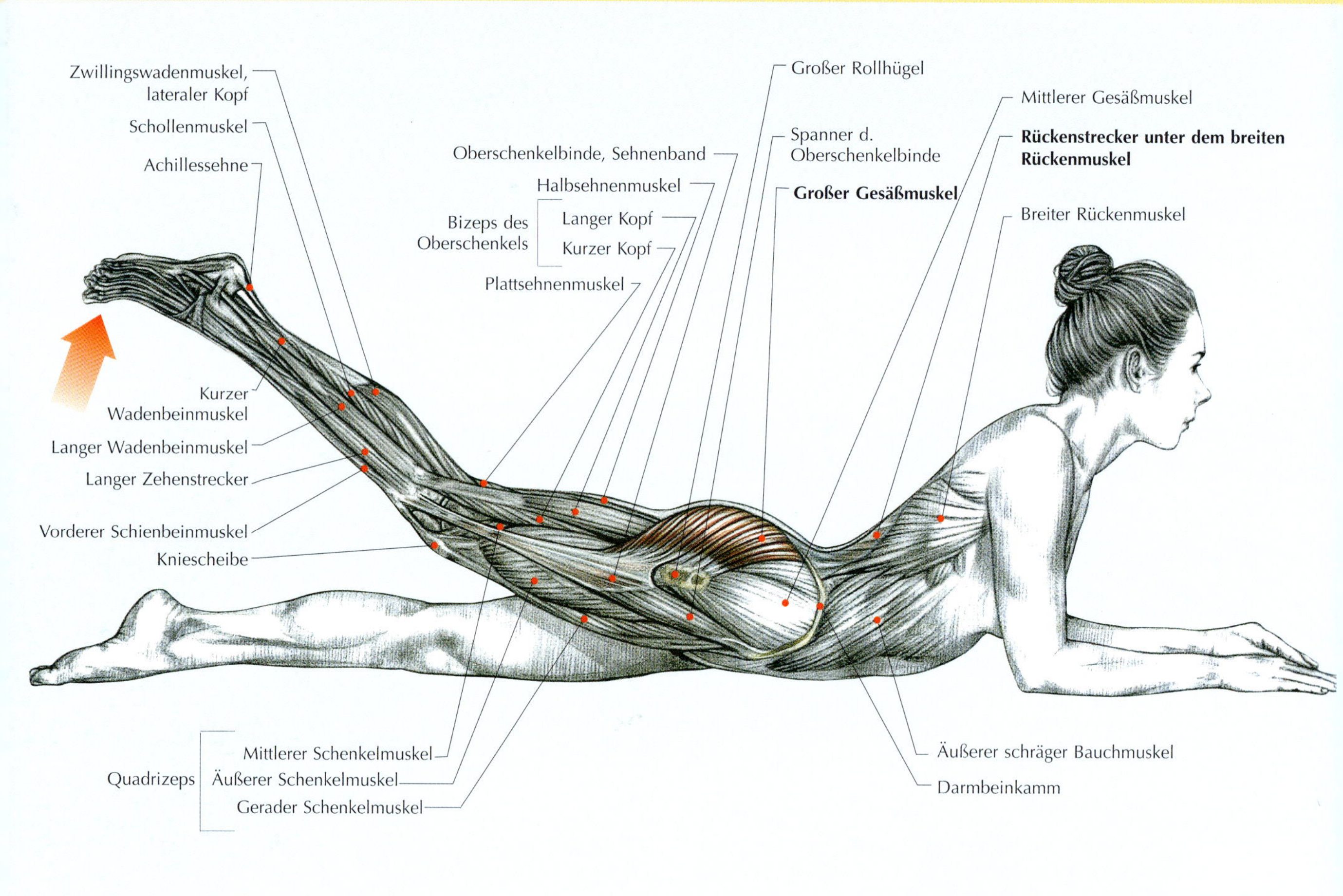

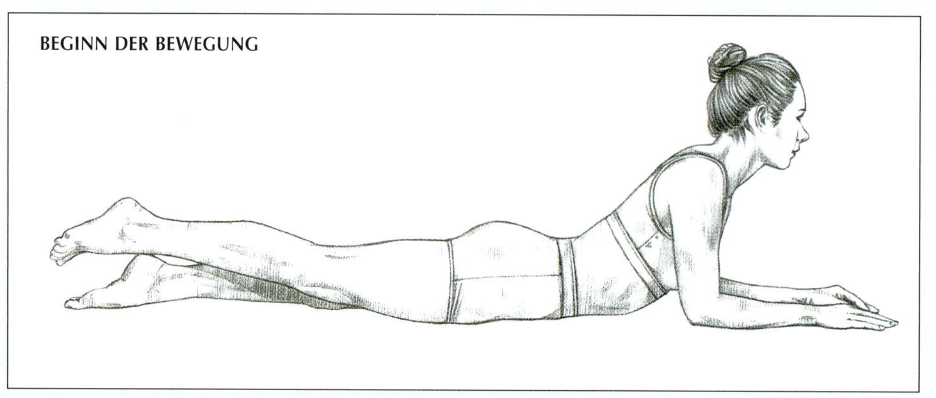

Sie liegen auf dem Bauch ausgestreckt, auf die Unterarme gestützt, mit einem leichten Hohlkreuz und ein Bein leicht vom Boden gelöst:

– Das gelöste Bein so hoch wie möglich anheben;
– in die Ausgangsposition zurückkehren, ohne den Boden mit dem Fuß zu berühren und von neuem beginnen.

Dieser Übung, die immer mit vielen Wiederholungen ausgeführt wird, trainiert vor allem den großen Gesäßmuskel und in einem geringeren Maße auch die Kniebeuger, den Anteil des *M. iliocostalis* der Rückenstrecker, der auf der Höhe des unteren Teils des Rückens liegt.

Variation:
Es kann zwischen allen Wiederholungen das angehobene Bein für zwei oder drei Sekunden in einer isometrischer Anspannung gehalten werden.

HÜFTSTRECKEN IM STAND MIT »TUBE« 22

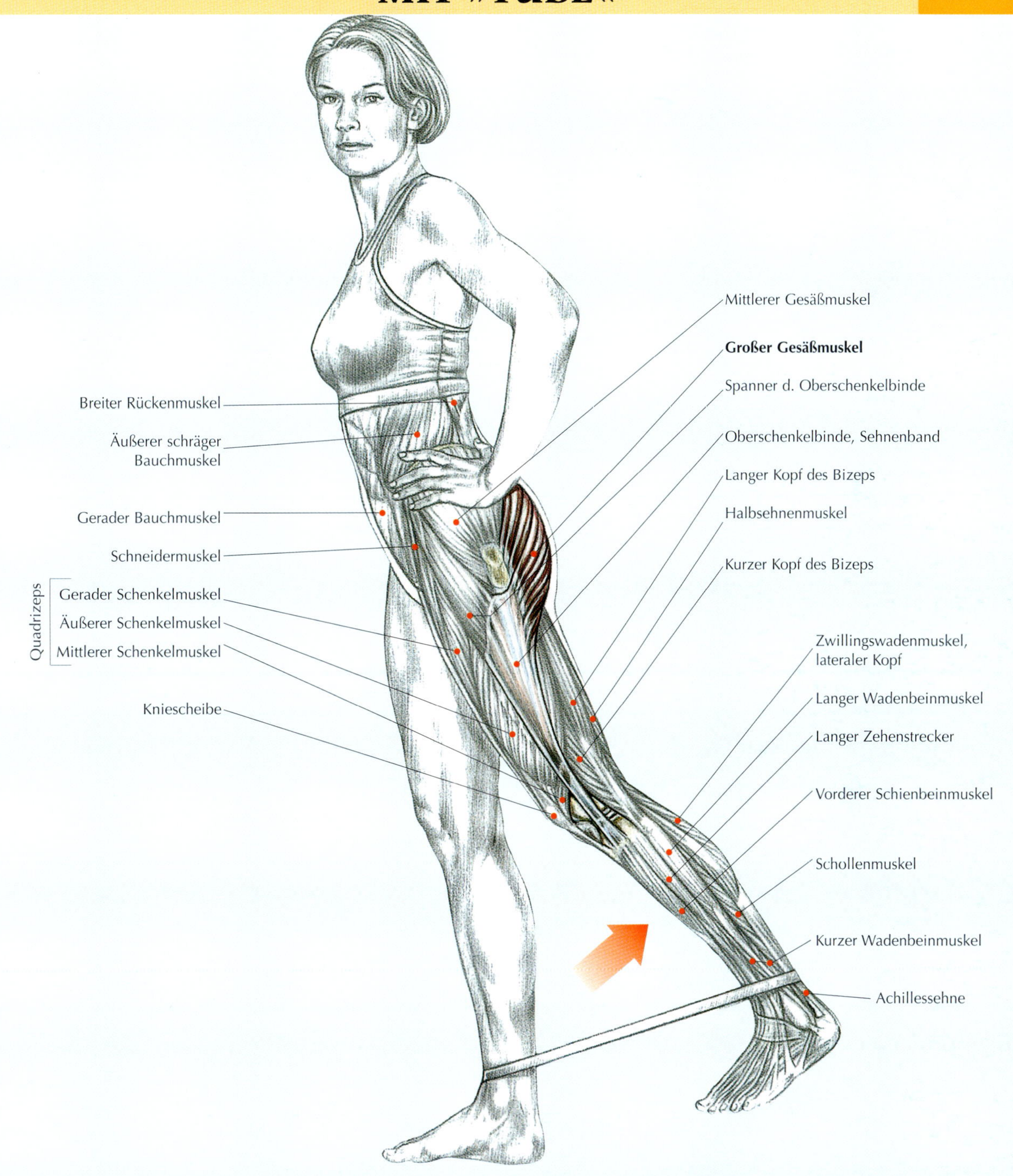

Sie stehen mit den Händen in den Hüften, das Gewicht liegt auf einem Standbein, ein Zugband ist um die Knöchel gespannt:
- Die Hüfte strecken, in die Ausgangsposition zurückkehren, und dabei das Zugband immer gespannt halten;
- von neuem beginnen.

Wie bei allen mit dem Zugband ausgeführten Bewegungen bringen viele Wiederholungen bis zu einem Gefühl des Brennens in den Muskeln die besten Resultate mit sich.

Diese Übung trainiert vor allem den großen Gesäßmuskel und in geringerem Maße auch die gesamten Kniebeuger, mit Ausnahme des kurzen Kopfes des Bizeps im Oberschenkel, dem einzigen Beuger im Bein, der demnach nicht an der Streckung der Hüfte beteiligt ist.

23 BECKENHEBEN VOM BODEN

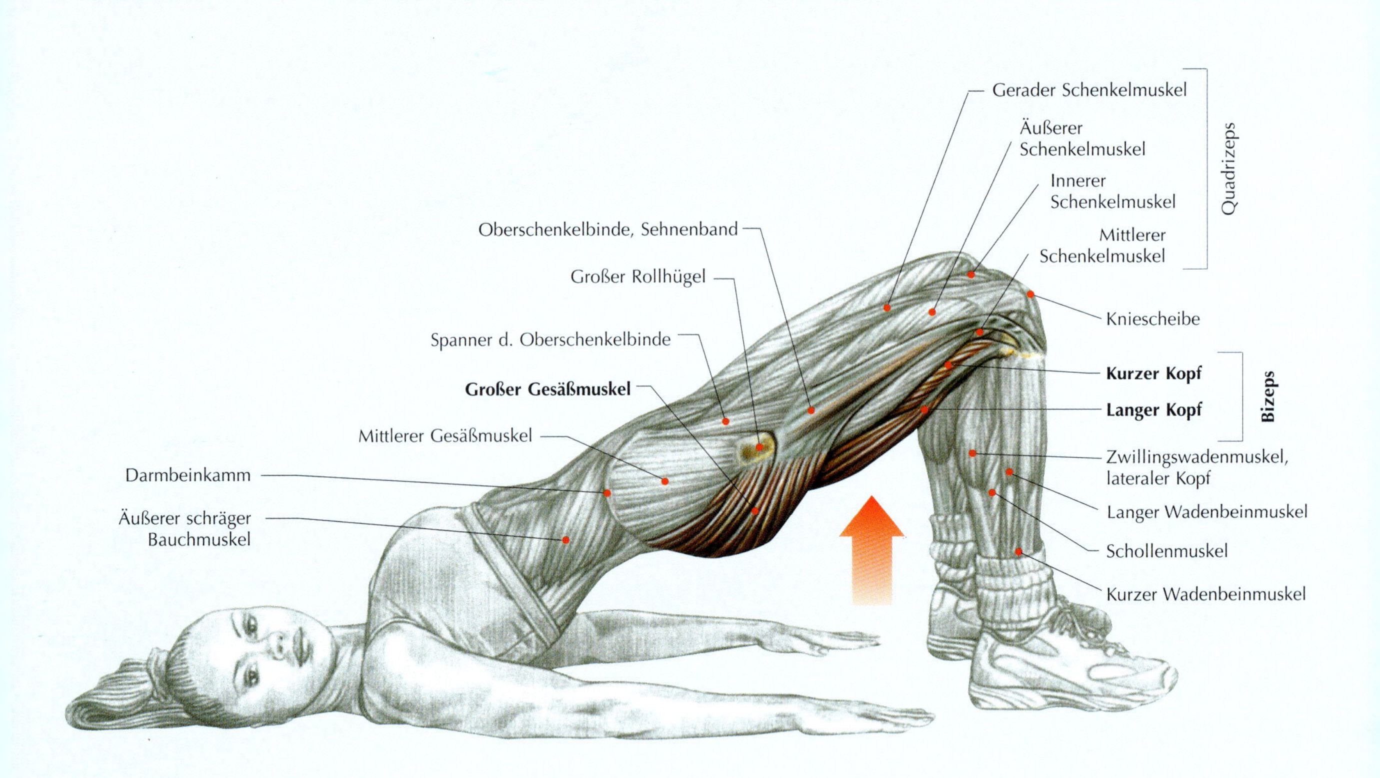

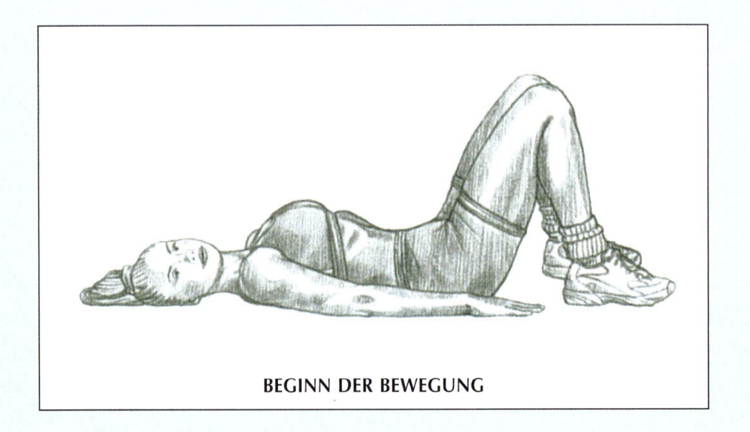

BEGINN DER BEWEGUNG

Sie liegen auf dem Rücken, die Beine sind aufgestellt, die Arme liegen entlang dem Körper mit den Handflächen am Boden:
- Beim Einatmen das Becken so hoch wie möglich vom Boden heben;
- die Position zwei Sekunden lang halten, dann das Becken wieder hinuntersinken lassen, ohne es ganz am Boden aufzusetzen;
- ausatmen und von neuem beginnen.

Diese Übung trainiert vor allem die Kniebeuger und den großen Gesäßmuskel. Sie wird mit vielen Wiederholungen ausgeführt. Das Wichtigste daran ist, die Anspannung der Muskeln gut zu spüren, wenn das Becken ganz nach oben gedrückt wird.

Anmerkung:
Dies ist eine leichte und wirkungsvolle Übung, die in den meisten Gymnastik- und Aerobicstunden verwendet wird.

BECKENHEBEN AUF EINEM BEIN 24

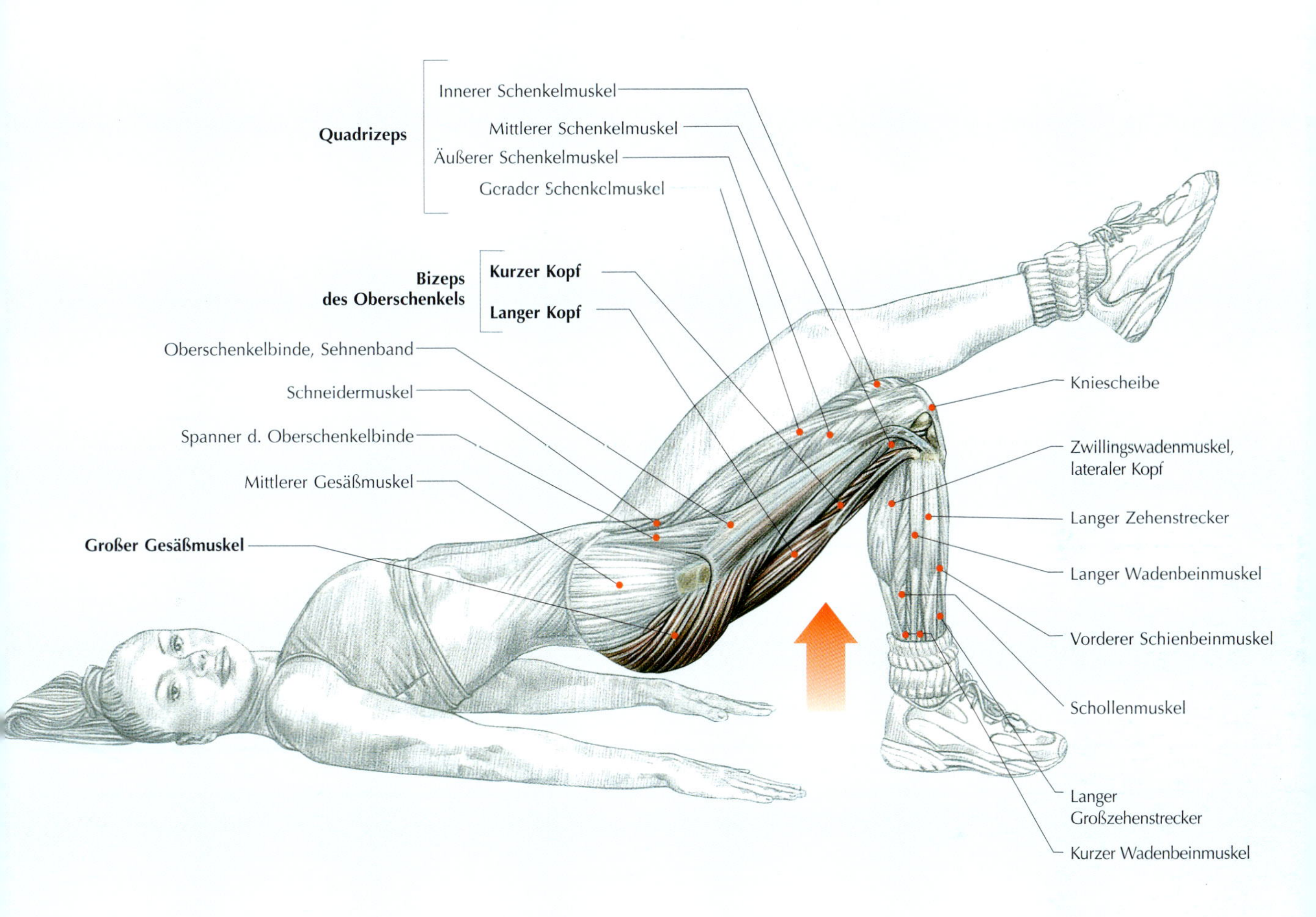

Sie liegen auf dem Rücken, die Hände flach auf dem Boden, die Arme längs des Körpers, ein Bein mit gebeugtem Knie und der Fuß steht auf dem Boden, das andere Bein ist nach vorn gestreckt, wobei der Fuß nicht den Boden berührt:
– Beim Einatmen das Gesäß anheben, indem Sie so stark wie möglich den Fuß auf den Boden drücken;
– Stellung zwei Sekunden lang halten;
– das Becken wieder sinken lassen, das Gesäß dabei jedoch nicht aufsetzen;
– ausatmen und von neuem beginnen.

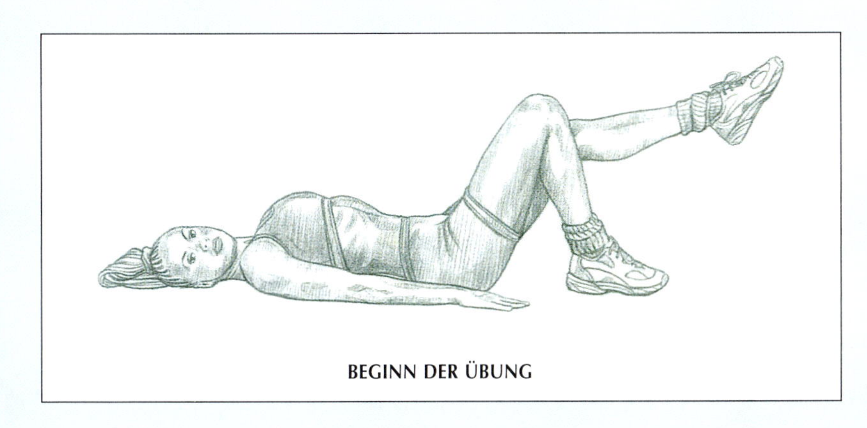
BEGINN DER ÜBUNG

Diese Übung trainiert hauptsächlich die Kniebeuger (Halbsehnenmuskel, Plattsehnenmuskel, Oberschenkelbizeps) und die großen Gesäßmuskeln.

Sie wird mit vielen Wiederholungen ausgeführt, wobei das Wesentliche ist, die Muskelkontraktion zu spüren, wenn das Becken ganz nach oben gedrückt ist.

Anmerkung:
Vollständige Sätze können auf der einen und dann auf der anderen Seite durchgeführt werden, oder es kann während eines Satzes das Beckenheben abwechselnd auf dem rechten und auf dem linken Bein vorgenommen werden, wobei zwischen den Wiederholungen jeweils der Rücken auf dem Boden ruht.

25 BECKENHEBEN, FÜSSE AUF EINER BANK

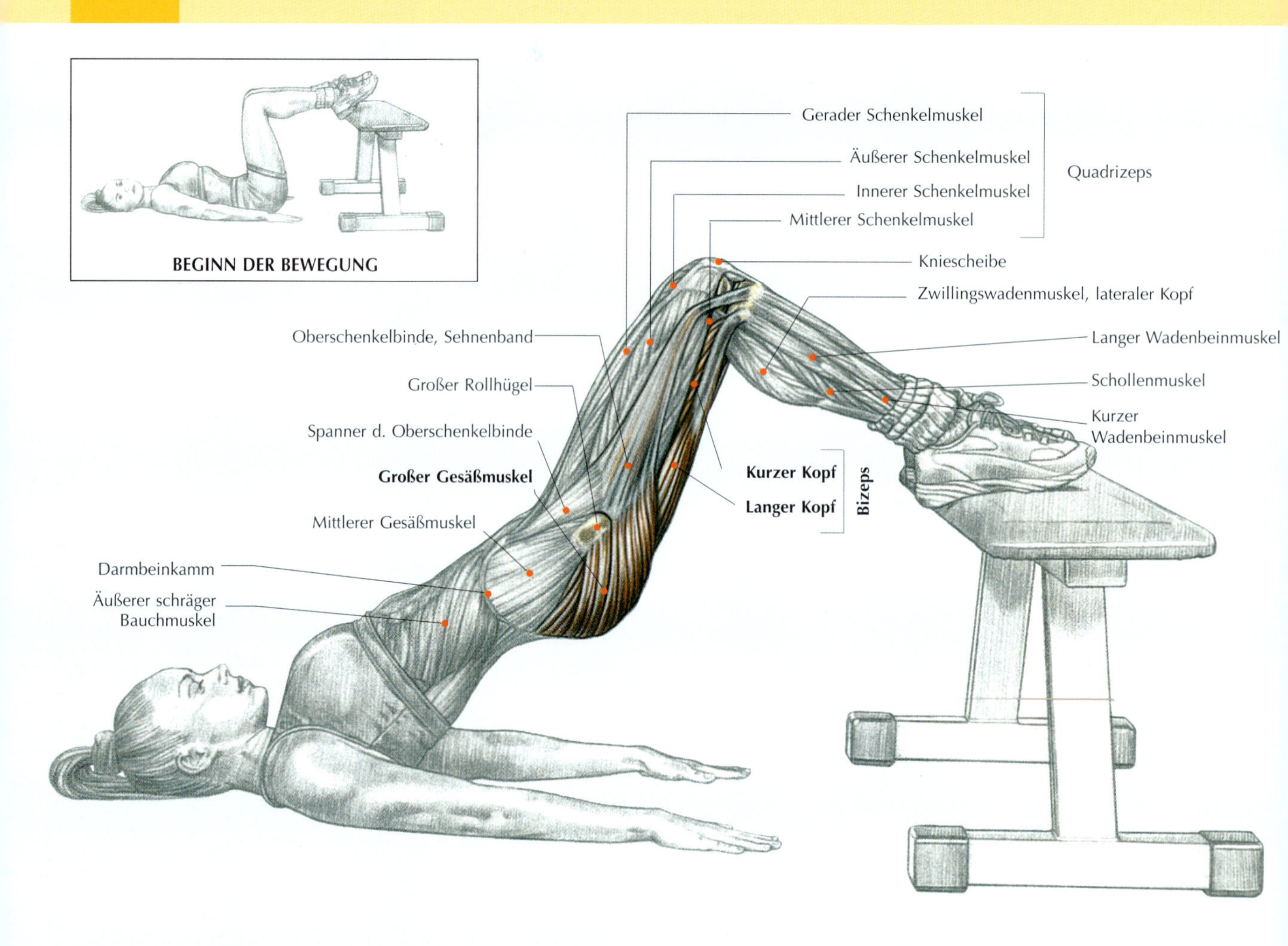

Sie liegen auf dem Rücken, die Arme liegen entlang dem Körper mit den Handflächen am Boden, die Oberschenkel senkrecht, die Füße auf eine Bank gestellt:
– Beim Einatmen das Becken so hoch wie möglich vom Boden heben;
– die Position zwei Sekunden lang halten, dann das Becken wieder senken, ohne den Boden zu berühren;
– ausatmen und vom neuem beginnen.

Diese Übung trainiert den großen Gesäßmuskel und die gesamte Gruppe der Kniebeuger, die auf diese Weise viel stärker trainiert wird als beim Beckenheben vom Boden (S. 38).

Diese Übung wird langsam durchgeführt, das Wichtige daran ist, die Anspannung der Muskeln gut zu spüren.

Sätze mit 10 bis 15 Wiederholungen führen dabei zu den besten Resultaten.

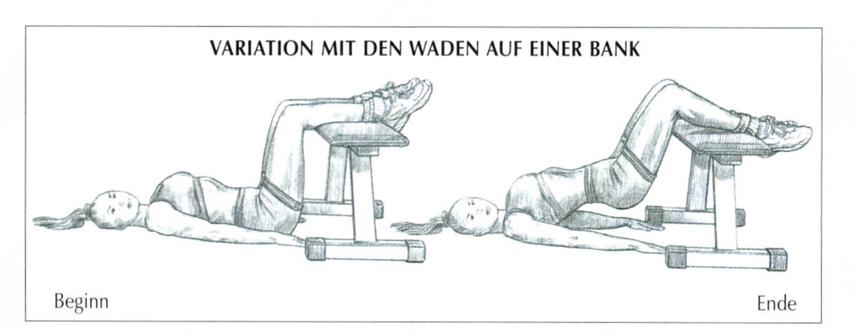

Anmerkung:
Es ist wichtig, zu verstehen, dass das Beckenheben in Wirklichkeit ein Strecken der Hüfte ist.

Variationen:

1. Die Bewegung kann mit kleiner Bewegungsamplitude ausgeführt werden, ohne das Becken zu sehr zu senken, bis es zu einem Brennen im Muskel kommt.

2. Beim Beckenheben mit den Waden auf einer Bank werden die Kniebeuger noch stärker gekräftigt, wenn dabei auch die Zwillingswadenmuskeln stark arbeiten.

RÜCKWÄRTSNEIGEN DES BECKENS (RETROVERSION)

26

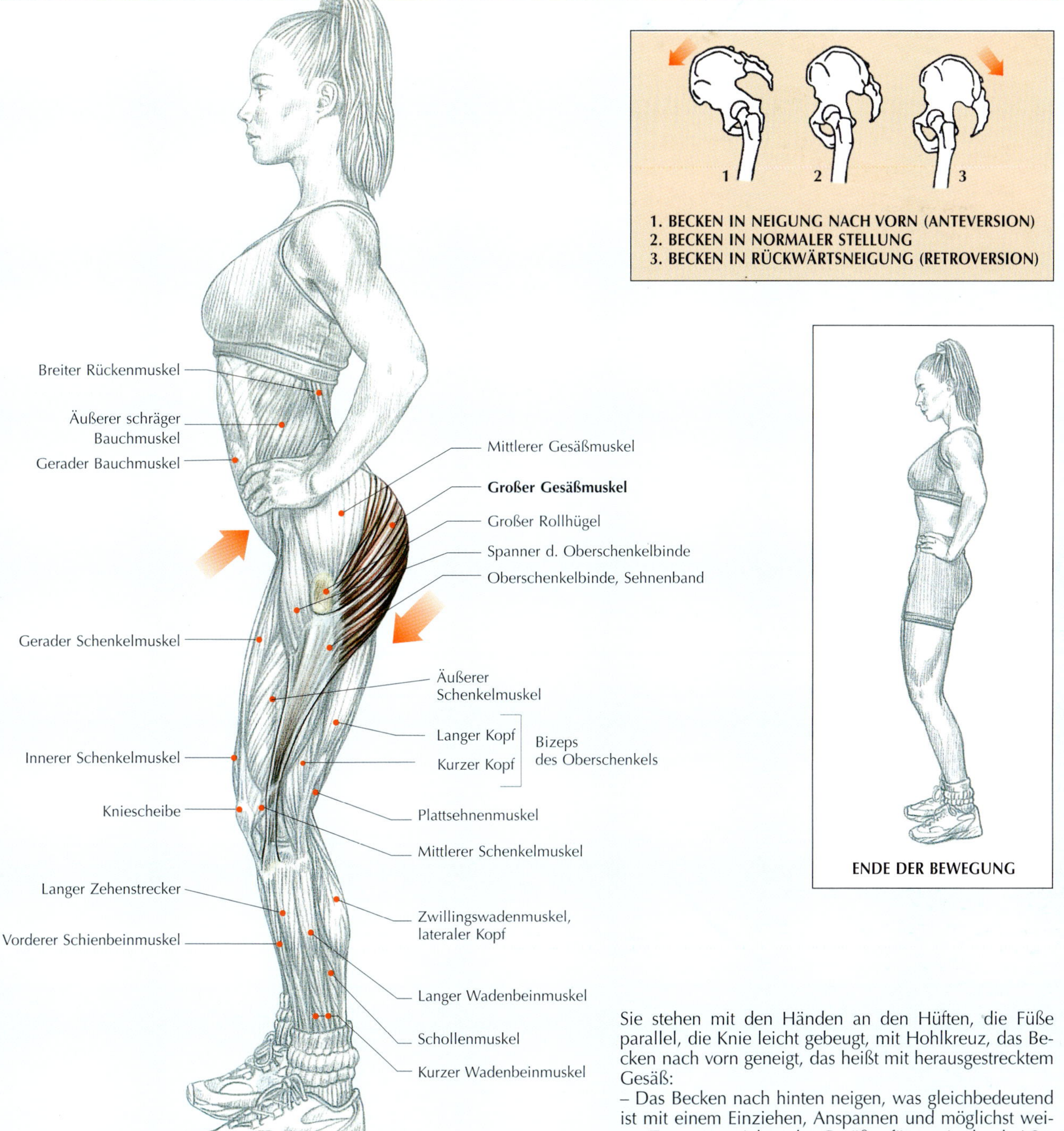

Sie stehen mit den Händen an den Hüften, die Füße parallel, die Knie leicht gebeugt, mit Hohlkreuz, das Becken nach vorn geneigt, das heißt mit herausgestrecktem Gesäß:

– Das Becken nach hinten neigen, was gleichbedeutend ist mit einem Einziehen, Anspannen und möglichst weiten Zusammenziehen des Gesäßes für zwei oder drei Sekunden;

– in die Ausgangsposition zurückkehren und von neuem beginnen.

Diese Übung trainiert vor allem den großen Gesäßmuskel und auch die gesamten, tiefer liegenden Muskeln an Becken und Rollhügel (Pyramidenmuskel, viereckiger Schenkelmuskel, innerer Hüftlochmuskel, oberer und unterer Zwillingsmuskel der Hüfte mit Ausnahme des äußeren Hüftlochmuskels).

Da die Rückwärtsneigung des Beckens weniger wirksam ist als Übungen mit zusätzlichen Gewichten, bringt diese Übung nur mit vielen Wiederholungen Resultate. Diese Übung ist hervorragend für Anfänger, da damit das Bewusstsein für die Funktion der großen Gesäßmuskeln aufgebaut wird. Es ist ratsam, sie in das Trainingsprogramm direkt hinter eine Übung mit zusätzlichen Gewichten zu stellen.

27 KLEINE BEUGE DER OBERSCHENKEL (PLIÉ), FÜSSE NACH AUSSEN

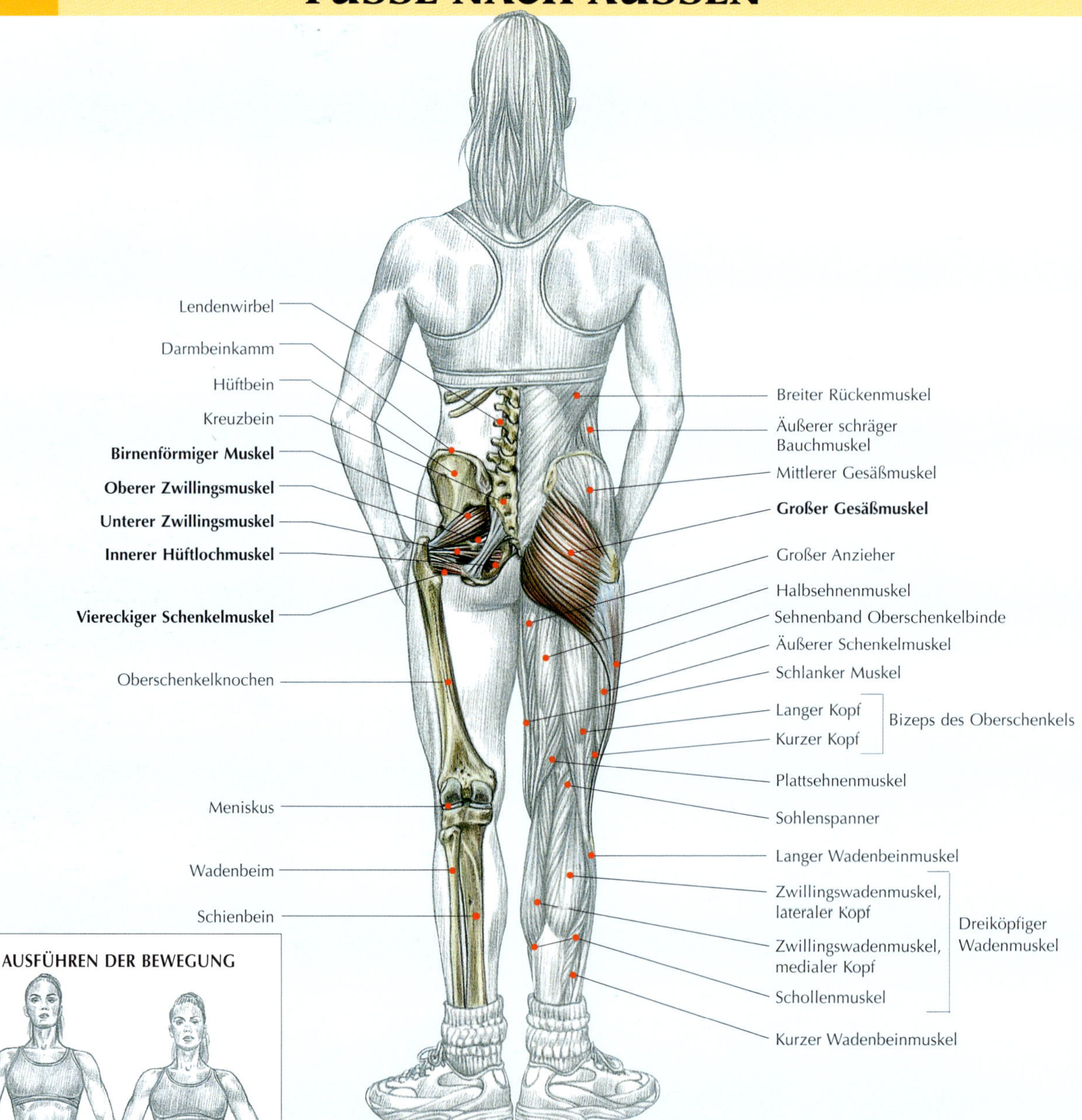

AUSFÜHREN DER BEWEGUNG

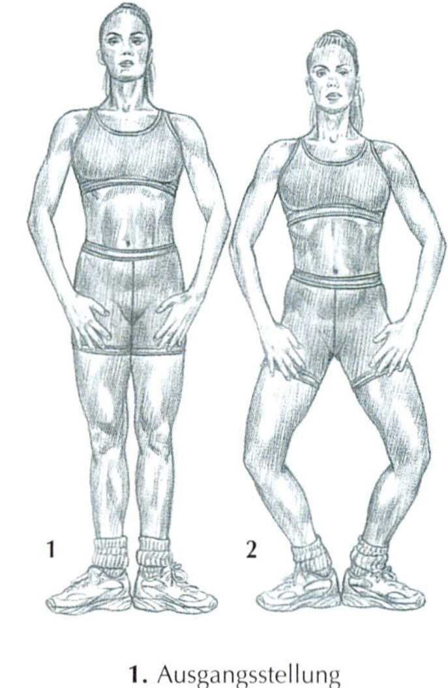

1. Ausgangsstellung
2. Oberschenkel in Beuge

Sie stehen, die Hände liegen auf den Oberschenkeln, den Rücken ganz gerade, die Füße nach außen gedreht, Ferse gegen Ferse, die Füße bleiben in der Verlängerung der Knie (Vorsicht, der Öffnungsgrad der Füße und die Gelenkigkeit der Hüfte können unterschiedlich sein. Daher ist es sinnlos zu versuchen, die Übung mit vollständig nach außen gedrehten Füßen durchzuführen, wenn die Gelenkigkeit dafür nicht ausreicht.):
– Die Oberschenkel bis zu einem Drittel beugen;
– in die Ausgangsposition zurückkehren, wobei Sie für 3–4 Sekunden das Gesäß anspannen.

Die beanspruchten Muskeln sind hauptsächlich die großen Gesäßmuskeln und die tiefer gelegenen kleinen äußeren Drehmuskeln der Oberschenkel (Pyramidenmuskel, viereckiger Schenkelmuskel, innerer Hüftlochmuskel, oberer und innerer Zwillingsmuskel der Hüfte).

Diese Übung wird langsam ausgeführt; dabei sollte man sich auf die Muskelarbeit konzentrieren. Wie die meisten Übungen, die allein mit dem Körpergewicht durchgeführt werden, lassen sich nur mit vielen Wiederholungen Resultate erzielen. Um die Arbeit der großen Gesäßmuskeln wirklich spüren zu können, kann am Ende eines Satzes durch eine isometrische Muskelkontraktion das Gesäß etwa 20 Sekunden lang sehr stark angespannt werden.

DIE BEINE

1. Kniebeugen
2. Kniebeugen mit Stab
3. Kniebeugen mit gegrätschten Beinen und Stab
4. Kniebeugen mit Langhantel vorn
5. Kniebeugen mit »Tubes«
6. Kniebeugen mit Stab vorn
7. Kniebeugen an der Multipresse
8. Kniebeugen am Gerät
9. Kniebeugen mit Kurzhanteln
10. Einfache Kniebeuge
11. Kniebeugen mit weit gegrätschten Beinen
12. Ausfallschritt zur Seite im Wechsel
13. Einbeinige Kniebeuge
14. Beinpressen im Stehen – »Hack Squat«
15. Beinpressen in Schräglage
16. Beinstrecken am Gerät – »Leg Extension«
17. Knieheben im Stand – »Knee Lifts«
18. Knieheben mit Gewicht
19. Adduktion am Boden
20. Adduktion am tiefen Block
21. Adduktion am Gerät
22. Adduktion mit Ball
23. Rumpfaufrichten mit gestreckten Beinen
24. Beugen des Oberkörpers nach vorn – »Good Morning«
25. »Good Morning« mit Stab
26. Beinbeugen in Bauchlage am Gerät – »Leg Curl«
27. Einbeinbeuge im Stehen am Gerät
28. Beinbeugen im Sitzen am Gerät
29. Beinbeugen auf der Bank
30. Beinbeugen im Vierfüßlerstand
31. Beinbeugen im Kniestand
32. Fersenheben stehend am Gerät
33. Fersenheben am Gerät (Gewicht ruht auf Becken) – »Donkey Calf Raise«
34. Fersenheben mit Kurzhantel
35. Fersenheben mit Langhantel
36. Fersenheben sitzend mit Langhantel
37. Fersenheben sitzend am Gerät

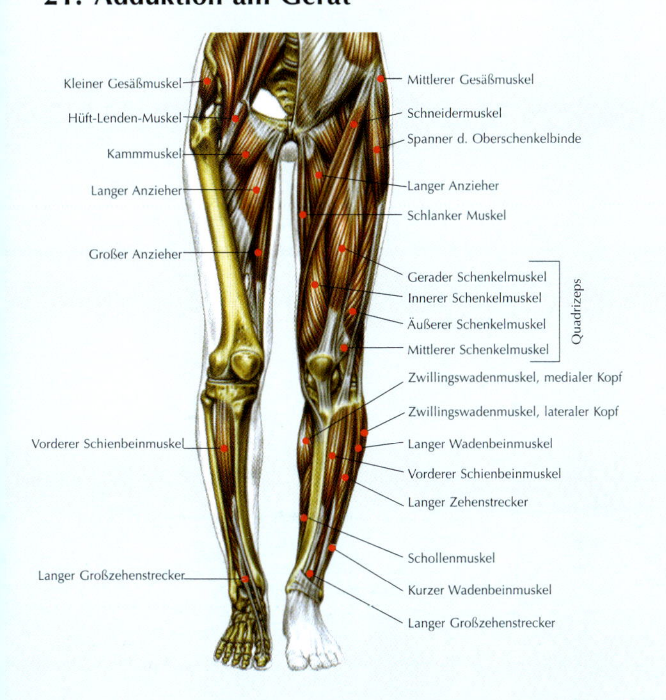

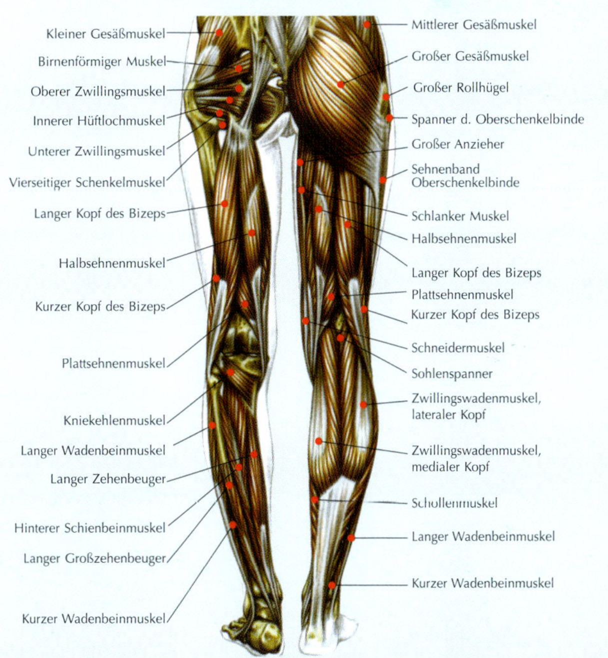

UNTERSCHIEDE IM KÖRPERBAU ZWISCHEN MANN UND FRAU

Der unterschiedliche Körperbau bei der Frau und beim Mann ergeben sich aus den Unterschieden im Umfang und im Größenverhältnis anatomisch ähnlicher Körperteile.

Ganz allgemein unterscheidet sich das Skelett der Frau von dem des Mannes durch eine geringere Masse, ein glatteres Aussehen, einer feineren Ausrichtung und weniger ausgeprägten Impressionen – das sind Einbuchtungen oder Rauigkeiten für den Ansatz von Muskeln oder den Verlauf von Sehnen (da die Muskulatur beim Mann stärker ausgebildet ist, wird sein Skelett dadurch gekennzeichnet).

Der Brustkorb der Frau ist in der Regel eher kreisförmig und weniger groß als der des Mannes.

Im Verhältnis ist die Größe der Schulterknochen bei der Frau die gleiche wie beim Mann, aber die stärkere Ausbildung von Muskeln bei diesem lassen sie größer erscheinen.

Die Wölbung der Lende ist bei der Frau ausgeprägter und das Becken ist mehr nach vorn geneigt (in Anteversion), was zu dieser stärkeren Krümmung der Wirbelsäule nach vorn führt, dies ist häufig eine Eigenheit beim weiblichen Geschlecht.

Wenn die Taille der Frau länger und schmaler wirkt, liegt das daran, dass ihr Brustkorb unten mehr »eingeengt« und ihr Becken in der Regel weniger hoch ist.

Der wichtigste Unterschied zwischen dem Skelett des Mannes und dem der Frau liegt dabei im Becken. Das Becken der Frau ist auf eine Schwangerschaft eingerichtet. Es ist weniger hoch und im Verhältnis breiter als das des Mannes. Das Kreuzbein ist breiter und der Beckenring größer und kreisförmiger, damit das Kind bei der Geburt leichter hindurchpasst.

Da der Beckenring breiter ist, sind die Gelenkpfannen (Höhlen, in denen der Kopf der Oberschenkelknochen ansetzt) weiter voneinander entfernt, was gleichzeitig auch den Abstand zwischen den großen Rollhügeln erhöht, wodurch die Hüften auch breiter werden.

VERGLEICH ZWISCHEN DEM BECKEN DES MANNES UND DEM DER FRAU, DEN EINFLUSS DES KÖRPERBAUS AUF DIE ÄUSSERE FORM VERDEUTLICHEND

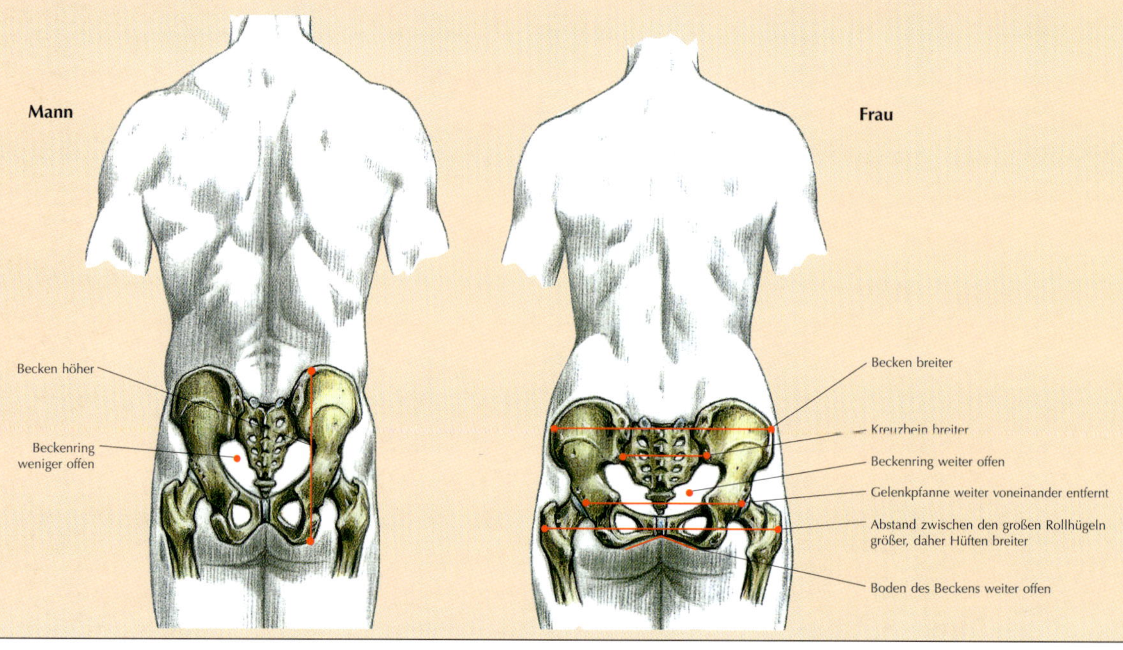

VERGLEICH DER UNTEREN BECKENÖFFNUNG BEIM MANN UND BEI DER FRAU

* Der Beckenring ist bei der Frau breiter und kreisförmiger.

Das Becken der Frau ist breiter und offener als das beim Mann und auf das Gebären eingerichtet.

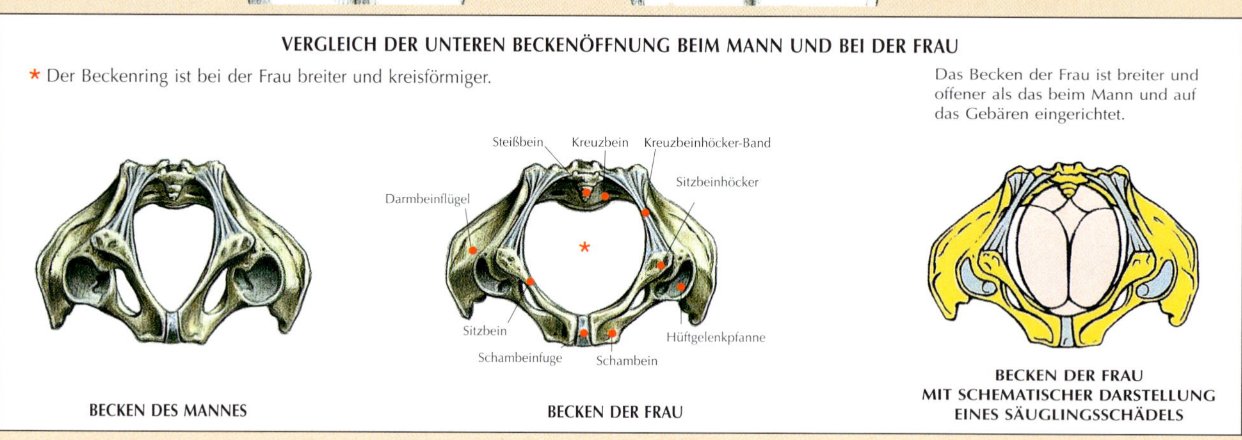

BECKEN DES MANNES

BECKEN DER FRAU

BECKEN DER FRAU MIT SCHEMATISCHER DARSTELLUNG EINES SÄUGLINGSSCHÄDELS

Bei Frauen hat die Größe der Hüften einen direkten Einfluss auf die Stellung der Oberschenkelknochen. Sie stehen häufig schräger als beim Mann, wodurch die Beine leicht eine X-Form erhalten.

Ein breites Becken und eine starke Neigung der Oberschenkelknochen können zu X-Beinen (*Genu valgum*) führen, was durch die Überstreckbarkeit von Gelenken noch verstärkt wird – eine Eigenschaft, die bei Frau häufig auftritt. Bei der typischen X-Form der Beine wird das Kniegelenk stark beansprucht, das innere Seitenband wird zu sehr angespannt, der Meniskus und die Gelenkflächen, die vom Knorpel des äußeren Gelenkknorrens des Oberschenkelknochens und des äußeren Schienbeinhöckers überzogen sind, werden übermäßig belastet, was zu einem vorzeitigen Verschleiß führen kann.

Es kommt vor, dass neben einem krankhaften *Genu valgum* auch noch ein Einsinken des Knöchels nach innen und das Verschwinden des Bogens im Fußgewölbe (Senkfuß) auftritt, was zu Schmerzen auf Grund einer übermäßigen Dehnung einiger Muskeln in der Fußsohle führen kann.

Es ist daher sehr wichtig, den individuellen Körperbau zu berücksichtigen und daran zu denken, dass Frauen häufiger an Erkrankungen in Verbindung mit dem *Genu valgum* leiden, während Männer häufiger O-Beine (*Genu varum*) haben. Menschen mit sehr ausgeprägten X-Beinen müssen also vorsichtig an sich arbeiten, Übungen mit großen Gewichten vermeiden und die Ausführung der Bewegungen immer kontrollieren, um Belastungen zu vermeiden, durch die ihre Probleme mit den Knien und Knöcheln möglicherweise noch verstärkt werden können.

EIGENHEITEN DES KNOCHENBAUS DER UNTEREN GLIEDMASSEN DER FRAU, DIE BEIM TRAINIEREN ZU BERÜCKSICHTIGEN SIND

Becken im Verhältnis breiter und weniger hoch als das beim Mann

Größerer Abstand zwischen den beiden Gelenkpfannen

Abstand zwischen den beiden großen Rollhügeln größer

Die größere Breite des Beckens und die stärkere Neigung des Oberschenkelknochens können bei der Frau zu X-Beinen (*Genu valgum*) führen. Das Kniegelenk wird daher übermäßig beansprucht. Das innere Seitenband wird zu sehr angespannt, und der Außenmeniskus sowie die Gelenkflächen, die mit Knorpel des äußeren Gelenkknorrens des Oberschenkelknochens und des äußeren Schienbeinhöckers bedeckt sind, werden übermäßig belastet, was zu einem vorzeitigen Verschleiß führen kann.

Kreuzbein breiter als beim Mann

Durch die größere Breite des Kreuzbeins bei der Frau wird auch der Beckenring im Durchmesser größer

Oberschenkelknochen bei der Frau schräger und nicht so senkrecht

Das *Genu valgum* oder X-Bein kann zu einem Absinken des Fußgewölbes (Senkfuß) führen. Das Auftreten eines Senkfußes kann auf Grund der Überspannung der langen Muskeln der Fußsohlen mit Schmerzen im Fuß und im Bein einhergehen.

VERLAGERUNG DER SCHAMBEINFUGE

Die vermehrte Abgabe bestimmter Hormone während der Schwangerschaft – vor allem die des Relaxins – verursacht bei der Frau eine Muskellockerung und hauptsächlich eine erhöhte Dehnbarkeit des Bindegewebes (Bänder). Diese zeitweilige Überdehnbarkeit der Bänder spielt bei den in der Regel wenig beweglichen Gelenken des Beckens eine große Rolle.

Bei der Entbindung ist das Gefüge des Beckens weniger stark miteinander verbunden und das Bindegwebe der Schambeinfuge erschlafft, wodurch sich der Durchmesser des Beckens vergrößern kann und das Kind leichter hindurchgeht. Daher ist es wichtig, nach einer Entbindung das Training vorsichtig wieder aufzunehmen, und zwar dann, wenn die Beckenbänder wieder ihre ursprüngliche Steifigkeit bekommen haben. Zudem sollte man Übungen mit starken Gewichten vermeiden, wie Kniebeugen oder das Rumpfaufrichten, oder Übungen, bei denen der Körper recht hart auf den Boden aufkommt, wie beim Hinaufsteigen auf eine Bank, sowie die Arbeit am Stepper. Ein Training, das zu kurz nach der Geburt oder zu stark wieder aufgenommen wird, kann eine Verlagerung der Schambeinfuge durch eine Erschlaffung des Bandes mit sich bringen.

Eine Verlagerung der Schambeinfuge schränkt die Bewegungsfähigkeit ein und kann auch während der Entbindung auftreten.

DAS BECKEN IN DER DREIVIERTEL-ANSICHT

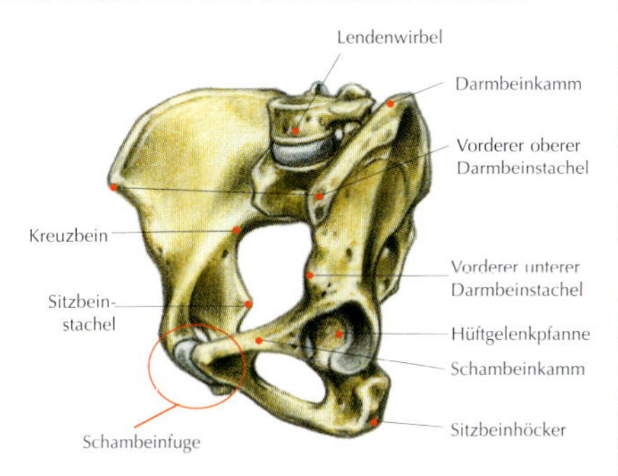

SCHAMBEINFUGE

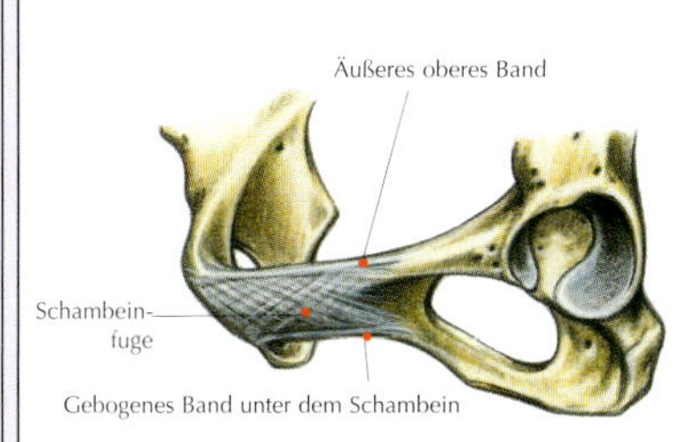

Das Gelenk wird durch eine Hülle aus kreuzenden Fasern gekräftigt, noch weiter gestärkt durch Bänder, wobei das stabilste das innere Band, oder das gebogene Band des Schambeins, ist.

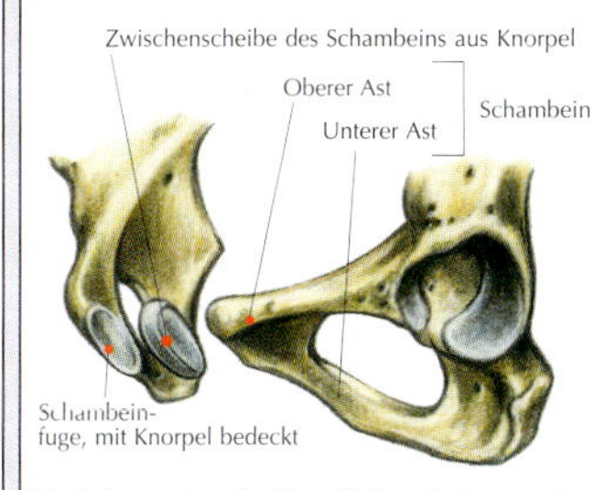

Zwischen den beiden Schambeinen, deren Gelenkflächen mit Hyalinknorpel bedeckt sind, liegt eine Platte aus Faserknorpel, deren Funktion es ist, Erschütterungen bei der Fortbewegung aufzunehmen und der Schambeinfuge kleine Gleitbewegungen in Form eines Zusammenziehens und Drehens zu ermöglichen.

1 KNIEBEUGEN

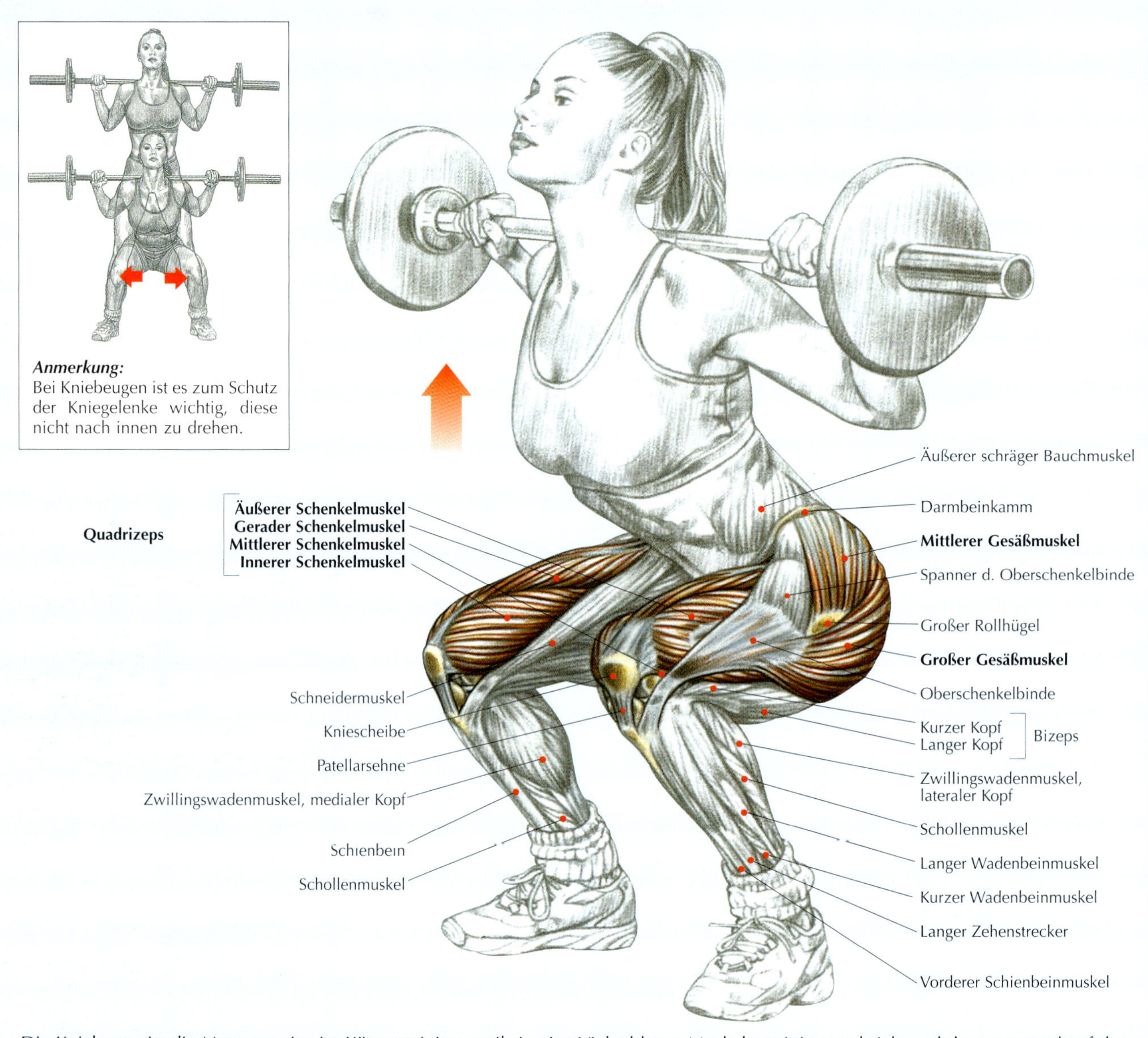

Anmerkung:
Bei Kniebeugen ist es zum Schutz der Kniegelenke wichtig, diese nicht nach innen zu drehen.

Die Kniebeuge ist die Nummer eins im Körpertraining, weil sie eine Vielzahl von Muskeln trainiert und sich auch hervorragend auf das Herz-Kreislauf-System auswirkt. Der Brustkorb wird dabei stark erweitert und die Atemarbeit wird verstärkt.

– Während die Langhantel auf einem Gestell liegt, gehen Sie darunter und legen die Stange auf den Kapuzenmuskel (ein bisschen über dem hinteren Teil des Deltamuskels); umfassen Sie die Stange – der Abstand zwischen den Händen ist je nach Körperbau variabel – und ziehen Sie die Ellbogen nach hinten;

– tief einatmen, um im Brustkorb einen Druck aufrechtzuerhalten, der verhindert, dass Sie vom Gewicht zu sehr nach vorn gedrückt werden; dann beugen Sie den Rücken ganz leicht, kippen das Becken nach vorn und spannen die Bauchmuskeln an. Während Sie den Blick gerade nach vorn richten, lösen Sie nun die Stange vom Gestell. Gehen Sie ein oder zwei Schritte zurück und stellen die Füße parallel in Schulterbreite. Machen Sie die Kniebeuge, indem Sie den Oberkörper nach vorn neigen. Führen Sie die Abwärtsbewegung sehr kontrolliert aus, ohne die Wirbelsäule dabei zu beugen, um Verletzungen zu vermeiden;

– wenn sich die Oberschenkel in waagerechter Position befinden, strecken Sie die Beine und richten den Oberkörper langsam wieder auf, um in die Ausgangsposition zurückzukehren. Am Ende der Bewegung ausatmen. Die Kniebeuge trainiert vor allem den vierköpfigen Schenkelmuskel, die Gesäßmuskeln, die Adduktoren, die Rückenstrecker, die Bauchmuskeln sowie die Muskeln der Oberschenkelrückseite.

DIE ZWEI ARTEN, DIE STANGE ZU TRAGEN

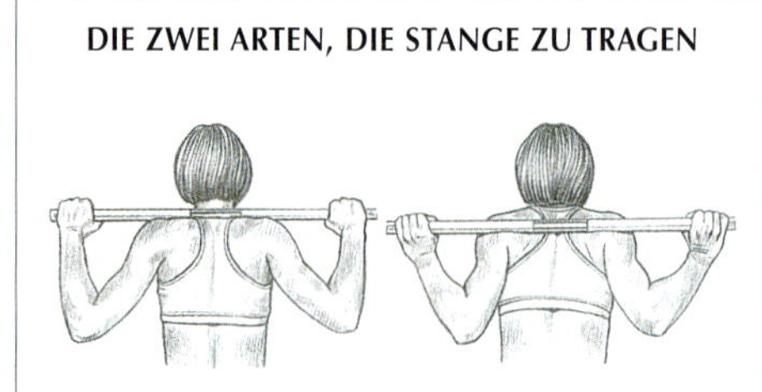

1. auf den Kapuzenmuskeln
2. auf den Delta- und Kapuzenmuskeln, so wie Gewichtheber

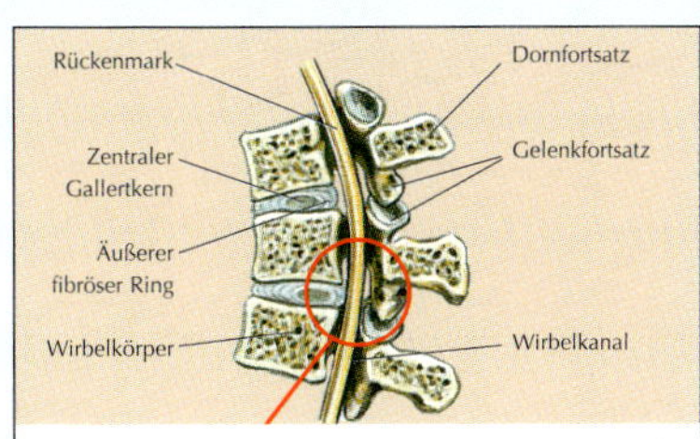

Eine Beugung der Wirbelsäule drückt die Bandscheibe vorn zusammen. Hinten entsteht ein Spalt zwischen Wirbelkörper und Bandscheibe. Der zentrale Gallertkern wandert nach hinten und übt Druck auf die Nerven aus. Ein Ischiassyndrom entsteht.

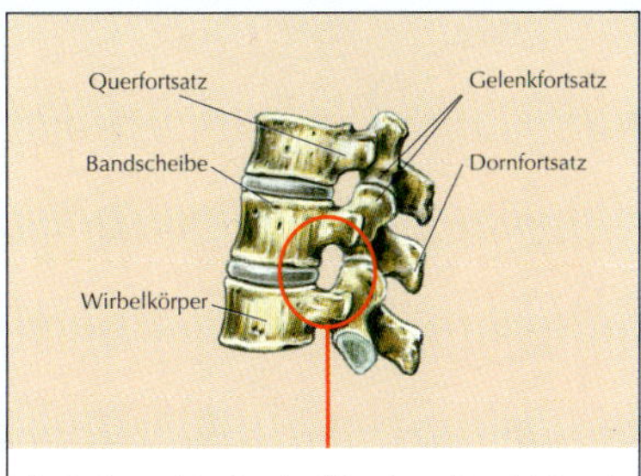

Zwischenwirbelloch (für den Durchtritt eines Rückenmarknervs)

Anmerkung:
Die Kniebeuge ist die beste Übung, um dem Po eine schöne Form zu geben.

Variationen:

1. Für Personen mit starken Fußgelenken oder langen Oberschenkelknochen ist es ratsam, einen Keil unter die Fersen zu legen, um eine zu starke Neigung des Oberkörpers nach vorn zu verhindern. Diese Variante bedeutet mehr Muskelarbeit für den vierköpfigen Schenkelmuskel.

2. Wird die Position der Langhantel auf dem Rücken verändert, indem sie auf dem hinteren Teil des Deltamuskels platziert wird, wird der Druck der Stange auf den Nacken verringert, wodurch die Hebewirkung des Rückens besser zum Tragen kommt und mit schweren Gewichten gearbeitet werden kann. Diese Technik wird häufig von professionellen Gewichthebern angewandt.

3. Die Kniebeuge kann auch an einem Gerät mit einer Führungsschiene ausgeführt werden, bei dem der Oberkörper nicht nach vorn geneigt und die ganze Muskelarbeit auf den vierköpfigen Schenkelmuskel konzentriert wird.

DER BANDSCHEIBENVORFALL

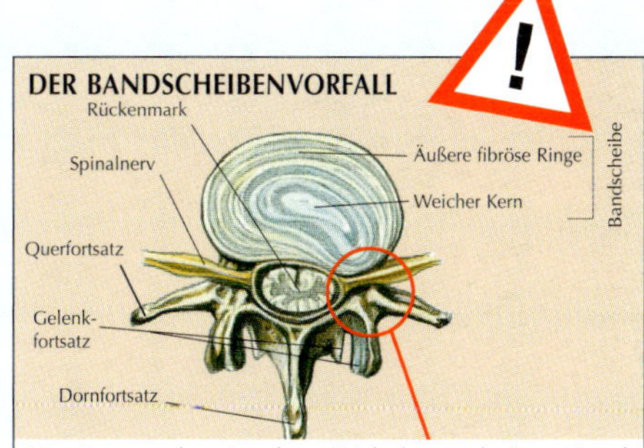

Das Beugen der einzelnen Wirbel unter hohem Druck beim Gewichtheben kann einen Bandscheibenvorfall hervorrufen, meist im Lendenwirbelbereich.
Diese Bandscheibenvorfälle kommen häufig bei Kniebeugen und beim Gewichtheben vor und entstehen meist durch schlechte Rückenhaltung und mangelnde Technik.

STELLUNG DER FÜSSE BEI DEN KNIEBEUGEN!
Werden Kniebeugen auf herkömmliche Art ausgeführt, d.h. die Füße etwa in Schulterbreite auseinander, ist es wichtig, dabei die Ausrichtung der Füße zu beachten. Sie müssen in der Regel parallel stehen oder leicht nach außen zeigen. Auf jeden Fall ist auf den individuellen Körperbau Rücksicht zu nehmen und die Füße müssen in der natürlichen Verlängerung der Knie stehen. Wenn Sie zum Beispiel beim Gehen »watscheln«, müssen Ihre Füße bei den Kniebeugen auch nach außen gedreht sein.

HERKÖMMLICHE WAAGERECHTE KNIEBEUGE

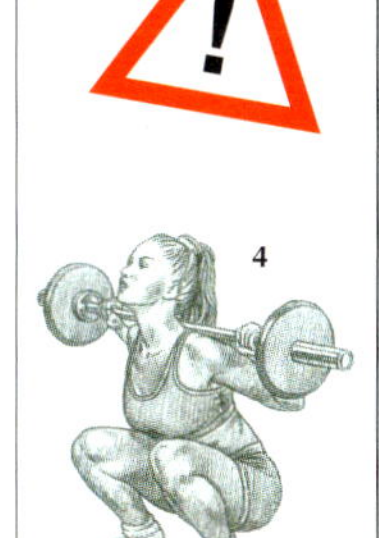

VOLLSTÄNDIGE KNIEBEUGE

1–2–3: Negative Phase
Um die Arbeit der Gesäßmuskeln deutlich zu spüren, ist es wichtig, die Oberschenkel in waagerechte Position zu bringen.

4. Um die Arbeit der Gesäßmuskeln noch besser zu spüren, können die Oberschenkel unter die Waagerechte hinaus in eine tiefere Position gebracht werden. Allerdings sind nur Personen mit flexiblen Knöcheln und kurzen Oberschenkeln zur richtigen Umsetzung dieser Technik in der Lage. Außerdem muss die Kniebeuge vorsichtig ausgeführt werden, da sie zur Krümmung der unteren Rückenpartie verführt, was schwere Verletzungen verursachen kann.

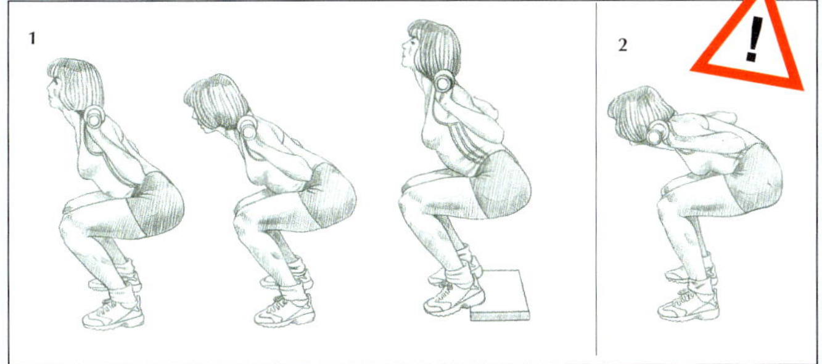

1. Gute Körperhaltungen:
Während der Kniebeuge soll der Rücken ständig so gerade wie möglich gehalten werden.
Bei unterschiedlichen Körperproportionen (kürzere oder längere Beine, mehr oder weniger flexible Knöchel) und verschiedenen Ausführungstechniken (Abstand zwischen den Füßen, Verwendung von Fersenunterlagen, hohe oder niedrige Position der Langhantel) wird der Neigungswinkel des Oberkörpers größer oder kleiner sein, die Beugungsachse verläuft jedoch immer durch das Hüftgelenk.

2. Schlechte Körperhaltung
Während einer Kniebeuge darf niemals der Rücken gekrümmt werden. Dieser Fehler ist für die meisten Verletzungen im Lendenbereich verantwortlich, besonders für Bandscheibenvorfälle.

Bei der Arbeit mit schweren Gewichten ist es bei den verschiedensten Übungen unerlässlich, eine »Blockierung« herbeizuführen:

- Mit einer tiefen Einatmung wird die Brust wie ein Ballon aufgeblasen und der Atem angehalten, wodurch der Brustkorb starr wird. Dies verhindert, dass sich die Brust nach vorn neigt.
- Durch Anspannung der Brustmuskulatur wird der Bauch hart und der Druck in der Bauchhöhle erhöht, was verhindert, dass der Oberkörper nach vorn nachgibt.
- Schließlich wird die natürliche Lordose des unteren Rückens verringert und die Lendenwirbelsäule nach hinten gedrückt.

Das Aufrichten des Rumpfes in der angegebenen Weise und dessen Fixierung durch muskuläre Anspannung wird als **»Blockierung«** bezeichnet. Dadurch werden sowohl eine übermäßige Krümmung der Brustwirbelsäule als auch eine solche Hyperlordose der Lendenwirbelsäule vermieden, die beide für die Entstehung von Bandscheibenschäden und -vorfällen beim Training mit schweren Gewichten empfänglich machen.

2 KNIEBEUGEN MIT STAB

AUSFÜHREN DER ÜBUNG

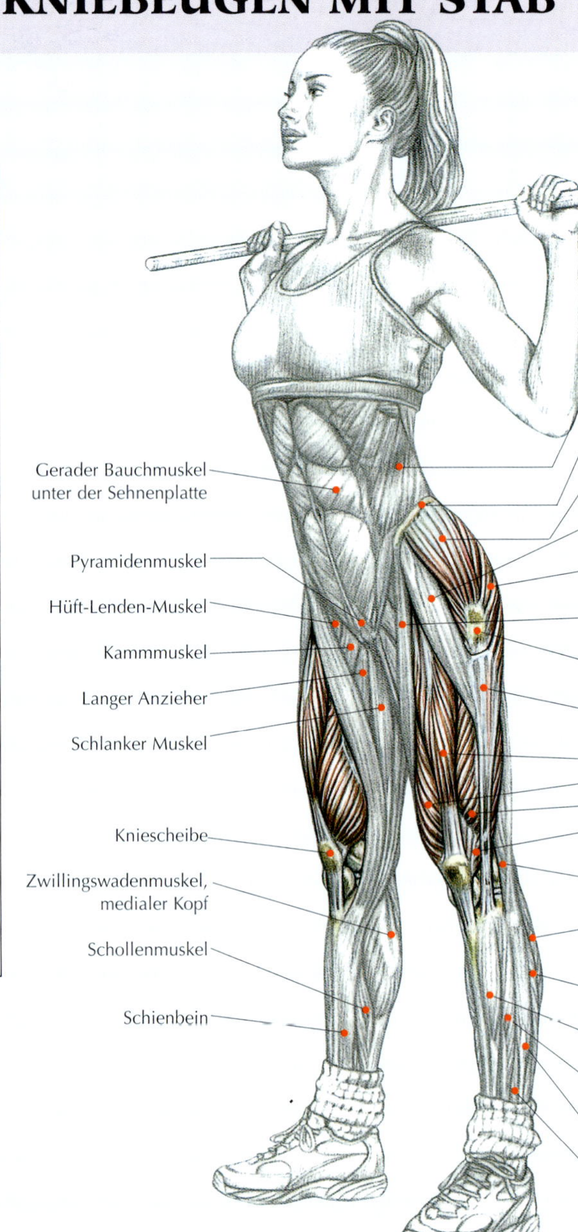

Sie stehen die Füße auf Schulterbreite gegrätscht, die Brust gestreckt, machen ein leichtes Hohlkreuz, der Stab ruht auf den Kapuzenmuskeln, ein wenig oberhalb der hinteren Fasern der Deltamuskeln:
– Beim Einatmen die Bauchmuskeln anspannen und in die Knie gehen, ohne dabei den Rücken rund zu machen oder die Fersen vom Boden zu heben;
– wenn die Oberschenkel waagerecht sind, die Beine wieder bis in die Ausgangsposition strecken. Am Ende der Bewegung ausatmen.

Wie die Kniebeugen mit der Langhantel trainiert diese Übung vor allem den vierköpfigen Schenkelmuskel und den großen Gesäßmuskel. Es ist eine ausgezeichnete Bewegung zum Aufwärmen und kann als Anfangsübung dienen, bevor zu Kniebeugen mit zusätzlichem Gewicht übergegangen wird.

Sätze mit 10 bis 20 Wiederholungen mit kontrollierten Bewegungen bringen gute Resultate.

Variation:
Zur Steigerung des Trainingseffekts kann bei waagerechtem Oberschenkel die Position für zwei bis fünf Sekunden gehalten werden.

Unabhängig davon, ob die Kniebeugen mit dem Stab oder mit der Langhantel durchgeführt werden, ist es wichtig, den Rücken nie rund zu machen, um jedes Verletzungsrisiko an der Lendenwirbelsäule zu vermeiden.

KNIEBEUGEN MIT GEGRÄTSCHTEN BEINEN UND STAB

3

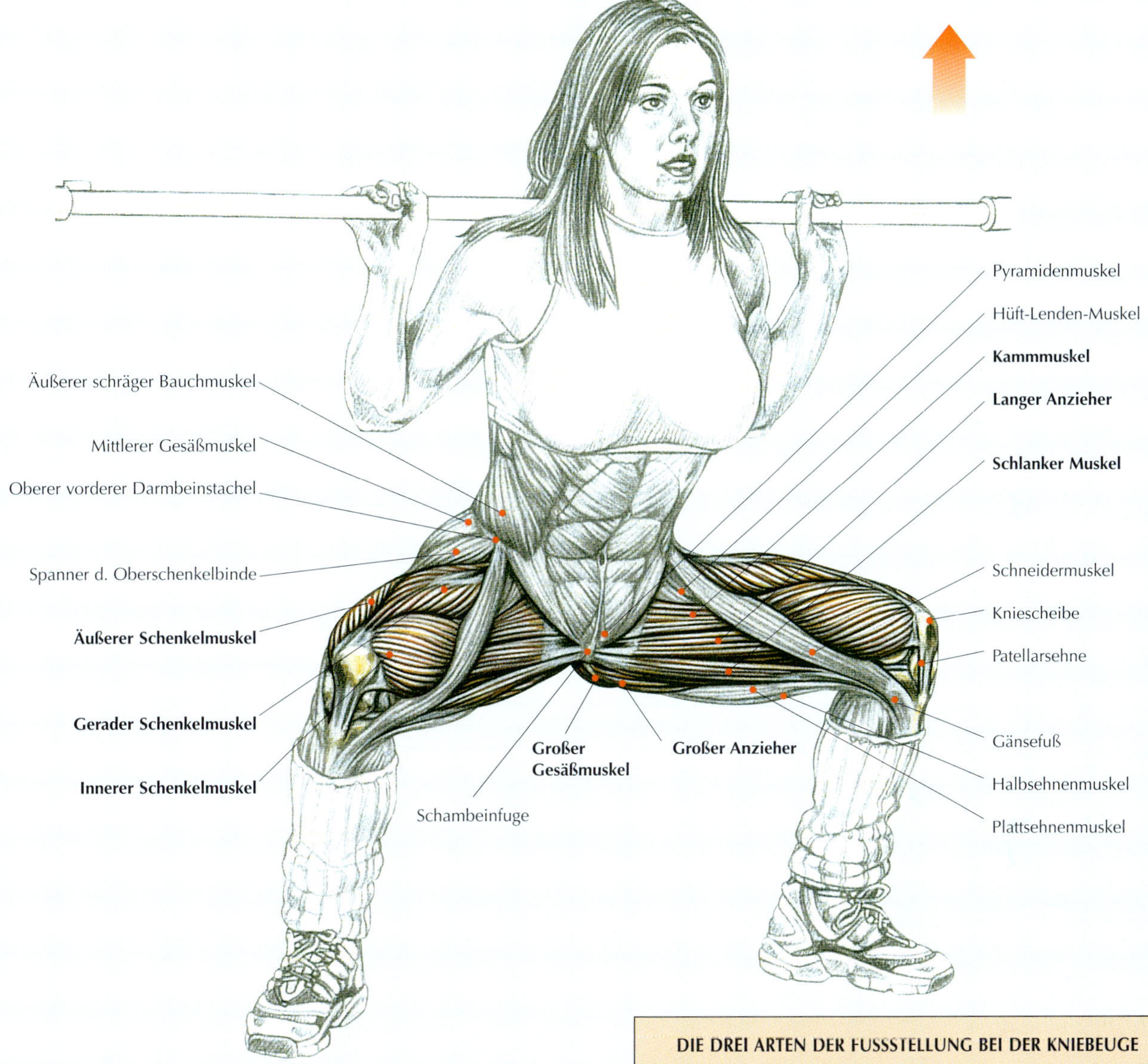

Diese Übung wird wie die klassische Kniebeuge ausgeführt, nur dass die Beine weit geöffnet sind und die Fußspitzen nach außen weisen, wodurch die Oberschenkelinnenseite intensiv gekräftigt wird.
Die trainierten Muskeln sind:
- der vierköpfige Schenkelmuskel (Quadrizeps),
- die Gesamtheit der Adduktoren (großer, langer und kurzer Anzieher, schlanker Muskel und Kammmuskel),
- die Gesäßmuskeln,
- die Kniebeuger,
- die Bauchmuskeln
- und die Rückenstrecker.

Anmerkung:
Je weniger der Rücken geneigt ist, desto mehr werden die Oberschenkel gebeugt.

DIE DREI ARTEN DER FUSSSTELLUNG BEI DER KNIEBEUGE

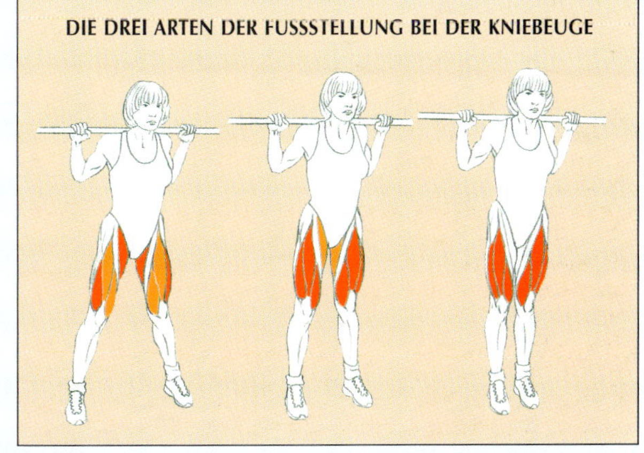

STARK BEANSPRUCHT

WENIGER BEANSPRUCHT

4 KNIEBEUGEN MIT LANGHANTEL VORN

ENDE DER BEUGUNG DER OBERSCHENKEL

Anmerkung:
Die Oberschenkel sind waagerecht, die Ellbogen angehoben und der Oberkörper so gerade wie möglich.

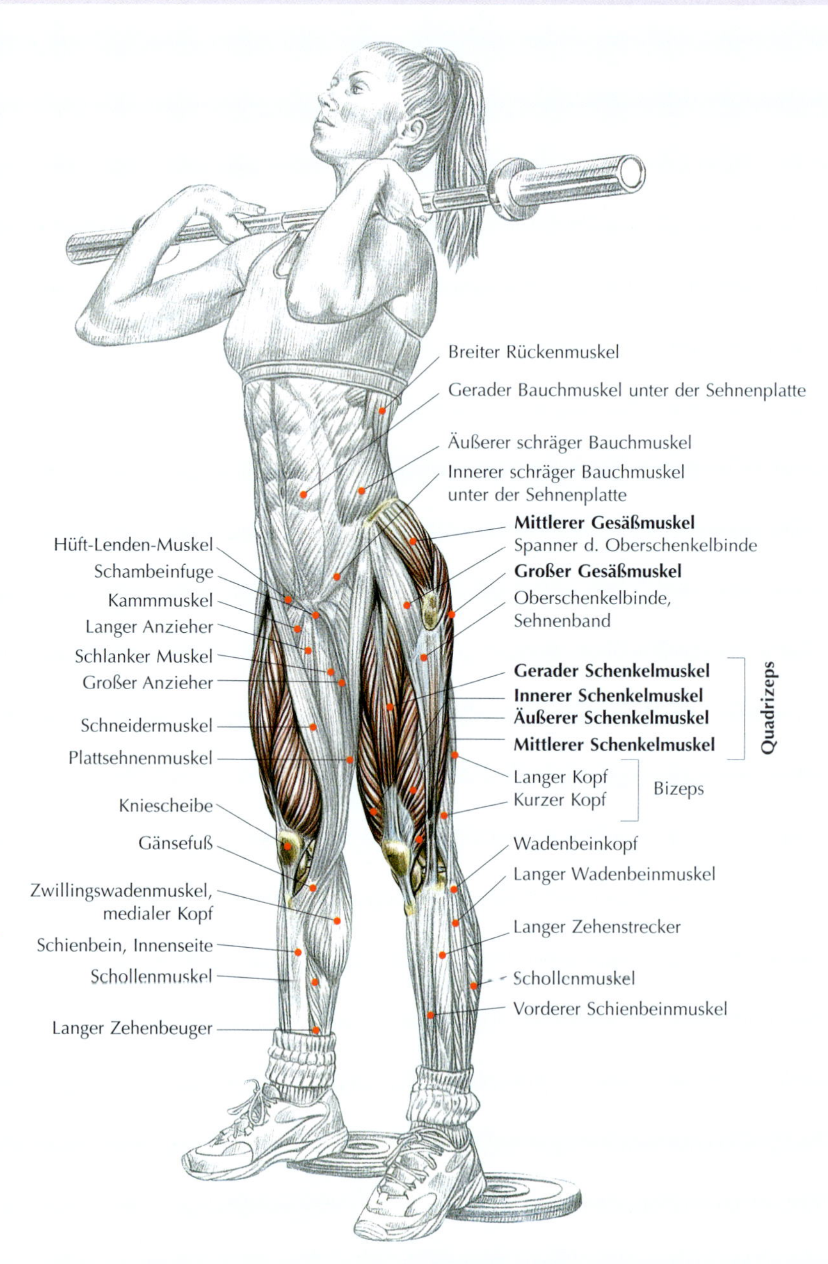

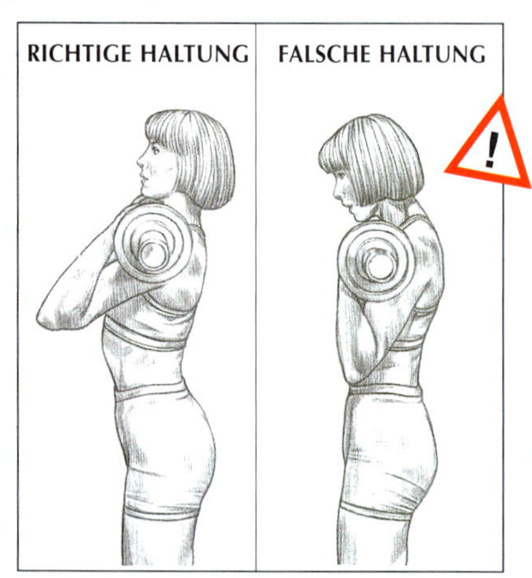

Sie stehen die Füße etwa in Schulterbreite leicht gegrätscht, halten die Langhantel mit den Händen nach innen gedreht, die Hantel liegt auf den oberen der Brustmuskeln und auf den vorderen Anteilen der Deltamuskeln auf. Damit die Langhantel nicht nach vorn rutscht, ist es wichtig, die Brust nach vorn und oben zu heben sowie die Ellbogen so hoch wie möglich zu drücken:
– Tief einatmen, um den Druck im Brustkorb aufrechtzuerhalten, sodass der Brustkorb nicht zusammensackt, den Rücken leicht wölben, die Bauchmuskeln anspannen und die Knie so weit beugen, bis die Oberschenkel sich in der Waagerechten befinden;
– in die Ausgangsposition zurückkehren; am Ende der Bewegung ausatmen.
Da die Langhantel vorn liegt, kann der Oberkörper nicht nach vorn gebeugt werden, daher bleibt der Rücken stets aufrecht. Um die Durchführung zu erleichtern, kann man einen Keil unter die Fersen legen.

Diese Art der Kniebeugen konzentriert einen Großteil der Muskelarbeit auf den vierköpfigen Schenkelmuskel; das Training ist damit weniger intensiv als bei den klassischen Kniebeugen. Bei vollständiger Ausführung der Bewegung werden auch die Gesäßmuskeln, die Kniebeuger, die Bauchmuskeln und die unteren Teile der Rückenstrecker gekräftigt.

Vorsicht:
Um zu vermeiden, dass Sie das Gleichgewicht verlieren und nach vorn fallen, ist es notwendig, bei den Kniebeugen mit der Langhantel vorn die Ellbogen so hoch wie möglich zu drücken, die Brust nach vorn und oben zu heben sowie den Rücken leicht zu wölben.

KNIEBEUGEN MIT »TUBES«

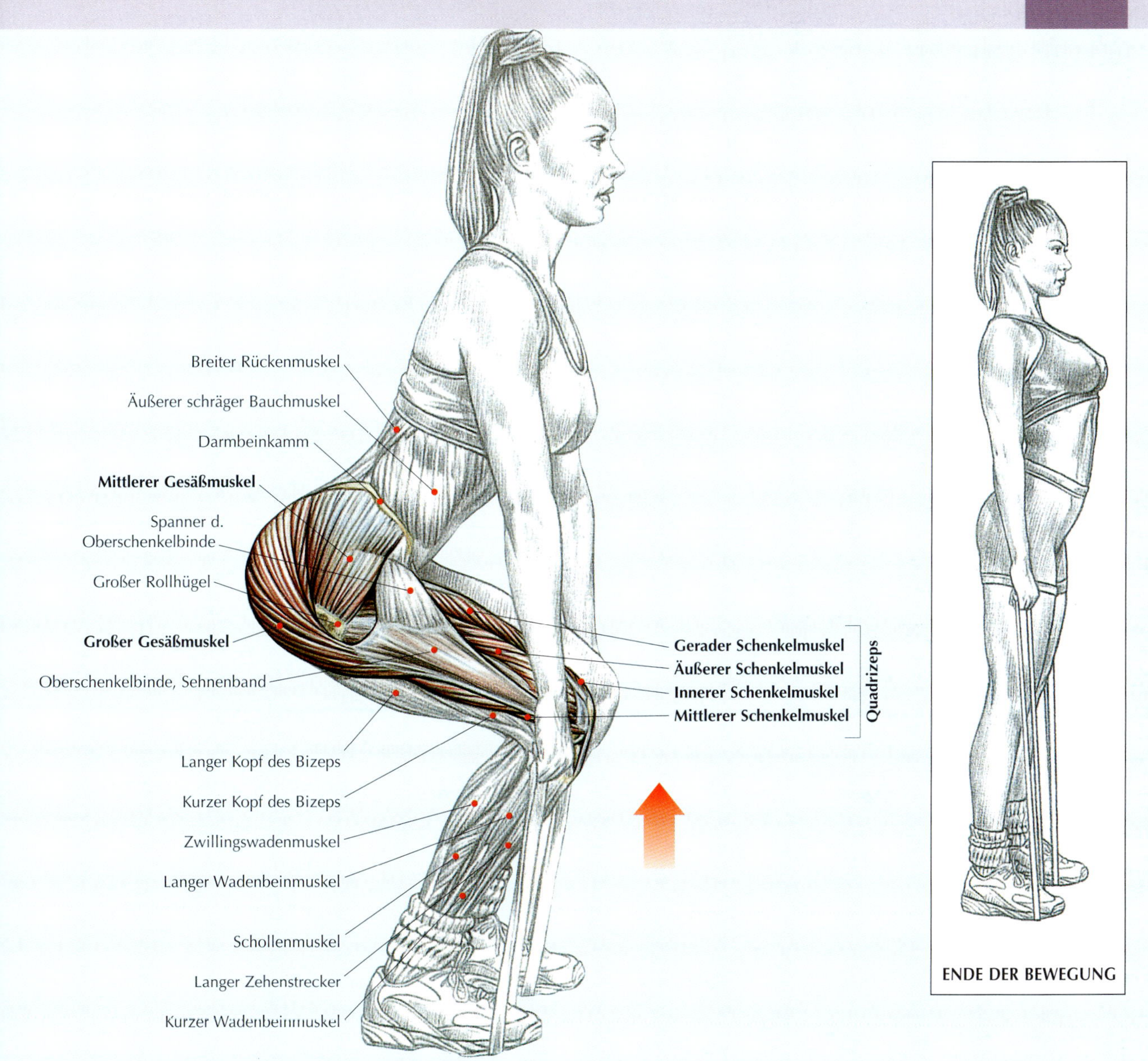

Sie stehen mit leicht gegrätschten Beinen, der Rücken ganz fest und leichtes Hohlkreuz:
- Die Knie beugen, bis die Oberschenkel fast waagerecht sind;
- an den Zugbändern, die unter den Füßen verlaufen, mit nach innen gedrehter Hand ziehen, die Arme sind gestreckt;
- einatmen, den Atem anhalten;
- die Bauchmuskeln und die Lendenregion anspannen und die Beine strecken, bis Sie senkrecht stehen; am Ende der Bewegung ausatmen;
- die Knie wieder beugen, ohne dabei den Rücken rund zu machen und von neuem beginnen.

Diese Übung trainiert hauptsächlich den Quadrizeps und die Gesäßmuskeln, und in geringerem Maße auch die Rückenstrecker. Je nach Stärke der Zugbänder führen Sätze von 10 bis 20 Wiederholungen zu guten Resultaten.

Anmerkung:
Während bei anderen Übungen, bei denen die Knie gebeugt werden, die anstrengendste Phase zu Beginn der Streckung der Beine liegt, liegt sie bei den Kniebeugen mit Zugband am Ende der Streckung der Beine, wenn die Zugbänder den stärksten Widerstand bieten.

Variation:
Um den oberen Teil der Kapuzenmuskeln stärker zu kräftigen, kann man am Ende der Übung, wenn der Oberkörper senkrecht ist, die Schultern anheben und wieder senken.

6 KNIEBEUGEN MIT STAB VORN

AUSGANGSPOSITION

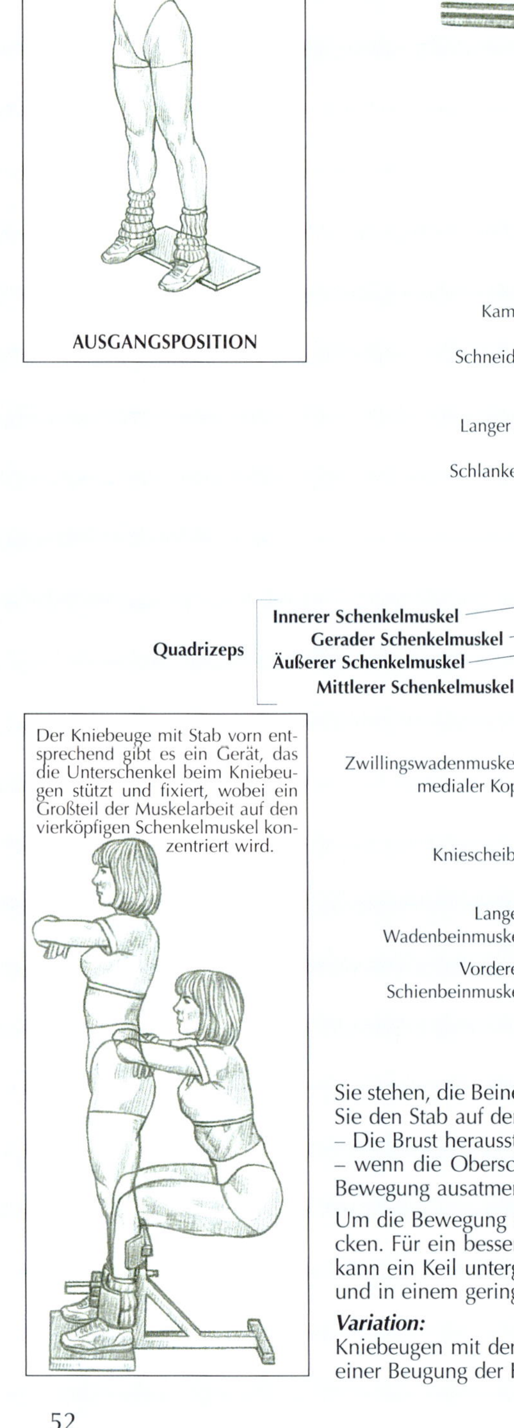

Der Kniebeuge mit Stab vorn entsprechend gibt es ein Gerät, das die Unterschenkel beim Kniebeugen stützt und fixiert, wobei ein Großteil der Muskelarbeit auf den vierköpfigen Schenkelmuskel konzentriert wird.

Sie stehen, die Beine sind ungefähr in Schulterbreite gegrätscht, die Hände in Pronationsstellung, legen Sie den Stab auf den oberen der Brustmuskeln und die vorderen Anteile der Deltamuskeln:

- Die Brust herausstrecken, leichtes Hohlkreuz machen, einatmen und die Knie beugen;
- wenn die Oberschenkel waagerecht stehen, in die Ausgangsposition zurückkehren. Am Ende der Bewegung ausatmen.

Um die Bewegung richtig ausführen zu können, ist es wichtig, die Ellbogen hoch nach oben zu drücken. Für ein besseres Gleichgewicht und um zu vermeiden, dass die Fersen sich vom Boden lösen, kann ein Keil untergelegt werden. Diese Übung trainiert vor allem den vierköpfigen Schenkelmuskel und in einem geringeren Maße auch den großen Gesäßmuskel.

Variation:

Kniebeugen mit dem Stab vorn sind eine hervorragende Übung für den Anfang, mit der Sie sich mit einer Beugung der Knie vertraut machen können, bevor Sie zur Arbeit mit der Langhantel übergehen.

KNIEBEUGEN AN DER MULTIPRESSE

7

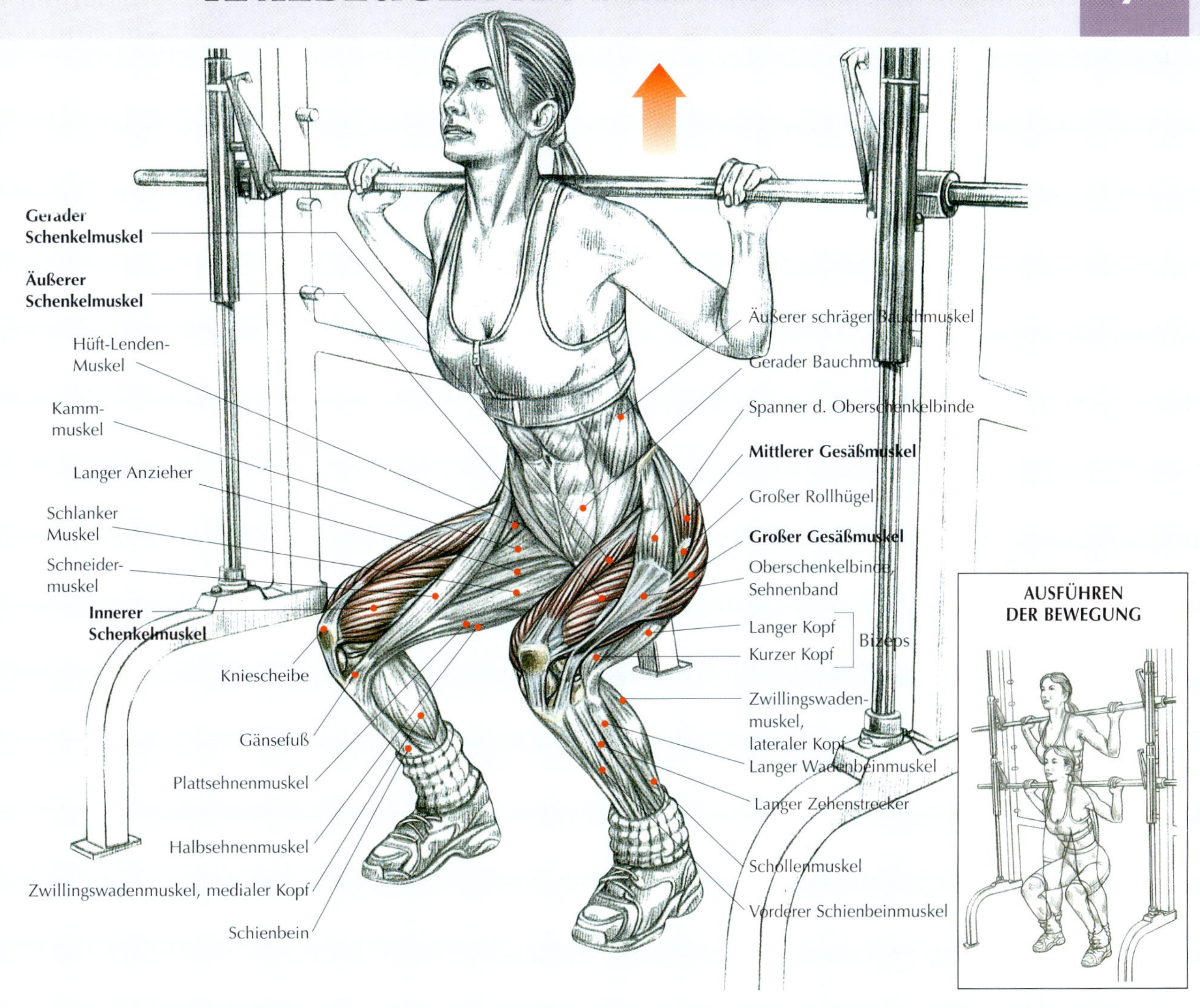

Sie begeben sich unter die Stange, legen sie auf die Kapuzenmuskeln, ein wenig höher als die hinteren Fasern der Deltamuskeln:

– Die Stange mit beiden Händen greifen, die Füße in einem etwas größeren Abstand als Schulterbreite unter die Stange stellen; die Ellbogen nach hinten ziehen, tief einatmen (um den Druck im Brustkorb aufrechtzuerhalten, damit der Oberkörper nicht in sich zusammensackt), ein leichtes Hohlkreuz machen, das Becken nach vorn neigen; die Bauchmuskeln anspannen, geradeaus schauen;
– die Stange aus der Halterung lösen, dabei die Sicherungen an den Seiten lösen;
– in die Knie gehen, dabei die Abwärtsbewegung kontrollieren und den Rücken nie rund machen, um jede Verletzung zu vermeiden;
– wenn die Oberschenkel waagerecht sind, die Beine wieder bis in die Ausgangsposition strecken. Am Ende der Bewegung ausatmen.

Variationen:

1. Stehen die Füße zu Beginn unter der Stange, werden vor allem der vierköpfige Schenkelmuskel und der große Gesäßmuskel trainiert.

2. Stellt man die Füße etwas vor die Stange, wird die Hüftbeugung, und damit die Neigung des Oberkörpers, bei der Abwärtsbewegung begrenzt, wodurch ein größerer Teil der Arbeit beim vierköpfigen Schenkelmuskel liegt und die Beanspruchung des großen Gesäßmuskels herabgesetzt wird.

Bei Kniebeugen mit Kniebeugenablage mit gespreizten Füßen werden die Adduktoren der Oberschenkel und der äußere Schenkelmuskel stärker gekräftigt.

Anmerkung:

Mit welcher Variation diese Übungen auch ausgeführt werden, auf jeden Fall wird eine zu starke Beugung des Oberkörpers verhindert, was das Verletzungsrisiko durch schlecht kontrollierte Bewegungen verringert.

KLASSISCHE KNIEBEUGEN

Füße stehen unter der Stange. Kräftigen des Quadrizeps und der Gesäßmuskeln

KNIEBEUGEN MIT FÜSSEN VORN

Füße stehen vor der Stange. Starke Kräftigung des vierköpfigen Schenkelmuskels

8 KNIEBEUGEN AM GERÄT

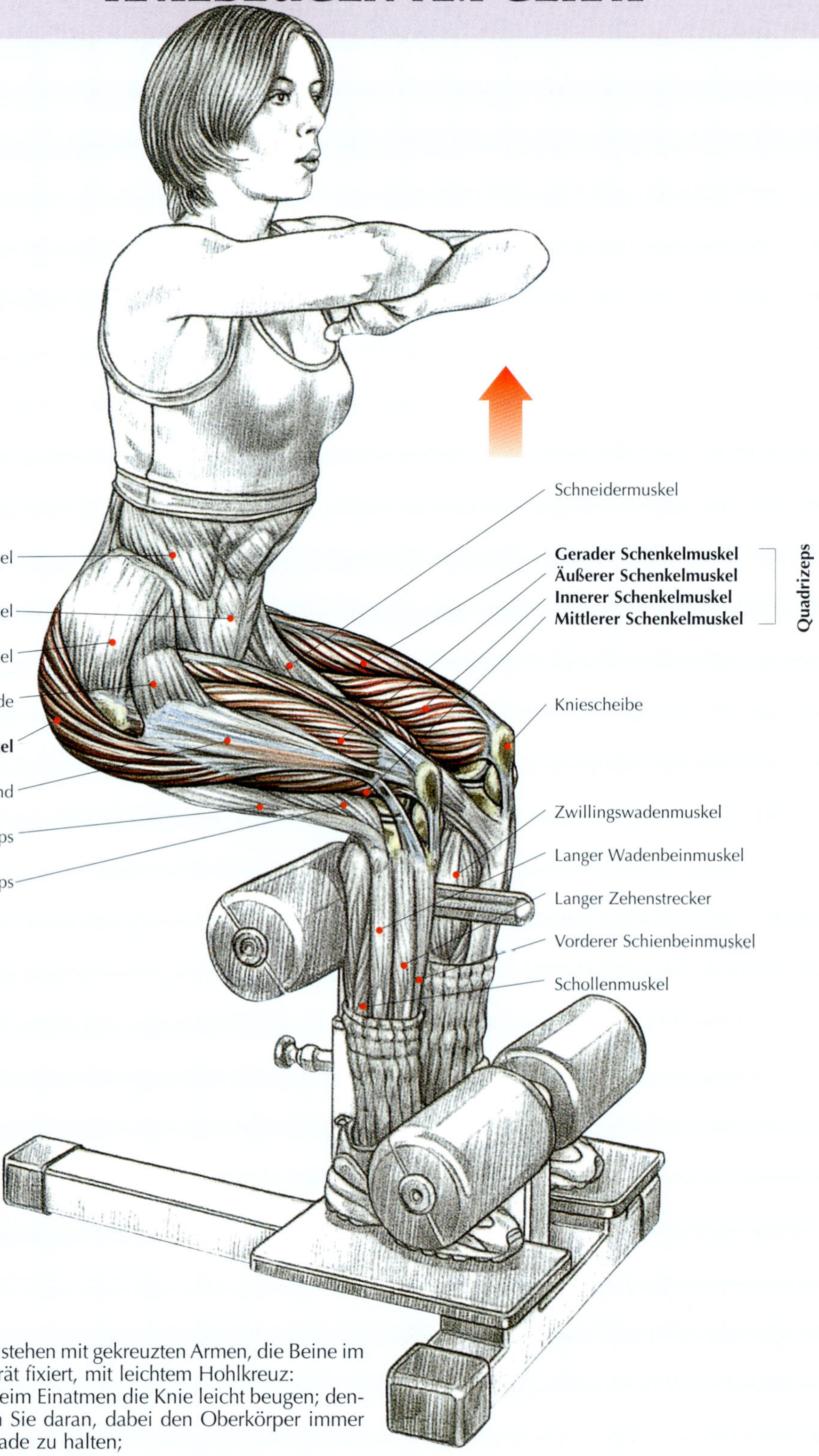

Schneidermuskel

Gerader Schenkelmuskel
Äußerer Schenkelmuskel
Innerer Schenkelmuskel
Mittlerer Schenkelmuskel
Quadrizeps

Äußerer schräger Bauchmuskel
Gerader Bauchmuskel
Mittlerer Gesäßmuskel
Spanner d. Oberschenkelbinde
Großer Gesäßmuskel
Oberschenkelbinde, Sehnenband
Langer Kopf des Bizeps
Kurzer Kopf des Bizeps

Kniescheibe
Zwillingswadenmuskel
Langer Wadenbeinmuskel
Langer Zehenstrecker
Vorderer Schienbeinmuskel
Schollenmuskel

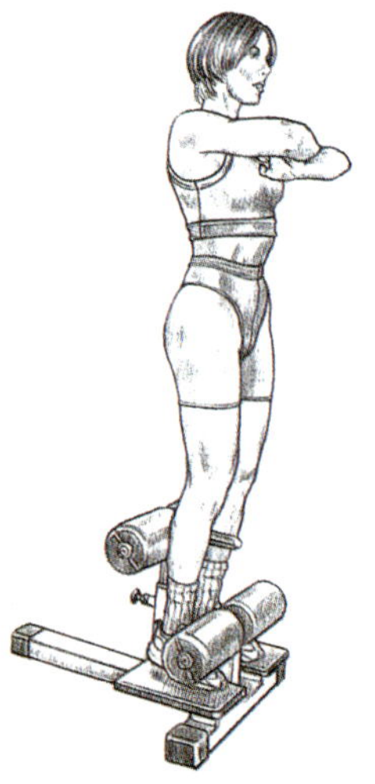

AUSGANGSSTELLUNG

Sie stehen mit gekreuzten Armen, die Beine im Gerät fixiert, mit leichtem Hohlkreuz:

– Beim Einatmen die Knie leicht beugen; denken Sie daran, dabei den Oberkörper immer gerade zu halten;

– wenn die Oberschenkel waagerecht stehen, strecken Sie die Beine wieder, bis Sie in die Ausgangsposition zurückkehren. Am Ende der Bewegung ausatmen.

Bei den Kniebeugen am Gerät kann der Oberkörper gerade gehalten werden, so wird die Belastung des großen Gesäßmuskels verringert und ein Teil der Arbeit auf den vierköpfigen Schenkelmuskel verlagert, vor allem auf dessen unteren Teil.

KNIEBEUGEN MIT KURZHANTELN

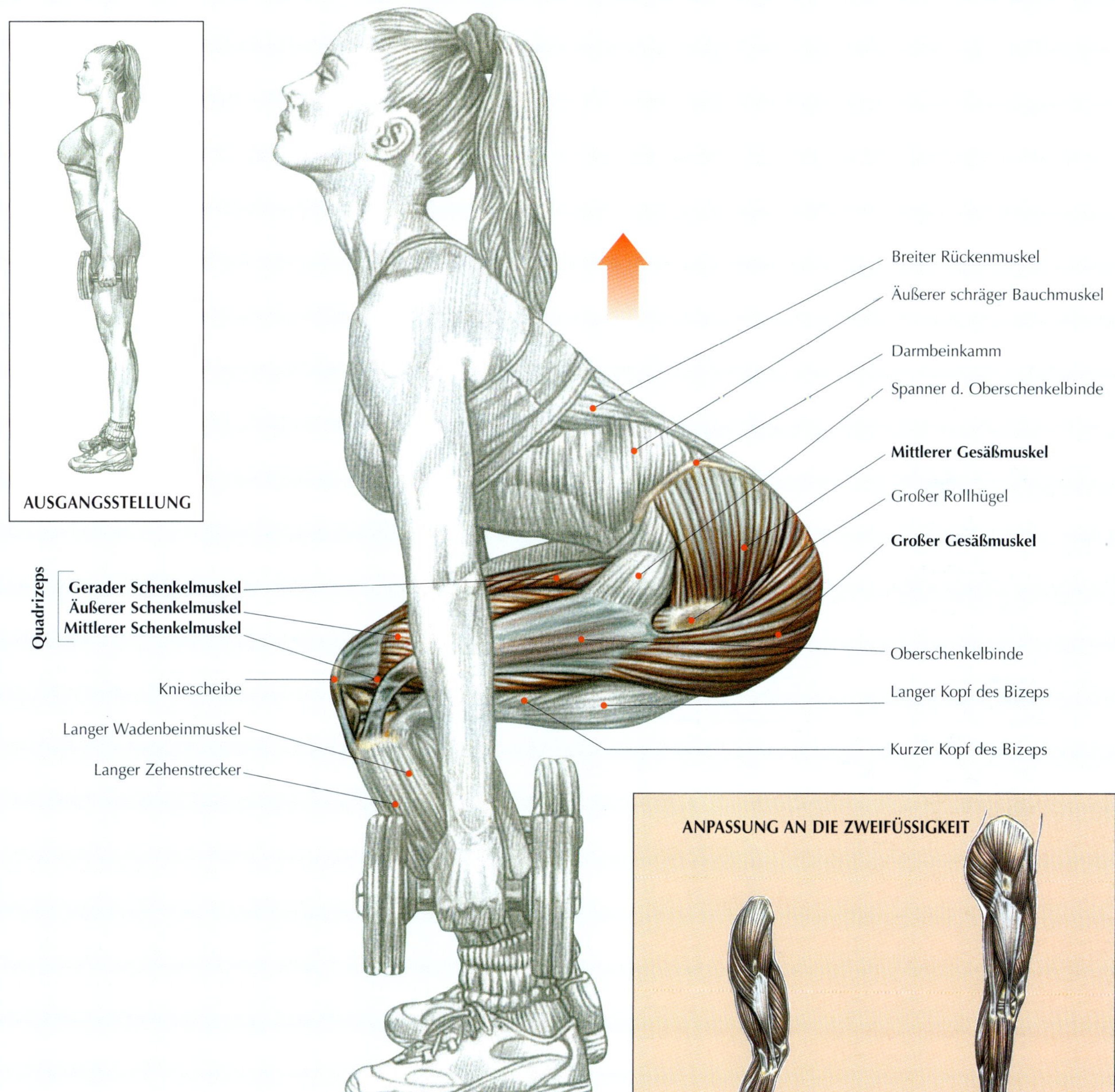

Sie stehen mit leicht gegrätschten Beinen und halten eine Kurzhantel in jeder Hand, die Arme sind entspannt:

– Geradeaus schauen, einatmen, runden Sie leicht den Rücken und beugen Sie die Knie;

– wenn sich die Oberschenkel in waagerechter Position befinden, die Beine wieder strecken, bis Sie wieder in der Ausgangsposition stehen;

– am Ende der Bewegung ausatmen.

Diese Übung trainiert vor allem die Gesäßmuskeln und den vierköpfigen Schenkelmuskel.

Anmerkung: Es führt zu nichts, diese Übung mit schweren Gewichten zu machen. Wird sie mit leichten Kurzhanteln in Sätzen von 10–15 Wiederholungen durchgeführt, wird das beste Ergebnis erzielt.

ANPASSUNG AN DIE ZWEIFÜSSIGKEIT

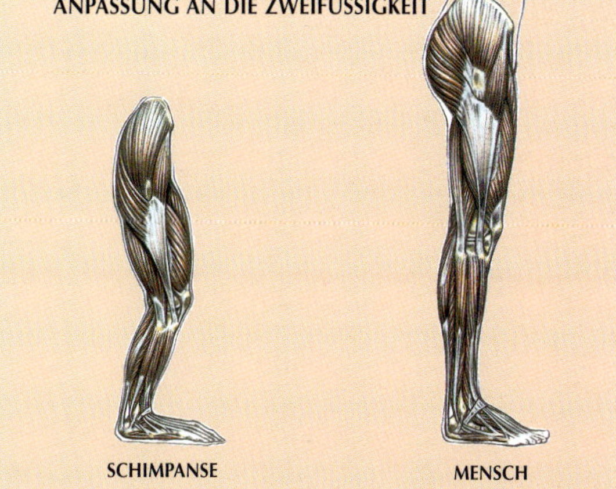

Beim Schimpansen, unserem nächsten Verwandten, führt die Größe des Oberkörpers zusammen mit einem nur schwach ausgebildeten großen Gesäßmuskel dazu, dass eine Aufrichtung des Rumpfes anstrengend und die Fortbewegung auf zwei Füßen eher schwierig sind. Somit ist der Mensch der einzige Primat, der an eine vollständige Fortbewegung auf zwei Füßen angepasst ist.

Neben der starken Ausbildung des großen Gesäßmuskels ist auch der gesamte Körperbau des Menschen auf die Zweifüßigkeit eingerichtet. Daher ist sein Oberkörper weniger groß, was das Aufrichten erleichterte, und er erwarb die Fähigkeit, anders als der Gorilla und der Schimpanse, sein Kniegelenk einrasten zu lassen, wodurch das Aufrechtstehen weniger ermüdend wurde.

10 EINFACHE KNIEBEUGE

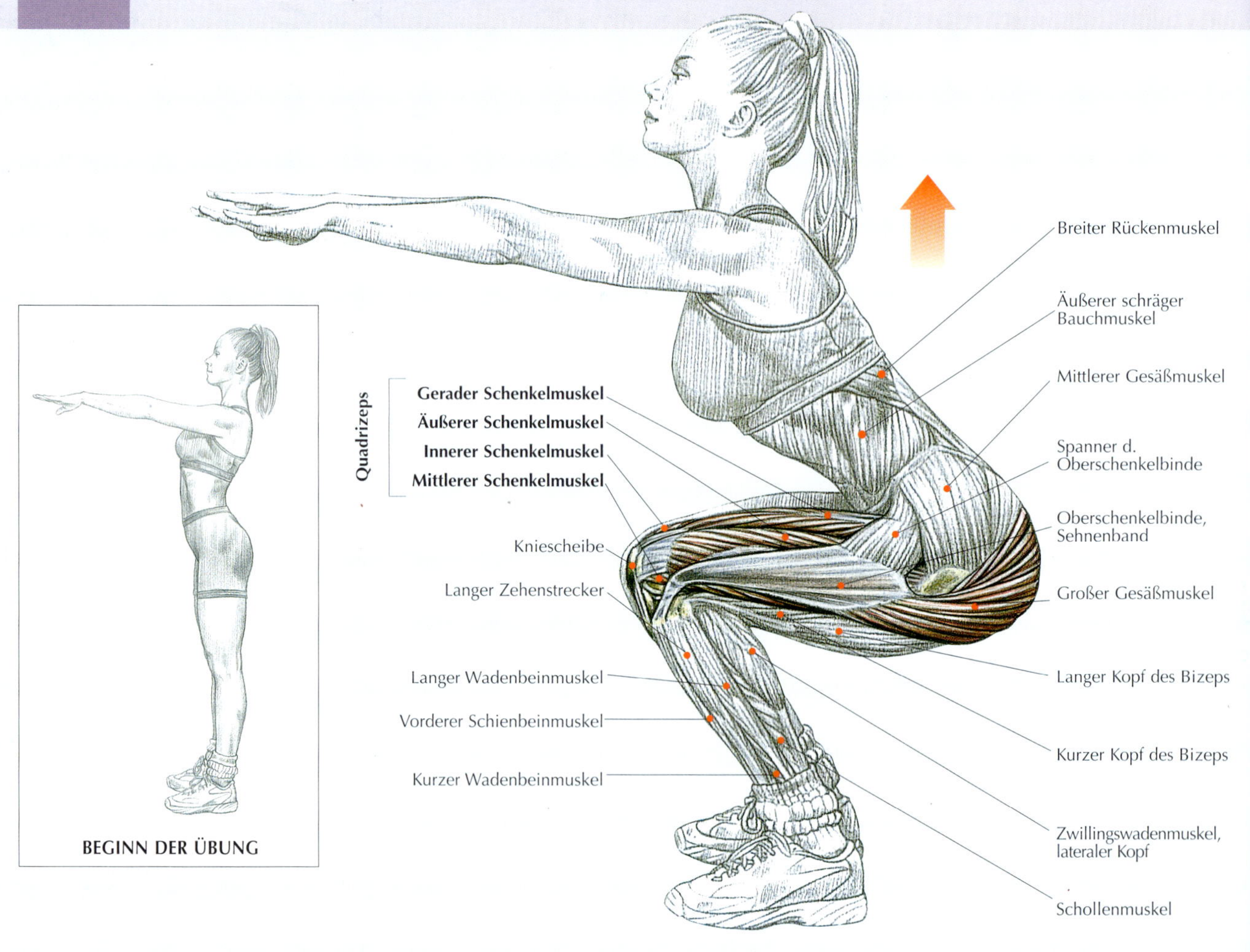

Sie stehen mit gestreckten Armen, die Füße leicht gegrätscht, der Kopf ganz gerade, die Brust herausgedrückt, mit leichtem Hohlkreuz:
- Beim Einatmen in die Knie gehen;
- wenn die Oberschenkel waagerecht stehen, die Beine wieder strecken und den Oberkörper heben, bis Sie sich wieder in der Ausgangsposition befinden. Am Ende der Übung ausatmen.

Diese Übung trainiert hauptsächlich den Quadrizeps und die Gesäßmuskeln, dabei ist es wichtig, die Abwärtsbewegung zu kontrollieren und ohne Ruck auszuführen. Auf jeden Fall muss der Rücken ganz gerade sein, und die Fersen dürfen sich nicht vom Boden lösen.

Wie bei allen Übungen ohne zusätzliches Gewicht bringen lange Sätze von 15 bis 20 Wiederholungen die besten Resultate.

Variationen:

1. Durch ein isometrisches Anspannen können die Oberschenkel für einige Sekunden in der Waagerechten gehalten werden.

2. Die Übung kann mit unterschiedlicher Armstellung vorgenommen werden:
- entweder mit vorn gekreuzten Armen
- oder mit nach unten zur Seite gestreckten Armen.

3. Menschen mit steifen Fußgelenken oder langen Oberschenkelknochen können einen Keil unter die Fersen legen, um eine allzu große Neigung des Oberkörpers und einen Verlust des Gleichgewichtes zu vermeiden. Mit dieser Variation kann ein größerer Teil der Arbeit auf den Quadrizeps verlegt werden. Diese Übung ist als Aufwärmübung für den unteren Teil des Körpers ausgezeichnet, und auch gut für Anfängerinnen, um sich mit Kniebeugen vertraut zu machen, bevor zu Kniebeugen mit Zusatzbelastung übergegangen wird.

VARIATIONEN

Arme gekreuzt — Arme nach unten gestreckt

KNIEBEUGEN MIT WEIT GEGRÄTSCHTEN BEINEN

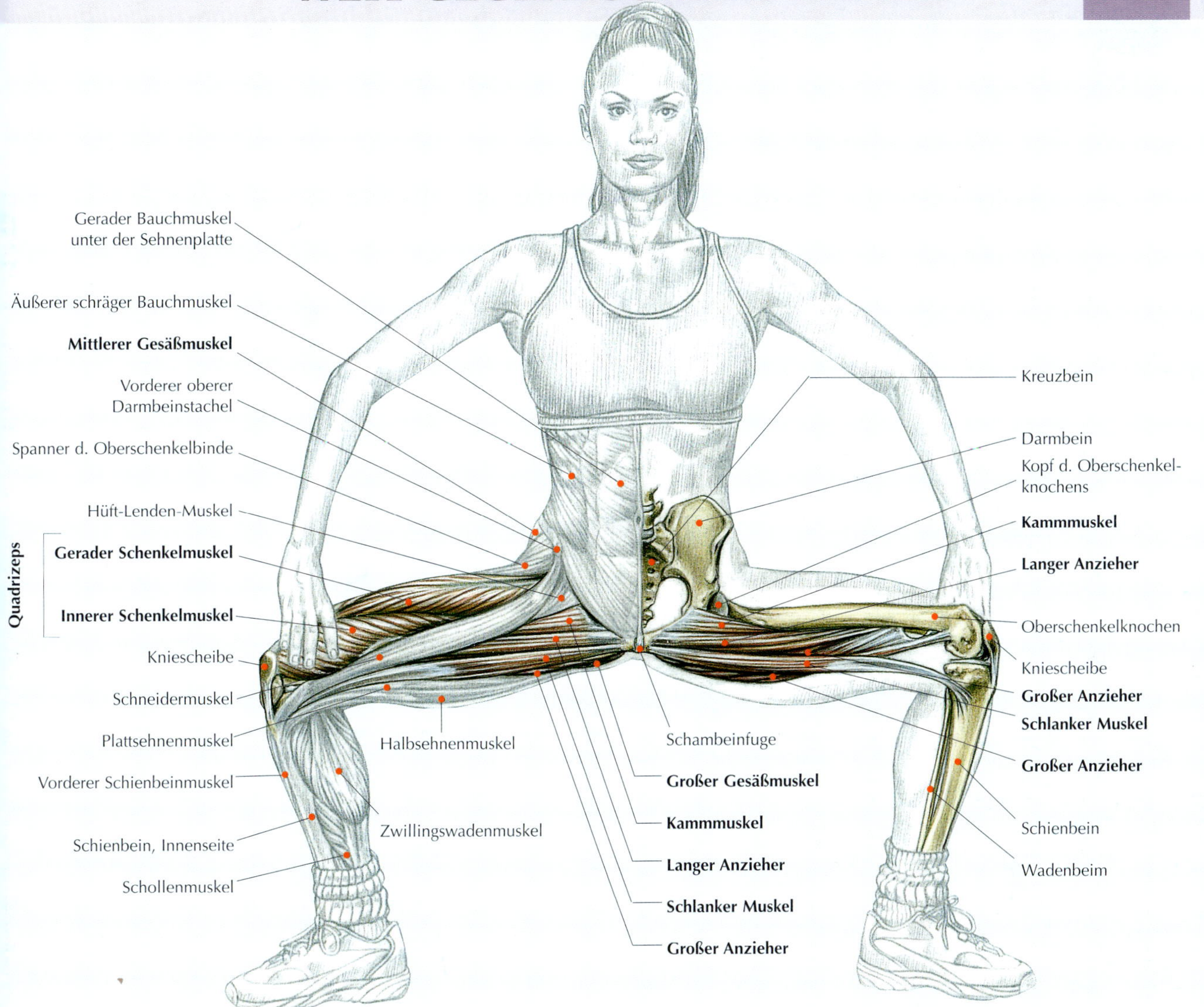

AUSGANGSSTELLUNG

Sie stehen mit gegrätschten Beinen, Fußspitzen nach außen, den Rücken ganz gerade, Brust herausgestreckt:
– Beim Einatmen die Knie beugen, bis die Oberschenkel waagerecht stehen;
– in die Ausgangsposition zurückkehren, am Ende der Bewegung ausatmen.
Führen Sie diese Übung langsam durch und versuchen Sie sich dabei auf die Muskelarbeit zu konzentrieren und das Gesäß am Ende des Aufrichtens stark anzuspannen. Wenn die Oberschenkel in waagerechter Position sind, können diese für einige Sekunden durch eine isometrische Anspannung so gehalten werden. Wie alle Übungen, die nur mit dem Körpergewicht durchgeführt werden, führen lediglich viele Wiederholungen zu wirklichen Ergebnissen. Daher empfiehlt es sich, mehrere Sätze mit mindestens 20 Wiederholungen durchzuführen.

Die beanspruchten Muskeln sind der vierköpfige Schenkelmuskel, vorwiegend dabei der äußere Schenkelmuskel; die gesamten Adduktoren; die Gesäßmuskeln sowie die kleinen Außenrotatoren der Hüfte, die im Bereich des kleinen Beckens liegen.

VARIATIONEN:

1. Die Bewegung kann mit einem Stab auf den Schultern ausgeführt werden, wodurch der Rücken aufgerichtet wird,

2. oder es wird ein Stab vorn gehalten, der entlang dem Schienbein und der Oberschenkel gleitet.

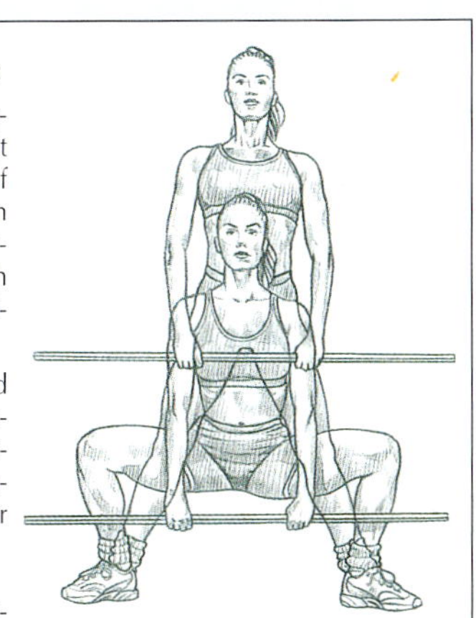

Durch diese beiden Variationen kann die Bewegung des Oberkörpers eingeschränkt und die Arbeit auf die unteren Gliedmaßen konzentriert werden.

12 AUSFALLSCHRITT ZUR SEITE IM WECHSEL

Sie stehen mit leicht gegrätschten Beinen, die Füße nach außen gedreht:

– Nach dem Einatmen den Atem anhalten und einen Ausfallschritt zur Seite machen;

– wenn der Oberschenkel die Waagerechte erreicht hat, ihn strecken und wieder in die Ausgangsposition zurückkehren; am Ende der Streckung ausatmen.

Diese Übung trainiert den **Quadrizeps** und vorwiegend dabei den **unteren Teil** des Muskels und die untere Partie des **äußeren Schenkelmuskels**; der **große Gesäßmuskel** wird dabei ebenfalls stark gekräftigt.

Für ein besseres Gleichgewicht und zur Erleichterung der Bewegung können Sie die Hände auf das gebeugte Bein stützen.

Da bei dieser Übung ein großer Teil des Körpergewichts auf ein Bein gelegt wird, empfiehlt es sich, Sätze von höchstens 20 Wiederholungen im Wechsel vorzunehmen, also 10-mal auf dem rechten Bein und 10-mal auf dem linken Bein. Achten Sie auf eine korrekte Ausführung der Bewegung, um das Kniegelenk zu schonen.

Anmerkung:
Der Ausfallschritt zur Seite ist auch eine hervorragende Übung zum Dehnen der Muskeln der Innenseite des Oberschenkels. Daher kann sie auch Teil eines Stretchingprogramms sein.

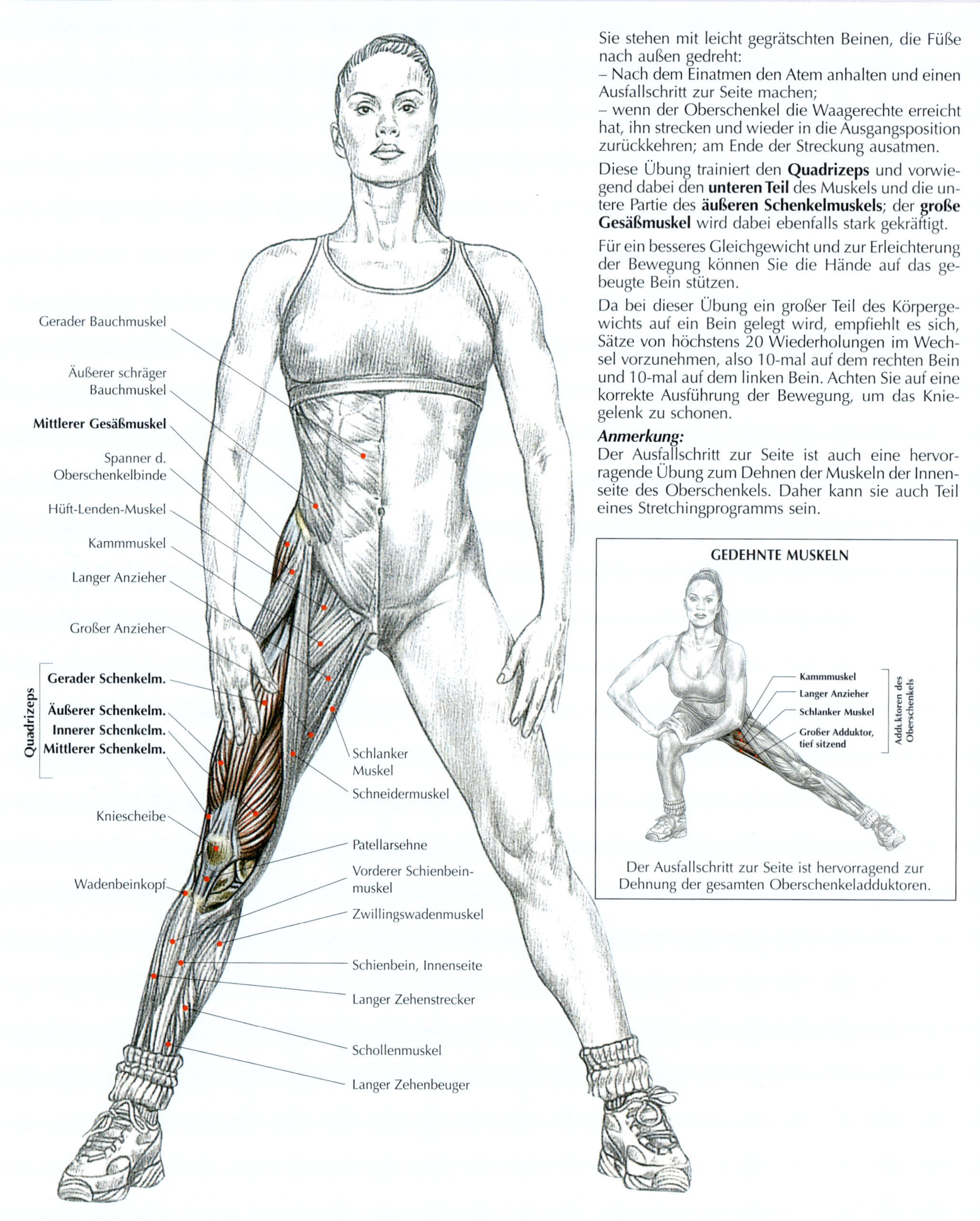

Der Ausfallschritt zur Seite ist hervorragend zur Dehnung der gesamten Oberschenkeladduktoren.

EINBEINIGE KNIEBEUGE

13

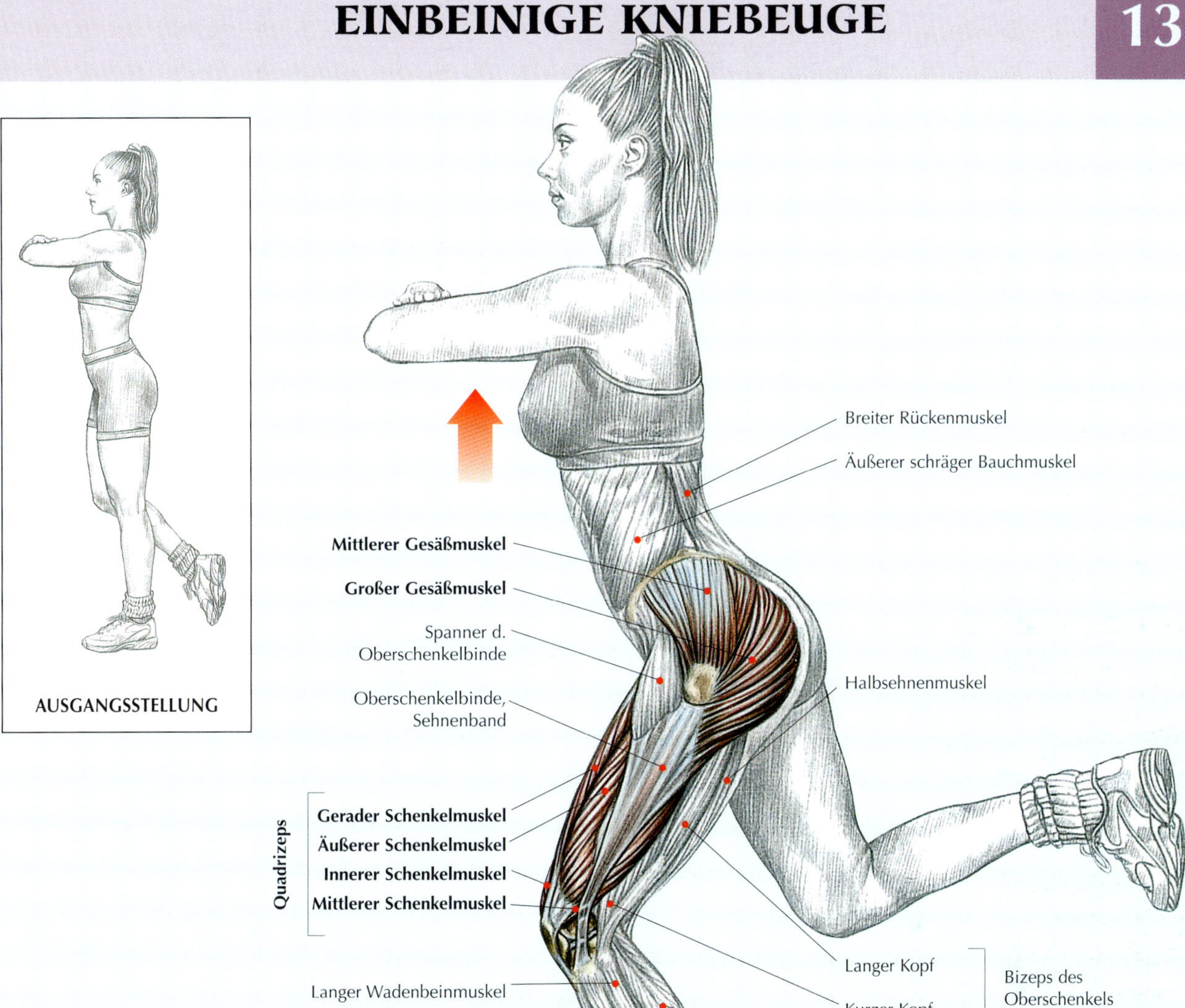

AUSGANGSSTELLUNG

Sie stehen mit vorn gekreuzten Armen, auf ein Bein gestützt, das andere Bein leicht nach hinten gebeugt:
– Beim Einatmen das Knie ein wenig beugen und wieder in die Ausgangsposition gehen; am Ende der Bewegung ausatmen.
Diese Übung wird langsam ausgeführt, mit vielen Wiederholungen im Wechsel erst auf der einen, dann auf der anderen Seite. Es werden vor allem der vierköpfige Schenkelmuskel und der große Gesäßmuskel gekräftigt. Diese Übung erfordert einen guten Gleichgewichtssinn. Da das gesamte Körpergewicht auf einem Bein liegt und das Kniegelenk in halb gebeugter Stellung recht instabil ist, darf dieses Gelenk nicht zu sehr gebeugt werden, um Verletzungen zu vermeiden. Das Beugen eines Beines ist also nicht geeignet für Menschen mit Knieleiden.

Variationen:

1. Um die Arbeit des vierköpfigen Schenkelmuskels gut zu spüren, empfiehlt es sich, das Knie leicht gebeugt zu halten, ohne zwischen den Wiederholungen das Bein wieder zu strecken.
2. Bei dieser Übung kann auch das »Spielbein« nach vorn gehalten werden.
3. Zur besseren Standfestigkeit ist das Stützen auf einen Stab möglich.

VARIATION MIT NACH VORN GEHALTENEM BEIN

INSTABILITÄT DES KNIES

Wenn das Knie gestreckt wird, werden das äußere und innere Seitenband angespannt und verhindern eine Drehung des Gelenkes. Wenn Sie auf einem Standbein stehen, ist daher keine Muskelarbeit zum Stabilisieren des Gelenks notwendig,

Wenn das Knie gebeugt wird, sind das äußere und innere Seitenband entspannt. In dieser Stellung wird das Gelenk lediglich durch die Muskelarbeit gehalten.

Bei Beugung und Drehung des Knies zieht sich der Meniskus auf der Seite der Drehung nach vorn. Wird die folgende Streckung des Gelenkes nicht gut kontrolliert, kann es passieren, dass der Meniskus nicht schnell genug an die richtige Stelle zurückspringt. Er wird dann zwischen den Gelenkköpfen eingeklemmt, und die Folge kann eine mehr oder weniger schlimme Verletzung des Meniskus sein. Wenn bei diesem Einklemmen ein kleines Stück des Meniskus abgetrennt wird, kann sogar ein chirurgischer Eingriff notwendig sein, um es zu entfernen.

Bei asymmetrischen Übungen, wie dem Strecken des Gesäßes auf einem Bein (siehe Seite 59) oder einem Ausfallschritt nach vorn (siehe Seite 13 und 16), ist es wichtig zum Schutz des Kniegelenks, die Geschwindigkeit und richtige Ausführung der Bewegung zu kontrollieren, um jede Verletzung zu verhindern.

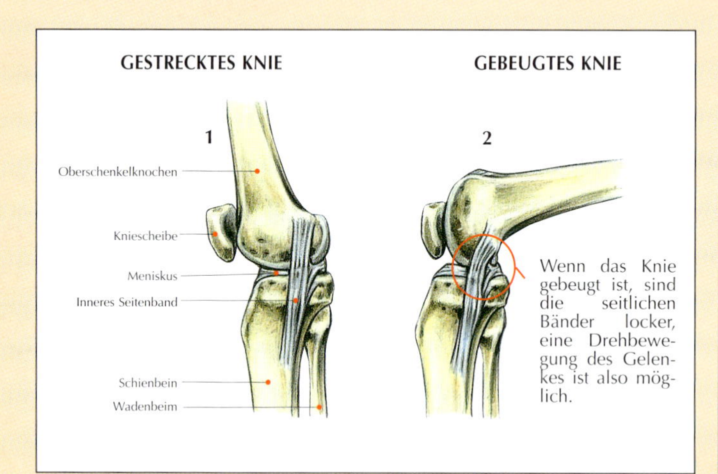

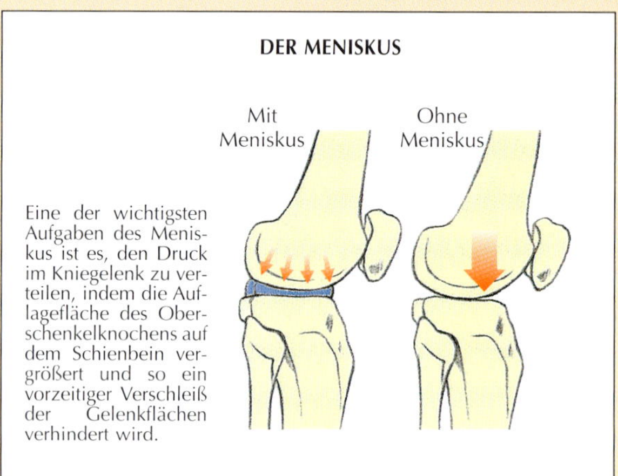

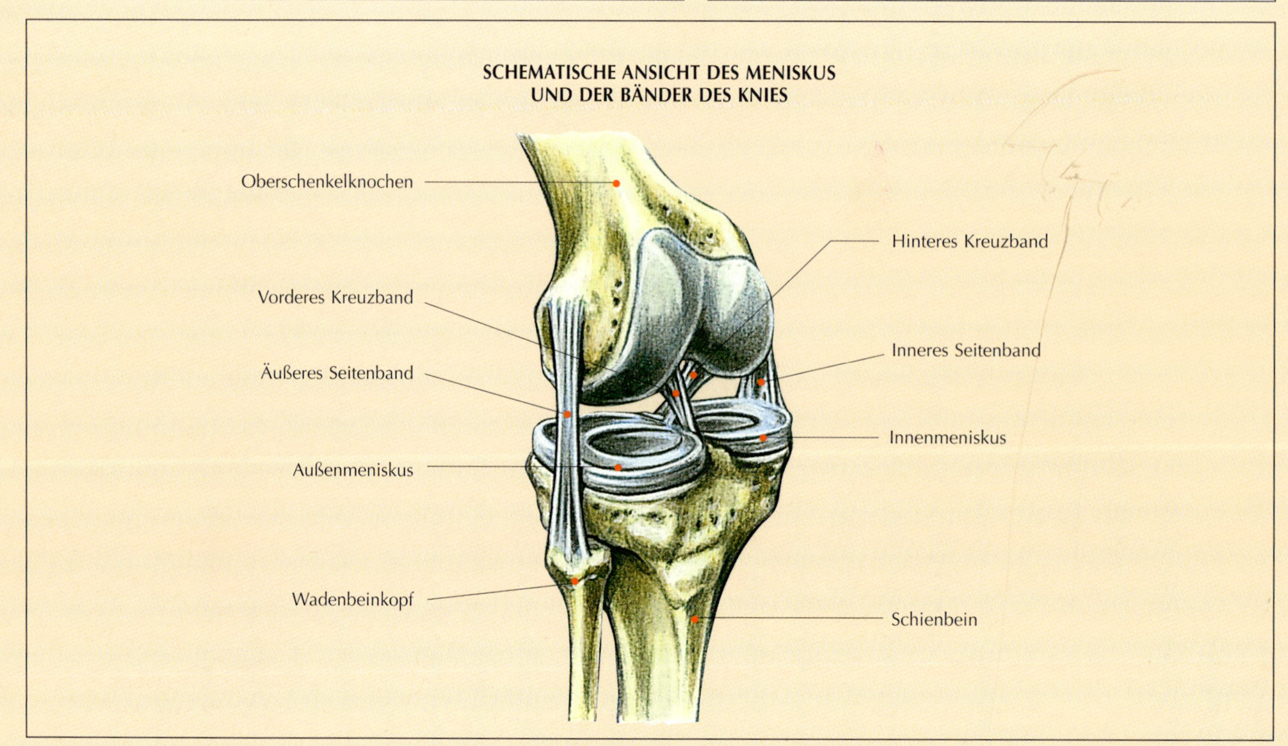

BEINPRESSEN IM STEHEN – »HACK SQUAT«

14

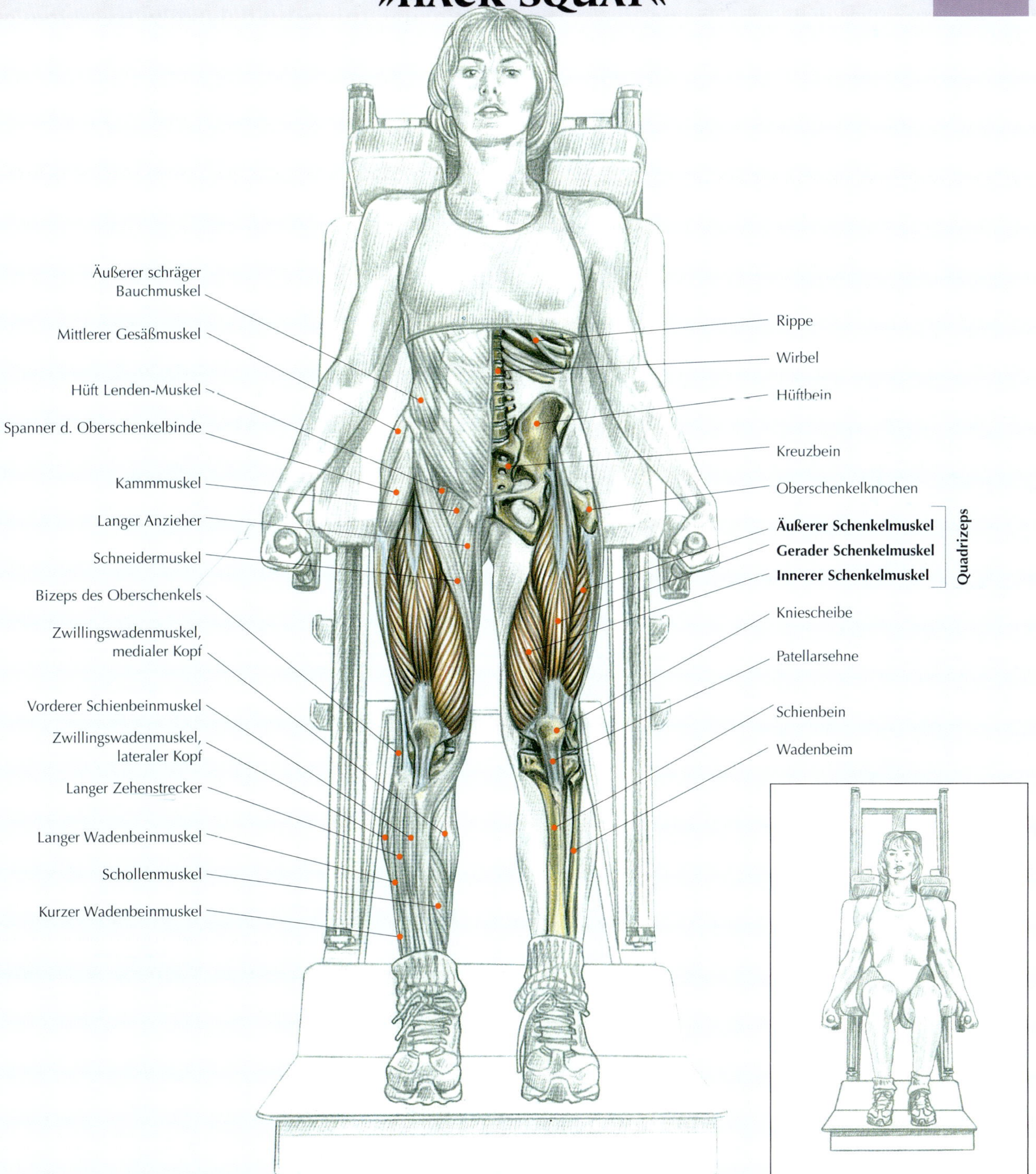

Sie stehen mit leicht gebeugten Knien am Gerät. Den Rücken stützen Sie an die Lehne, die gepolsterte Fläche liegt wie ein Joch auf ihren Schultern (das englische Wort *hack* bedeutet *Gespann, Joch),* die Füße haben mittleren Abstand voneinander:

– Beim Einatmen lösen Sie die Sicherung und beugen die Knie. Kehren Sie in die Ausgangsposition zurück. Am Ende der Bewegung ausatmen, das Kniegelenk nicht ganz durchstrecken.

Diese Übung konzentriert die Muskelarbeit auf den vierköpfigen Schenkelmuskel; je weiter vorn die Füße auf der Plattform platziert werden, desto stärker werden die Gesäßmuskeln beansprucht, und je weiter die Füße voneinander entfernt sind, desto intensiver werden die Adduktoren mittrainiert. Zum Schutz des Rückens ist es wichtig, die Bauchmuskulatur anzuspannen.

15 BEINPRESSEN IN SCHRÄGLAGE

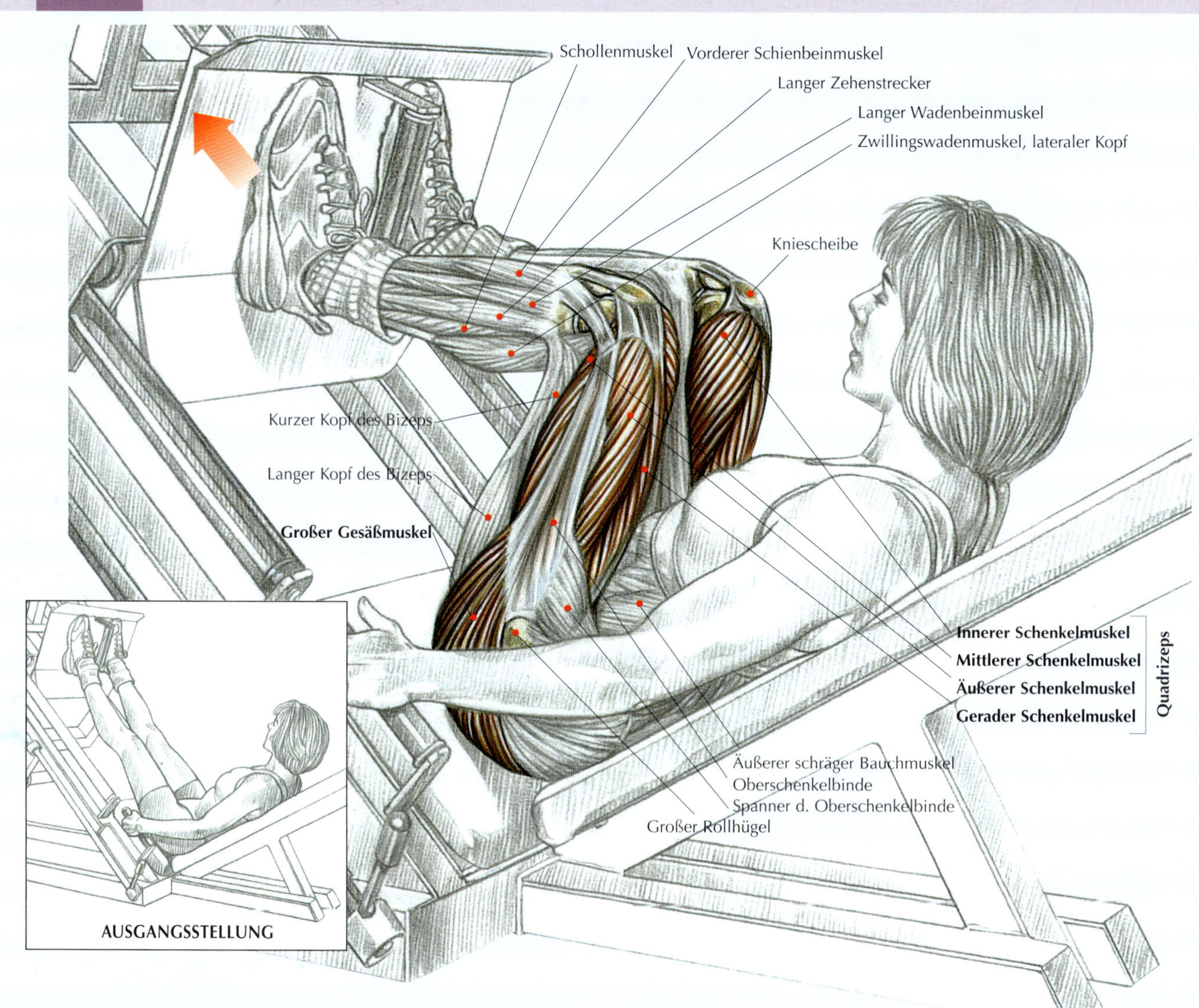

Legen Sie sich mit dem Rücken fest auf die Schrägbank, die Füße im mittleren Abstand voneinander:
- Beim Einatmen lösen Sie die Sicherung, beugen die Knie und lassen die Oberschenkel vom Gewicht so weit wie möglich zum Brustkorb drücken;
- Beine bis zur Ausgangsposition langsam wieder ausstrecken und ausatmen.

Wenn sich die Füße unten auf der Platte befinden, wird vor allem der vierköpfige Schenkelmuskel trainiert; wenn die Füße dagegen am oberen Rand der Platte aufliegen, werden besonders die Gesäßmuskeln und die Kniebeuger gekräftigt. Ruhen die Füße weit auseinander auf der Platte, wird die Muskeltätigkeit vor allem von den Adduktoren übernommen.

Anmerkung: Diese Übung kann auch von Personen ausgeführt werden, die an Rückenschmerzen leiden und keine Kniebeugen mit Gewichten machen dürfen; dabei sollte das Gesäß aber nicht von der Unterlage gelöst werden.

Vorsicht: Die Verwendung der Beinpresse mit schweren Gewichten kann bei manchen Menschen eine Verschiebung der Gelenke an Darm- und Kreuzbein und sehr schmerzhafte muskuläre Verkrampfungen in diesem Bereich bewirken.

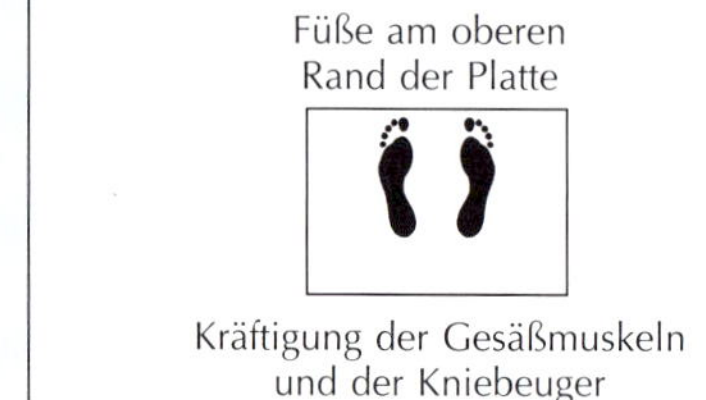

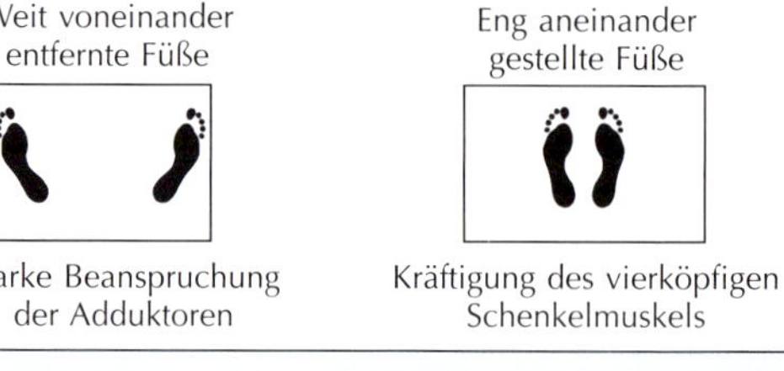

ÜBERSTRECKBARE GELENKE (WACKELGELENKE)

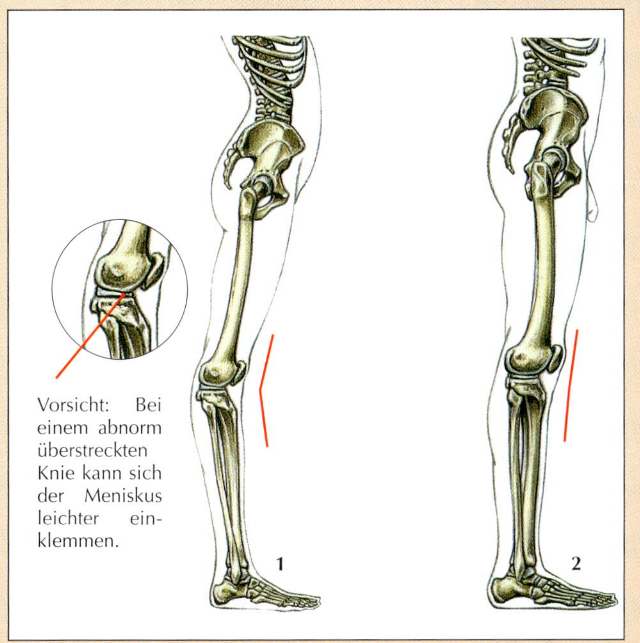

Vorsicht: Bei einem abnorm überstreckten Knie kann sich der Meniskus leichter einklemmen.
1
2

1. Typisches Bein einer Frau mit Hohlknie
2. Typisches Bein beim Mann, die Gelenke stehen übereinander wie einzelne Teile einer Säule.

Vorsicht:
Bei Frauen bringt die Fortpflanzungsfunktion häufig auch überstreckbare Gelenke mit sich, weil bei der Geburt die wenig beweglichen Gelenke im Becken (im Kreuz- und Darmbein und im Schambein) ein wenig versetzt werden, sodass das Kind leichter durch den Geburtskanal gelangt.

Diese übermäßige Beweglichkeit der Bänder in den Gelenken kann zu anatomischen Besonderheiten führen, wie dem Hohlknie, d. h., dass bei der Streckung des Kniegelenks der Eindruck entsteht, dass das Bein ein wenig in die falsche Richtung gebeugt ist.

Obwohl es nur selten krankhaft ist, kann solch ein Hohlknie bei manchen Menschen zu einigen Komplikationen, wie dem Einklemmen eines Meniskus, führen. Dies tritt dann auf, wenn die Knie sehr schnell gestreckt werden und der Meniskus keine Zeit hatte, dazwischenzugleiten oder bei Übungen für den Oberschenkel mit schweren Gewichten. Aus diesen Gründen kommt es bei Kursen häufig vor, dass die Übungsleiter den Rat geben, die Bewegungen durchzuführen, ohne dabei die Knie ganz durchzustrecken. Zudem wird oft der Rat erteilt, dass bei Übungen mit zusätzlichen Gewichten, wie der Beinpresse oder bei Kniebeugen, die durchgestreckten Knie niemals völlig einrasten zu lassen.

Es sollte noch darauf hingewiesen werden, dass solche Vorsichtsmaßnahmen für Personen, die an einer Durchbiegung der Gelenke leiden, von Wert sind, während die meisten Menschen das gestreckte Knie gefahrlos einrasten lassen können, da bei ihnen die Gelenke wie die einzelnen Teile einer Säule übereinander stehen.

VERRENKEN DER KNIESCHEIBE

Der Zug des vierköpfigen Schenkelmuskels auf die Kniescheibe erfolgt in der Verlängerung des eigentlichen Oberschenkelknochens, das heißt schräg nach außen. Die Kniescheibe würde also eigentlich nach außen gezogen, aber der seitliche Gelenkknorren des Oberschenkelknochens steht etwas vor und verhindert, dass sie sich (nach außen) auskugelt. Zudem ziehen die unteren Fasern des inneren Schenkelmuskels sie wieder nach innen.

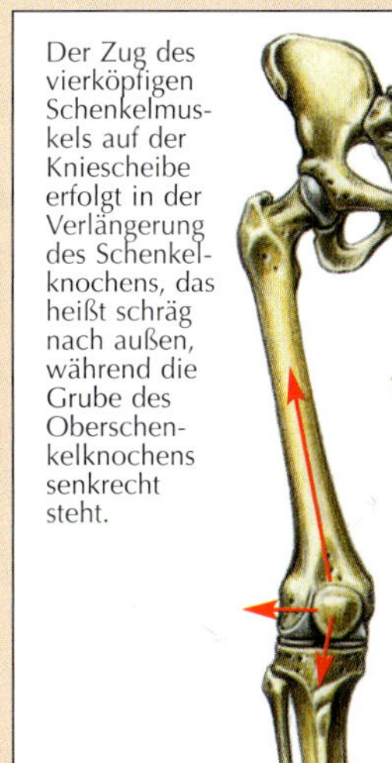

Der Zug des vierköpfigen Schenkelmuskels auf der Kniescheibe erfolgt in der Verlängerung des Schenkelknochens, das heißt schräg nach außen, während die Grube des Oberschenkelknochens senkrecht steht.
Der Zug des Quadrizeps an der Kniescheibe erfolgt schräg nach außen. Die Kniescheibe drückt sich so eher nach außen.

Bei der Frau trägt der stärkere Schrägstand *(Obliquität)* der Oberschenkelknochen, zusammen mit einem weniger starken Herausstehen der seitlichen Gelenkknorren sowie den lockeren Bändern und einem Mangel an Spannung im unteren Teil des äußeren und inneren Schenkelmuskels, dazu bei, dass die Kniescheibe häufiger nach außen und zur Seite verrenkt wird.

Um solchen Verrenkungen vorzubeugen, sind »Leg Extensions« geeignet, weil sie den unteren Bereich des Quadrizeps und Teile des inneren Schenkelmuskels stärken.

Anmerkung:
Die Wackelgelenke sind im Laufe des Menstruationszyklus mehr oder weniger stark ausgeprägt, am stärksten in der Zeit des Eisprungs. Daher ist ein Verletzungsrisiko an den Knien dann am größten.

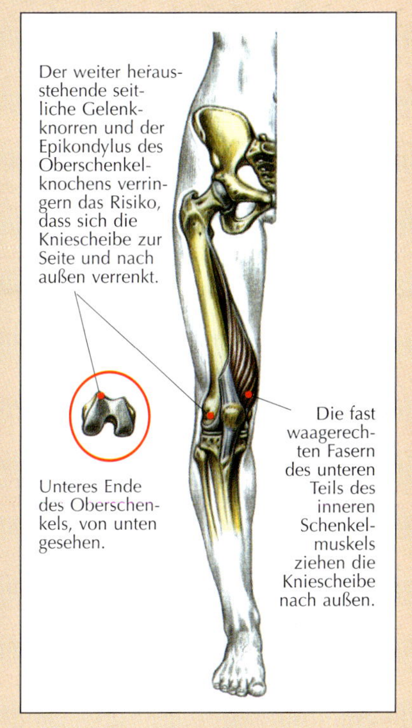

Der weiter herausstehende seitliche Gelenkknorren und der Epikondylus des Oberschenkelknochens verringern das Risiko, dass sich die Kniescheibe zur Seite und nach außen verrenkt.
Unteres Ende des Oberschenkels, von unten gesehen.
Die fast waagerechten Fasern des unteren Teils des inneren Schenkelmuskels ziehen die Kniescheibe nach außen.

16 BEINSTRECKEN AM GERÄT – »LEG EXTENSION«

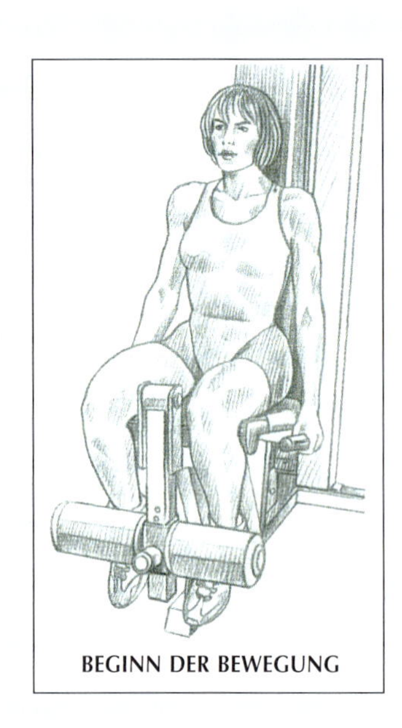
BEGINN DER BEWEGUNG

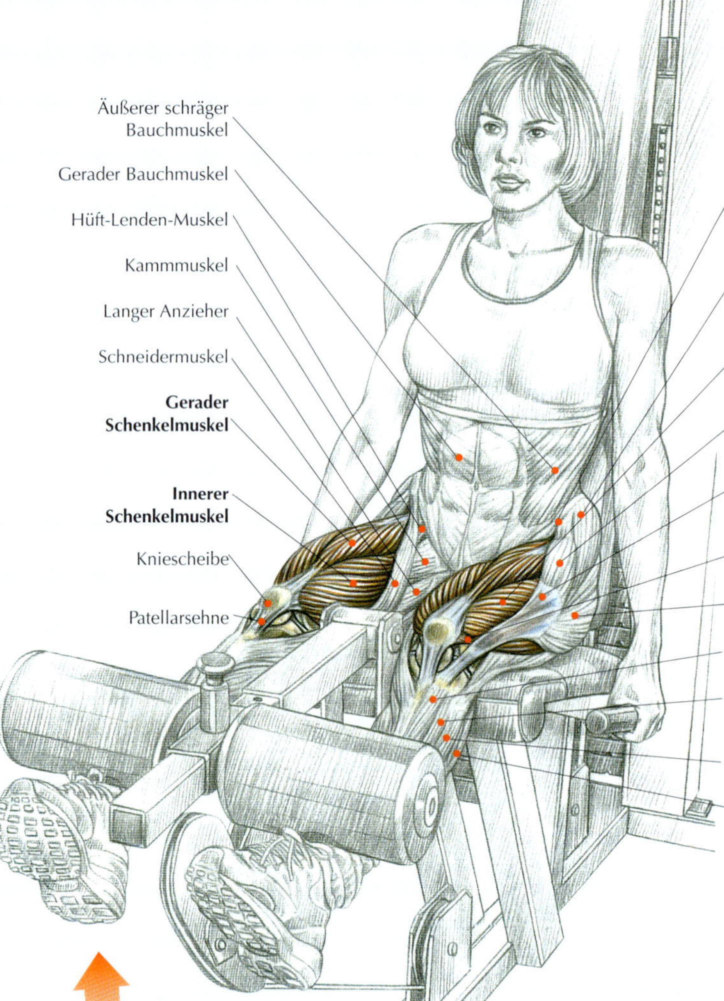

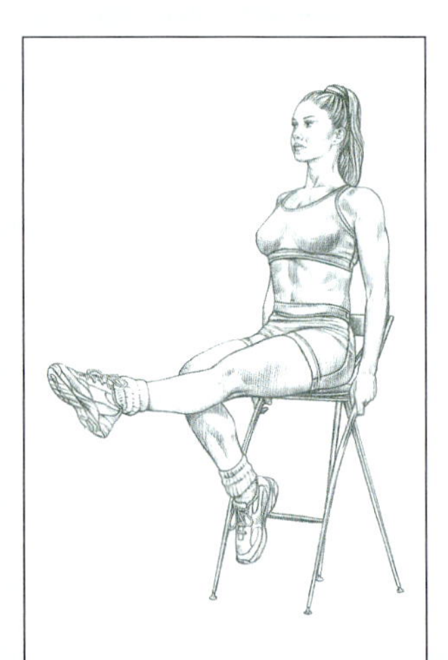

Wenn keine Übungsgeräte zur Verfügung stehen, kann das Beinstrecken auch im Sitzen auf einem Stuhl ausgeführt werden. In diesem Fall sollte die Bewegung langsam vorgenommen werden, ein Bein nach dem anderen. Konzentrieren Sie sich dabei auf die Muskelanspannung am Ende der Streckung.

Anmerkung:
Wie beim Strecken am Gerät wird auch hier bei einer stärkeren Neigung des Oberkörpers der gerade Schenkelmuskel stark gekräftigt.

Sie sitzen auf dem Gerät, die Hände umfassen die Griffe oder den Sitz, um den Oberkörper unbeweglich zu halten, die Knie sind gebeugt, die Fußgelenke unter den Rollen platziert:
– Beim Einatmen die Beine ganz durchstrecken, bis sie waagerecht sind. Am Ende der Bewegung ausatmen.

Dies ist die beste Übung, um den vierköpfigen Schenkelmuskel isoliert zu trainieren. Es ist zu beachten, dass, je schräger die Rückenlehne steht, desto mehr auch das Becken nach hinten geneigt ist. Der gerade Schenkelmuskel, der als einziger der vier Köpfe des Schenkelmuskels zweigelenkig ist, wird mehr gestreckt, wodurch er bei der Beinstreckung intensiver trainiert wird.

Für Anfängerinnen ist es ratsam, zunächst das Ziel eines Kraftaufbaus zu verfolgen, um später zu komplizierteren Übungen überzugehen.

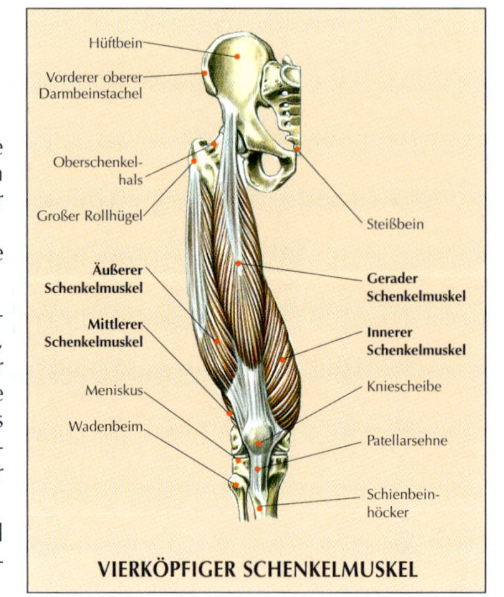

VIERKÖPFIGER SCHENKELMUSKEL

KNIEHEBEN IM STAND – »KNEE LIFTS« 17

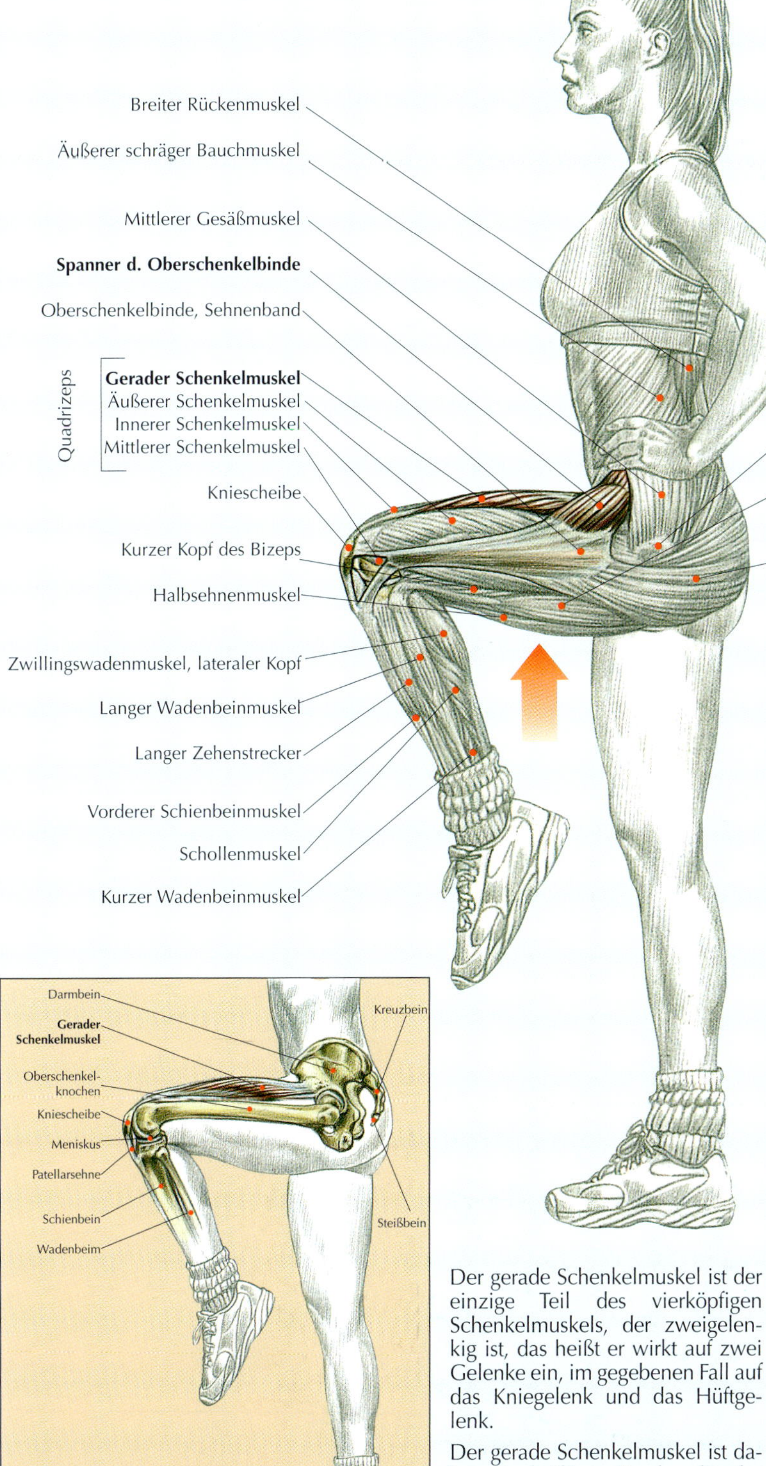
Breiter Rückenmuskel
Äußerer schräger Bauchmuskel
Mittlerer Gesäßmuskel
Spanner d. Oberschenkelbinde
Oberschenkelbinde, Sehnenband
Quadrizeps
Gerader Schenkelmuskel
Äußerer Schenkelmuskel
Innerer Schenkelmuskel
Mittlerer Schenkelmuskel
Kniescheibe
Kurzer Kopf des Bizeps
Halbsehnenmuskel
Zwillingswadenmuskel, lateraler Kopf
Langer Wadenbeinmuskel
Langer Zehenstrecker
Vorderer Schienbeinmuskel
Schollenmuskel
Kurzer Wadenbeinmuskel
Großer Rollhügel
Langer Kopf des Bizeps
Großer Gesäßmuskel
Darmbein
Gerader Schenkelmuskel
Oberschenkel-knochen
Kniescheibe
Meniskus
Patellarsehne
Schienbein
Wadenbeim
Kreuzbein
Steißbein

SCHEMATISCHE DARSTELLUNG DES GERADEN SCHENKEL-MUSKELS

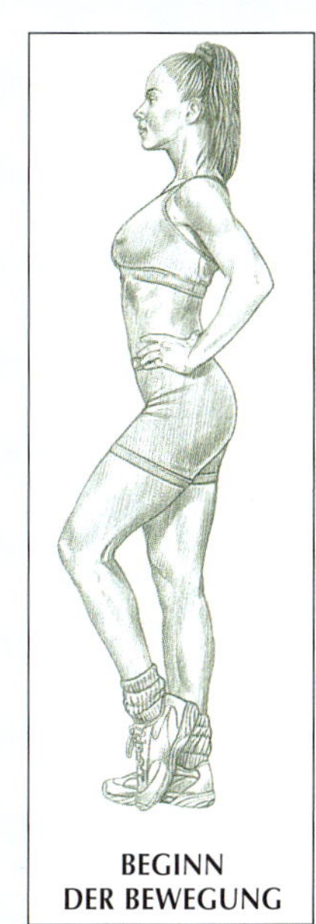

BEGINN DER BEWEGUNG

Sie stehen mit ganz geradem Rücken, die Hände auf den Hüften, Gewicht auf einem Bein, das andere Bein ist halb gebeugt, die Fußspitze berührt den Boden:
– Dieses Bein anheben und den Oberschenkel in die Waagerechte bringen;
– dann wieder senken, ohne dass der Fuß den Boden berührt, und von neuem beginnen.

Diese Übung trainiert hauptsächlich den geraden Schenkelmuskel und den Spanner der Oberschenkelbinde. Alle anderen Beugemuskel der Hüfte, das heißt der Hüft-Lenden-Muskel, der Schneidermuskel und der Kammmuskel, werden ebenfalls beansprucht, aber weniger intensiv.

Um die Wirksamkeit zu erhöhen, empfiehlt es sich, den Oberschenkel mit fester Anspannung anzuheben, das heißt so schnell wie möglich, ihn aber nur langsam wieder zu senken.

Der gerade Schenkelmuskel ist der einzige Teil des vierköpfigen Schenkelmuskels, der zweigelenkig ist, das heißt er wirkt auf zwei Gelenke ein, im gegebenen Fall auf das Kniegelenk und das Hüftgelenk.

Der gerade Schenkelmuskel ist daher ein kräftiger Strecker für das Bein, aber ebenfalls ein kräftiger Beugemuskel für die Hüfte, eine Funktion, die für diese Übung von Interesse ist.

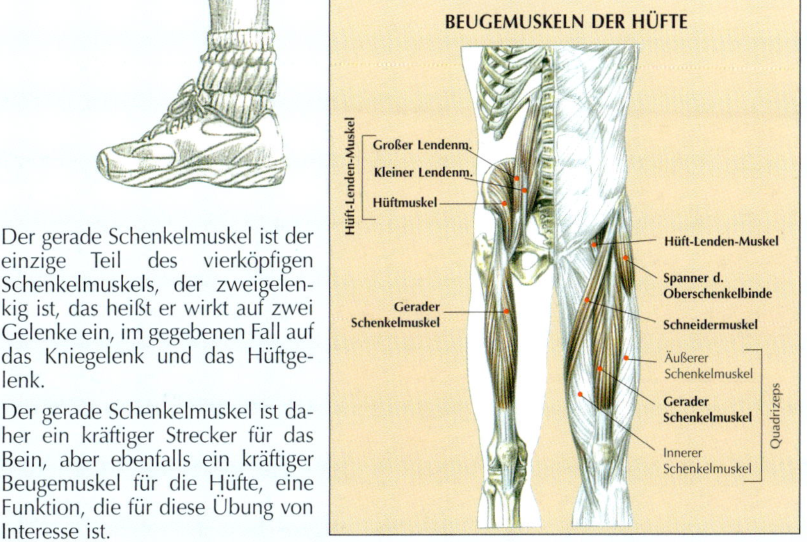
BEUGEMUSKELN DER HÜFTE
Hüft-Lenden-Muskel
Großer Lendenm.
Kleiner Lendenm.
Hüftmuskel
Gerader Schenkelmuskel
Hüft-Lenden-Muskel
Spanner d. Oberschenkelbinde
Schneidermuskel
Quadrizeps
Äußerer Schenkelmuskel
Gerader Schenkelmuskel
Innerer Schenkelmuskel

18 KNIEHEBEN MIT GEWICHT

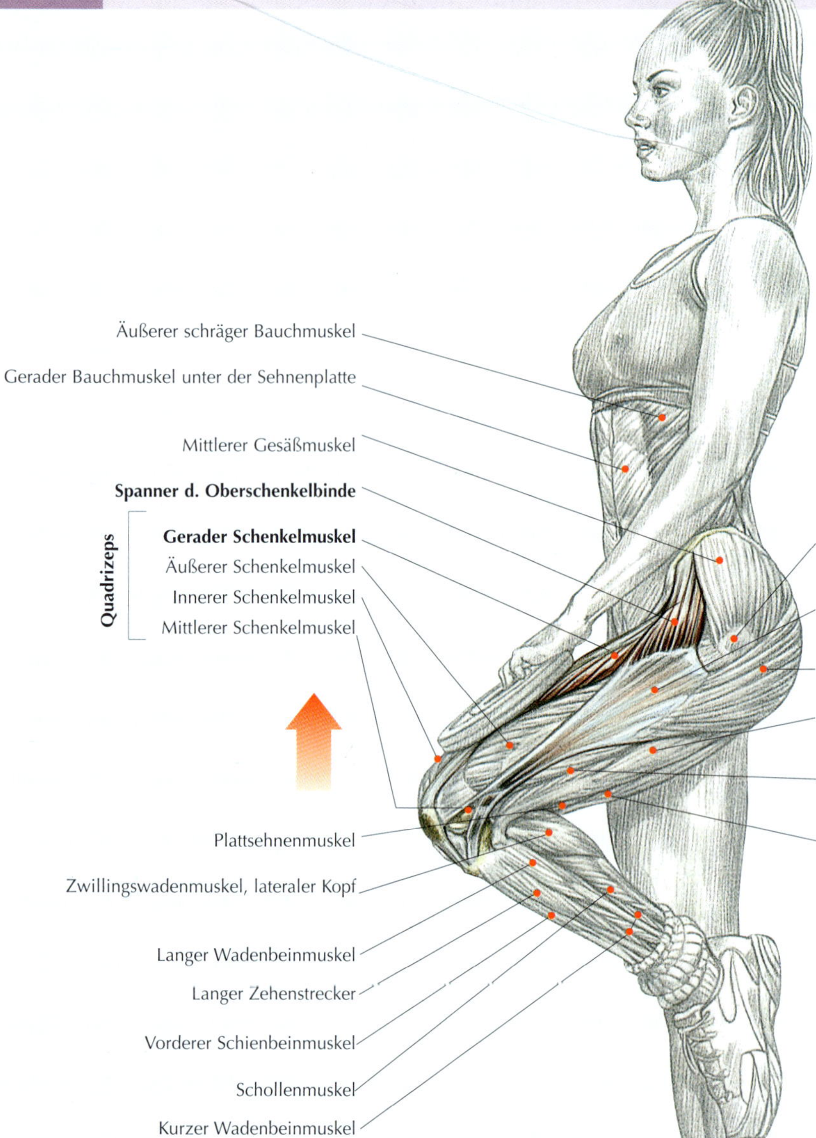
Äußerer schräger Bauchmuskel
Gerader Bauchmuskel unter der Sehnenplatte
Mittlerer Gesäßmuskel
Spanner d. Oberschenkelbinde
Quadrizeps
Gerader Schenkelmuskel
Äußerer Schenkelmuskel
Innerer Schenkelmuskel
Mittlerer Schenkelmuskel
Plattsehnenmuskel
Zwillingswadenmuskel, lateraler Kopf
Langer Wadenbeinmuskel
Langer Zehenstrecker
Vorderer Schienbeinmuskel
Schollenmuskel
Kurzer Wadenbeinmuskel
Großer Rollhügel
Oberschenkelbinde, Sehnenband
Großer Gesäßmuskel
Langer Kopf des Bizeps
Kurzer Kopf des Bizeps
Halbsehnenmuskel

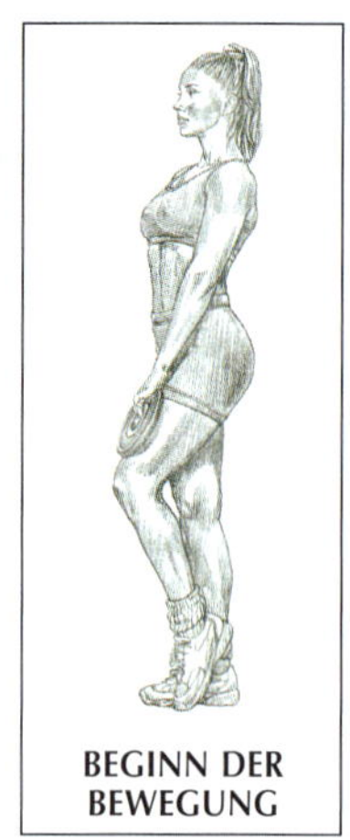
BEGINN DER BEWEGUNG

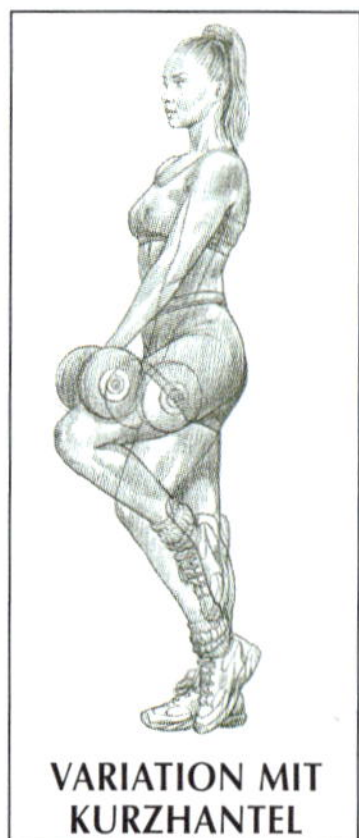
VARIATION MIT KURZHANTEL

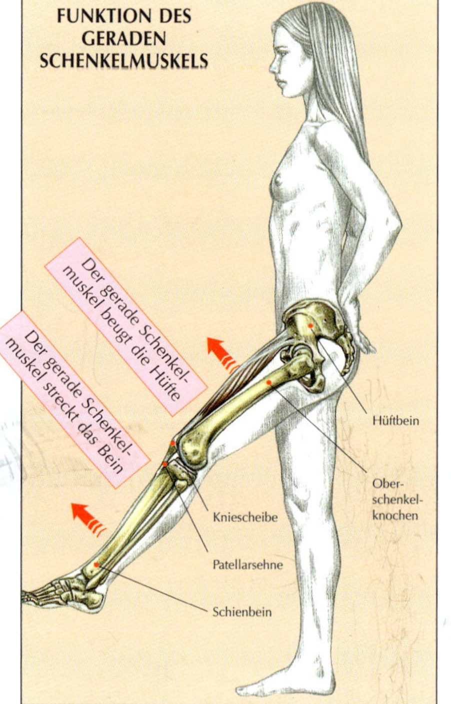
FUNKTION DES GERADEN SCHENKELMUSKELS
Der gerade Schenkelmuskel beugt die Hüfte
Der gerade Schenkelmuskel streckt das Bein
Hüftbein
Oberschenkelknochen
Kniescheibe
Patellarsehne
Schienbein

Sie stehen auf einem Bein, den Rücken ganz gerade, eine Hantelscheibe oder eine Kurzhantel legen Sie auf den Oberschenkel und halten sie fest:
– Den Oberschenkel so hoch wie möglich anheben, dann wieder senken;
– von neuem beginnen.

Diese Übung trainiert vor allem den geraden Schenkelmuskel und den Spanner der Oberschenkelbinde. Alle anderen Beugemuskeln der Hüfte, das heißt der Hüft-Lenden-Muskel, der Schneidermuskel und der Kammmuskel, werden ebenfalls gestärkt, aber weniger intensiv.

Anmerkung:
Für eine größere Stabilität empfiehlt es sich, bei der Übung den Rücken fest gegen eine Wand zu lehnen oder sich dabei an einem stabilen Gegenstand festzuhalten. Es gibt zwei Arten, die Bewegung durchzuführen:

1. Entweder mit einem schweren Gewicht auf dem Oberschenkel (mehr als 10 kg) und mit langsamer Beugung der Hüfte. Diese Methode wird vor allem für den Muskelaufbau eingesetzt;

2. oder mit einem leichteren Gewicht (weniger als 10 kg), mit einer möglichst schnellen Beugung des Beines und in langen Sätzen von mehr als 15 Wiederholungen. Diese Methode findet vorwiegend in der Leichtathletik unter Sprintern und Hürdenläufern Verbreitung, für die das schnelle Anheben des Knies äußerst wichtig ist.

ADDUKTION AM BODEN

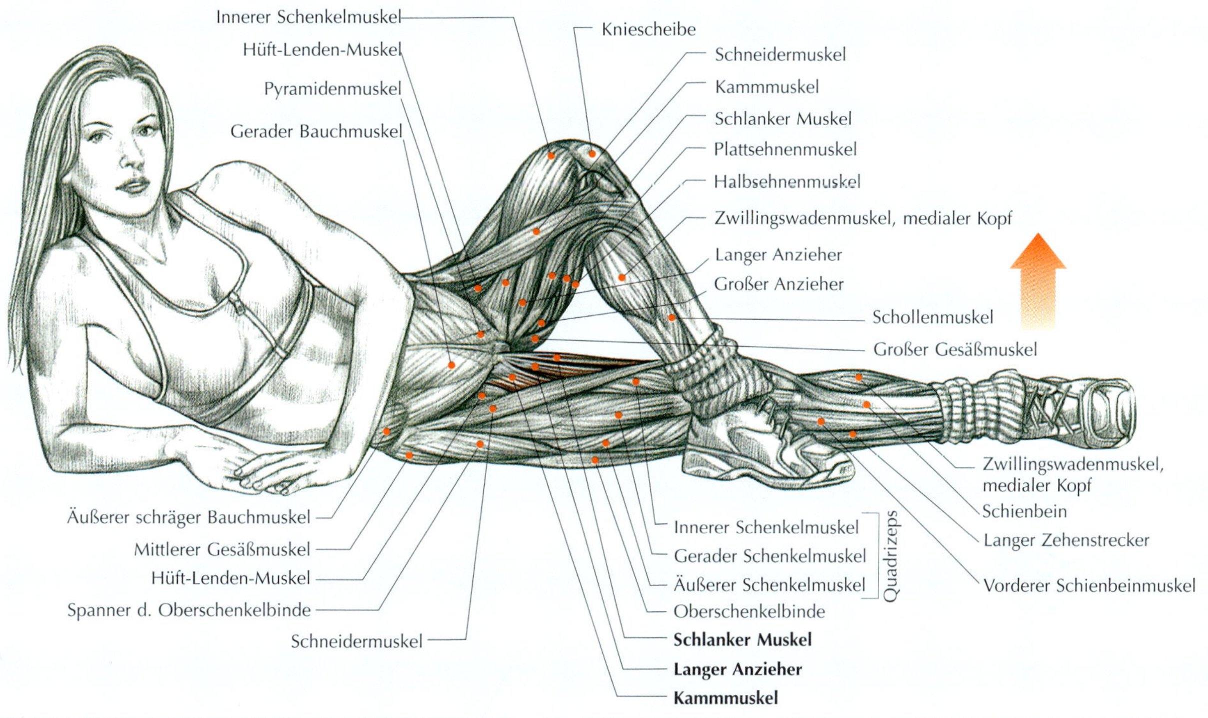

Innerer Schenkelmuskel
Hüft-Lenden-Muskel
Pyramidenmuskel
Gerader Bauchmuskel
Kniescheibe
Schneidermuskel
Kammmuskel
Schlanker Muskel
Plattsehnenmuskel
Halbsehnenmuskel
Zwillingswadenmuskel, medialer Kopf
Langer Anzieher
Großer Anzieher
Schollenmuskel
Großer Gesäßmuskel
Zwillingswadenmuskel, medialer Kopf
Schienbein
Langer Zehenstrecker
Vorderer Schienbeinmuskel
Äußerer schräger Bauchmuskel
Mittlerer Gesäßmuskel
Hüft-Lenden-Muskel
Spanner d. Oberschenkelbinde
Schneidermuskel
Innerer Schenkelmuskel
Gerader Schenkelmuskel
Äußerer Schenkelmuskel
Quadrizeps
Oberschenkelbinde
Schlanker Muskel
Langer Anzieher
Kammmuskel

KLEINER UND GROSSER ANZIEHER AUS DER RÜCKENANSICHT

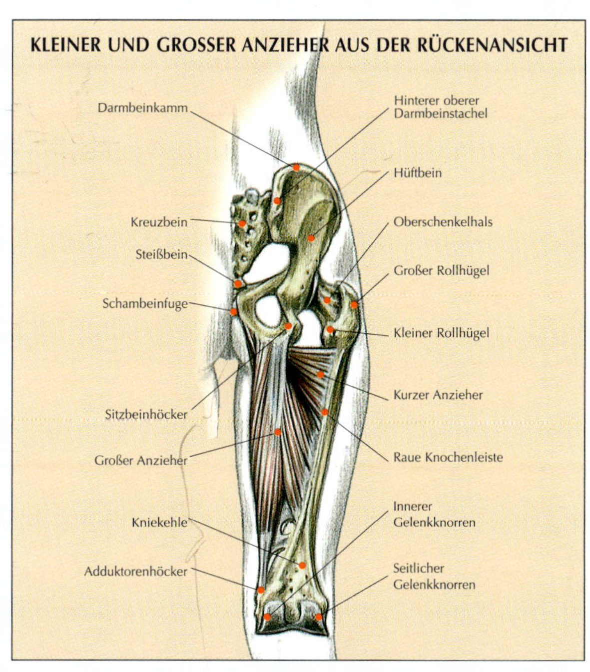

Darmbeinkamm
Hinterer oberer Darmbeinstachel
Hüftbein
Kreuzbein
Oberschenkelhals
Steißbein
Großer Rollhügel
Schambeinfuge
Kleiner Rollhügel
Kurzer Anzieher
Sitzbeinhöcker
Großer Anzieher
Raue Knochenleiste
Kniekehle
Innerer Gelenkknorren
Adduktorenhöcker
Seitlicher Gelenkknorren

AUSFÜHREN DER ÜBUNG

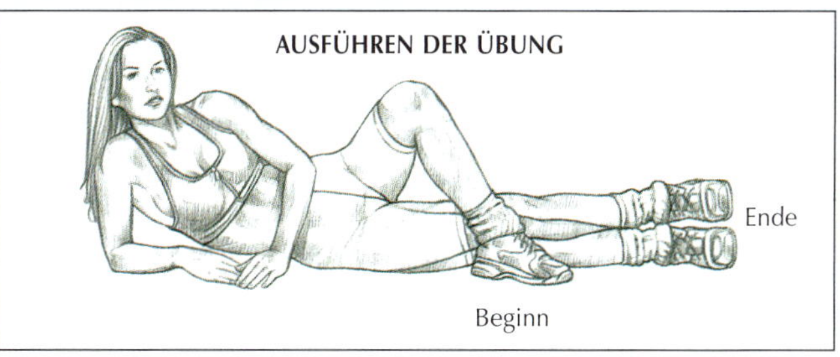

Ende
Beginn

ADDUKTION IM LIEGEN AUF DER SEITE

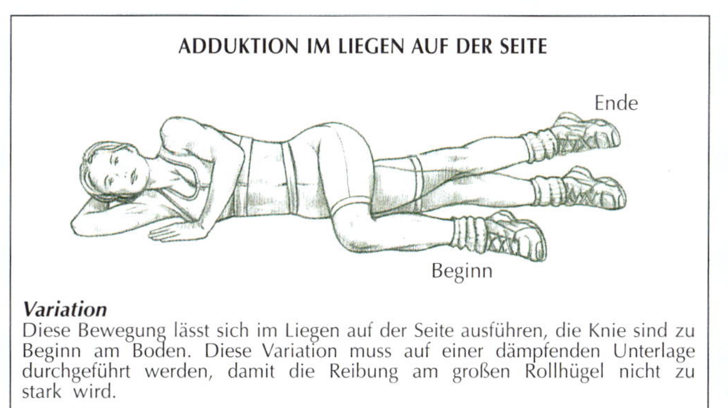

Ende
Beginn

Variation
Diese Bewegung lässt sich im Liegen auf der Seite ausführen, die Knie sind zu Beginn am Boden. Diese Variation muss auf einer dämpfenden Unterlage durchgeführt werden, damit die Reibung am großen Rollhügel nicht zu stark wird.

Sie liegen auf der Seite, stützen sich auf einen Ellbogen, das auf dem Boden liegende Bein gestreckt, das Knie des anderen Beines gebeugt und den Fuß flach vor das andere Knie gesetzt:
– Das am Boden liegende Bein so hoch wie möglich anheben, die Spannung zwei oder drei Sekunden lang halten;
– von neuem beginnen.

Obwohl die Bewegungsamplitude nur sehr gering ist, spürt man bei dieser Übung die Arbeit der Kammmuskeln, des kurzen, des kleinen und des langen Anziehers. Dabei werden der große Anzieher und der schlanke Muskel besonders beansprucht.

Sätze von 10 bis 20 Wiederholungen in langsamer Ausführung führen zu guten Resultaten.

Als Variation kann zwischen den Wiederholungen das Bein in isometrischer Anspannung etwa zehn Sekunden lang oben gehalten werden.

20 ADDUKTION AM TIEFEN BLOCK

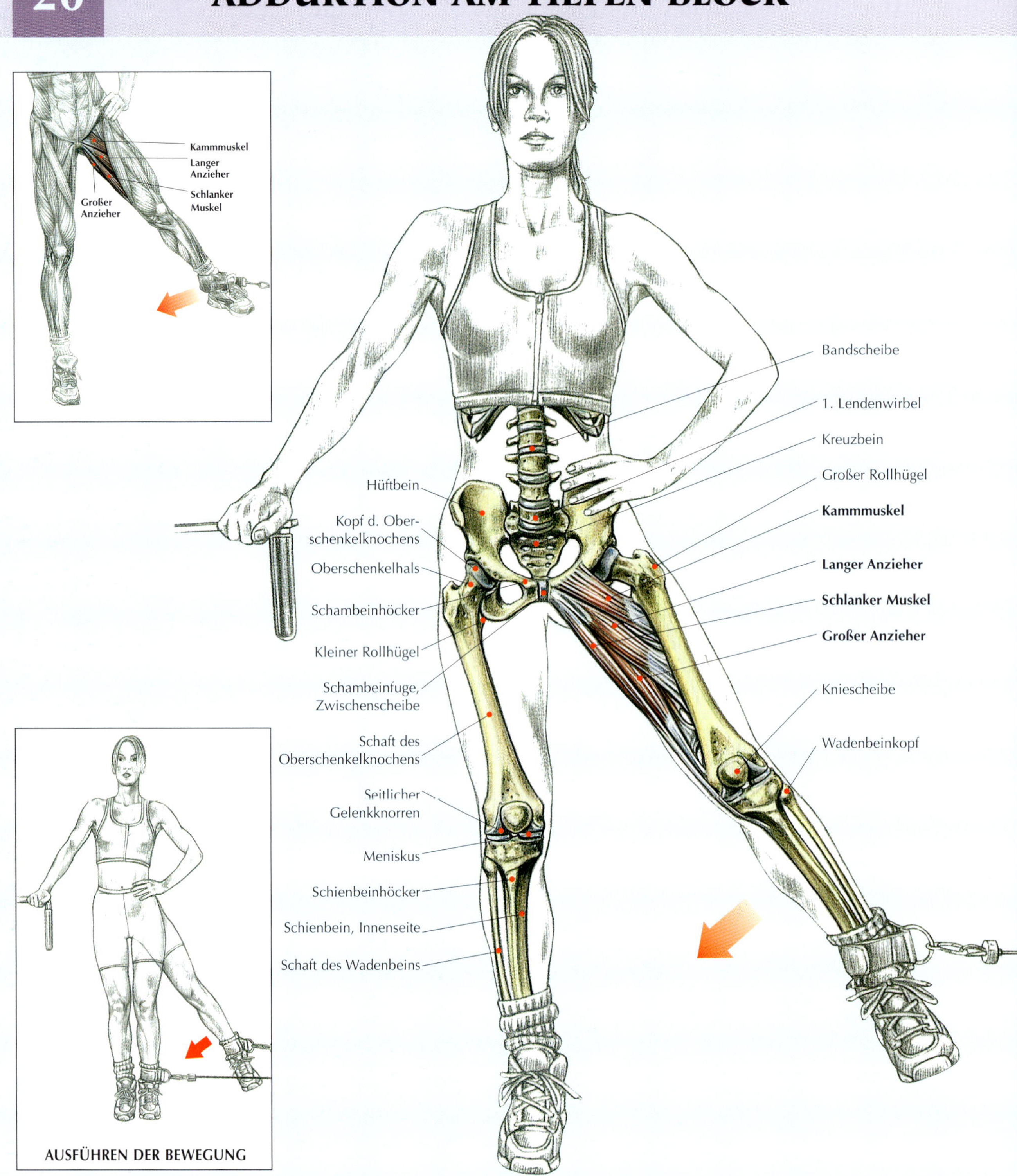

Sie stehen auf einem Bein, das andere über den Gurt mit dem tiefen Block verbunden, mit der gegenüberliegenden Hand halten Sie sich am Rahmen des Gerätes oder an einer beliebigen Stütze fest:
– Das angegurtete Bein neben das Standbein heranziehen.

Diese Übung trainiert die Adduktoren (den Kammmuskel, den kleinen, langen und großen Anzieher sowie den schlanken Muskel). Sie ist hervorragend zum Formen der Oberschenkelinnenseite und wird zu diesem Zweck mit vielen Wiederholungen ausgeführt.

ADDUKTION AM GERÄT

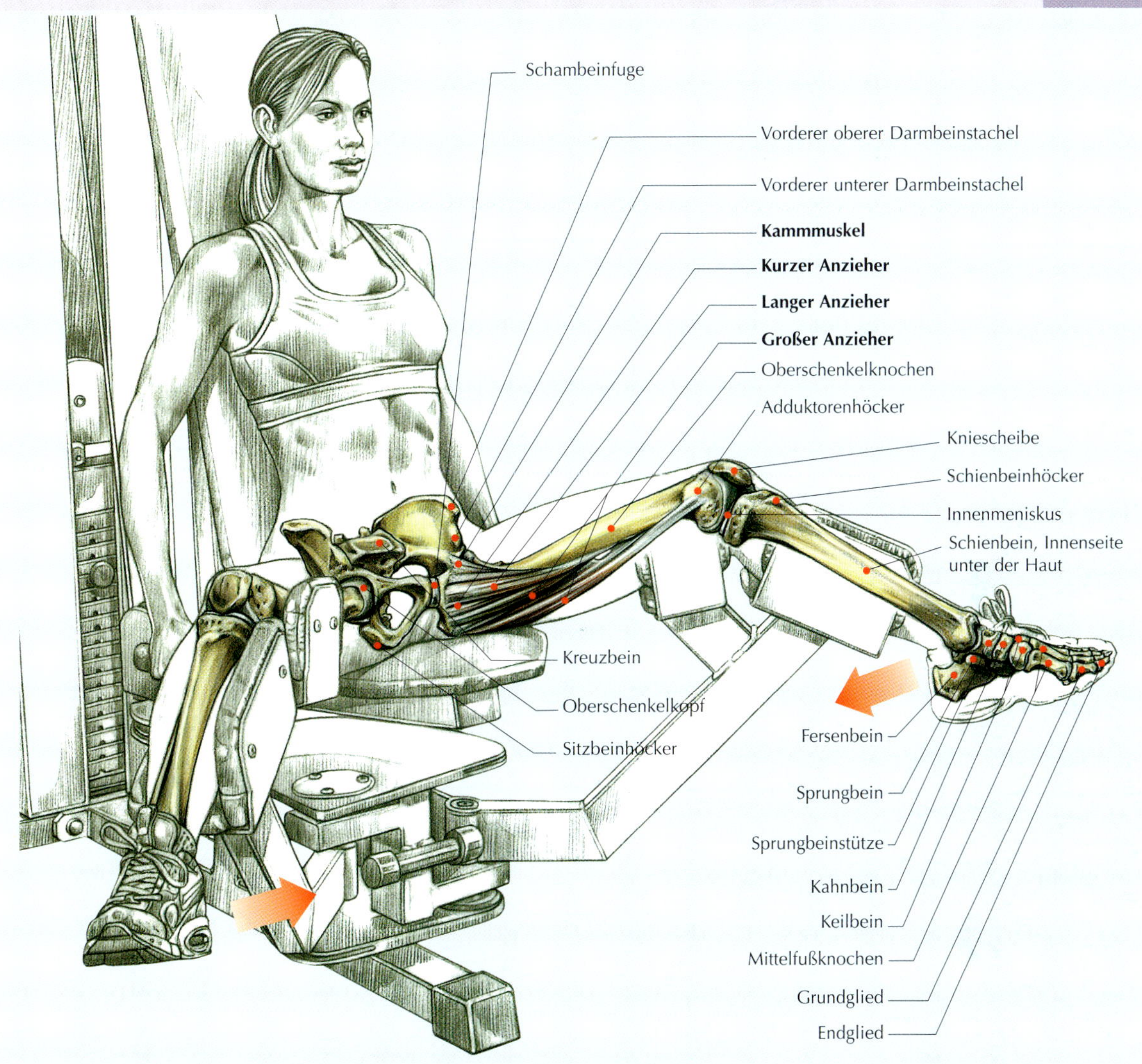

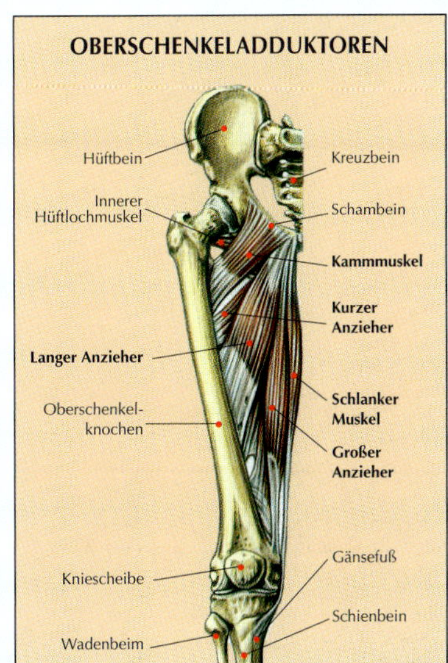

Sie sitzen mit weit gespreizten Beinen auf dem Gerät:
– Die Oberschenkel langsam zusammendrücken;
– langsam und die Bewegung kontrollierend zur Ausgangsposition zurückkehren.

Diese Übung stärkt die Adduktoren (Kammmuskel, schlanker Muskel, kurzer, langer und großer Anzieher). Diese Bewegung kann mit höheren Gewichten als bei der Adduktorenübung am tiefen Block durchgeführt werden, aber die Reichweite der Bewegung ist bei dieser Übung begrenzter.
Viele Wiederholungen, bis man ein Brennen im Muskel spürt, bringen das beste Ergebnis.

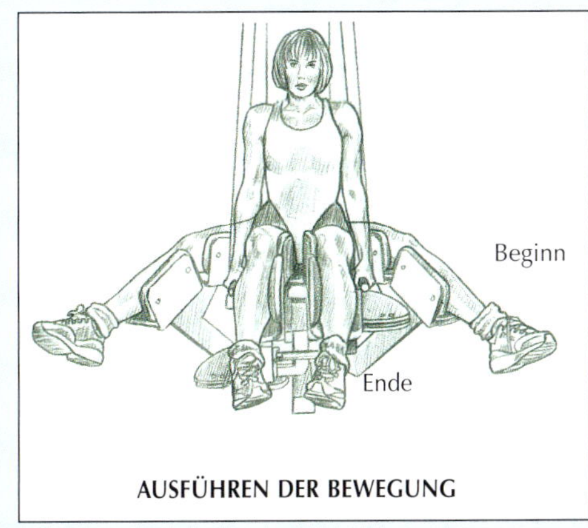

AUSFÜHREN DER BEWEGUNG

Anmerkung: Diese Bewegung kann zum Ziel haben, die Adduktoren zu stärken, denn diese Muskelgruppe ist gerade bei stärkeren Anstrengungen anfällig für Verletzungen. Daher empfiehlt es sich, die Last stetig zu erhöhen, bis Sie in Sätzen mit großen Gewichten arbeiten, an deren Ende eine spezifische Muskellockerung der Adduktoren steht.

22 ADDUKTION MIT BALL

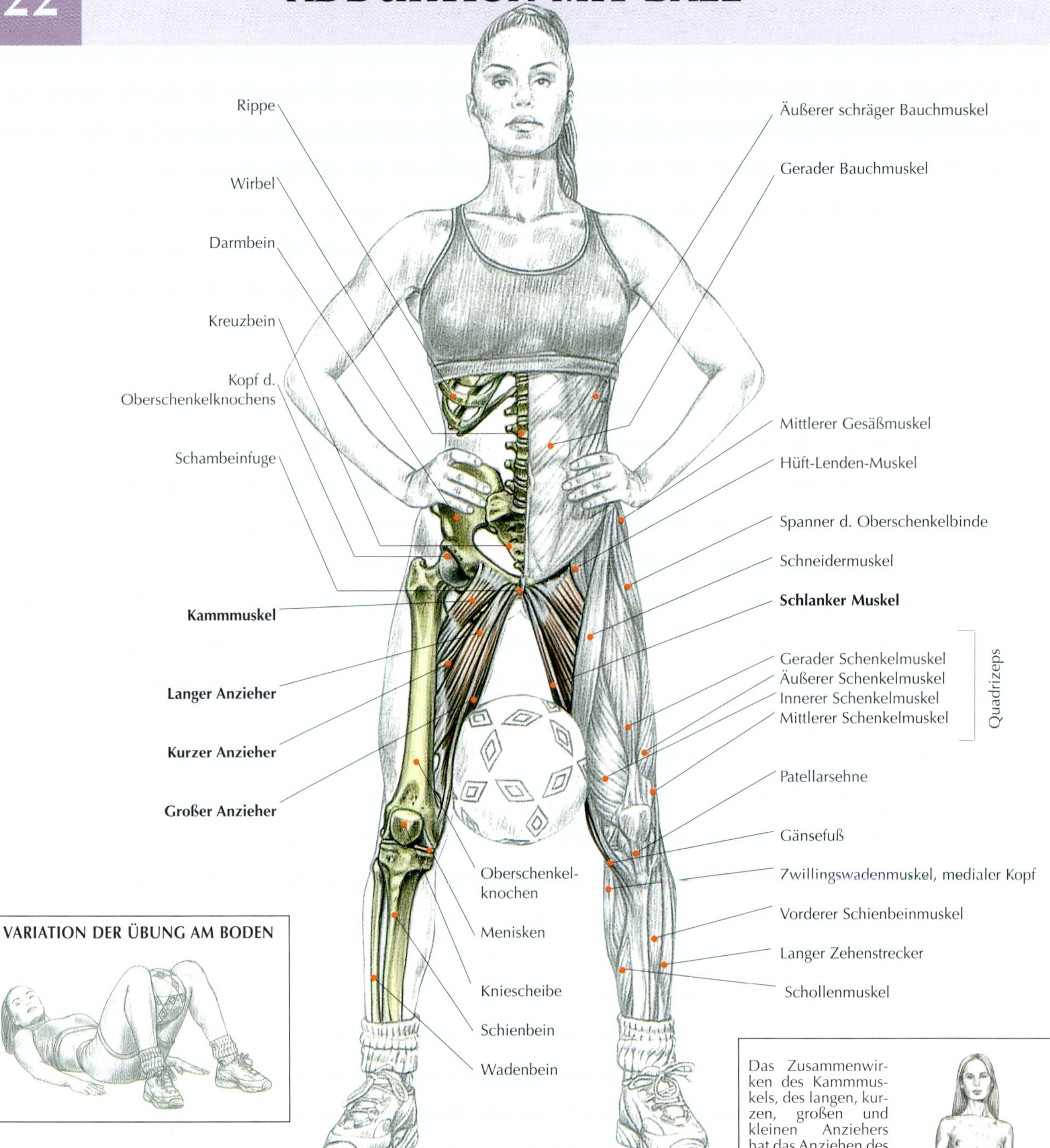

Sie stehen mit leicht gebeugten Knien, einen Ball zwischen die Beine geklemmt:
– Die Oberschenkel so stark es geht zusammendrücken, als ob sie den Ball zerdrücken wollten;
– die Anspannung für einige Sekunden halten und von neuem beginnen.

Viele Wiederholungen führen zu den besten Resultaten oder man versucht, die Anspannung so lange wie möglich zu halten.

Wie alle Übungen ohne zusätzliche Gewichte muss auch diese bis zum Spüren eines Brennens in den Muskeln ausgeführt werden.

Diese Übung trainiert die gesamten Adduktoren, hauptsächlich den kleinen, langen, kurzen und großen Anzieher, den schlanken Muskel und in geringerem Maße den Kammmuskel.

Anmerkung: Da die Muskelanspannung nur mit wenig oder gar keiner Verschiebung in den Gelenken verbunden ist (isometrische Arbeit), kann diese Bewegung auch von Personen mit Hüftgelenkleiden ausgeführt werden.

Das Zusammenwirken des Kammmuskels, des langen, kurzen, großen und kleinen Anziehers hat das Anziehen des Oberschenkels bei Seitwärtsbewegungen sowie bei der Beugung und der Außenrotation zur Aufgabe. Auf Grund ihrer wichtigen Funktion beim Zusammendrücken der Oberschenkel wurden die Adduktoren von den Römern *custodes virginitatis*, die »Wächter der Keuschheit«, genannt.

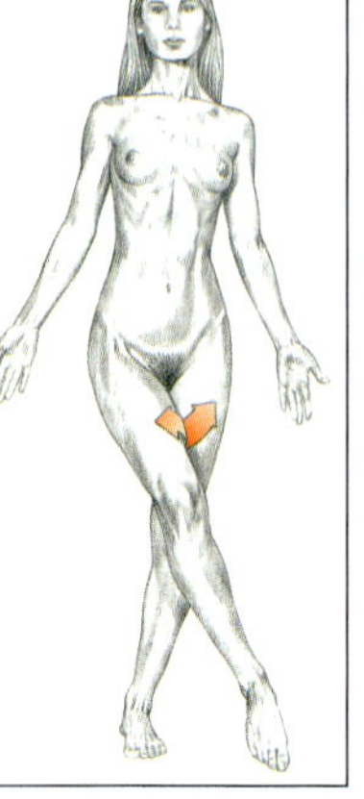

RUMPFAUFRICHTEN MIT GESTRECKTEN BEINEN

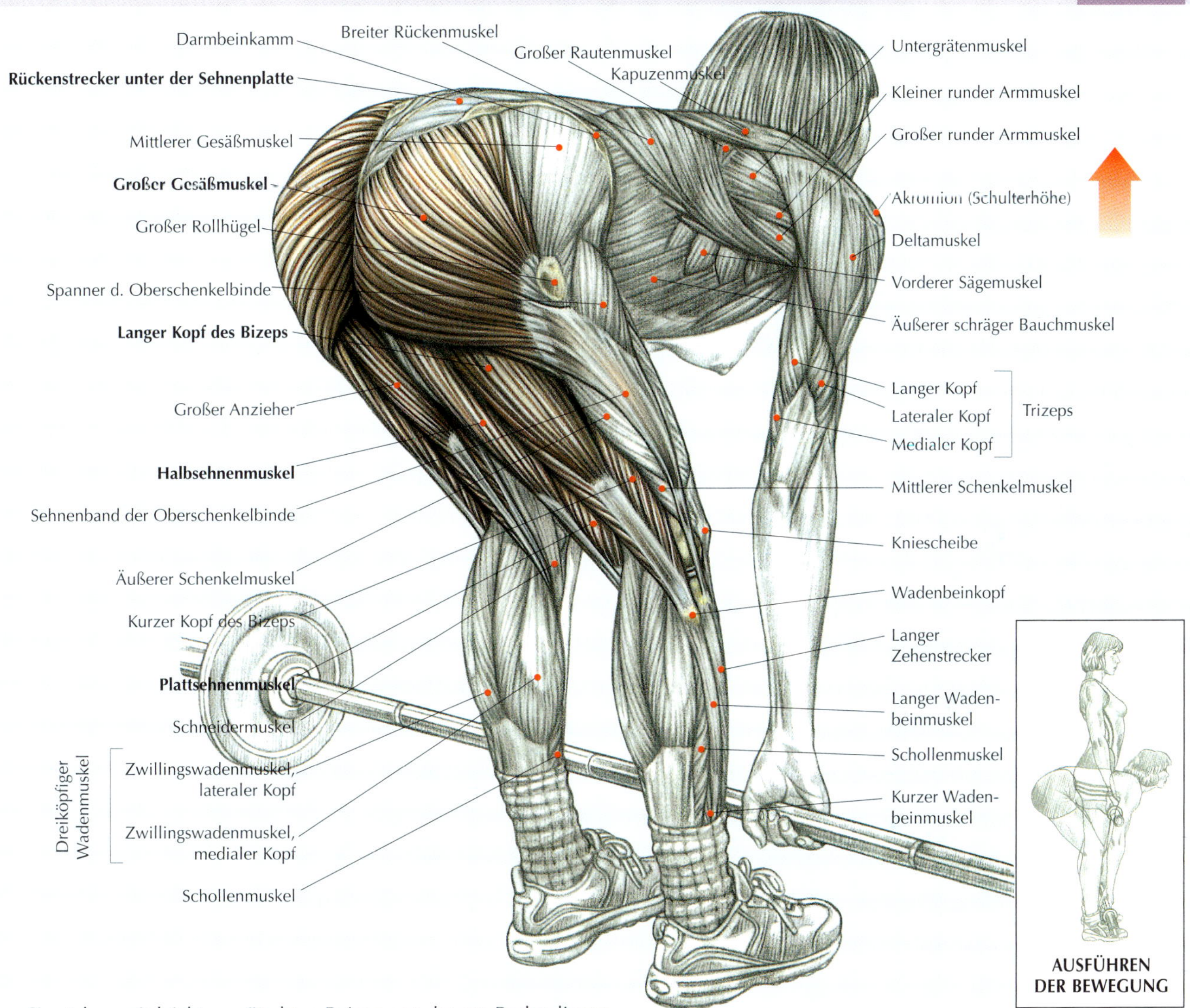

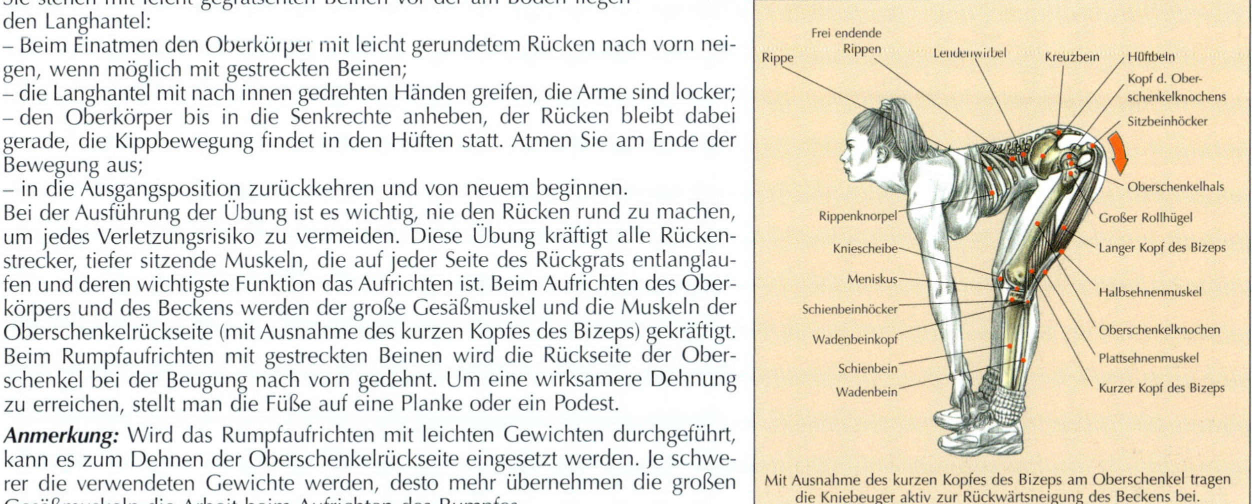

Sie stehen mit leicht gegrätschten Beinen vor der am Boden liegenden Langhantel:

– Beim Einatmen den Oberkörper mit leicht gerundetem Rücken nach vorn neigen, wenn möglich mit gestreckten Beinen;
– die Langhantel mit nach innen gedrehten Händen greifen, die Arme sind locker;
– den Oberkörper bis in die Senkrechte anheben, der Rücken bleibt dabei gerade, die Kippbewegung findet in den Hüften statt. Atmen Sie am Ende der Bewegung aus;
– in die Ausgangsposition zurückkehren und von neuem beginnen.

Bei der Ausführung der Übung ist es wichtig, nie den Rücken rund zu machen, um jedes Verletzungsrisiko zu vermeiden. Diese Übung kräftigt alle Rückenstrecker, tiefer sitzende Muskeln, die auf jeder Seite des Rückgrats entlanglaufen und deren wichtigste Funktion das Aufrichten ist. Beim Aufrichten des Oberkörpers und des Beckens werden der große Gesäßmuskel und die Muskeln der Oberschenkelrückseite (mit Ausnahme des kurzen Kopfes des Bizeps) gekräftigt. Beim Rumpfaufrichten mit gestreckten Beinen wird die Rückseite der Oberschenkel bei der Beugung nach vorn gedehnt. Um eine wirksamere Dehnung zu erreichen, stellt man die Füße auf eine Planke oder ein Podest.

Anmerkung: Wird das Rumpfaufrichten mit leichten Gewichten durchgeführt, kann es zum Dehnen der Oberschenkelrückseite eingesetzt werden. Je schwerer die verwendeten Gewichte werden, desto mehr übernehmen die großen Gesäßmuskeln die Arbeit beim Aufrichten des Rumpfes.

Mit Ausnahme des kurzen Kopfes des Bizeps am Oberschenkel tragen die Kniebeuger aktiv zur Rückwärtsneigung des Beckens bei.

24 BEUGEN DES OBERKÖRPERS NACH VORN – »GOOD MORNING«

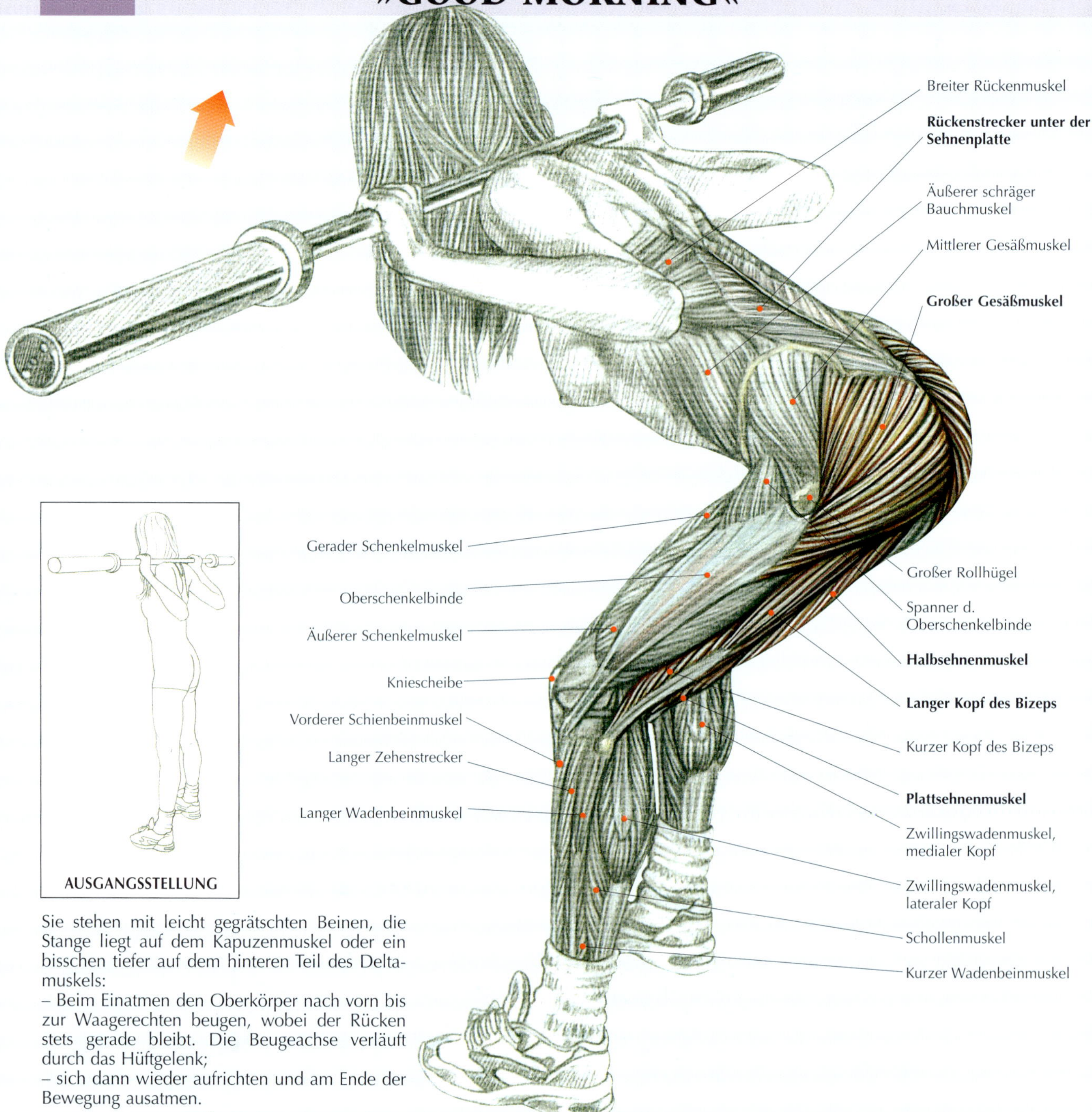

Sie stehen mit leicht gegrätschten Beinen, die Stange liegt auf dem Kapuzenmuskel oder ein bisschen tiefer auf dem hinteren Teil des Deltamuskels:

– Beim Einatmen den Oberkörper nach vorn bis zur Waagerechten beugen, wobei der Rücken stets gerade bleibt. Die Beugeachse verläuft durch das Hüftgelenk;

– sich dann wieder aufrichten und am Ende der Bewegung ausatmen.

Zur Erleichterung der Übung können die Knie ein wenig gebeugt werden.

Diese Übung trainiert den großen Gesäßmuskel, die Rückenstrecker und alle Kniebeuger mit Ausnahme des kurzen Bizepskopfes, der als eingelenkiger Muskel nur im Knie beugt. Alle anderen Kniebeuger strecken in der Hüfte, das heißt, sie richten das Becken auf, und damit auch den Oberkörper, wenn dieser durch isometrische Kontraktion der Bauchmuskeln und der Muskeln im unteren Rücken mit dem Becken in einer Linie gehalten wird.

Um die besten Resultate für die Kniebeuger zu erzielen, sollten keine schweren Gewichte verwendet werden.

In der passiven Phase der Bewegung, beim Beugen des Oberkörpers nach vorn, wird die Rückseite der Oberschenkel ausgezeichnet gedehnt.

Regelmäßiges Durchführen dieser Übung beugt Verletzungen vor, die während der Ausführung von Kniebeugen mit hohen Gewichten auftreten können.

DIE ZWEI ARTEN DES »*GOOD MORNING*«
1. mit gebeugten Knien **2.** mit durchgestreckten Beinen

Wenn beim Beugen des Oberkörpers die Beine gestreckt gehalten werden, werden die Kniebeuger gedehnt, wodurch deren Anspannung beim Wiederaufrichten des Beckens deutlicher zu spüren ist.
Werden beim Vorwärtsneigen des Oberkörpers die Knie gebeugt, bleiben die Kniebeuger entspannt, was die Beugung in der Hüfte erleichtert.

STABILISIERENDE FUNKTION DER MUSKELN BEIM BEUGEN DES BECKENS

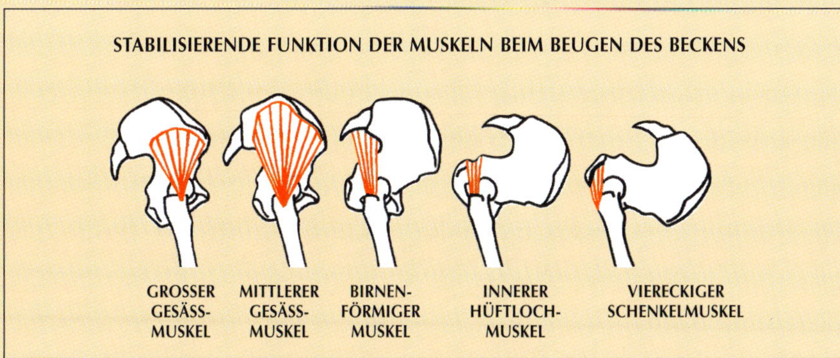

VERKÜRZUNG DER KNIEBEUGER

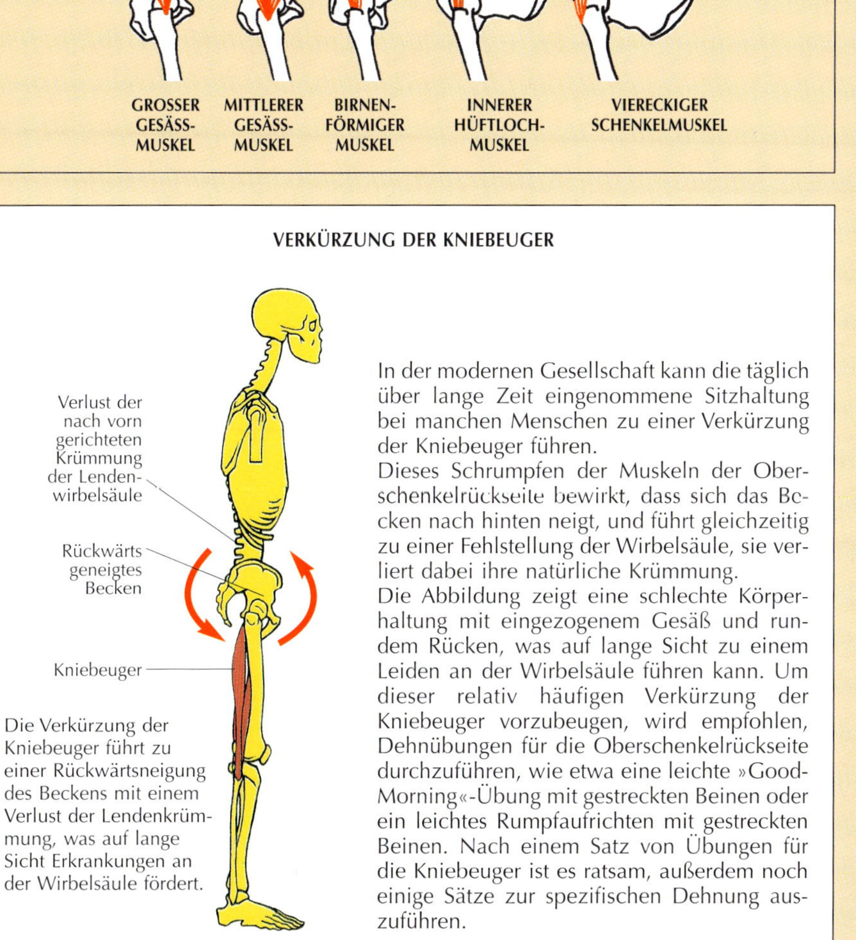

Die Verkürzung der Kniebeuger führt zu einer Rückwärtsneigung des Beckens mit einem Verlust der Lendenkrümmung, was auf lange Sicht Erkrankungen an der Wirbelsäule fördert.

In der modernen Gesellschaft kann die täglich über lange Zeit eingenommene Sitzhaltung bei manchen Menschen zu einer Verkürzung der Kniebeuger führen.
Dieses Schrumpfen der Muskeln der Oberschenkelrückseite bewirkt, dass sich das Becken nach hinten neigt, und führt gleichzeitig zu einer Fehlstellung der Wirbelsäule, sie verliert dabei ihre natürliche Krümmung.
Die Abbildung zeigt eine schlechte Körperhaltung mit eingezogenem Gesäß und rundem Rücken, was auf lange Sicht zu einem Leiden an der Wirbelsäule führen kann. Um dieser relativ häufigen Verkürzung der Kniebeuger vorzubeugen, wird empfohlen, Dehnübungen für die Oberschenkelrückseite durchzuführen, wie etwa eine leichte »Good-Morning«-Übung mit gestreckten Beinen oder ein leichtes Rumpfaufrichten mit gestreckten Beinen. Nach einem Satz von Übungen für die Kniebeuger ist es ratsam, außerdem noch einige Sätze zur spezifischen Dehnung auszuführen.

WIRKUNG DER ISCHIOKRURALEN MUSKULATUR UND DES GROSSEN GESÄSSMUSKELS AUF DAS AUFRICHTEN DES BECKENS

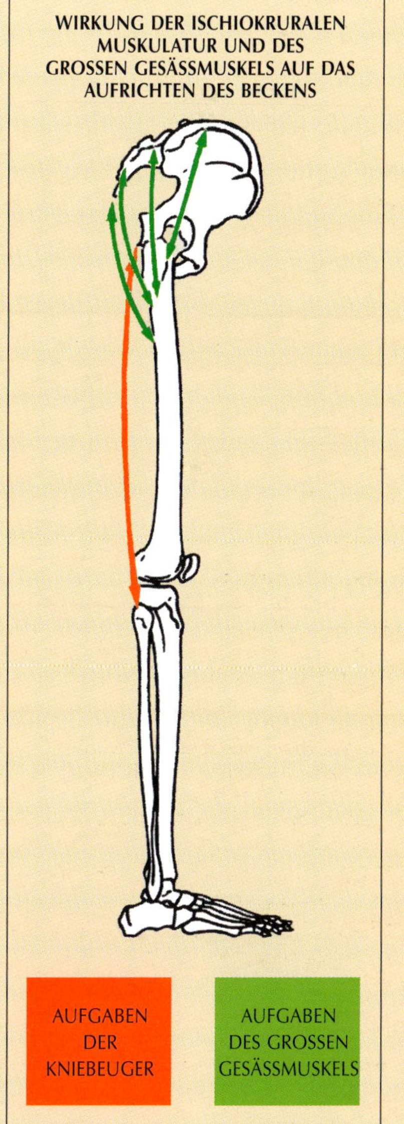

25 »GOOD MORNING« MIT STAB

Äußerer schräger Bauchmuskel
Rückenstrecker unter dem breiten Rückenmuskel
Mittlerer Gesäßmuskel
Schneidermuskel
Großer Rollhügel
Großer Gesäßmuskel
Spanner d. Oberschenkelbinde
Gerader Schenkelmuskel
Oberschenkelbinde, Sehnenband
Äußerer Schenkelmuskel
Halbsehnenmuskel
Langer Kopf des Bizeps
Kurzer Kopf des Bizeps
Mittlerer Schenkelmuskel
Plattsehnenmuskel
Kniescheibe
Zwillingswadenmuskel
Vorderer Schienbeinmuskel
Langer Zehenstrecker
Langer Wadenbeinmuskel
Schollenmuskel
Kurzer Wadenbeinmuskel

AUSGANGSSTELLUNG

!

Wie bei der Good-Morning-Übung mit der Langhantel ist es auch bei dieser Übung wichtig, den Rücken immer gerade zu halten.

Sie stehen mit leicht gegrätschten Beinen, der Stab liegt auf den Kapuzenmuskeln oder ein wenig tiefer auf den hinteren Deltamuskeln:
– Beim Einatmen den Oberkörper bis zur Waagerechten mit gestreckten Beinen und ganz geradem Rücken nach vorn neigen; die Beugeachse verläuft dabei durch das Hüftgelenk;
– in die Ausgangsposition zurückkehren, das Gesäß am Ende der Bewegung anspannen und ausatmen.

Diese Übung trainiert die Kniebeuger, vor allem den langen Kopf des Oberschenkelbizeps, den Halbsehnenmuskel und den Plattsehnenmuskel. Gekräftigt werden außerdem der große Gesäßmuskel und die Rückenstrecker in der Lendenregion.

Anmerkungen:
– Es ist wichtig, diese Übung langsam auszuführen und sich dabei auf die Muskelarbeit zu konzentrieren.
– Es handelt sich um eine hervorragende Übung zum Aufwärmen und zum Dehnen der Oberschenkelrückseite. Wenn sie regelmäßig zusammen mit Kniebeugen oder Beinbeugen am Gerät ausgeführt wird, können damit Verletzungen durch zunehmende Gewichte bei diesen Übungen vermieden werden.

BEINBEUGEN IN BAUCHLAGE AM GERÄT – »LEG CURL«

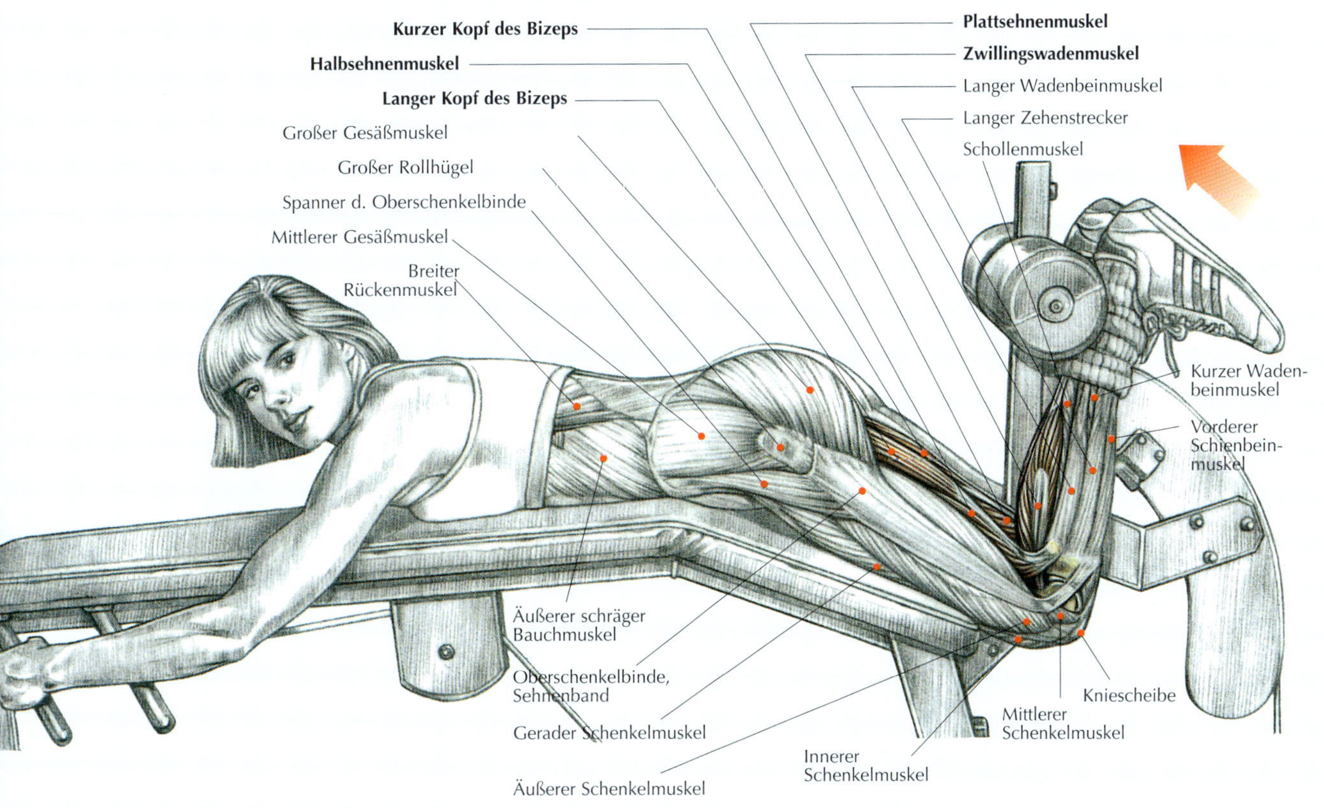

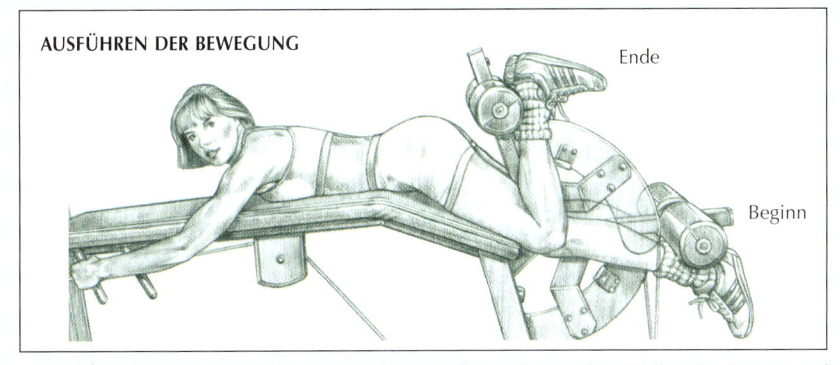

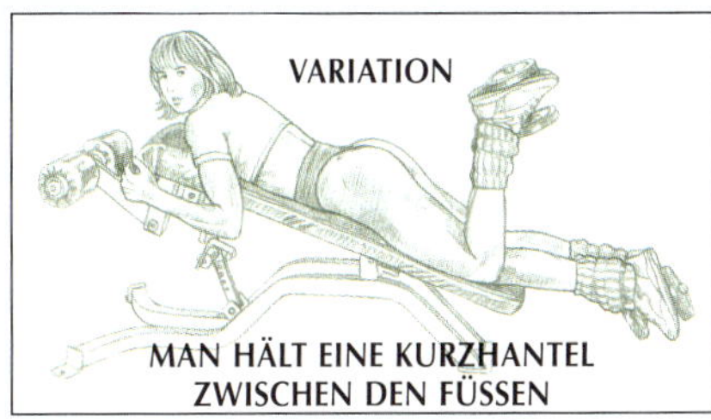

VARIATION
MAN HÄLT EINE KURZHANTEL ZWISCHEN DEN FÜSSEN

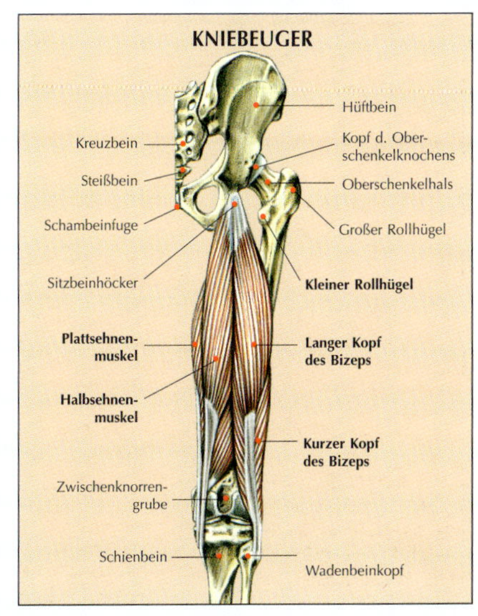

Sie liegen bäuchlings auf der Bank, die Hände umfassen die Griffe, die Beine sind gestreckt und die Fußgelenke unter den Rollen positioniert:

– Beim Einatmen beide Unterschenkel gegen den Druck der Gewichte heben und versuchen, das Gesäß mit der Rolle zu berühren. Am Ende der Bewegung ausatmen;

– in einer langsamen und kontrollierten Bewegung zur Ausgangsposition zurückkehren.

Diese Übung kräftigt alle Kniebeuger, sowie den Zwillingswadenmuskel und in der Tiefe auch den Kniekehlenmuskel.

Theoretisch ist es bei der Beugung möglich, durch Drehung der Füße den Trainingsakzent auf verschiedene Kniebeuger zu legen. Werden die Füße bei der Beugung nach innen gedreht, werden verstärkt der Halbsehnenmuskel und der Plattsehnenmuskel beansprucht; werden die Füße bei der Beugung etwas nach außen gedreht, wird besonders der lange und der kurze Kopf des Bizeps trainiert. In der Praxis ist dies jedoch sehr schwierig, und eigentlich kann an diesem Gerät nur die Muskeltätigkeit der Kniebeuger und des Zwillingswadenmuskels differenziert werden:

– Sind die Füße in Plantarflexion (das heißt, die Fußsohle ist gebeugt und die Achillessehne verkürzt), liegt der hauptsächliche Trainingseffekt auf den Kniebeugern;

– sind die Füße in Dorsalflexion (das heißt, die Achillessehne ist gestreckt), liegt der Trainingsakzent auf dem Zwillingswadenmuskel.

27 EINBEINBEUGE IM STEHEN AM GERÄT

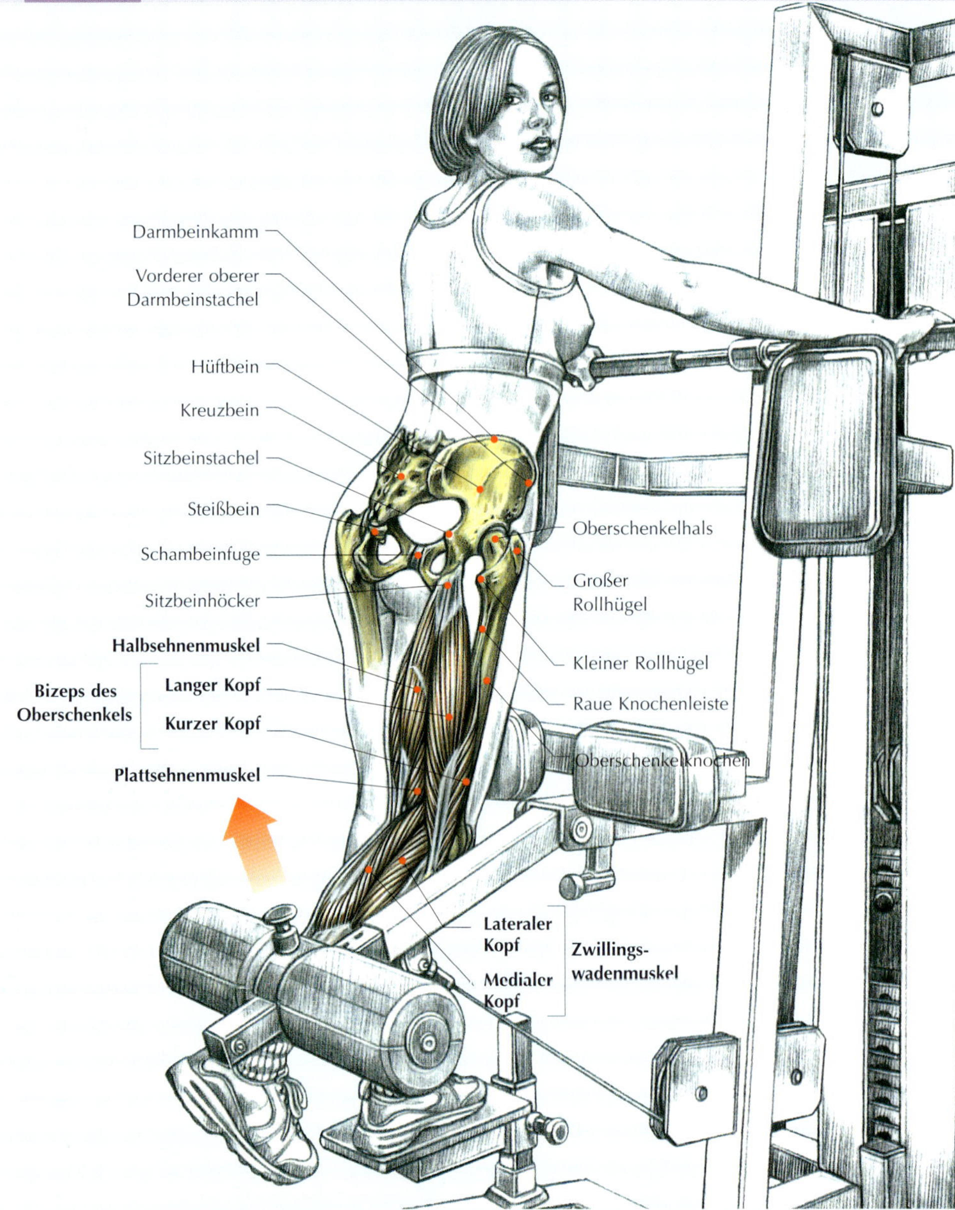

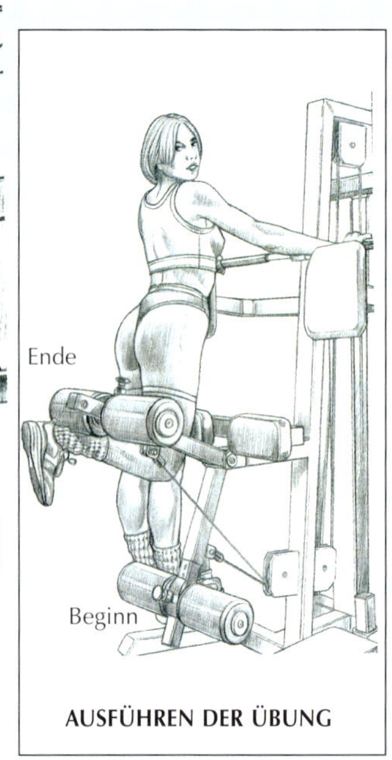

AUSFÜHREN DER ÜBUNG

Sie stehen und stützen sich mit dem Oberkörper und den Knien ab. Das Bein ist gestreckt, die Fußgelenke sind unter der Rolle platziert:

– Beim Einatmen das Knie des gestreckten Beines beugen. Am Ende der Bewegung ausatmen.

Diese Übung trainiert alle Kniebeuger und in geringerem Maße auch den Zwillingswadenmuskel. Um den Trainingseffekt auf den letztgenannten Muskel zu erhöhen, kann bei der Beugebewegung der Fuß in Dorsalflexion (Achillessehne gestreckt) gehalten werden. Um den Muskelaufbau des Zwillingswadenmuskels zu verringern, was häufig gefragt ist, genügt es, den Fuß in Plantarflexion (Fußsohle gebeugt) zu halten.

KURZER KOPF DES OBERSCHENKELBIZEPS

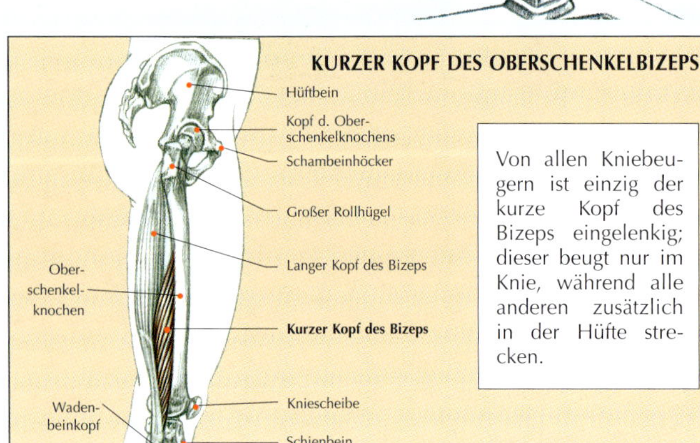

Von allen Kniebeugern ist einzig der kurze Kopf des Bizeps eingelenkig; dieser beugt nur im Knie, während alle anderen zusätzlich in der Hüfte strecken.

KNIEKEHLENMUSKEL

Der Kniekehlenmuskel *(M. popliteus)* liegt in der Tiefe der Beinrückseite, in Höhe des Kniegelenks. Er ist mit den Kniebeugern und dem Zwillingswadenmuskel an der Beugung des Knies beteiligt.

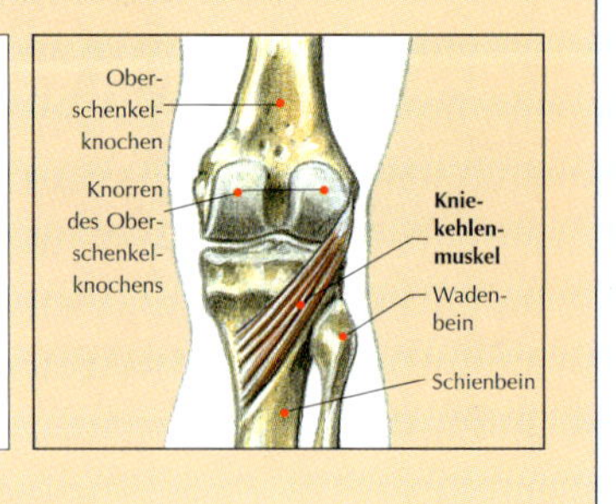

BEINBEUGEN IM SITZEN AM GERÄT

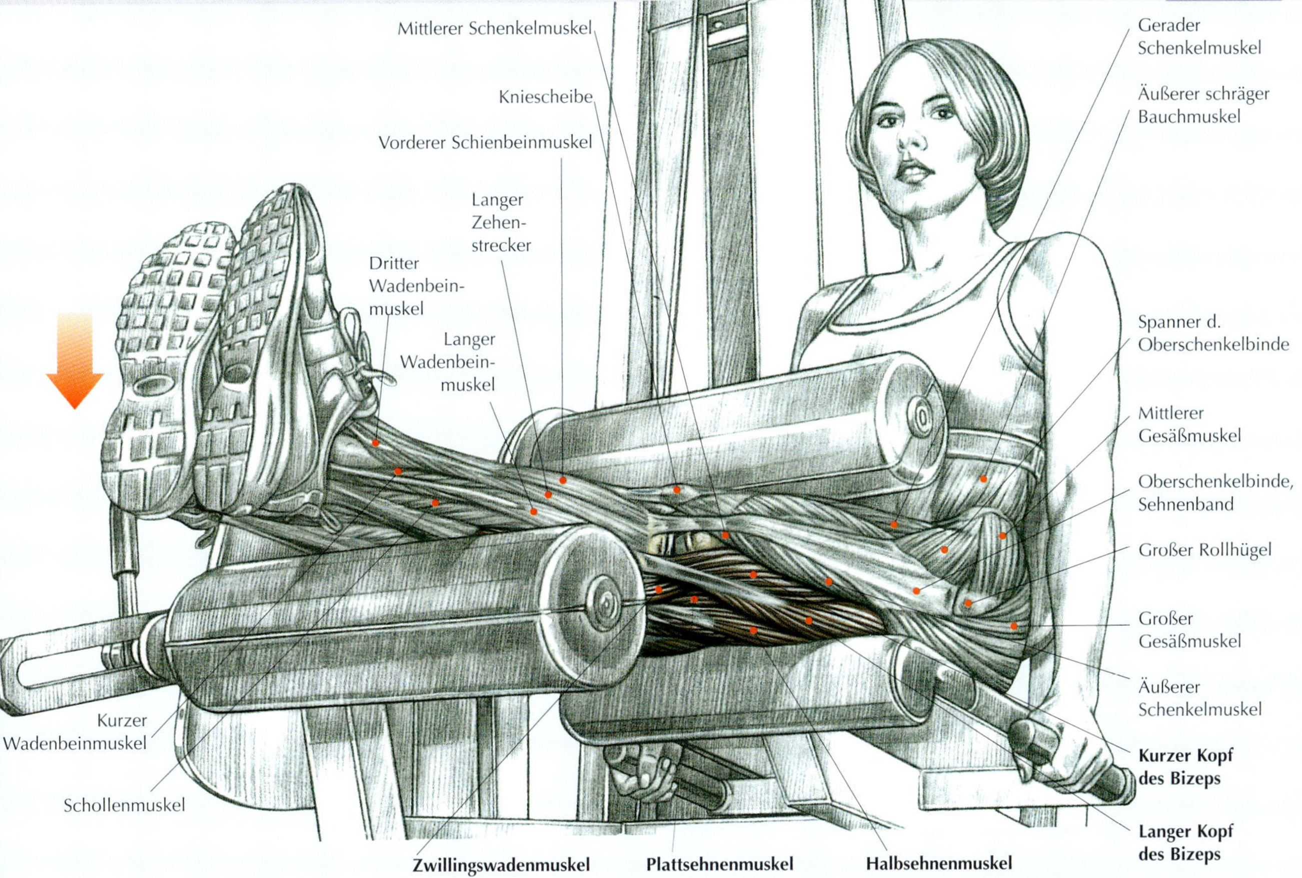

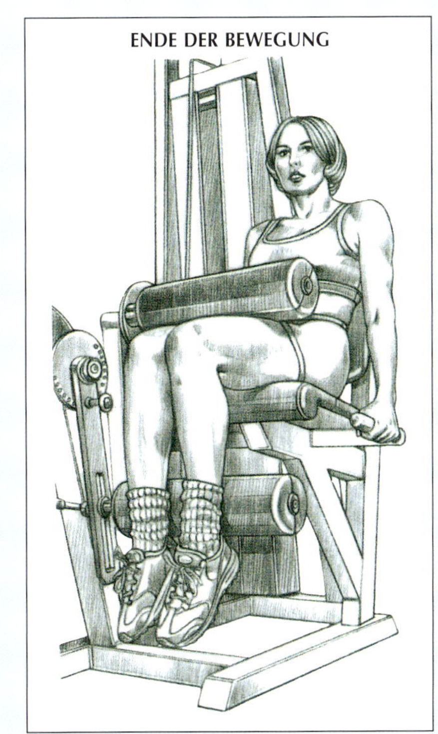

Sie sitzen mit gestreckten Beinen auf dem Gerät, die Fußgelenke liegen auf der Rolle, die Hände umfassen die Griffe:

– Beim Einatmen die Knie beugen. Am Ende der Bewegung ausatmen.

Diese Übung trainiert alle Kniebeuger, in der Tiefe den Kniekehlenmuskel und in geringerem Maße auch die Zwillingswadenmuskeln.

Variation:

1. Wird diese Übung mit den Füßen in Dorsalflexion durchgeführt (Achillessehne gestreckt), wird der Trainingseffekt auf den Zwillingswadenmuskel größer.

2. Werden die Füße in Plantarflexion gehalten (Fußsohle gebeugt), werden die Kniebeuger noch stärker trainiert.

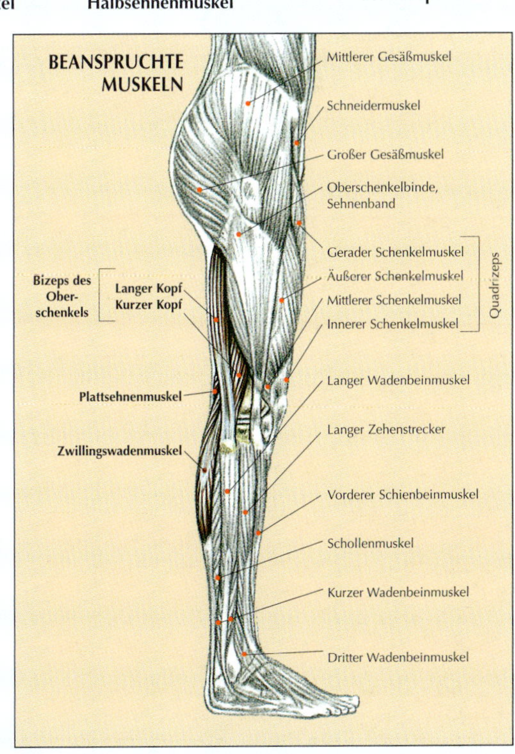

29 BEINBEUGEN AUF DER BANK

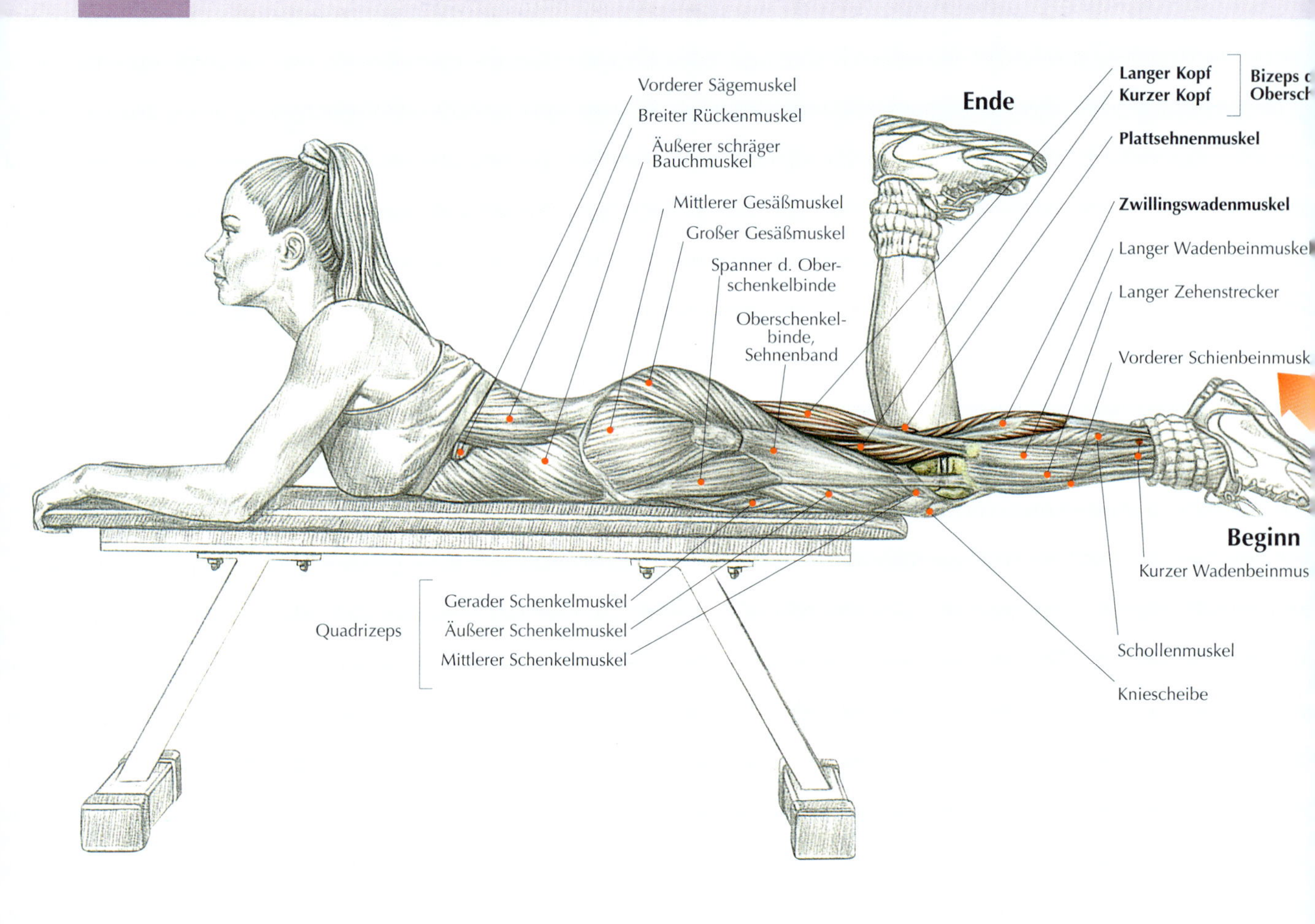

Sie liegen flach auf dem Bauch auf einer Bank mit aufgerichtetem Kopf, die Knie hängen darüber hinaus in der Luft, die Beine sind gerade, die Füße nach unten gestreckt:
– Die Beine gleichzeitig beugen und dabei versuchen, das Gesäß mit den Fersen zu berühren;
– in die Ausgangsstellung zurückkehren.

Diese Übung trainiert die gesamten Kniebeuger (Plattsehnenmuskel, Halbsehnenmuskel und Oberschenkelbizeps) sowie die Zwillingswadenmuskeln.

Sie wird langsam ausgeführt, das Wesentliche dabei ist, sich auf die höchste Anspannung der Muskeln am Ende der Beugung der Beine zu konzentrieren.

Wie bei den meisten Übungen ohne zusätzliche Gewichte führen viele Wiederholungen zu den besten Resultaten.

Anmerkungen:
– Wird die Übung mit gebeugten Füßen ausgeführt, werden hauptsächlich die Zwillingswadenmuskeln trainiert.
– Werden die Oberschenkel mit einem gestreckten Füßen gebeugt, werden vor allem die Kniebeuger gekräftigt.

Variationen:
1. Um einen größeren Effekt zu erzielen, können auch Gewichtsmanschetten benutzt werden.
2. Die Anstrengung lässt sich erhöhen, wenn Kurzhanteln auf die Knöchel gelegt werden.

VARIATION MIT KURZHANTEL AUF DEN KNÖCHELN

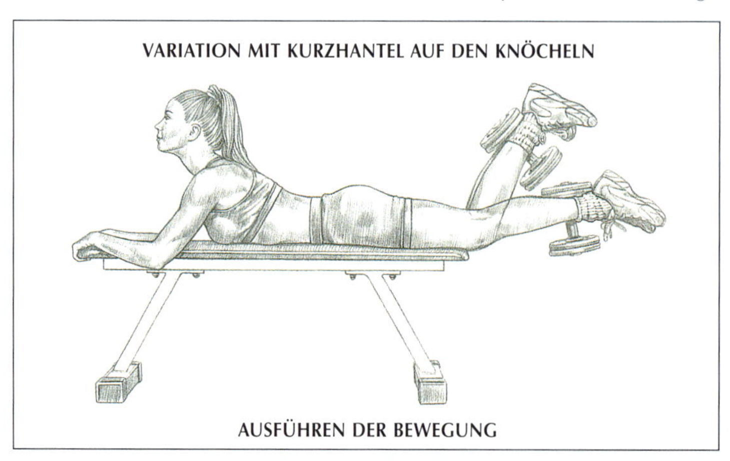

AUSFÜHREN DER BEWEGUNG

BEINBEUGEN IM VIERFÜSSLERSTAND

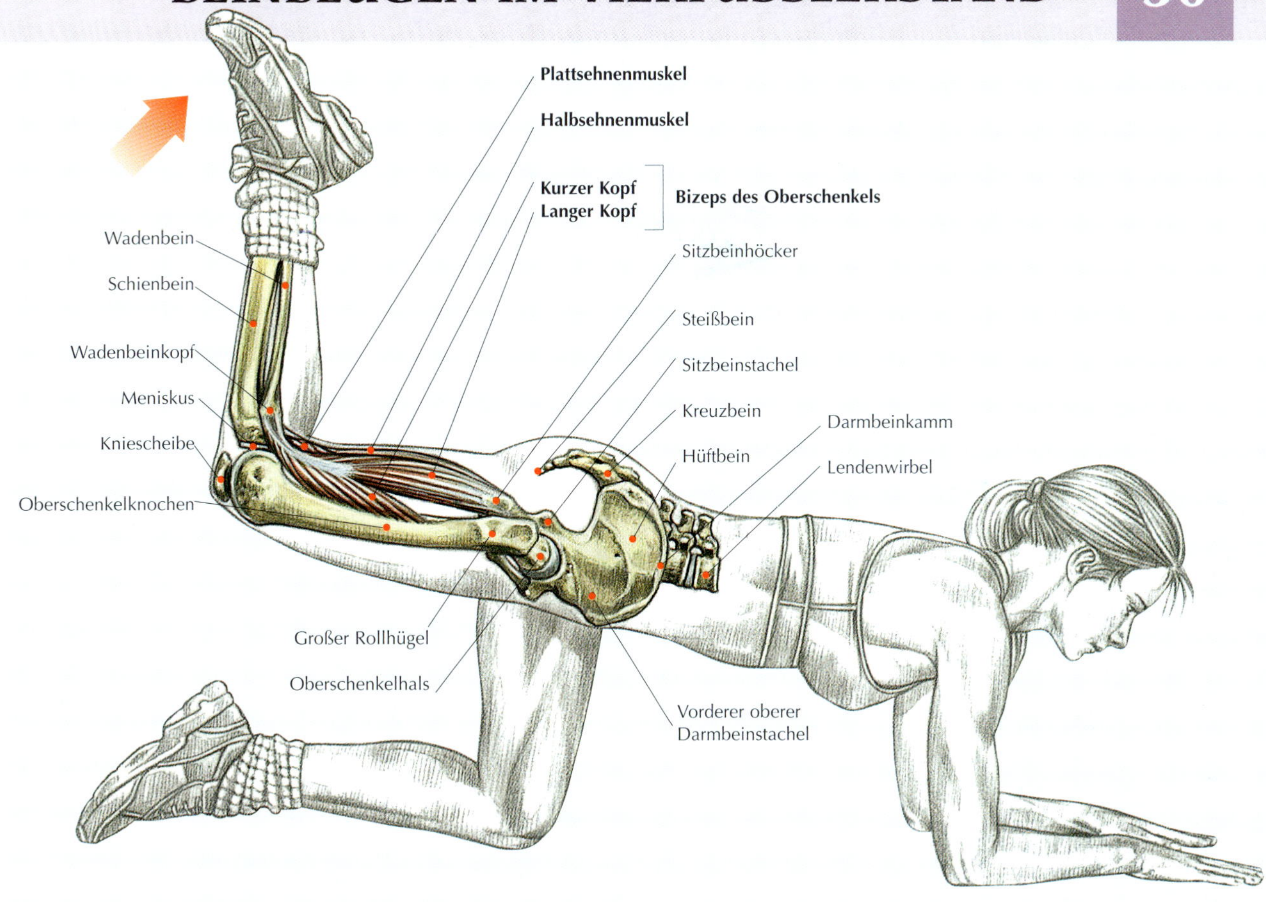

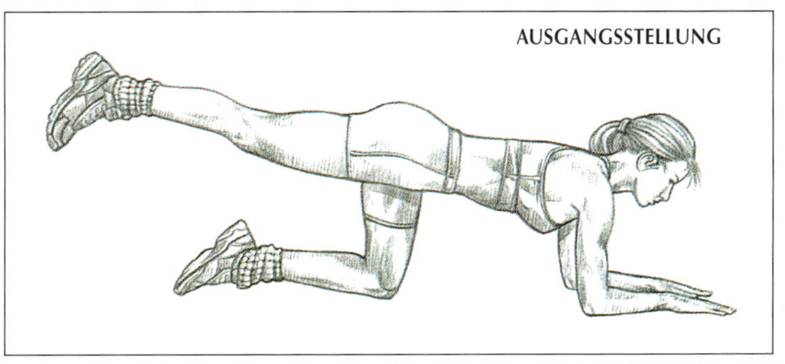

Sie knien auf einem Bein, das andere Bein ist waagerecht nach hinten gestreckt und Sie stützen sich auf die Ellbogen:
– Langsam das nach hinten gestreckte Bein beugen und dabei versuchen, mit der Ferse das Gesäß zu berühren;
– das gebeugte Bein für zwei Sekunden in einer isometrischen Anspannung halten;
– in die Ausgangsposition zurückkehren und von neuem beginnen.

Viele Wiederholungen führen zu den besten Resultaten.

Diese Übung trainiert vor allem die Kniebeuger (Oberschenkelbizeps, Halbsehnenmuskel und Plattsehnenmuskel). Außerdem werden auch, jedoch in geringerem Maße, die Zwillingswadenmuskeln sowie der große Gesäßmuskel gekräftigt.

Variationen:
1. Um einen größeren Trainingseffekt zu erreichen, kann die Übung mit Gewichtsmanschetten durchgeführt werden.
2. Die Bewegung kann auch im Stehen auf einem Bein ausgeführt werden.

31 BEINBEUGEN IM KNIESTAND

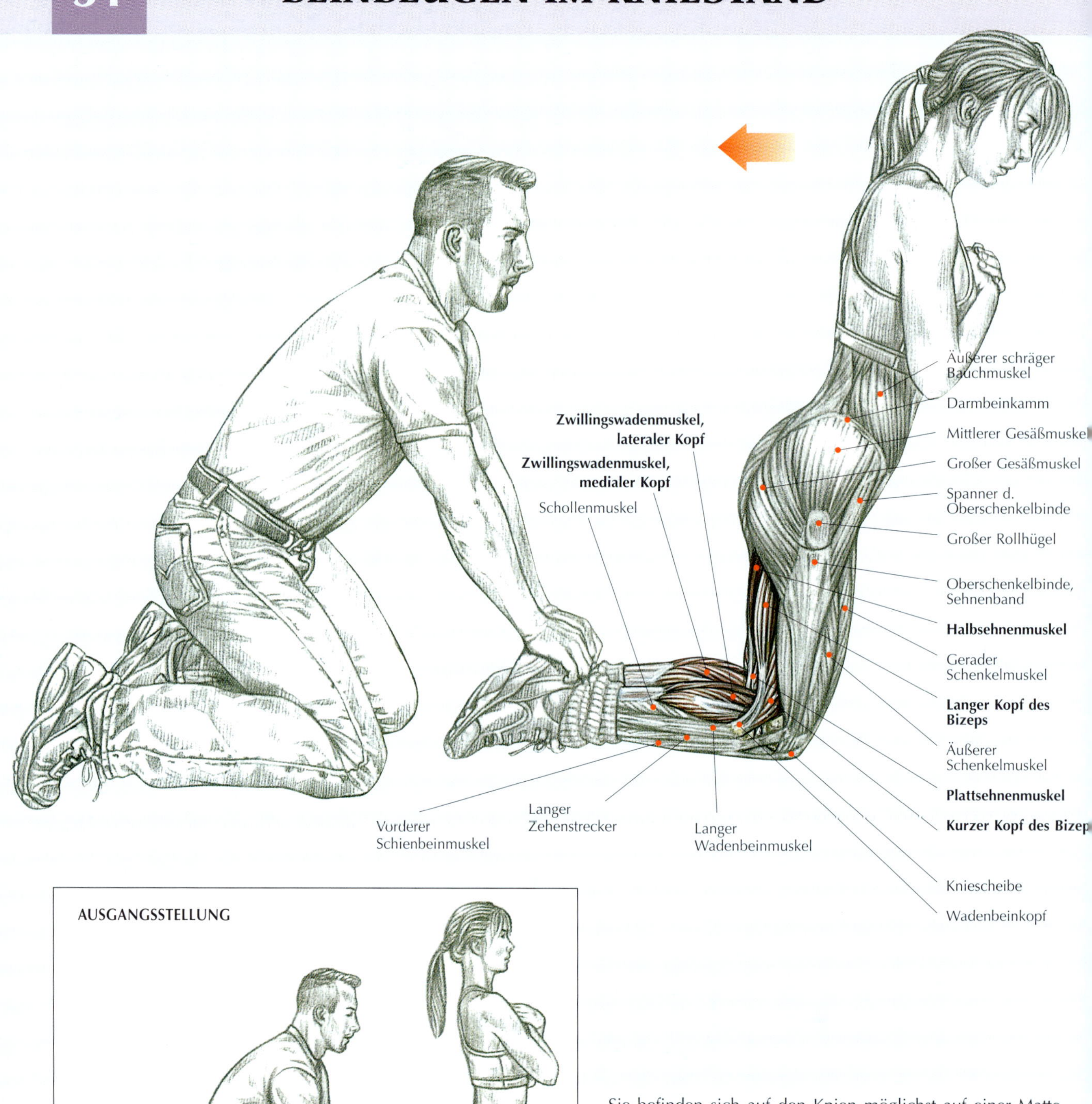

Sie befinden sich auf den Knien möglichst auf einer Matte, die Füße werden von einem Partner festgehalten:

– Den Körper langsam nach vorn neigen, mit der Neigungsachse auf Höhe der Knie;
– in die Ausgangsposition zurückkehren.

Vorsicht:
Auch wenn sie ohne zusätzliche Gewichte ausgeführt wird, ist diese Übung sehr anstrengend für die Kniebeuger (Oberschenkelbizeps, Halbsehnenmuskel und Plattsehnenmuskel).

Es empfiehlt sich, mit kleinen Bewegungsamplituden zu beginnen und die Kniebeuger vorher mit Übungen wie der »Good-Morning«-Übung mit dem Stab aufzuwärmen.

FERSENHEBEN STEHEND AM GERÄT

AUSFÜHREN DER BEWEGUNG

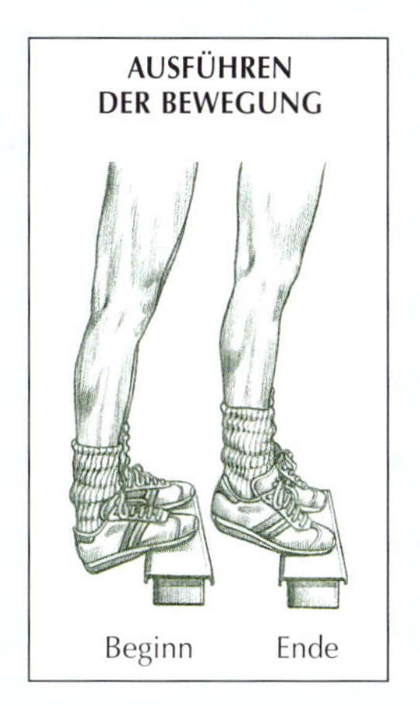

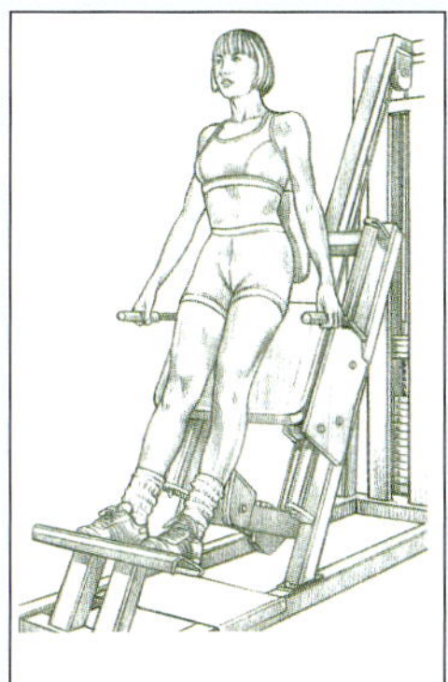

Variation:
Wird die Übung am schräg stehenden Gerät ausgeführt, lassen sich die Waden ohne Überlastung des Rückens trainieren.

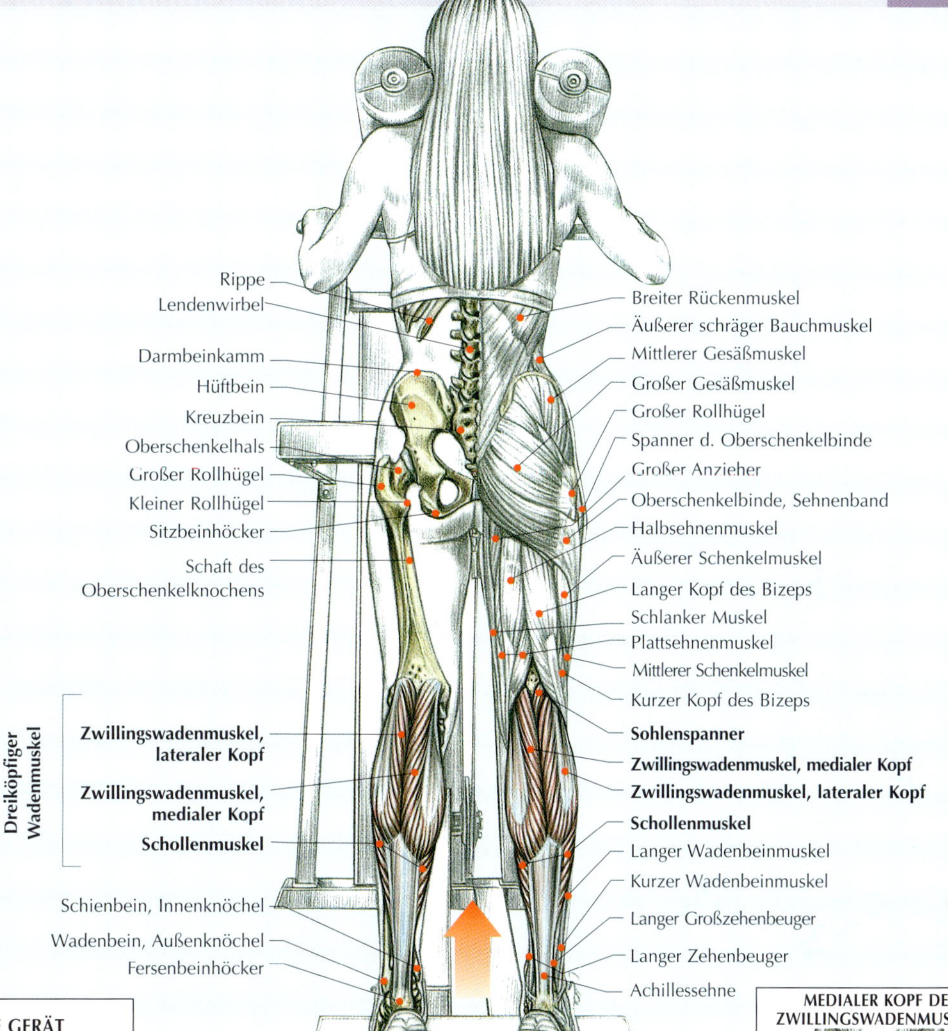

FERSENHEBEN OHNE GERÄT

Wenn kein Gerät zum Training zur Verfügung steht, kann das Fersenheben dennoch bis zum Gefühl eines Brennens in den Muskeln ausgeführt werden. Um dabei fester zu stehen, ist es empfehlenswert, sich auf einen Stuhl oder einen anderen fest stehenden Gegenstand zu stützen.

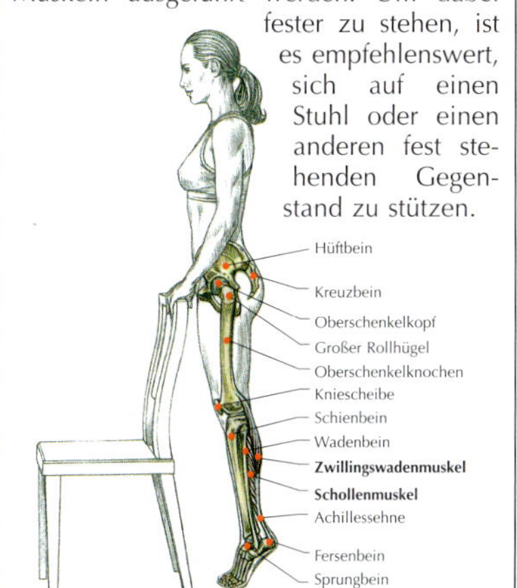

Sie stehen mit geradem Rücken, die gepolsterten Rollen des Gerätes liegen auf den Schultern, die Fußspitzen stehen auf der Platte, die Fersen sind frei:

– Die Fersen anheben, dabei immer die Knie gestreckt halten.

Diese Übung kräftigt den dreiköpfigen Wadenmuskel (bestehend aus dem Schollenmuskel sowie dem lateralen und medialen Kopf der Zwillingswadenmuskeln). Es ist wichtig, die Fersen bei jeder Wiederholung ganz nach unten sinken zu lassen, um die Muskeln gut zu dehnen. Theoretisch kann die Arbeit auf den medialen Kopf des Zwillingswadenmuskels konzentriert werden (Fußspitzen nach außen). In der Praxis erweist sich dies als schwierig und lediglich eine Differenzierung zwischen dem Muskelaufbau des Schollenmuskels und des Zwillingswadenmuskels ist relativ leicht zu verwirklichen (indem das Knie zur Entspannung des Zwillingswadenmuskels gebeugt wird, wird ein Teil der Muskelarbeit auf den Schollenmuskel übertragen).

Variation: Diese Bewegung kann auch in der Kniebeugenablage mit einem Keil unter den Füßen ausgeführt werden oder mit einer freien Langhantel – um das Gleichgewicht zu halten ohne Keil –, jedoch mit verringerter Bewegungsamplitude.

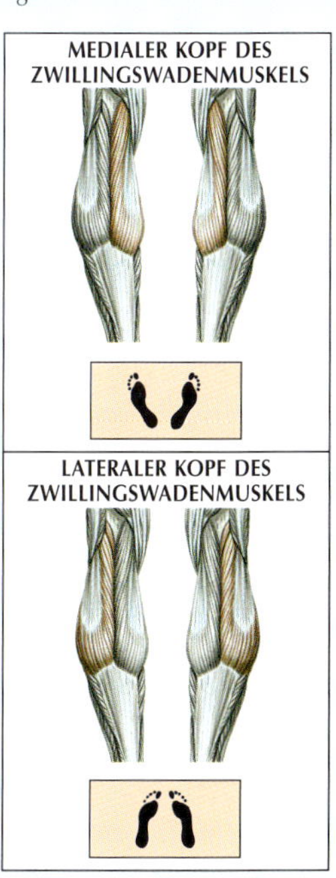

33 FERSENHEBEN AM GERÄT (GEWICHT RUHT AUF DEM BECKEN) – »DONKEY CALF RAISE«

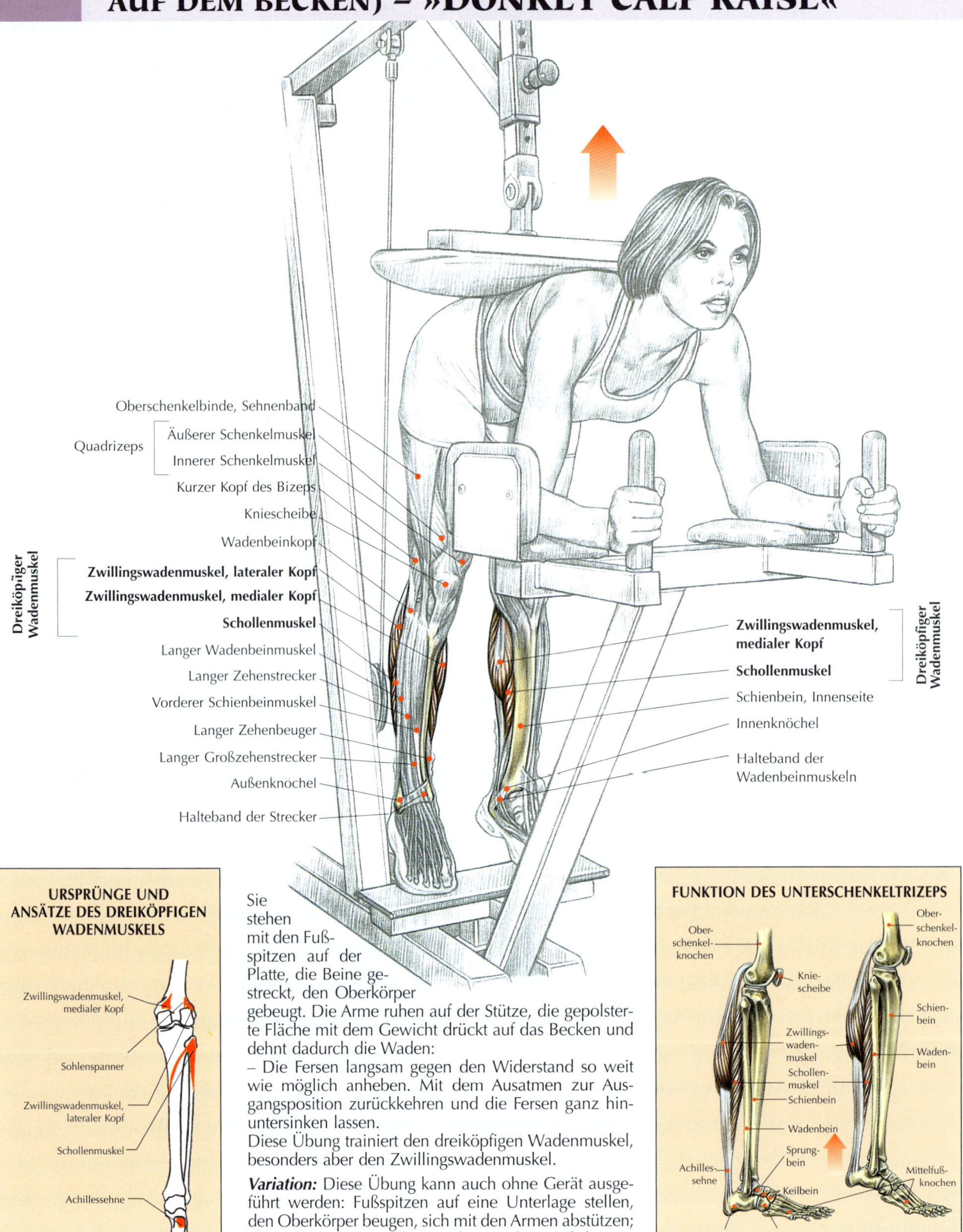

Sie stehen mit den Fußspitzen auf der Platte, die Beine gestreckt, den Oberkörper gebeugt. Die Arme ruhen auf der Stütze, die gepolsterte Fläche mit dem Gewicht drückt auf das Becken und dehnt dadurch die Waden:

– Die Fersen langsam gegen den Widerstand so weit wie möglich anheben. Mit dem Ausatmen zur Ausgangsposition zurückkehren und die Fersen ganz hinuntersinken lassen.

Diese Übung trainiert den dreiköpfigen Wadenmuskel, besonders aber den Zwillingswadenmuskel.

Variation: Diese Übung kann auch ohne Gerät ausgeführt werden: Fußspitzen auf eine Unterlage stellen, den Oberkörper beugen, sich mit den Armen abstützen; ein Trainingspartner übt Druck von oben auf das Becken aus, während Sie die Fersen heben und senken.

FERSENHEBEN MIT KURZHANTEL

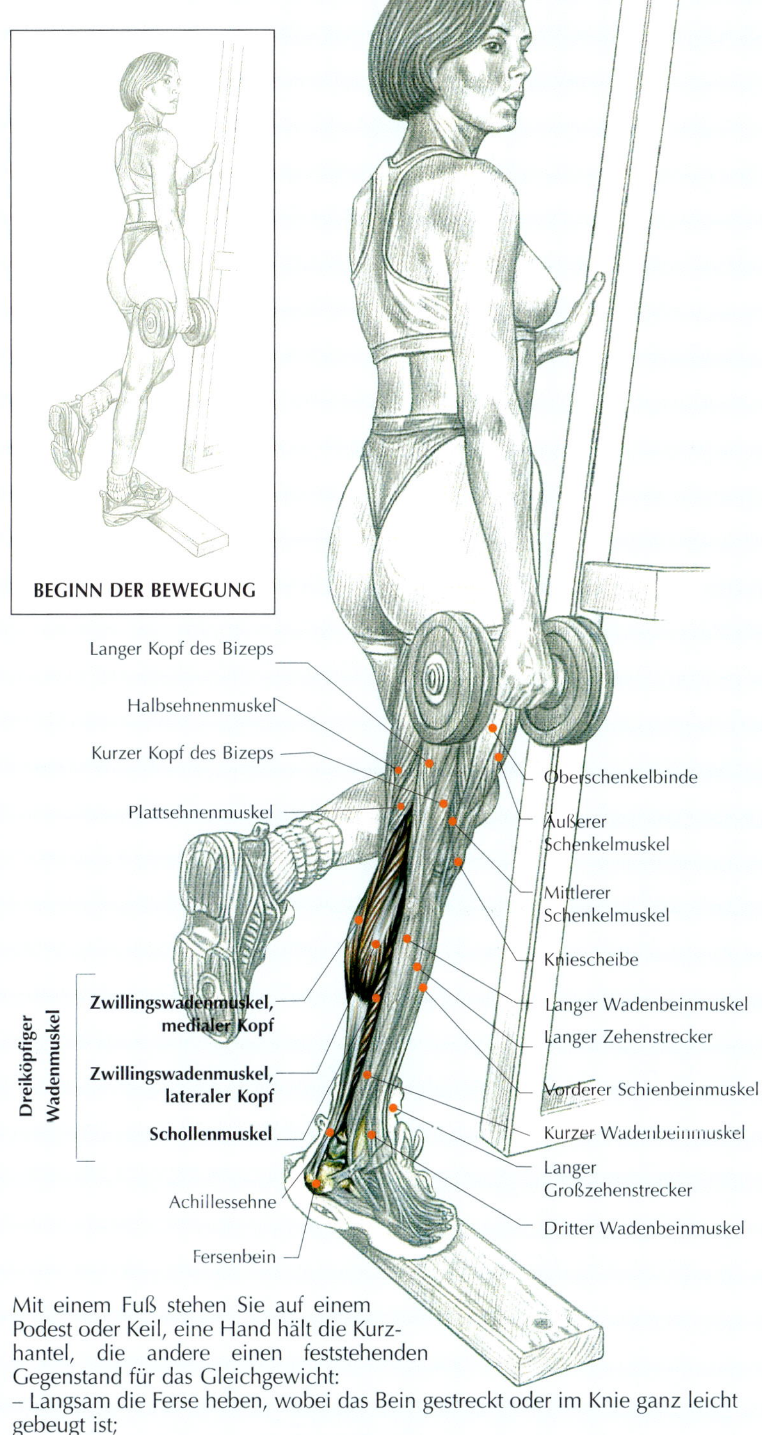

Mit einem Fuß stehen Sie auf einem Podest oder Keil, eine Hand hält die Kurzhantel, die andere einen feststehenden Gegenstand für das Gleichgewicht:

– Langsam die Ferse heben, wobei das Bein gestreckt oder im Knie ganz leicht gebeugt ist;

– danach zur Ausgangsposition zurückkehren.

Diese Übung beansprucht den dreiköpfigen Wadenmuskel, der sich aus den beiden Zwillingswadenmuskeln und dem Schollenmuskel zusammensetzt. Bei jeder Wiederholung ist es wichtig, die Ferse ganz zu senken, um den Wadenmuskel vollständig zu dehnen.

Nur Sätze mit vielen Wiederholungen, bis ein leichtes Brennen im Muskel zu spüren ist, erbringen gute Resultate.

DIE ZWEI WADENTYPEN

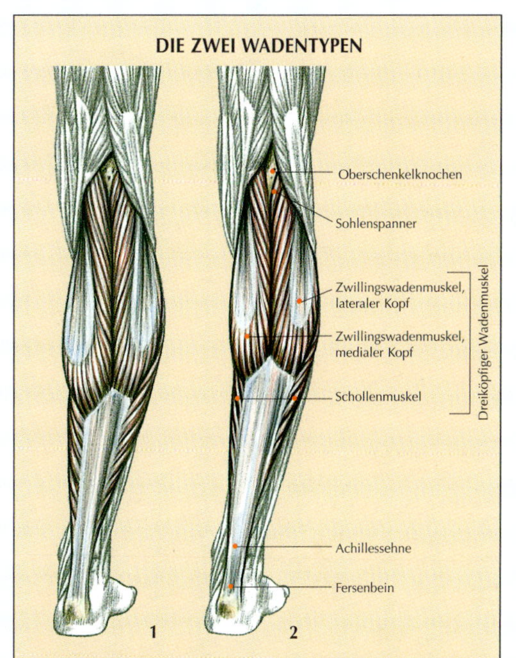

1. Lange Waden: Zwillingswadenmuskel und Schollenmuskel reichen tief
2. Kurze Waden: Zwillingswadenmuskel und Schollenmuskel sitzen sehr hoch, mit langer Sehne.

Anmerkung:
Bei manchen Menschen hat der dreiköpfige Wadenmuskel die Eigenart, dass er als einer der wenigen Muskeln nicht auf das Muskelaufbautraining reagiert. Bei diesen Menschen kann nur ein Anstieg der Muskelkraft und -ausdauer erzielt werden. Lange Waden, das heißt tief reichende Zwillingswadenmuskeln und Schollenmuskeln, sind leicht zu kräftigen. Bei kurzen Waden ist die Zunahme des Muskelumfangs dagegen nur schwer zu erreichen.

DREIKÖPFIGER WADENMUSKEL

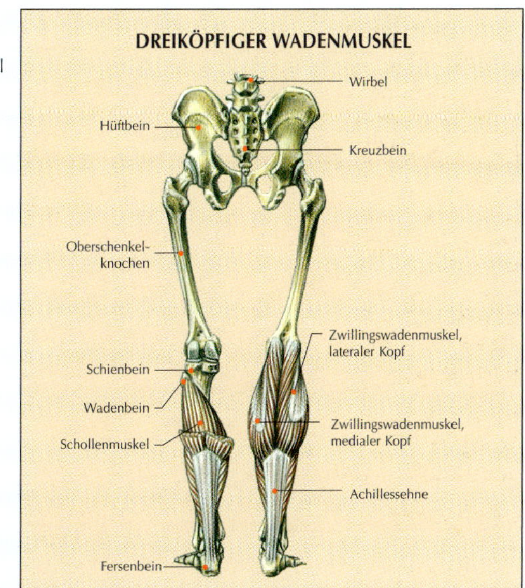

35 FERSENHEBEN MIT LANGHANTEL

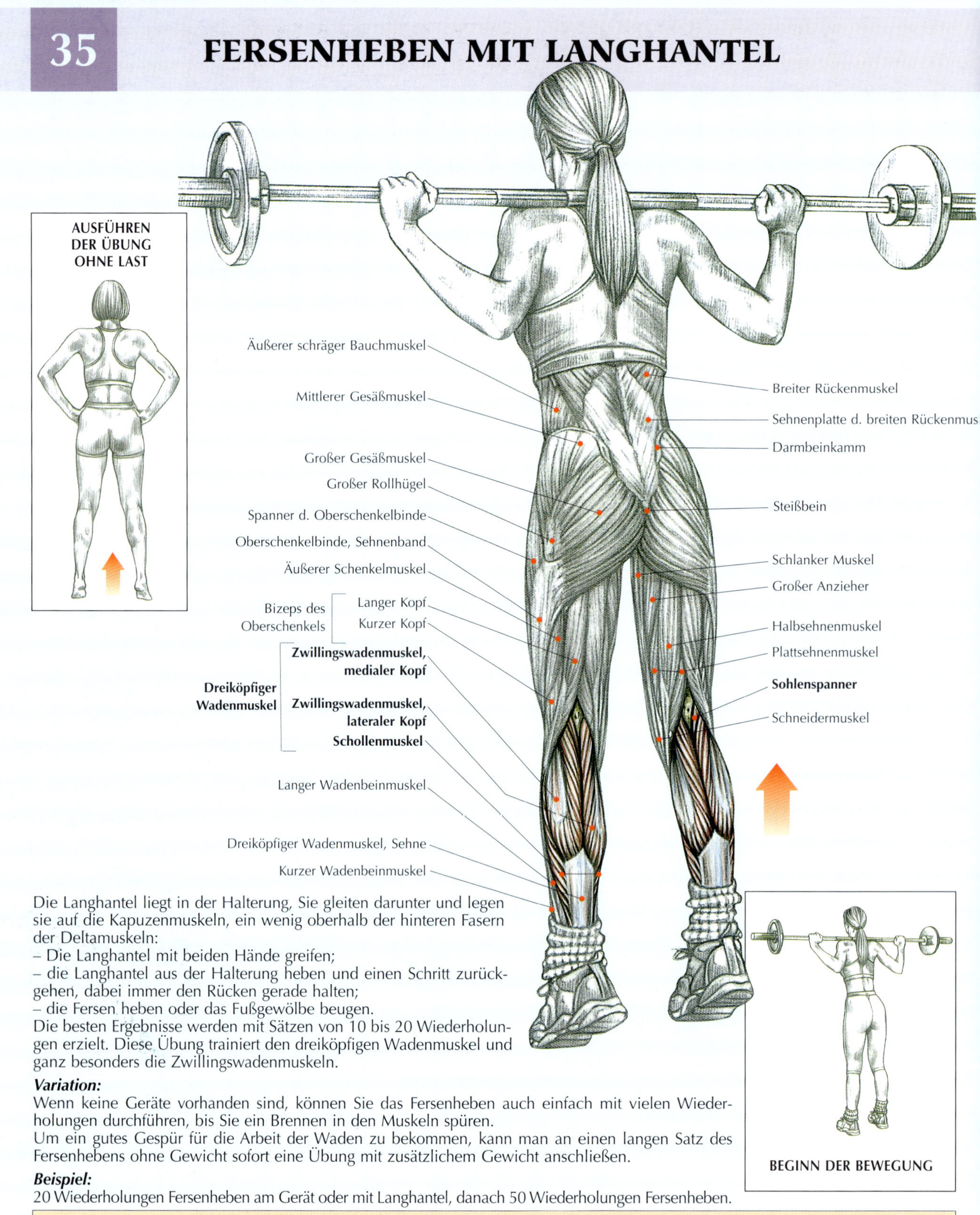

Die Langhantel liegt in der Halterung, Sie gleiten darunter und legen sie auf die Kapuzenmuskeln, ein wenig oberhalb der hinteren Fasern der Deltamuskeln:
– Die Langhantel mit beiden Hände greifen;
– die Langhantel aus der Halterung heben und einen Schritt zurückgehen, dabei immer den Rücken gerade halten;
– die Fersen heben oder das Fußgewölbe beugen.
Die besten Ergebnisse werden mit Sätzen von 10 bis 20 Wiederholungen erzielt. Diese Übung trainiert den dreiköpfigen Wadenmuskel und ganz besonders die Zwillingswadenmuskeln.

Variation:
Wenn keine Geräte vorhanden sind, können Sie das Fersenheben auch einfach mit vielen Wiederholungen durchführen, bis Sie ein Brennen in den Muskeln spüren.
Um ein gutes Gespür für die Arbeit der Waden zu bekommen, kann man an einen langen Satz des Fersenhebens ohne Gewicht sofort eine Übung mit zusätzlichem Gewicht anschließen.

Beispiel:
20 Wiederholungen Fersenheben am Gerät oder mit Langhantel, danach 50 Wiederholungen Fersenheben.

Anmerkung:
Da der dreiköpfige Wadenmuskel ein äußerst kräftiger und widerstandsfähiger Muskel ist, der das Körpergewicht beim Gehen allein täglich unzählige Male hebt, dürfen Sie ruhig mit schweren Gewichten arbeiten.

FERSENHEBEN SITZEND MIT LANGHANTEL

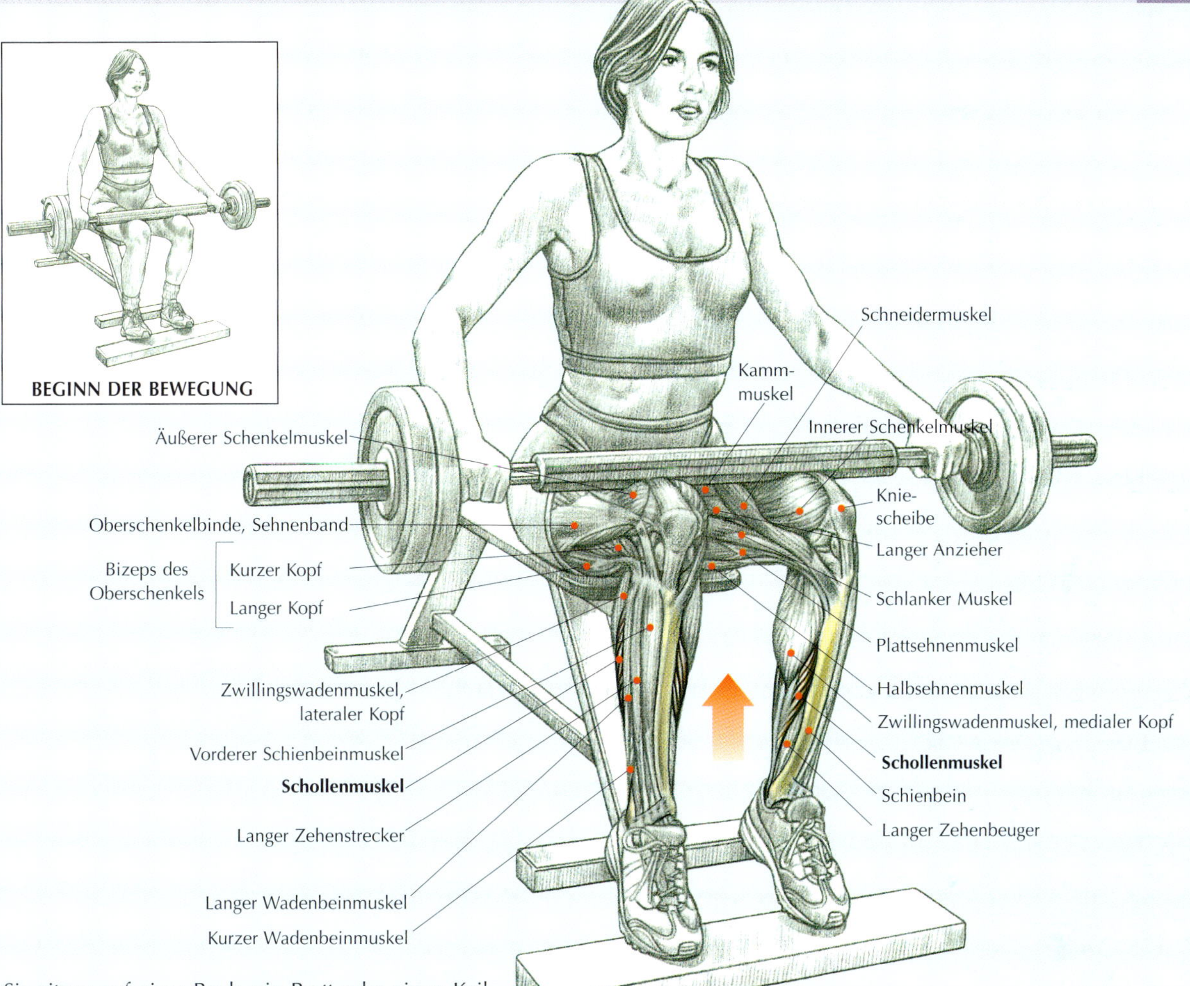

Sie sitzen auf einer Bank, ein Brett oder einen Keil unter dem vorderen Fußabschnitt, die Langhantel ruht oberhalb der Knie auf dem unteren Teil der Oberschenkel:
– Die Fersen langsam heben und wieder senken.

Vorsicht: Es ist ratsam, eine Gummirolle über die Stange zu stülpen oder stattdessen ein gefaltetes Handtuch auf die Oberschenkel zu legen oder um die Stange zu wickeln, um die Übung weniger schmerzhaft zu machen.
Diese Übung kräftigt vor allem den Schollenmuskel. Dieser Muskel ist ein Kopf des dreiköpfigen Wadenmuskels. Er entspringt unterhalb des Kniegelenks an der Rückseite des Schien- und Wadenbeins. Wie die Zwillingswadenmuskeln zieht er zum gemeinsamen Ansatz über die Achillessehne am Fersenbein. Seine Funktion besteht im Heben der Ferse.
Im Gegensatz zum Training des Schollenmuskels am Gerät, das mit schweren Gewichten durchgeführt werden kann, lässt sich das Fersenheben mit der Langhantel nicht mit schweren Gewichten durchführen, da sie zu sehr auf den Oberschenkeln lasten würden.
Die besten Ergebnisse erzielt man mit Sätzen von 15 bis 20 Wiederholungen.

Variation: Diese Übung kann ohne zusätzliche Gewichte auch auf einem Sessel oder einer Bank sitzend durchgeführt werden. In diesem Fall sind lange Sätze erforderlich, bis ein Brennen verspürt wird.

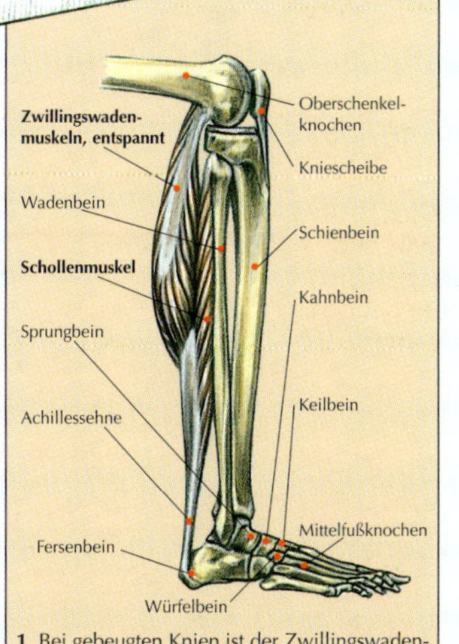

1. Bei gebeugten Knien ist der Zwillingswadenmuskel, der oberhalb des Kniegelenks vom Oberschenkelknochen entspringt, entspannt. In dieser Beinstellung wirkt der Zwillingswadenmuskel nur schwach am Heben der Ferse mit, die Hauptarbeit leistet der Schollenmuskel.

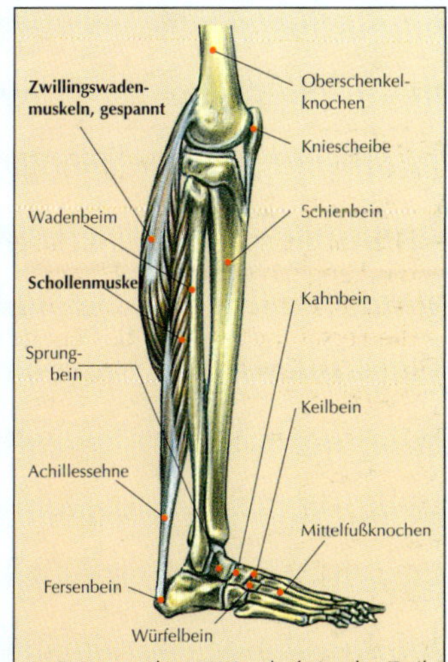

2. Bei gestrecktem Kniegelenk ist der Zwillingswadenmuskel dagegen gespannt. In dieser Beinstellung nimmt er aktiv am Heben der Ferse teil und ergänzt die Wirkung des Schollenmuskels.

37 FERSENHEBEN SITZEND AM GERÄT

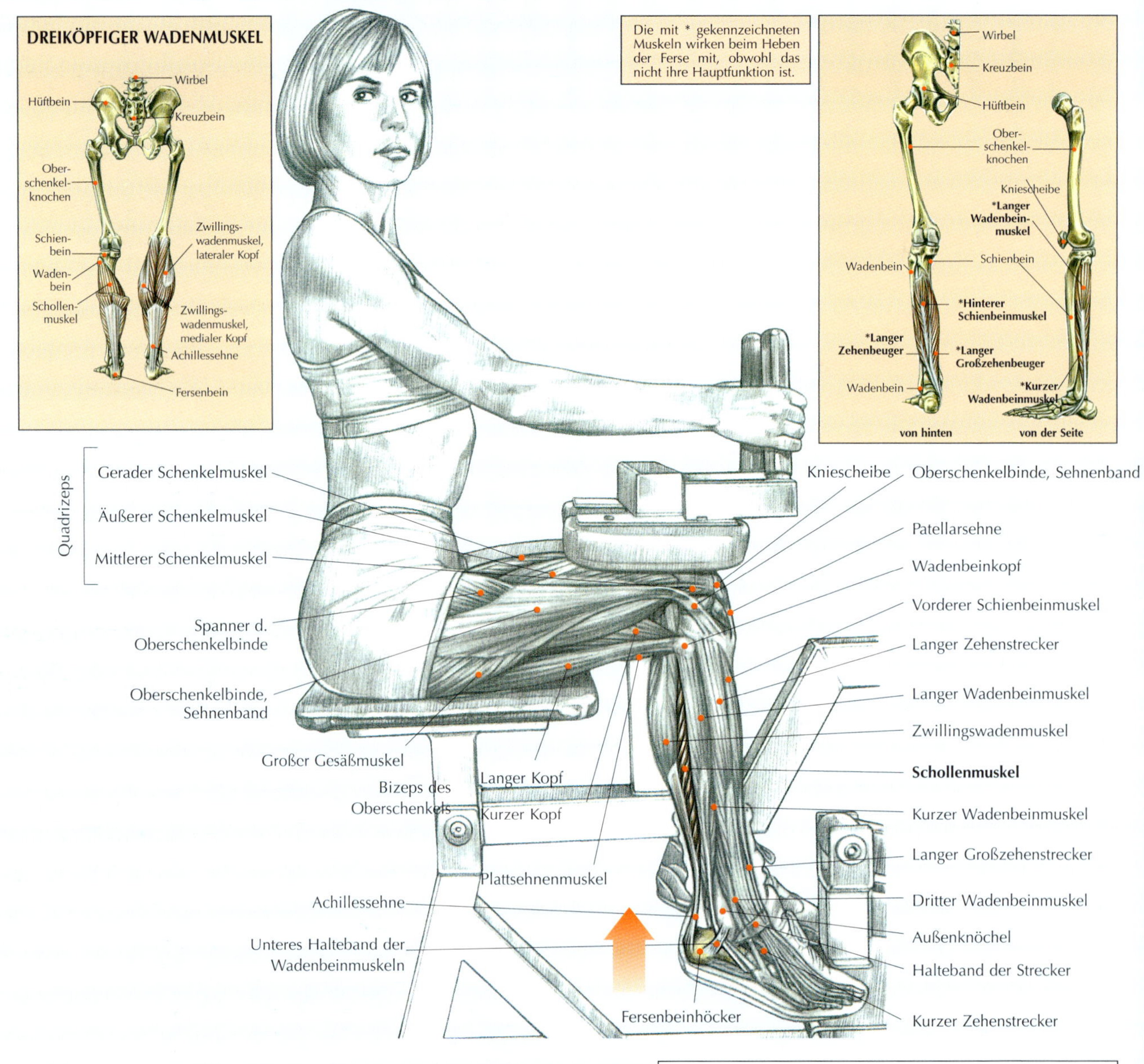

Sie sitzen auf dem Gerät, der vordere Teil der Oberschenkel liegt unter der Polsterung, die Fußspitzen ruhen auf dem Sockel, sodass Ihre Fersen durch den Druck von oben heruntergedrückt werden:
– Langsam gegen den Druck von oben die Fersen heben.

Diese Übung kräftigt fast ausschließlich den Schollenmuskel, der als einziger Kopf des dreiköpfigen Wadenmuskels eingelenkig ist; er entspringt an der Rückseite von Schienbein und Wadenbein und setzt über die Achillessehne am Fersenbein an. Bei gebeugten Knien ist der Zwillingswadenmuskel, der an der Rückseite des Oberschenkelknochens knapp oberhalb des Kniegelenks entspringt und daher ein zweigelenkiger Muskel ist, entspannt; so muss der Schollenmuskel die Hauptarbeit beim Heben der Ferse verrichten.

Variation: Diese Übung kann auch auf einer Bank sitzend ausgeführt werden, wobei unter die Fußspitzen ein Brett oder eine Hantelscheibe gelegt und auf den vorderen Teil der Oberschenkel eine Langhantel platziert wird.

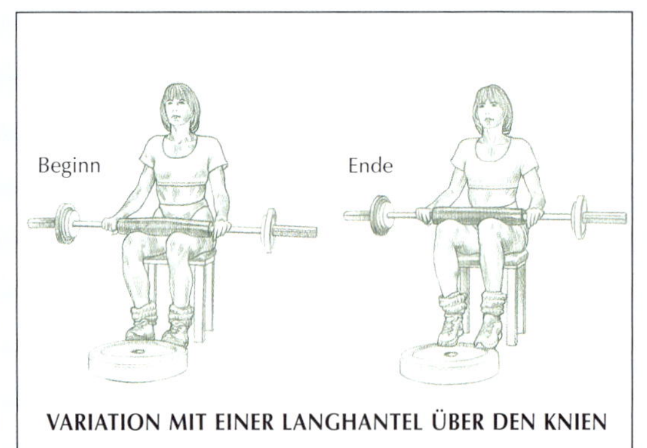

VARIATION MIT EINER LANGHANTEL ÜBER DEN KNIEN

DIE BAUCHMUSKELN

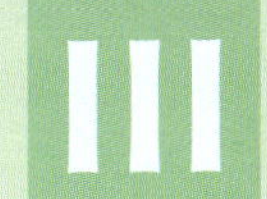

1. Bauchpresse oder »Crunch«
2. Bauchpresse oder »Crunch« mit den Füßen auf dem Boden
3. Bauchpresse oder »Crunch« mit Bauchtrainer
4. Sit up am Boden
5. Halb-Aufrichten des Oberkörpers am Boden
6. »Crunch« mit den Unterschenkeln auf der Bank
7. Horizontales Beinstrecken am Boden
8. Diagonales Beinstrecken am Boden
9. Sit up an der Sprossenwand
10. Bauchpresse oder »Crunch« im Sitzen auf der Bank
11. Sit up auf der Schrägbank
12. Sit up auf der Schrägbank
13. Sit up mit frei hängendem Oberkörper
14. Knieheben am Gerät
15. Knieheben an der Stange
16. Bein- und Beckenheben auf dem schräg gestellten Brett
17. Beckenheben am Boden
18. Beckendrehung am Boden
19. Bauchpresse oder »Crunch« schräg, Füße am Boden
20. »Fahrradfahren« oder Schräglage am Boden, wechselseitig
21. Seitliches Beugen des Oberkörpers am Boden
22. Bauchpresse oder »Crunch« am hohen Block
23. »Crunch« am Gerät
24. Seitliches Beugen des Oberkörpers auf dem Gerät
25. Bauchpresse schräg mit Bauchtrainer
26. Seitliches Beugen am tiefen Block
27. Seitliches Beugen am hohen Block
28. Seitliches Beugen mit Kurzhantel
29. Drehen des Oberkörpers mit Stab
30. Drehen des Oberkörpers im Sitzen mit Stab
31. Drehen des Oberkörpers im Sitzen am Gerät
32. »Twist«
33. Baucheinziehen im Sitzen
34. Kräftigung der Bauchmuskulatur im Ellbogenstütz

OBERFLÄCHLICHE BAUCHMUSKULATUR

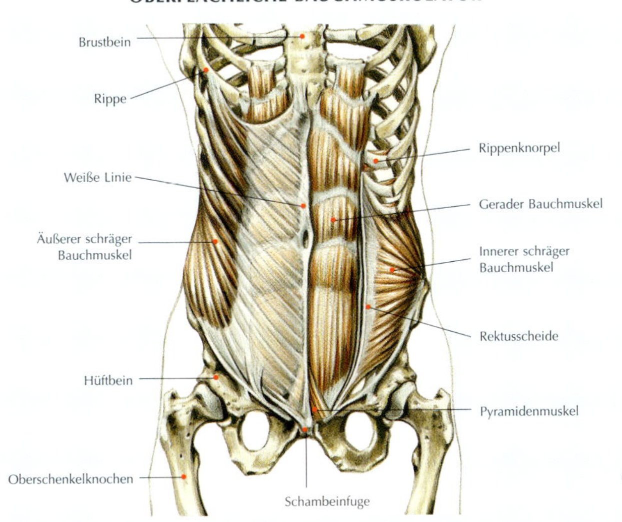

TIEFE BAUCHMUSKULATUR

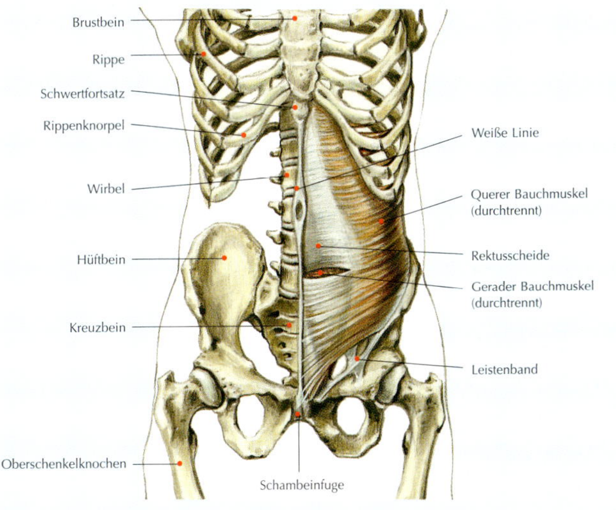

VORSICHT!

Im Gegensatz zu den anderen Bewegungen für den Muskelaufbau müssen Übungen für die Bauchmuskulatur, und vor allem die für den geraden Bauchmuskel, unbedingt mit rundem Rücken (Einrollen der Wirbelsäule) vorgenommen werden.

Bei Übungen mit gerundeter Wirbelsäule, wie Sit ups, sind die mechanischen Belastungen auf die Wirbelgelenke nicht die gleichen wie bei Kniebeugen, dem Rumpfaufrichten oder bei anderen im Stehen ausgeführten Übungen.

Wenn bei Kniebeugen, dem Rumpfaufrichten, dem *»Good Morning«* oder einer sonstigen Übung mit zusätzlichen Gewichten im Bereich der Lendenwirbelsäule kein Hohlkreuz gemacht wird, treibt der starke senkrechte Druck zusammen mit der Wölbung des Rückgrats den zentralen Gallertkern der Bandscheibe nach hinten, die Nerven können dann dort eingeklemmt und ein Bandscheibenvorfall kann ausgelöst werden.

Wenn im Gegensatz dazu im Laufe spezifischer Übungen für die Bauchmuskeln der Rücken nicht durch eine innere Anspannung der geraden und der schrägen Bauchmuskel gerundet wird, haben die Lendenmuskeln, die kräftigen Hüftbeuger, die Tendenz, die Krümmung in der Lendenwirbelsäule zu verstärken, sodass die Bandscheiben, die nicht durch den senkrechten Druck stabilisiert werden, sich nach vorn drücken. Daraus ergibt sich ein erhöhter Druck im hinteren Teil der Lendenwirbelgelenke, was zu einem Ischiassyndrom führen kann oder gar durch das Zusammenpressen und die Abscherung zu einer Beschädigung des Gelenks.

DIE FUNKTION DES GROSSEN LENDENMUSKELS BEI DER WÖLBUNG DER LENDENWIRBELSÄULE

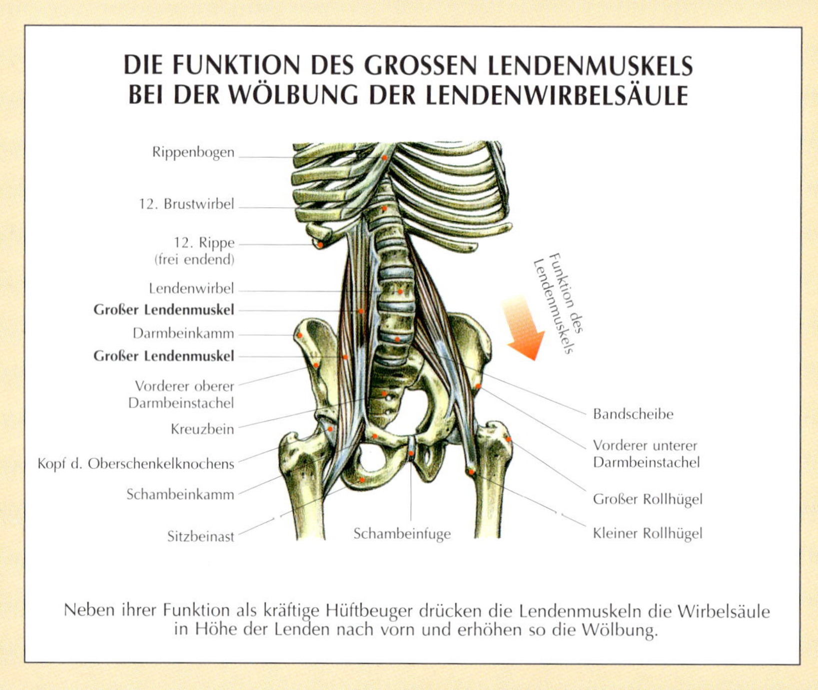

Neben ihrer Funktion als kräftige Hüftbeuger drücken die Lendenmuskeln die Wirbelsäule in Höhe der Lenden nach vorn und erhöhen so die Wölbung.

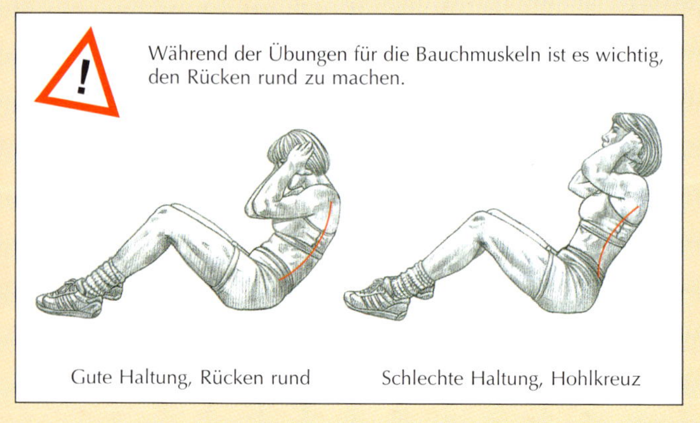

Während der Übungen für die Bauchmuskeln ist es wichtig, den Rücken rund zu machen.

Gute Haltung, Rücken rund

Schlechte Haltung, Hohlkreuz

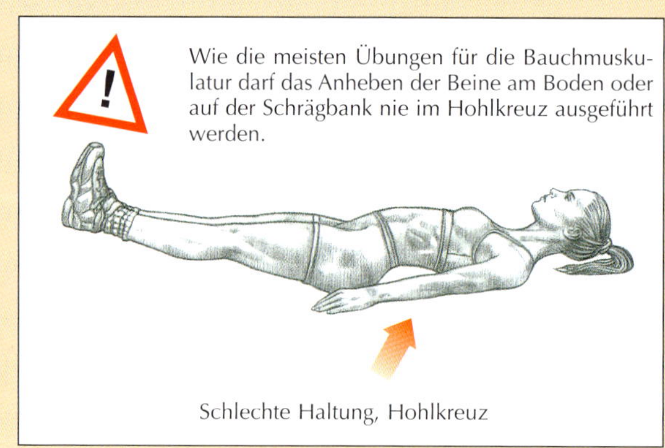

Wie die meisten Übungen für die Bauchmuskulatur darf das Anheben der Beine am Boden oder auf der Schrägbank nie im Hohlkreuz ausgeführt werden.

Schlechte Haltung, Hohlkreuz

BAUCHPRESSE ODER »CRUNCH« 1

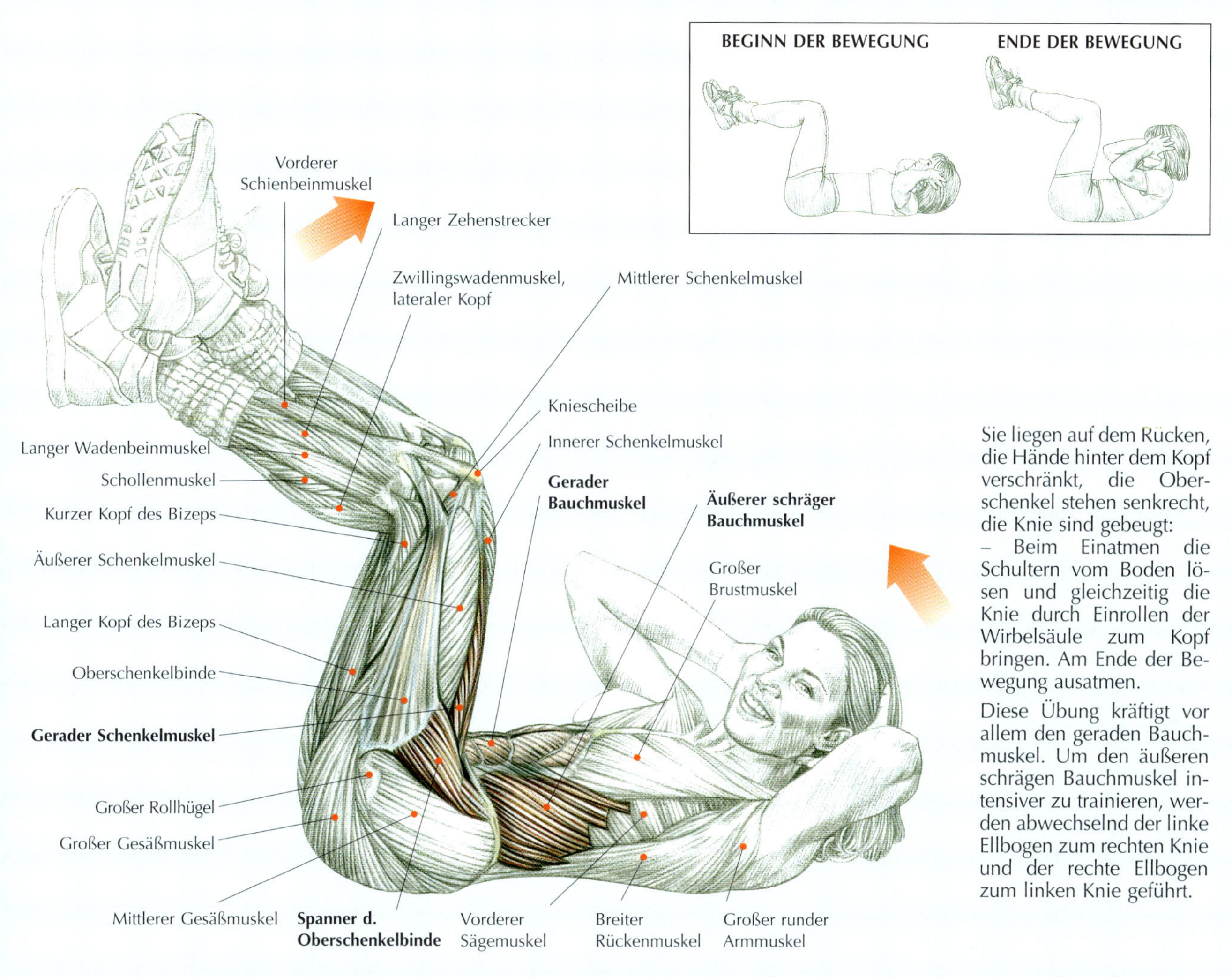

Sie liegen auf dem Rücken, die Hände hinter dem Kopf verschränkt, die Oberschenkel stehen senkrecht, die Knie sind gebeugt:

– Beim Einatmen die Schultern vom Boden lösen und gleichzeitig die Knie durch Einrollen der Wirbelsäule zum Kopf bringen. Am Ende der Bewegung ausatmen.

Diese Übung kräftigt vor allem den geraden Bauchmuskel. Um den äußeren schrägen Bauchmuskel intensiver zu trainieren, werden abwechselnd der linke Ellbogen zum rechten Knie und der rechte Ellbogen zum linken Knie geführt.

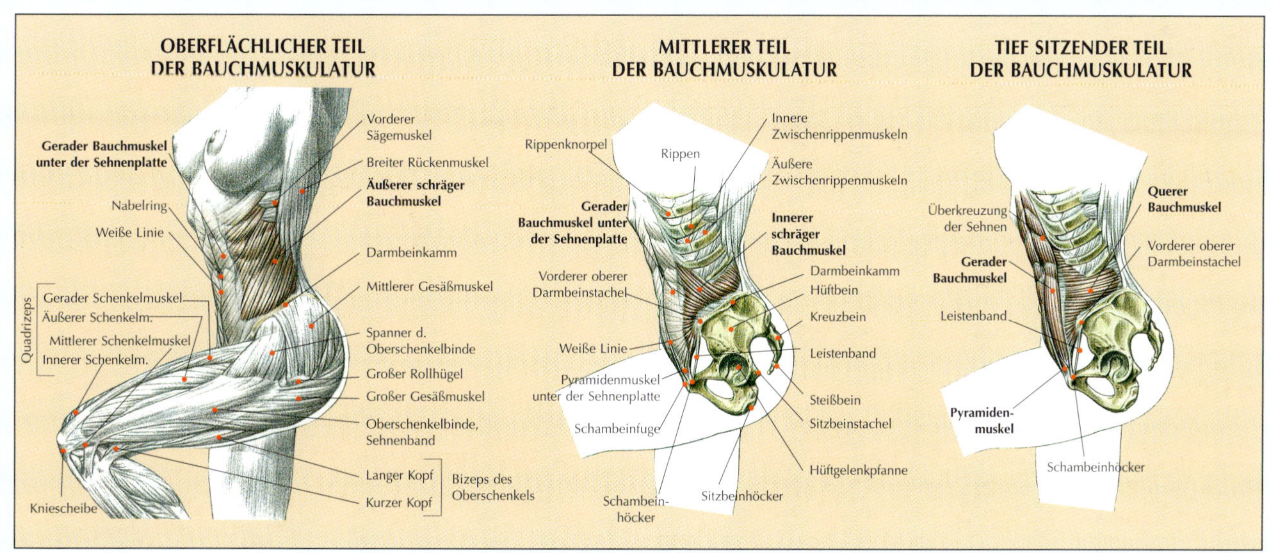

2 BAUCHPRESSE ODER »CRUNCH« MIT DEN FÜSSEN AUF DEM BODEN

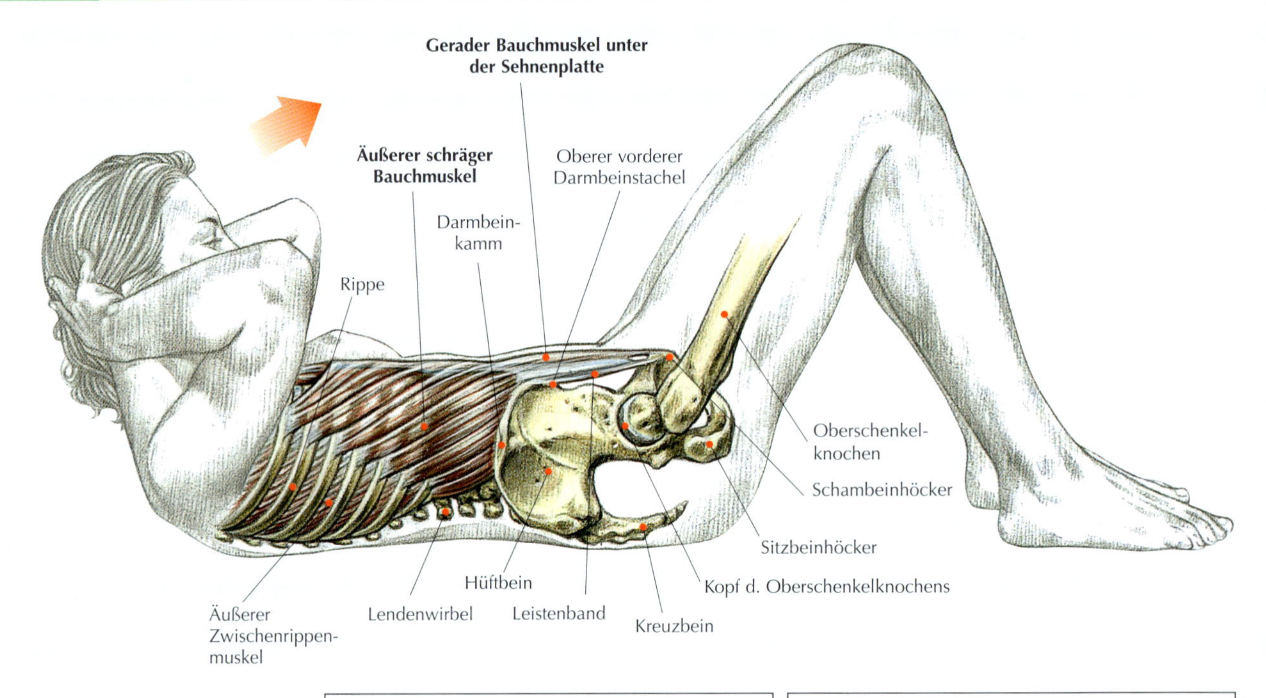

Sie liegen auf dem Rücken, die Hände hinter den Kopf gelegt, die Beine leicht angezogen, die Füße auf dem Boden:

– Beim Einatmen die Schultern durch Einrollen der Wirbelsäule vom Boden anheben. Am Ende der Bewegung ausatmen.

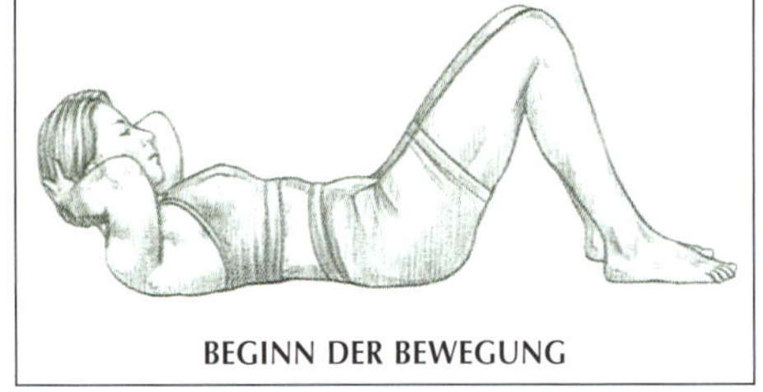
BEGINN DER BEWEGUNG

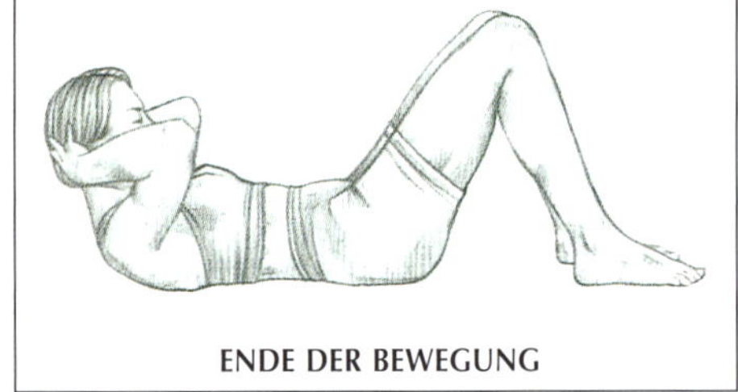
ENDE DER BEWEGUNG

Diese Übung trainiert die geraden Bauchmuskeln, vor allem ihren unter dem Nabel liegenden Teil, und in geringerem Maße auch die schrägen Bauchmuskeln.

Das Einrollen der Wirbelsäule mit den Füßen auf dem Boden ist eine hervorragende Anfangsübung beim Training der Bauchmuskeln. Sie kann gefahrlos von Menschen mit Rückenleiden vorgenommen werden. Sie ist auch als Übung nach der Entbindung empfehlenswert, um die Bauchmuskulatur wieder zu stärken. Viele Wiederholungen bei langsamer Ausführung führen zu guten Resultaten.

Anmerkung:

Wie bei allen Übungen zum Bauchmuskeltraining ist es empfehlenswert, während des Annäherns des Kinns an die Brust auf den Bauch zu achten, in der Regel kommt es dabei zu einer leichten reflektorischen Anspannung der geraden Bauchmuskeln.

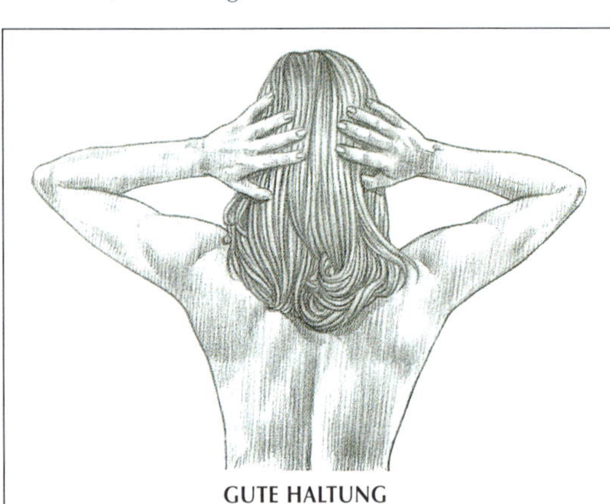
GUTE HALTUNG

DIE BESTE STELLUNG FÜR HÄNDE UND ELLBOGEN

Um einen übermäßigen Zug am Nacken zu vermeiden, ist es empfehlenswert, die Hände nicht hinter dem Kopf zu kreuzen, sondern sie eher an beiden Seiten an die Ohren zu halten.

Zudem wird die Bewegung umso schwieriger, je weiter die Ellbogen voneinander entfernt sind. Umgekehrt ist es so, dass die Übung umso leichter wird, je näher die Ellbogen aneinander geführt und nach vorn gedrückt werden.

SCHLECHTE HALTUNG

BAUCHPRESSE ODER »CRUNCH« MIT BAUCHTRAINER

3

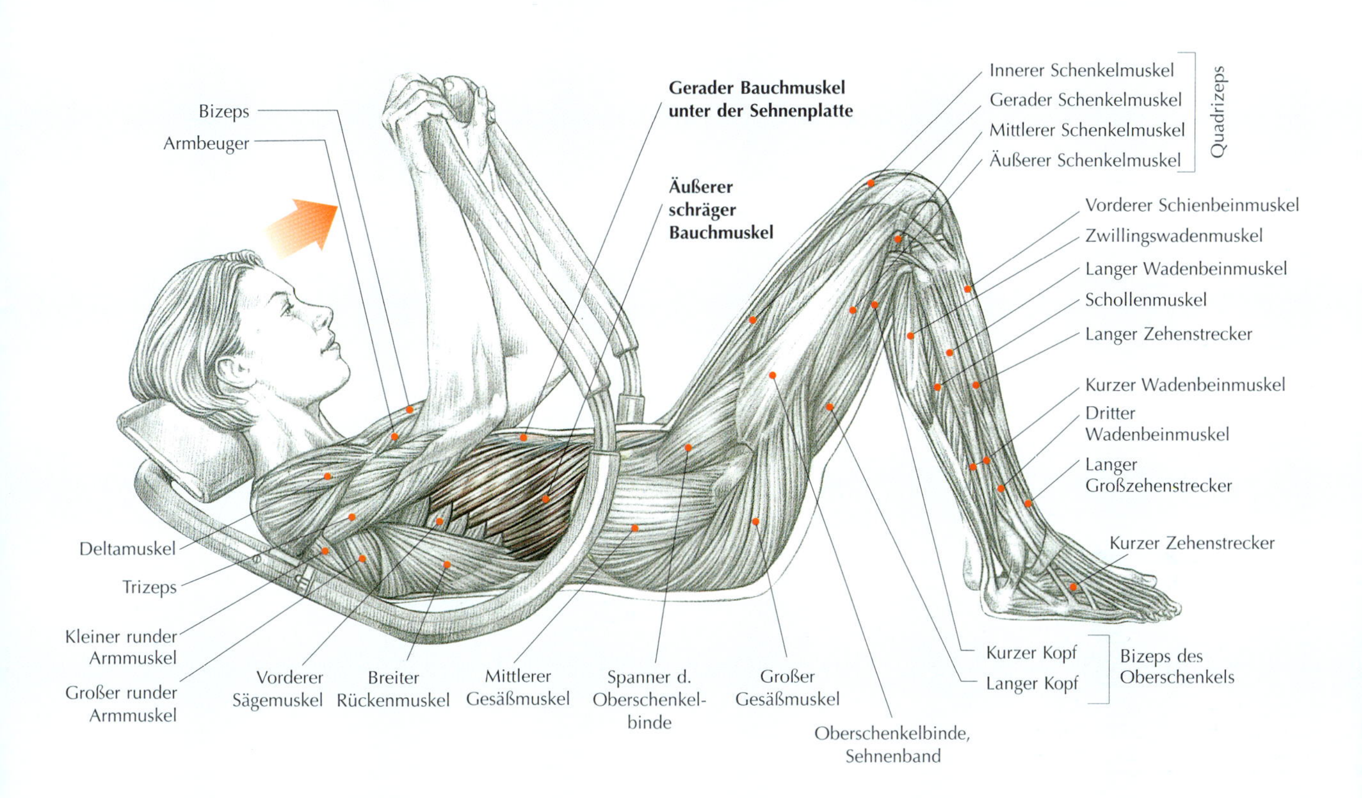

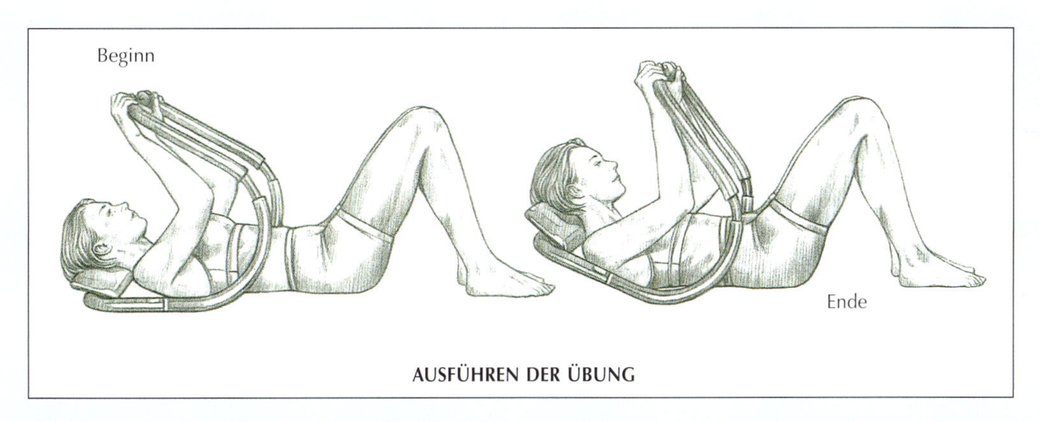

AUSFÜHREN DER ÜBUNG

Sie liegen auf dem Rücken, den Kopf auf der Stütze, die Hände oben an den Handgriffen, die Knie gebeugt, die Füße auf dem Boden:
– Beim Einatmen den Oberkörper so weit wie möglich anheben und dabei den Rücken rund machen, den Kopf immer auf der Kopfstütze lassen und den unteren Rücken fest auf dem Boden halten. Am Ende der Bewegung ausatmen;
– langsam in die Ausgangsposition zurückkehren und von neuem beginnen.

Diese Übung trainiert hauptsächlich die geraden Bauchmuskeln, die Arbeit wird auf ihren oberen Teil konzentriert. Es werden ebenfalls die äußeren und inneren schrägen Bauchmuskeln gekräftigt. Lange Sätze mit 10 bis 20 Wiederholungen oder mehr führen zu sehr guten Resultaten.

Anmerkung:
Es ist eine der wenigen Übungen, bei der auch Anfängerinnen sofort die Arbeit des Bauchmuskulatur spüren können.

Variation:
Je weiter unten die Hände die Handgriffe fassen, desto größer ist die Anstrengung.

4 SIT UP AM BODEN

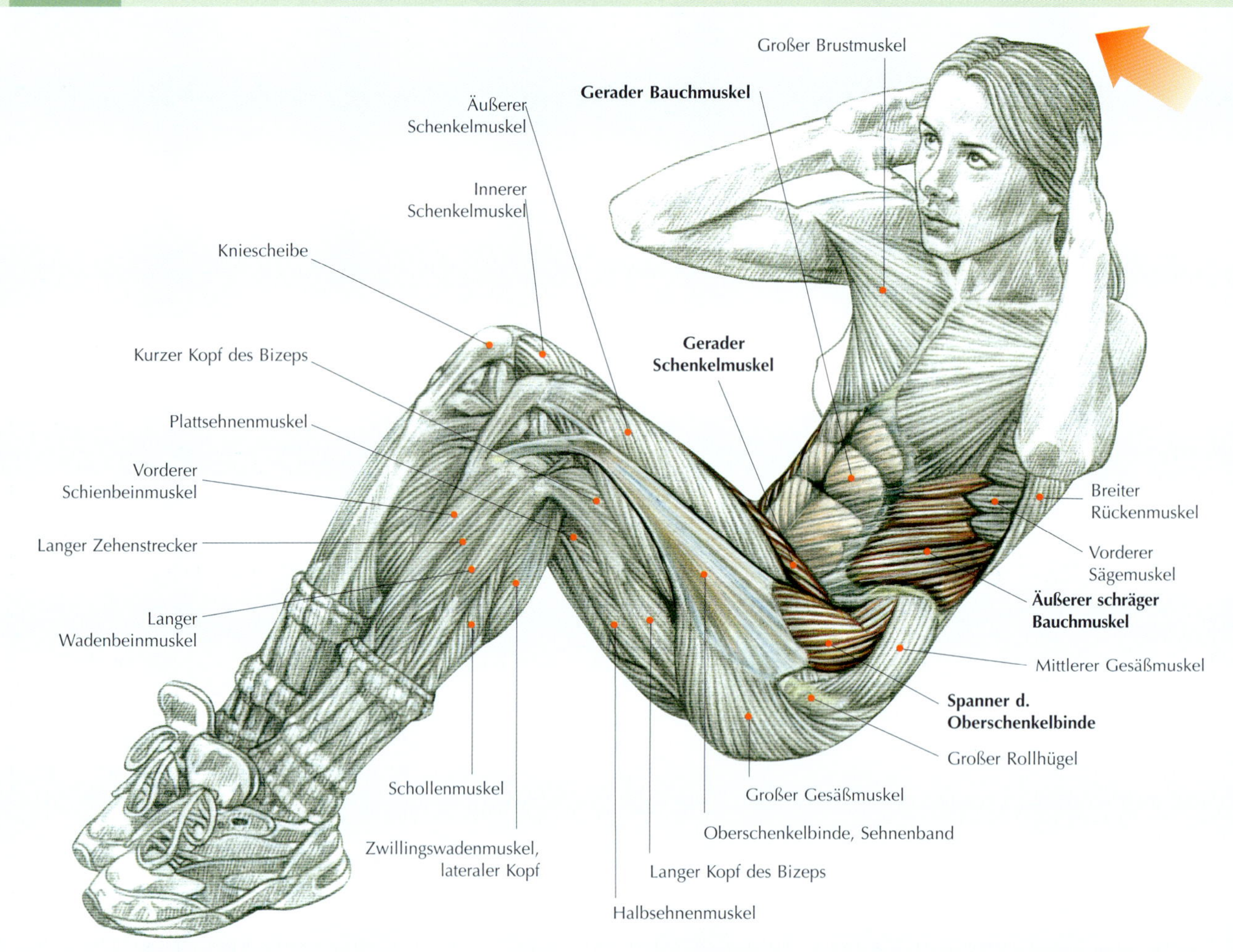

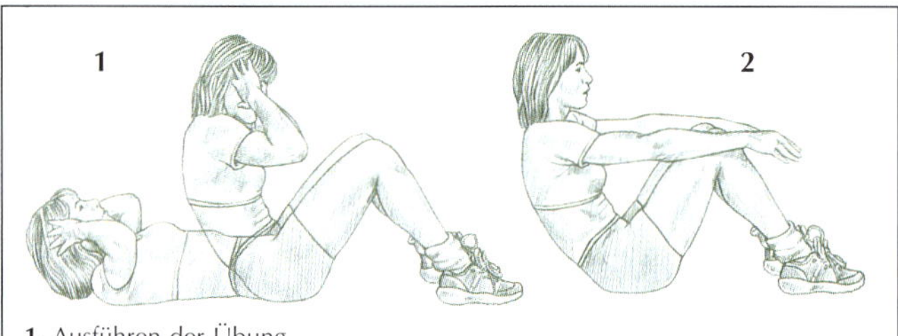

1. Ausführen der Übung.
2. Variation mit nach vorn gestreckten Armen, um die Ausführung der Bewegung zu erleichtern.

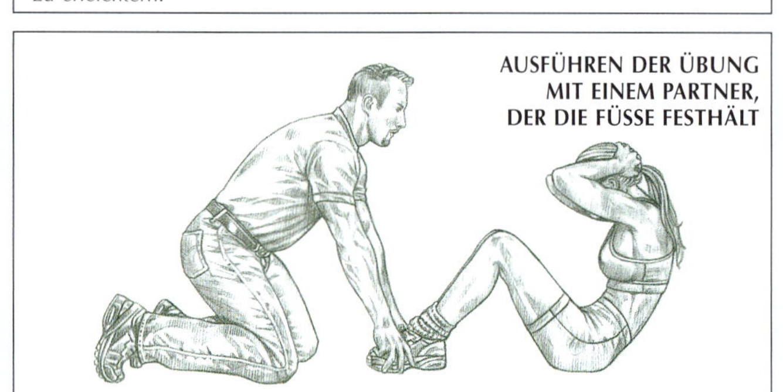

AUSFÜHREN DER ÜBUNG MIT EINEM PARTNER, DER DIE FÜSSE FESTHÄLT

Sie liegen auf dem Rücken, die Beine aufgestellt, die Füße am Boden und die Hände hinter dem Kopf verschränkt:
– Beim Einatmen den Oberkörper vom Boden heben und dabei den Rücken runden.
Am Ende der Bewegung ausatmen. Kehren Sie zur Ausgangsposition zurück, ohne den Oberkörper ganz auf den Boden sinken zu lassen. Wiederholen Sie die Übung so oft, bis Sie ein Brennen im Bauchmuskel spüren.
Diese Übung trainiert den geraden Bauchmuskel, außerdem die Hüftbeuger und die schräge Bauchmuskulatur.

Variation:

1. Zur Erleichterung können Sie einen Trainingspartner bitten, Ihre Füße am Boden festzuhalten.
2. Werden die Arme nach vorn gestreckt, wird die Übung leichter und ist deshalb für Anfänger gut geeignet.
3. Um einen größeren Effekt zu erzielen, kann diese Übung auf der Schrägbank ausgeführt werden (s. S. 101).

Anmerkung:

Da in der Regel der Oberkörper bei Frauen weniger stark entwickelt ist und die Beine verhältnismäßig mehr Umfang haben als bei den Männern, fällt es ihnen leichter, den Oberkörper vom Boden aufzurichten und die Beine während der Übung nicht vom Boden zu heben.

BEIM ANHEBEN DES OBERKÖRPERS BEANSPRUCHTE MUSKELN

BEUGEMUSKELN DER HÜFTE

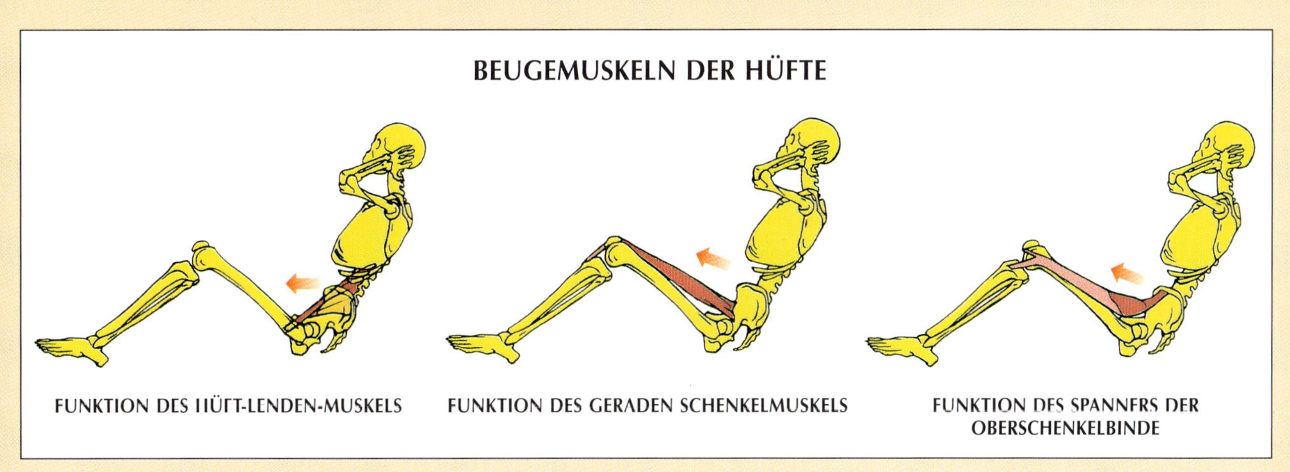

FUNKTION DES HÜFT-LENDEN-MUSKELS — FUNKTION DES GERADEN SCHENKELMUSKELS — FUNKTION DES SPANNERS DER OBERSCHENKELBINDE

AKTIVE BAUCHMUSKELN BEIM ANNÄHERN DES BRUSTBEINS AN DAS SCHAMBEIN

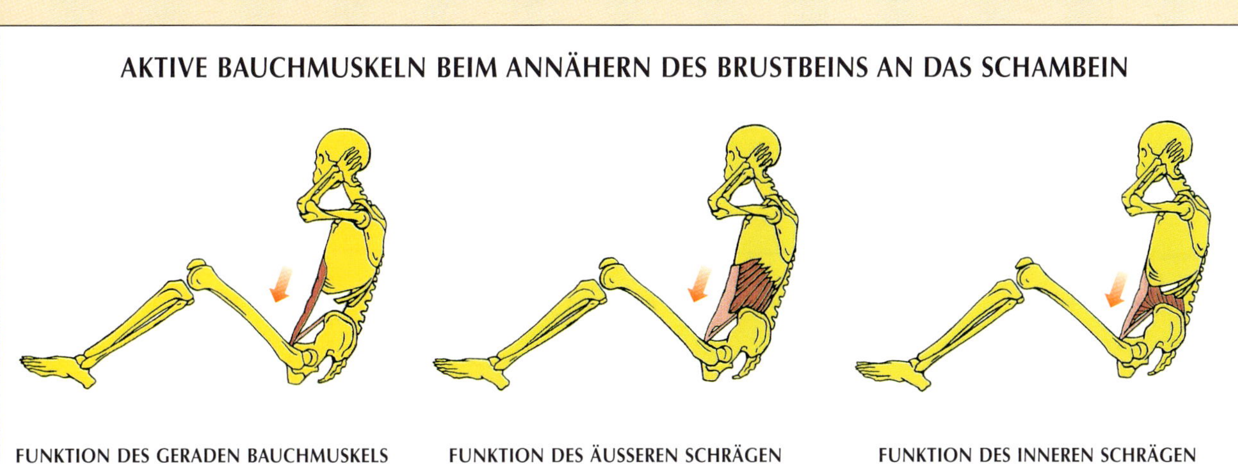

FUNKTION DES GERADEN BAUCHMUSKELS — FUNKTION DES ÄUSSEREN SCHRÄGEN BAUCHMUSKELS — FUNKTION DES INNEREN SCHRÄGEN BAUCHMUSKELS

FUNKTION DER BAUCHMUSKELN FÜR DAS RÜCKGRAT

FUNKTION	WICHTIGSTE MUSKELN	NEBENMUSKELN
Beugen	Gerader Bauchmuskel	Äußerer schräger Muskel Innerer schräger Muskel
Seitwärts Beugen	Äußerer schräger Muskel Innerer schräger Muskel Viereckiger Lendenmuskel Rückenmuskeln	Gerader Bauchmuskel
Drehen	Äußerer schräger Muskel Innerer schräger Muskel Rückenmuskeln	
Strecken	Rückenmuskeln	Breiter Rückenmuskel

5 HALB-AUFRICHTEN DES OBERKÖRPERS AM BODEN

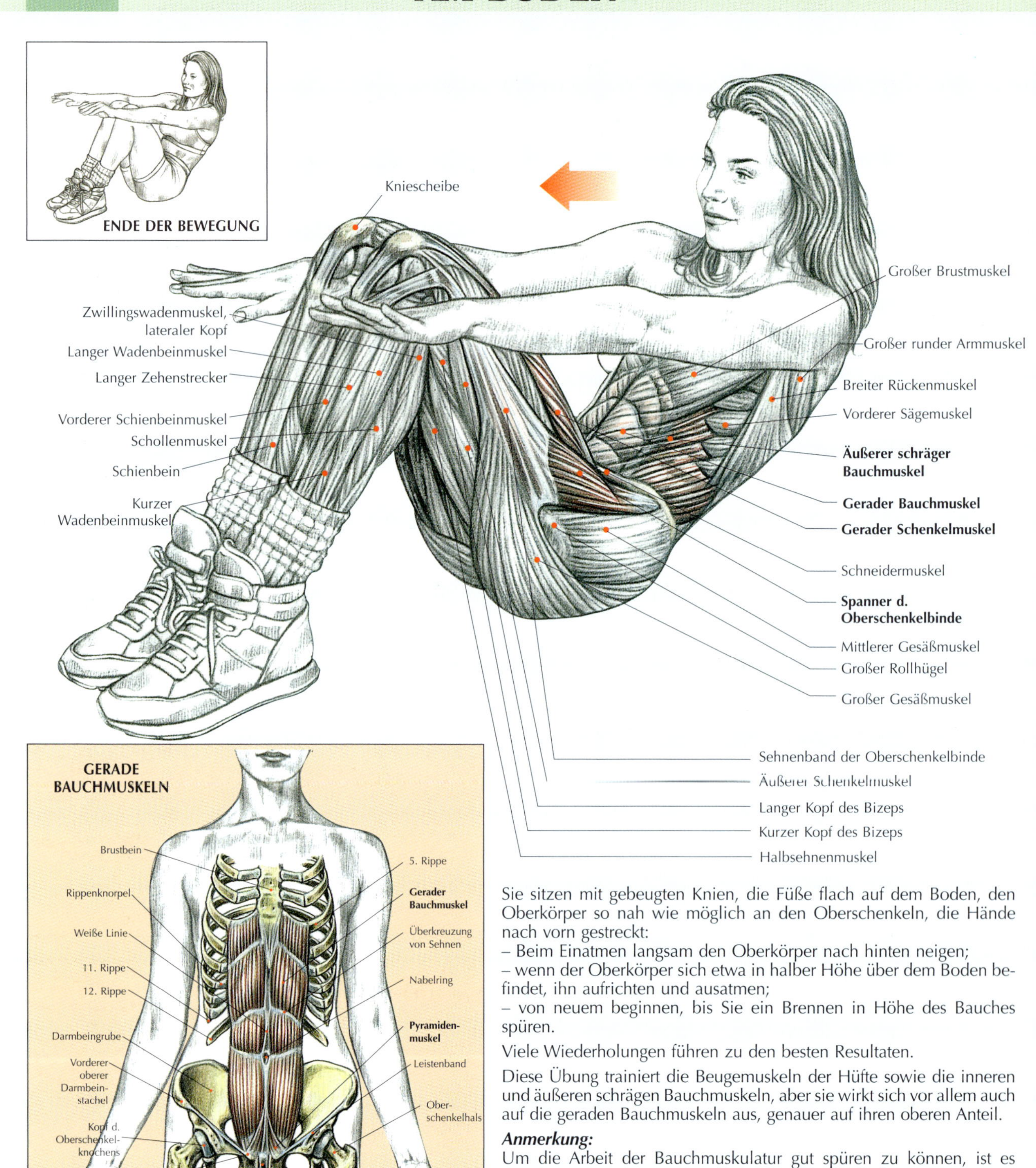

Sie sitzen mit gebeugten Knien, die Füße flach auf dem Boden, den Oberkörper so nah wie möglich an den Oberschenkeln, die Hände nach vorn gestreckt:

– Beim Einatmen langsam den Oberkörper nach hinten neigen;
– wenn der Oberkörper sich etwa in halber Höhe über dem Boden befindet, ihn aufrichten und ausatmen;
– von neuem beginnen, bis Sie ein Brennen in Höhe des Bauches spüren.

Viele Wiederholungen führen zu den besten Resultaten.

Diese Übung trainiert die Beugemuskeln der Hüfte sowie die inneren und äußeren schrägen Bauchmuskeln, aber sie wirkt sich vor allem auch auf die geraden Bauchmuskeln aus, genauer auf ihren oberen Anteil.

Anmerkung:
Um die Arbeit der Bauchmuskulatur gut spüren zu können, ist es wichtig, während der gesamten Ausführung den Rücken leicht rund zu halten.

Variation:
Um einen stärkeren Trainingseffekt zu erreichen, kann am Ende des Senkens des Oberkörpers dieser etwa zehn Sekunden in einer isometrischen Anspannung gehalten werden, bevor Sie ihn wieder anheben.

»CRUNCH« MIT DEN UNTERSCHENKELN AUF DER BANK

6

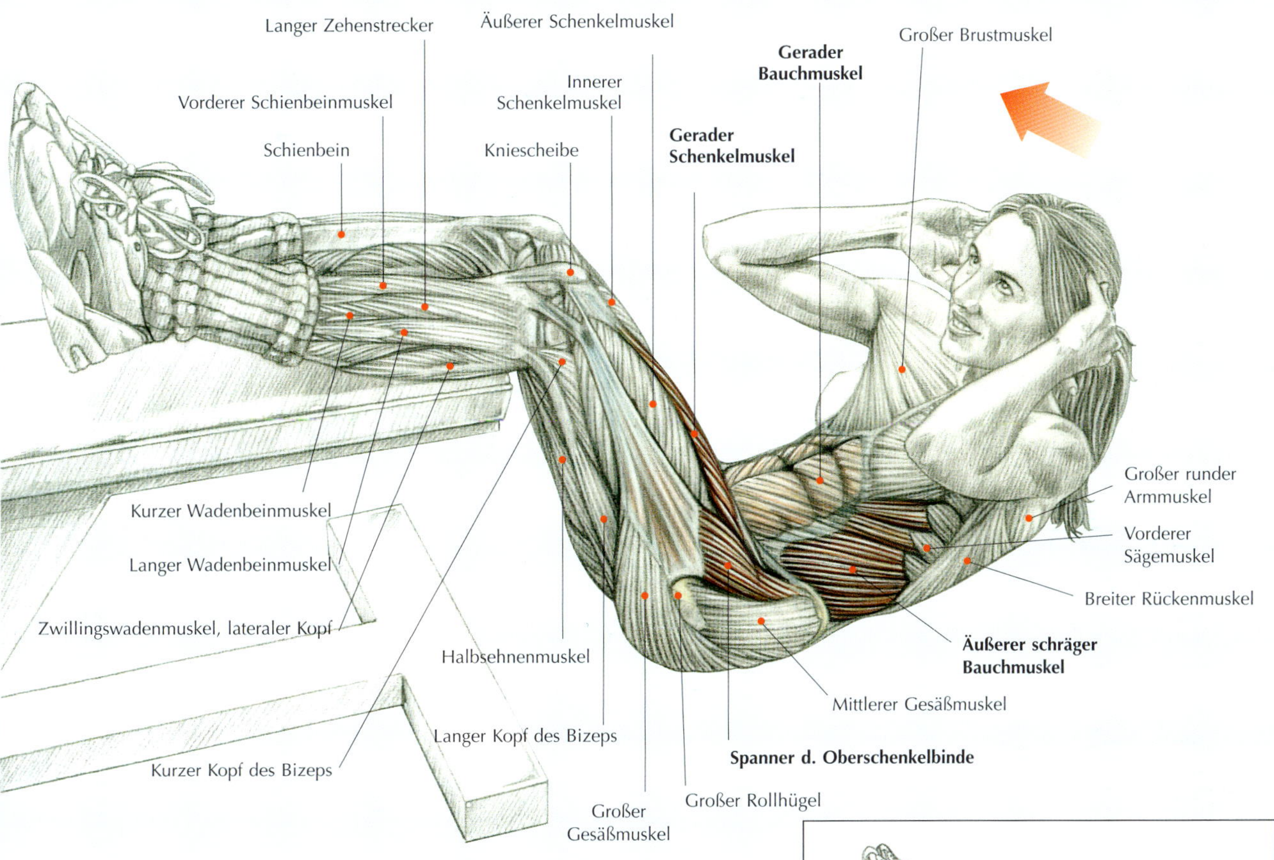

Die Beine liegen auf einer Bank, der Oberkörper auf dem Boden, die Hände sind hinter dem Kopf verschränkt:
– Beim Einatmen heben Sie die Schultern an. Dazu rollen Sie den Rücken ein und versuchen, die Knie mit dem Kopf zu berühren. Am Ende der Bewegung ausatmen.

Diese Übung konzentriert den Trainingseffekt auf die geraden Bauchmuskeln und vor allem auf die Partie oberhalb des Nabels. Je weiter man von der Bank entfernt liegt, desto besser kann man den Oberkörper durch Hüftbeugung vom Boden heben. Dazu dient die Kontraktion des Huft-Lenden-Muskels, des Spanners der Oberschenkelbinde und des geraden Schenkelmuskels.

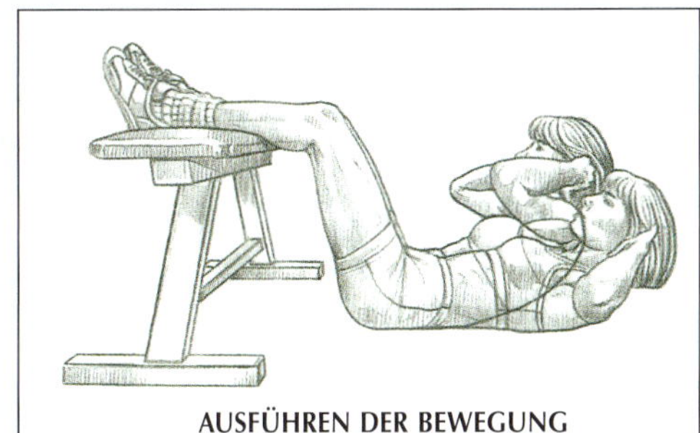

AUSFÜHREN DER BEWEGUNG

TRAINING DER BAUCHMUSKELN NACH EINER ENTBINDUNG

Da die Bauchmuskeln am Ende der Schwangerschaft erschlafft sind, ist Körpertraining zur Kräftigung und »Verkürzung« dieser Muskeln wichtig.
Zu diesem Zweck ist der *»Crunch«* oder die Bauchpresse mit geringer Bewegungsamplitude und immer mit rundem Rücken unbedingt zu empfehlen.

Vorsicht:
Um die Bauchmuskulatur nicht übertrieben zu fordern, dürfen Übungen mit weiten Bewegungen, wie etwa Anheben des Oberschenkels, Sit ups oder das Beinstrecken am Boden, erst wieder durchgeführt werden, wenn die Bauchmuskeln bereits gestärkt sind.

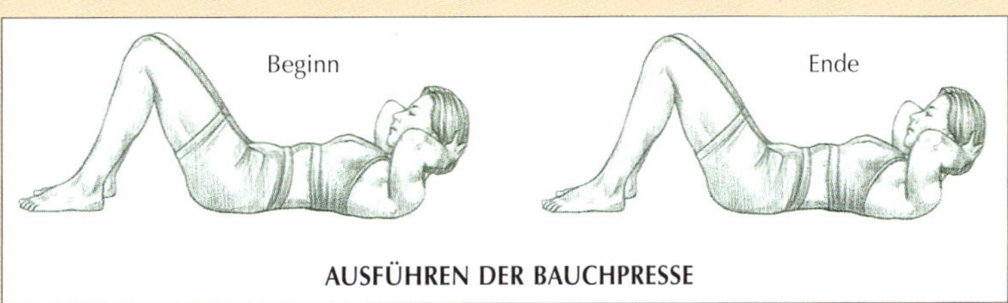

AUSFÜHREN DER BAUCHPRESSE

7 HORIZONTALES BEINSTRECKEN AM BODEN

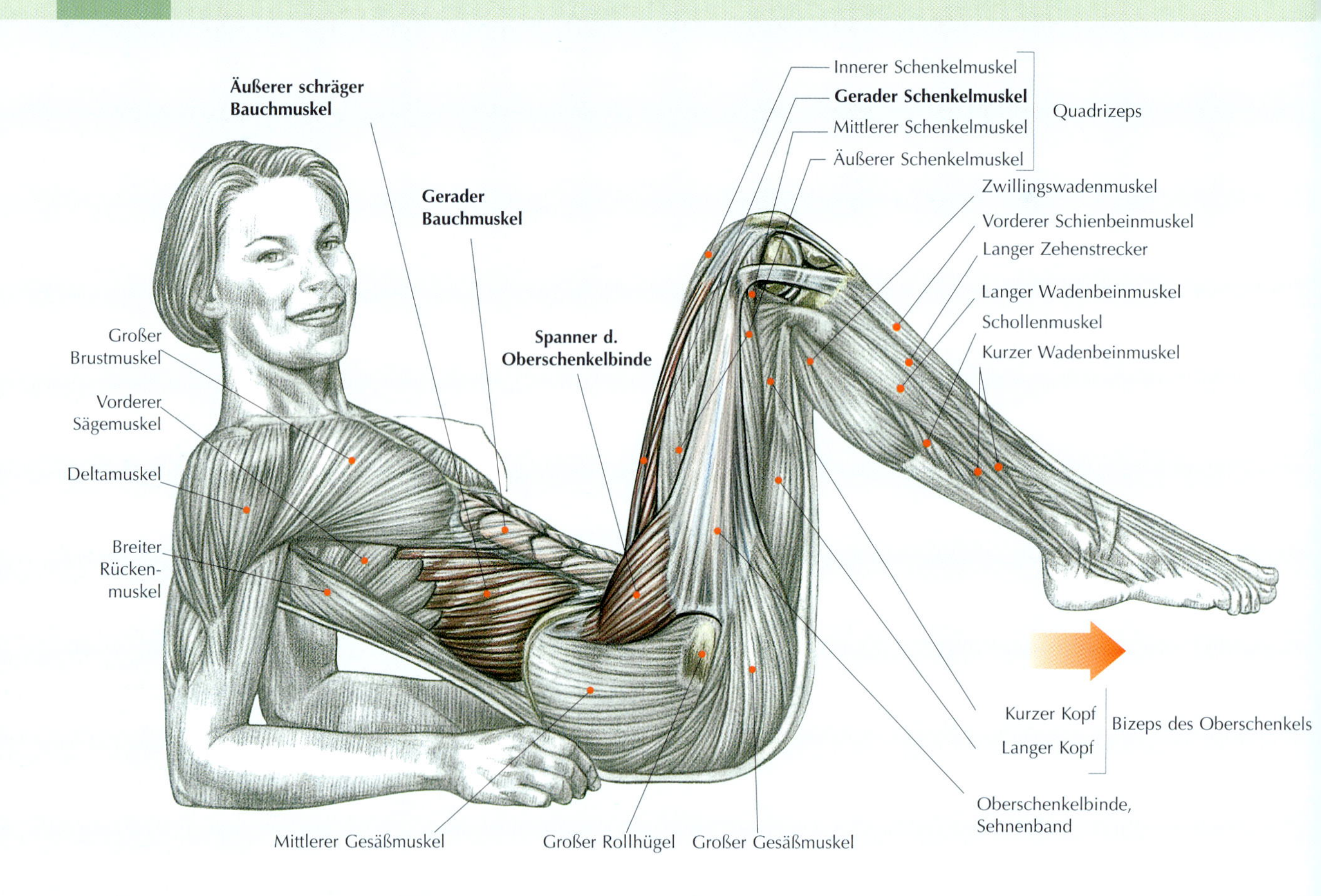

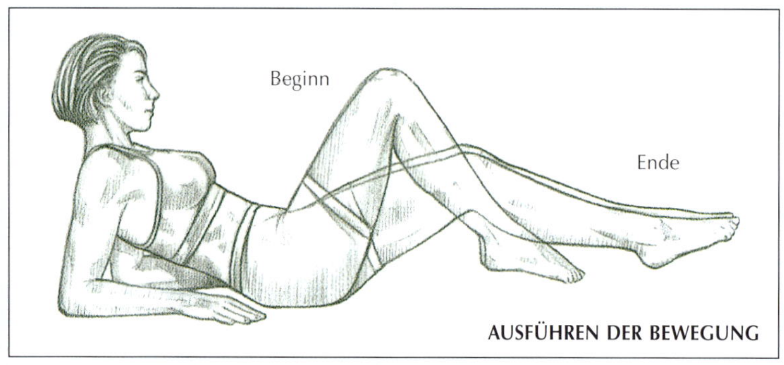

AUSFÜHREN DER BEWEGUNG

Sie sitzen auf dem Boden, stützen sich auf die Ellbogen, die Knie gebeugt:
- Beim Einatmen die Beine ausstrecken, ohne dabei den Boden mit den Füßen zu berühren;
- in die Ausgangsstellung zurückkehren, dabei so stark wie möglich die Bauchmuskeln anspannen und ausatmen.

Diese Übung muss immer langsam und ohne ruckartige Bewegungen durchgeführt werden.

Um die Arbeit der Bauchmuskeln intensiv zu spüren, führen viele Wiederholungen zu den besten Ergebnissen.

Das Beinstrecken am Boden kräftigt vor allem die geraden Bauchmuskeln, die äußeren und inneren schrägen Bauchmuskeln sowie die gesamten Beugemuskeln der Hüfte (den Spanner der Oberschenkelbinde, den geraden Schenkelmuskel und den Hüft-Lenden-Muskel).

Anmerkung:
Wenn die Füße vom Körper weggestreckt werden, ist die Bauchdehnung sehr intensiv, daher dürfen Frauen kurz nach der Entbindung diese Übung nicht durchführen, um die Bauchmuskulatur nicht übermäßig zu dehnen.

DIAGONALES BEINSTRECKEN AM BODEN 8

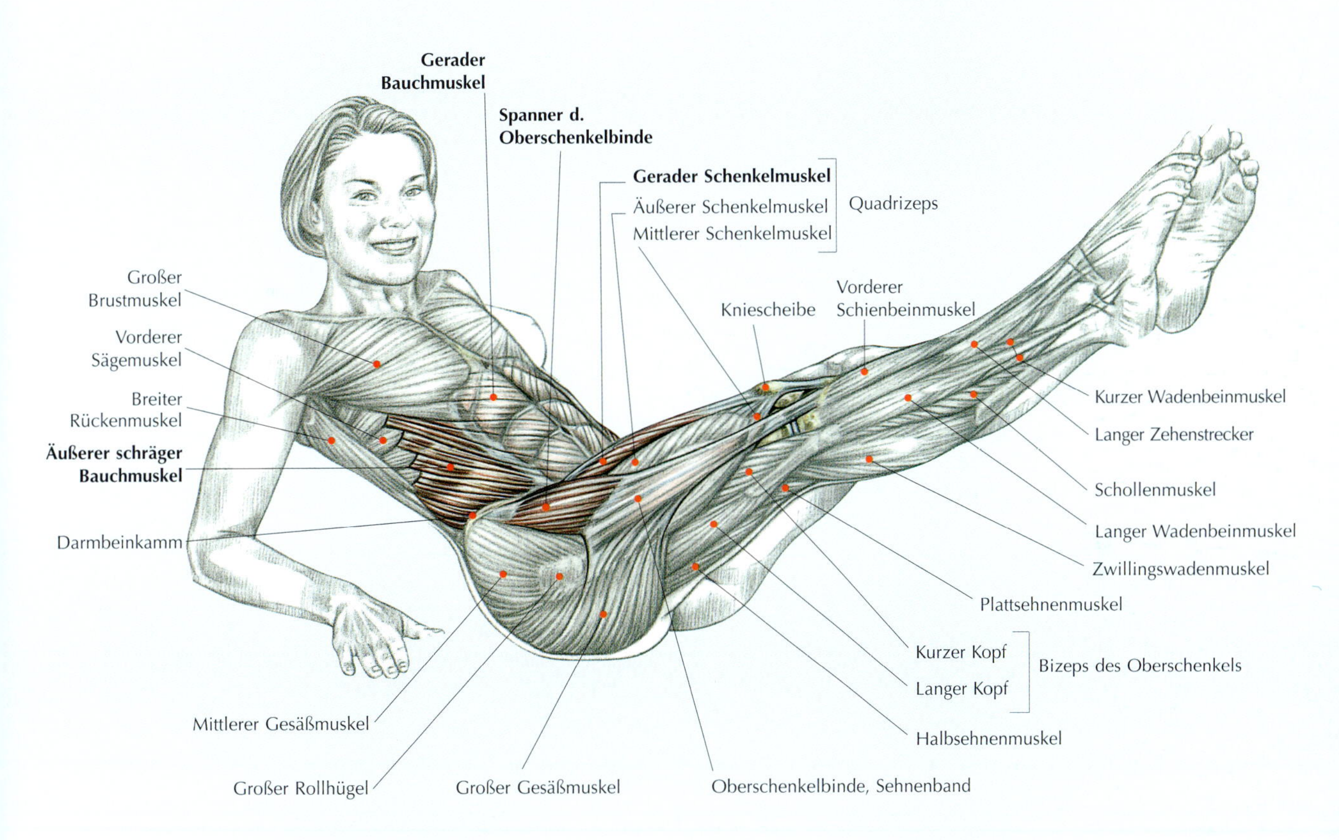

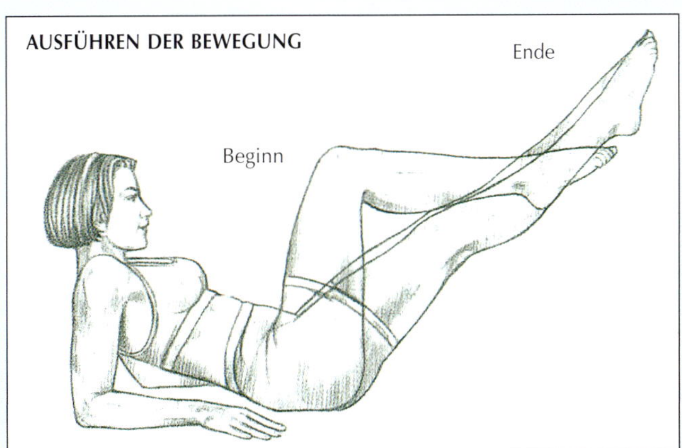

Sie sitzen auf dem Boden, stützen sich auf die Ellbogen, die Oberschenkel zeigen senkrecht nach oben, die Knie sind gebeugt:
- Beim Einatmen die Beine strecken und dabei die Füße weit vom Boden entfernt halten;
- in die Ausgangsstellung zurückkehren und dabei so weit wie möglich die Bauchmuskulatur anspannen. Am Ende der Bewegung ausatmen.

Diese Übung muss langsam und ohne ruckartige Bewegungen ausgeführt werden.

Um die Arbeit der Bauchmuskeln gut spüren zu können und unwillkürliche Dauerverkürzungen der Muskeln im Lendenbereich zu vermeiden, ist es wichtig, während der gesamten Übung den Rücken leicht zu runden.

Viele Wiederholungen bis zum Spüren eines Brennens in den Muskeln führen zu den besten Resultaten.

Diese Übung trainiert hauptsächlich die geraden Bauchmuskeln und in geringerem Maße auch die äußeren und inneren schrägen Bauchmuskeln sowie die gesamten Beugemuskeln der Hüfte (den Spanner der Oberschenkelbinde, den geraden Schenkelmuskel, den Hüft-Lenden-Muskel und in zweiter Linie auch den Kammmuskel).

9 SIT UP AN DER SPROSSENWAND

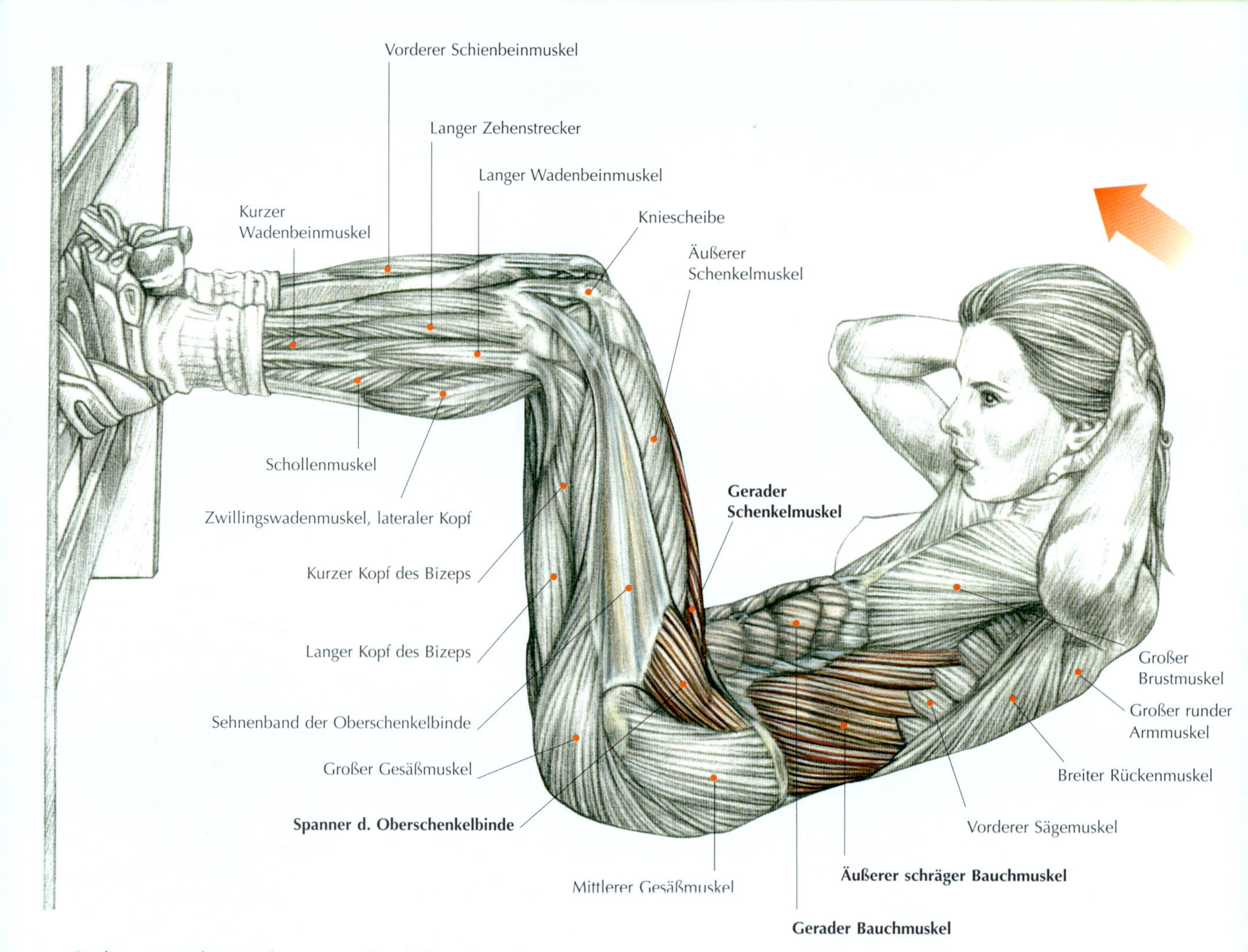

Sie liegen mit dem Rücken am Boden, haken die Fußspitzen in die Sprossenwand ein, die Oberschenkel stehen senkrecht, die Hände hinter den Kopf gehalten:

– Beim Einatmen den Oberkörper so weit wie möglich nach oben heben und dabei eine gleichmäßige Rundung der Wirbelsäule anstreben. Am Ende der Bewegung ausatmen.

Diese Übung kräftigt den geraden Bauchmuskel und in geringerem Maße auch den äußeren und inneren Schrägmuskel des Bauches.

Es ist zu beachten, dass, wenn der Oberkörper weiter von der Sprossenwand entfernt wird und die Füße weiter unten eingehakt werden, die Hüftbeuger (Hüft-Lenden-Muskel, gerader Oberschenkelmuskel und Spanner der Oberschenkelbinde) mehr beansprucht und dadurch mittrainiert werden.

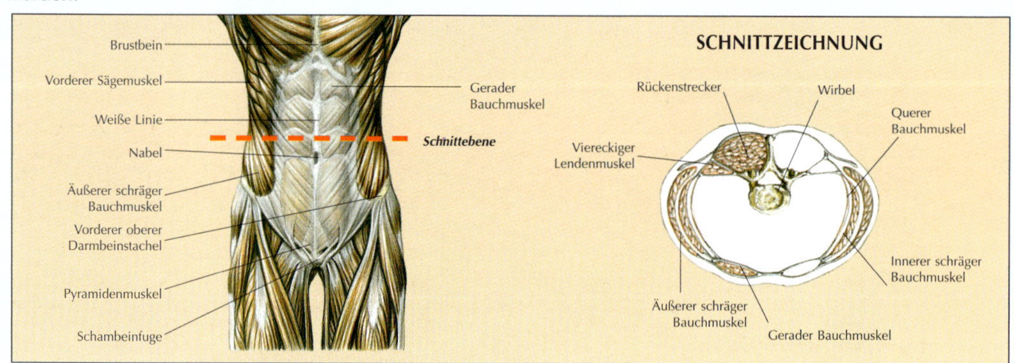

BAUCHPRESSE ODER »CRUNCH« IM SITZEN AUF DER BANK

10

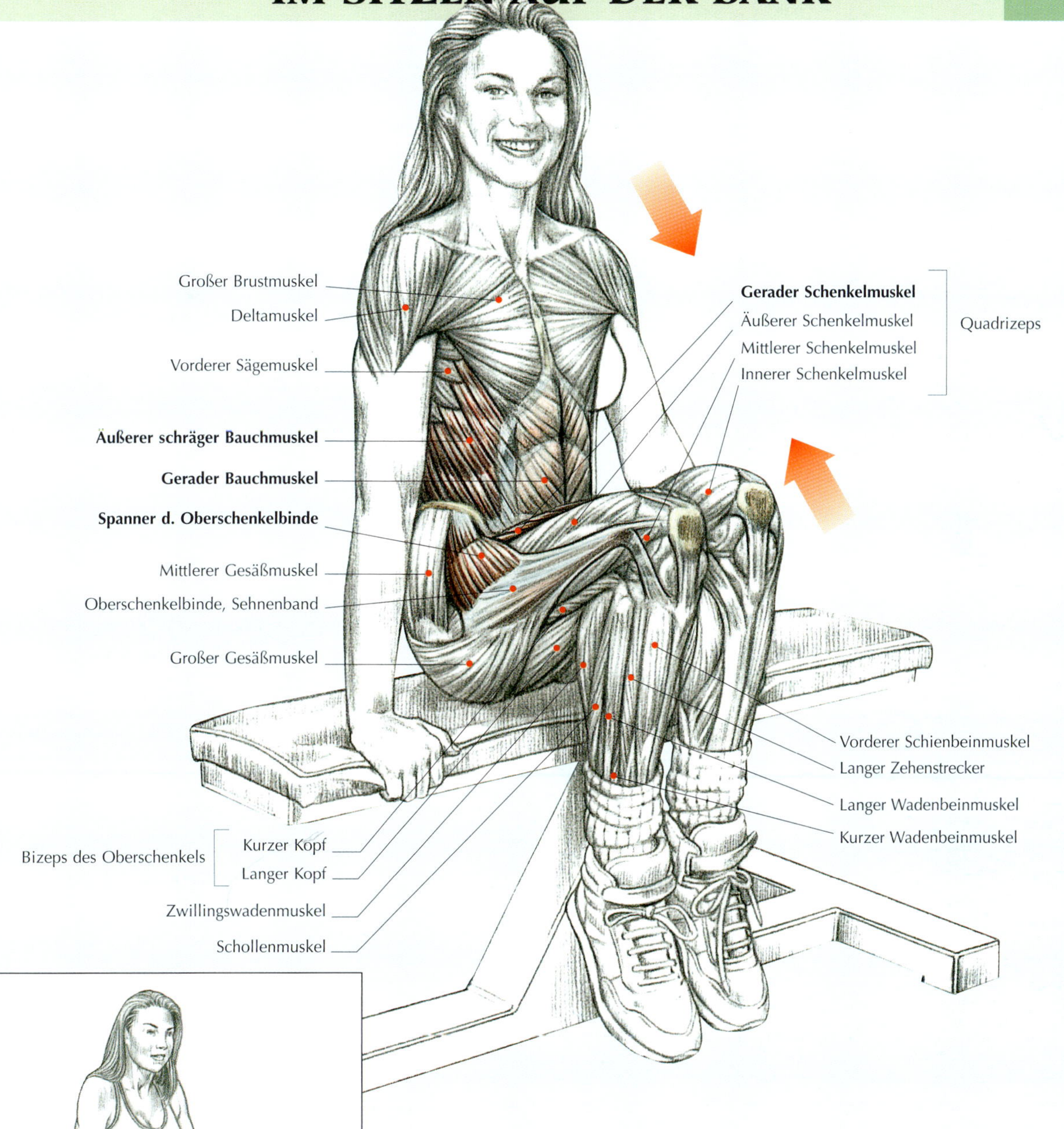

ENDE DER BEWEGUNG

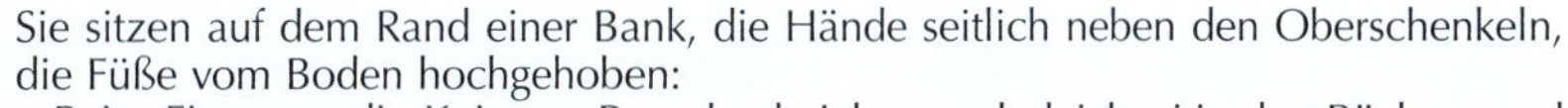

Sie sitzen auf dem Rand einer Bank, die Hände seitlich neben den Oberschenkeln, die Füße vom Boden hochgehoben:
– Beim Einatmen die Knie zur Brust hochziehen und gleichzeitig den Rücken rund machen;
– in die Ausgangsposition zurückkehren, ausatmen und von neuem beginnen.

Diese Übung trainiert vor allem die geraden Bauchmuskeln. Ebenfalls gekräftigt werden die äußeren und inneren schrägen Bauchmuskeln sowie die Beugemuskeln der Hüfte (der Spanner der Oberschenkelbinde, der gerade Schenkelmuskel und der tiefer gelegene der Hüft-Lenden-Muskeln).

Anmerkungen:
– Um die Arbeit der geraden Bauchmuskeln gut spüren zu können, ist es wichtig, eine isometrische Anspannung für eine oder zwei Sekunden am Ende des Anhebens der Knie zu halten.
– Sätze von 20 Wiederholungen oder mehr führen zu den besten Resultaten.

11 SIT UP AUF DER SCHRÄGBANK

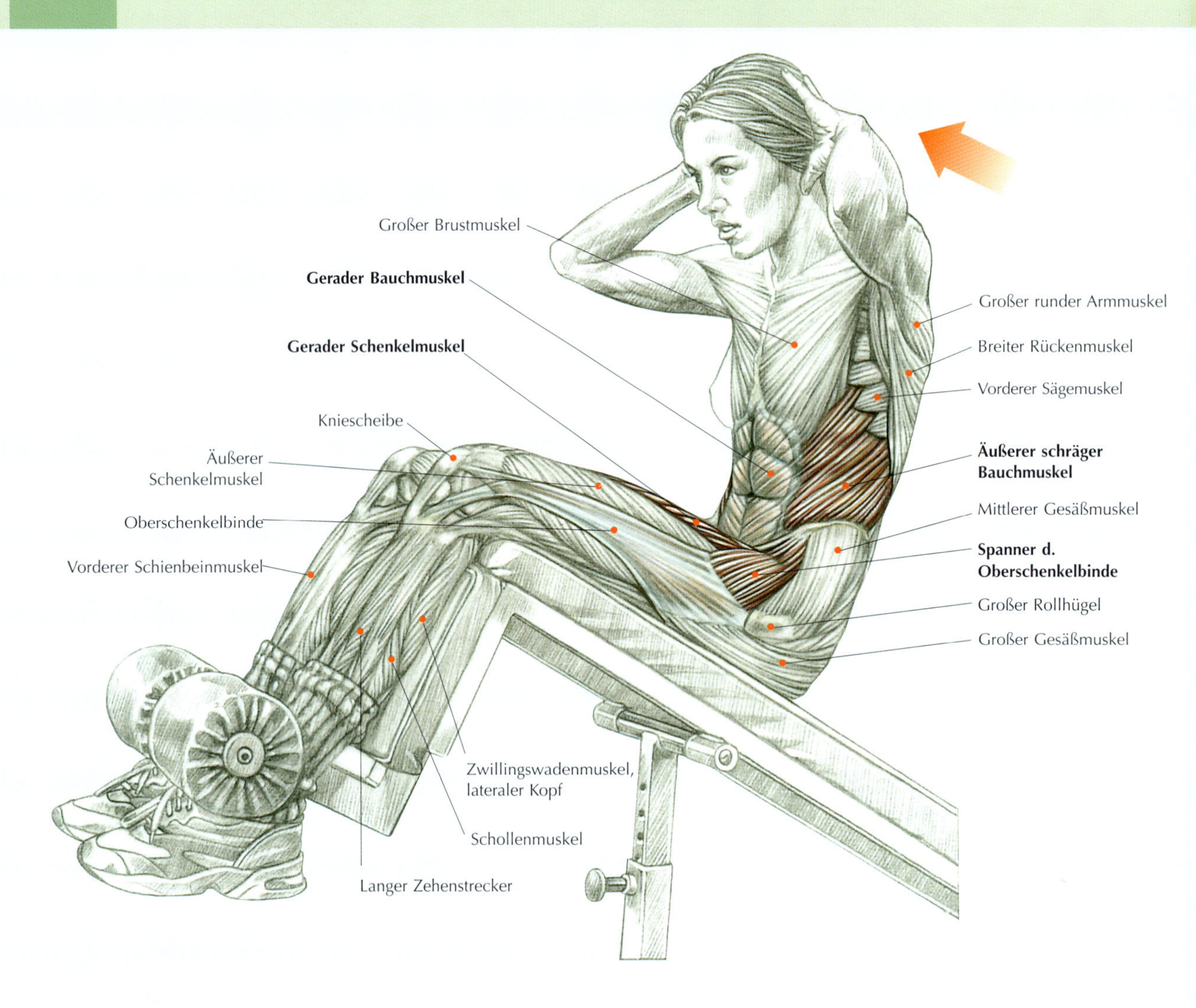

Sie sitzen auf der Bank, die Füße unter den Rollen eingehakt, die Hände im Nacken:

– Beim Einatmen den Körper nach hinten sinken lassen, aber niemals unterhalb von 20° (von der Waagerechten aus gesehen);

– den Oberkörper wieder anheben und dabei leicht den Rücken runden, um die Trainingswirkung noch besser auf den geraden Bauchmuskel zu konzentrieren. Am Ende der Bewegung ausatmen.

Diese Übung sollten Sie in Sätzen mit vielen Wiederholungen durchführen. Sie trainiert die gesamte Bauchmuskulatur, sowie den Hüft-Lenden-Muskel, den Spanner der Oberschenkelbinde und den geraden Schenkelmuskel (die letzten drei Muskeln neigen das Becken nach vorn).

Variation:

Wird der Oberkörper beim Heben gedreht, wird verstärkt auch die schräge Bauchmuskulatur trainiert.

Beispiel:

Eine Oberkörperdrehung nach links kräftigt den rechten äußeren schrägen und den linken inneren schrägen Bauchmuskel sowie den rechten geraden Bauchmuskel.

Die Drehung wird entweder abwechselnd oder in Sätzen ausgeführt, wobei zuerst in einem Satz die eine und dann einen Satz lang die andere Seite trainiert wird. In jedem Fall ist es das Ziel, sich auf die Empfindungen in der Muskulatur zu konzentrieren, und es ist nicht nötig, die Bank übermäßig schräg zu stellen.

VARIATION MIT OBERKÖRPERDREHUNG

SIT UP AUF DER SCHRÄGBANK 12

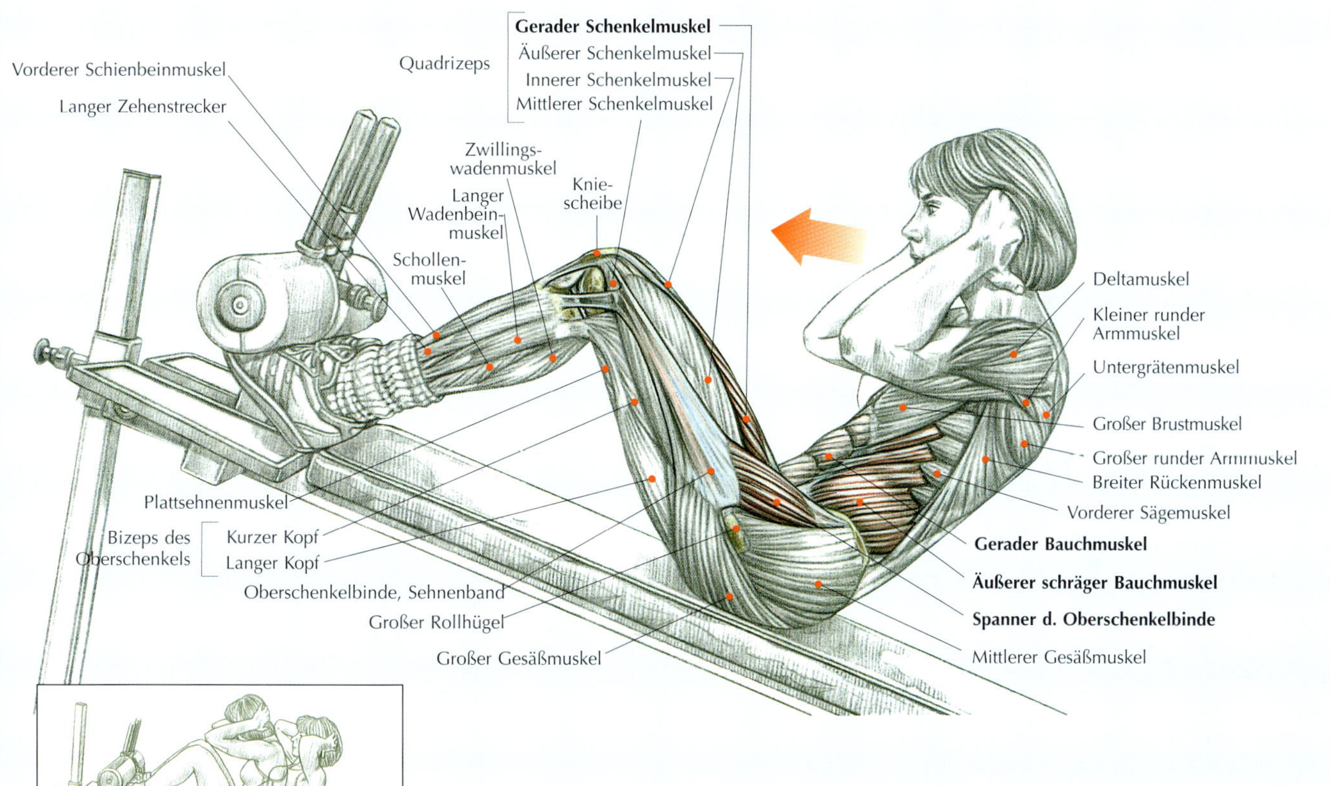

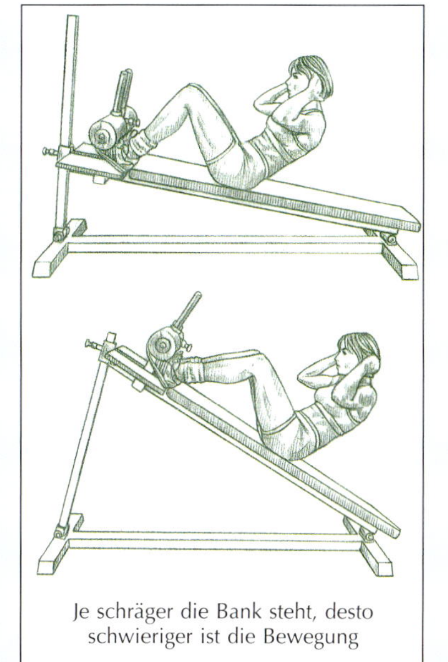

AUSFÜHREN DER BEWEGUNG

Je schräger die Bank steht, desto schwieriger ist die Bewegung

Sie sitzen auf der Schrägbank, die Füße unter den Rollen eingehakt, die Knie gebeugt:
– Beim Einatmen den Oberkörper anheben und dabei den Rücken runden. Am Ende der Bewegung ausatmen;
– die Schultern langsam in Richtung des Bretts absenken und dabei den runden Rücken behalten, den Oberkörper jedoch nicht ablegen;
– von neuem beginnen, bis Sie ein Brennen der Muskeln in Höhe des Bauches spüren.

Diese Übung trainiert vor allem die Bauchmuskeln und ganz besonders den geraden Bauchmuskel. Genauso stark werden die gesamten Beugemuskeln der Hüfte gekräftigt, der Hüft-Lenden-Muskel, der Spanner der Oberschenkelbinde, der Schneidermuskel und der gerade Schenkelmuskel.

Diese Bewegung wird in mehr oder weniger langen Sätzen ausgeführt (10 bis 20 Wiederholungen), je nach der gewählten Variation.

Variationen:

1. Je schräger das Brett steht, desto stärker ist die Anstrengung beim Aufrichten des Oberkörpers.

2. Die Bewegung kann entweder mit kleiner Bewegungsamplitude (mit kleinen Schwingungen des Oberkörpers) ausgeführt werden oder mit großer Bewegungsamplitude, wobei der Oberkörper fast die Bank berührt.

3. Damit sie leichter wird, kann die Übung mit nach vorn gestreckten Armen ausgeführt werden.

VARIATION MIT NACH VORN AUSGESTRECKTEN ARMEN ZUR ERLEICHTERUNG DER ÜBUNG

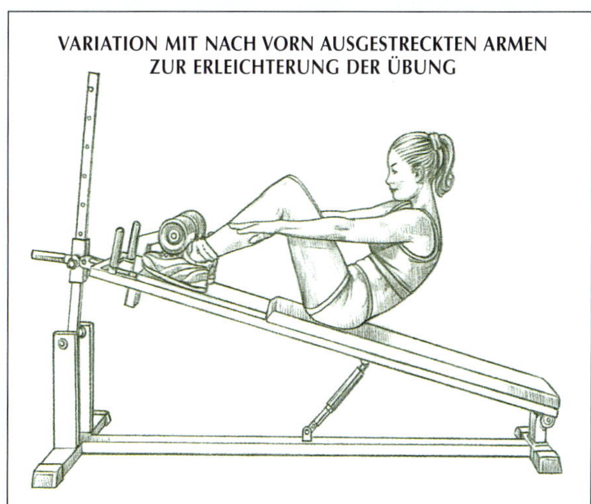

13 SIT UP MIT FREI HÄNGENDEM OBERKÖRPER

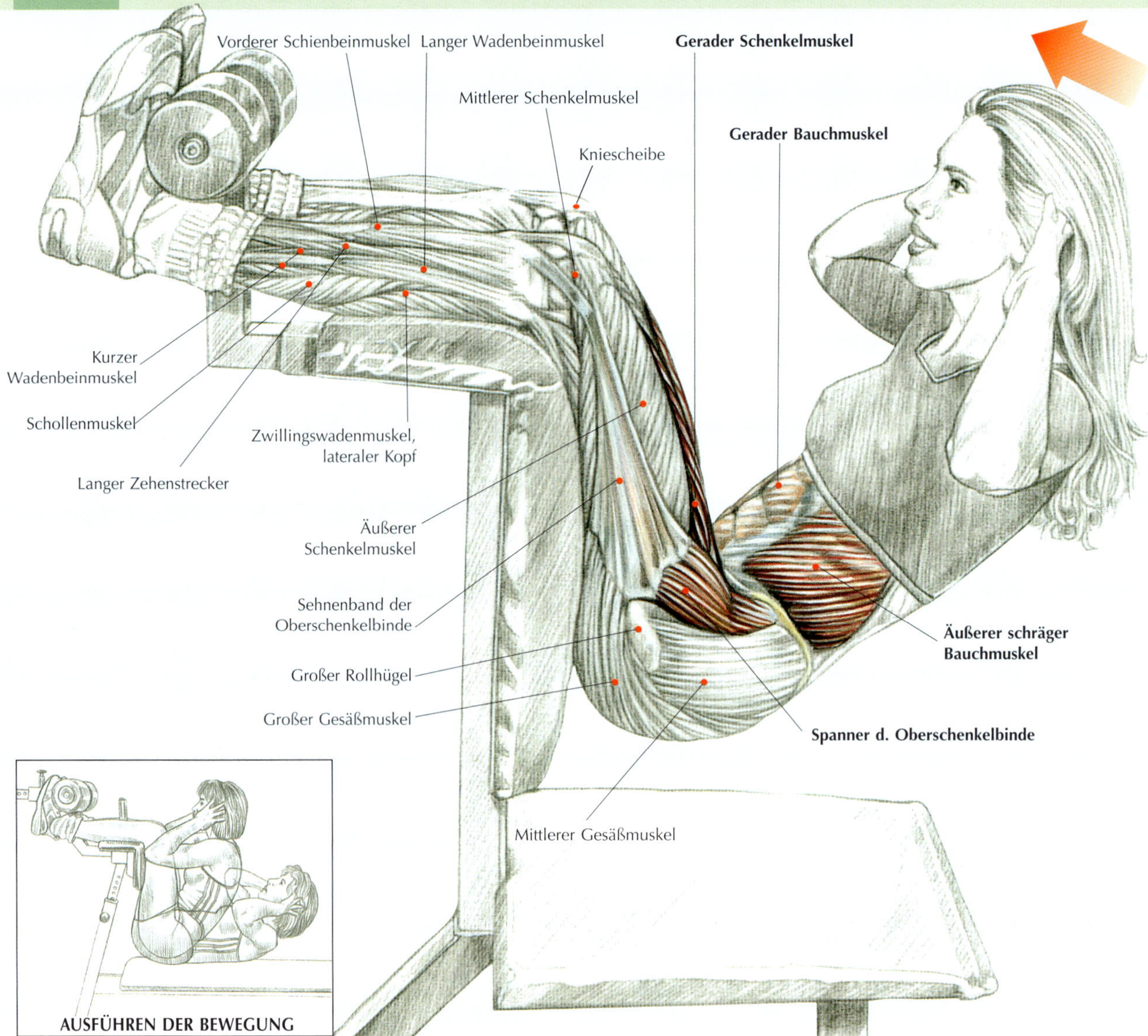

AUSFÜHREN DER BEWEGUNG

VARIATION MIT NACH VORN GESTRECKTEN ARMEN, ZUR ERLEICHTERUNG DER ÜBUNG

Sie hängen sich mit den Füßen unter den Rollen ein, Ihr Oberkörper schwebt in der Luft, die Hände sind hinter dem Nacken:

– Beim Einatmen den Oberkörper heben und dabei versuchen, die Knie mit dem Kopf zu berühren. Achten Sie dabei auf eine gleichmäßige Rundung des Rückens. Am Ende der Anspannung ausatmen.

Diese Übung eignet sich hervorragend zum Aufbau des geraden Bauchmuskels. Sie kräftigt auch die schräge Bauchmuskulatur, jedoch weniger intensiv. Es ist zu beachten, dass bei der Vorwärtsneigung des Beckens auch der gerade Schenkelmuskel, der Hüft-Lenden-Muskel und ebenso der Spanner der Oberschenkelbinde mittrainiert werden.

Anmerkung: Diese Übung verlangt viel Kraft.

DIE BEUGEMUSKELN DER HÜFTE

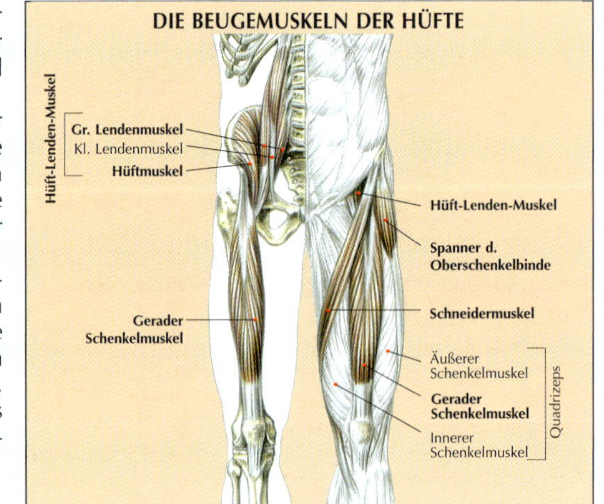

KNIEHEBEN AM GERÄT

14

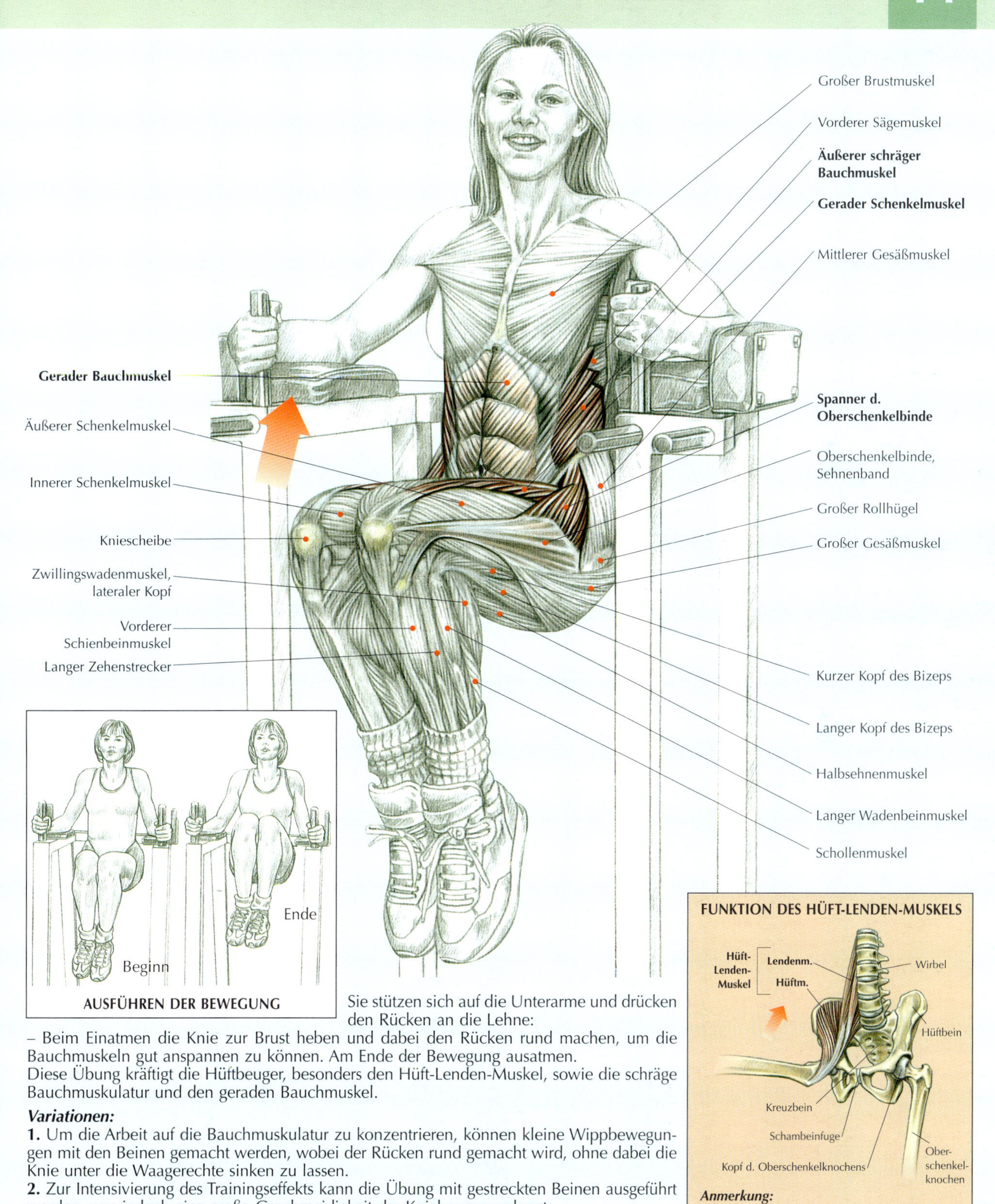

Sie stützen sich auf die Unterarme und drücken den Rücken an die Lehne:

– Beim Einatmen die Knie zur Brust heben und dabei den Rücken rund machen, um die Bauchmuskeln gut anspannen zu können. Am Ende der Bewegung ausatmen.

Diese Übung kräftigt die Hüftbeuger, besonders den Hüft-Lenden-Muskel, sowie die schräge Bauchmuskulatur und den geraden Bauchmuskel.

Variationen:

1. Um die Arbeit auf die Bauchmuskulatur zu konzentrieren, können kleine Wippbewegungen mit den Beinen gemacht werden, wobei der Rücken rund gemacht wird, ohne dabei die Knie unter die Waagerechte sinken zu lassen.

2. Zur Intensivierung des Trainingseffekts kann die Übung mit gestreckten Beinen ausgeführt werden, was jedoch eine große Geschmeidigkeit der Kniebeuger verlangt.

3. Schließlich können die Knie gegen die Brust gedrückt und diese für einige Sekunden in isometrischer Anspannung gehalten werden.

Anmerkung:
Der Hüft-Lenden-Muskel beugt die Hüfte und dient der Außenrotation des Oberschenkels.

15 KNIEHEBEN AN DER STANGE

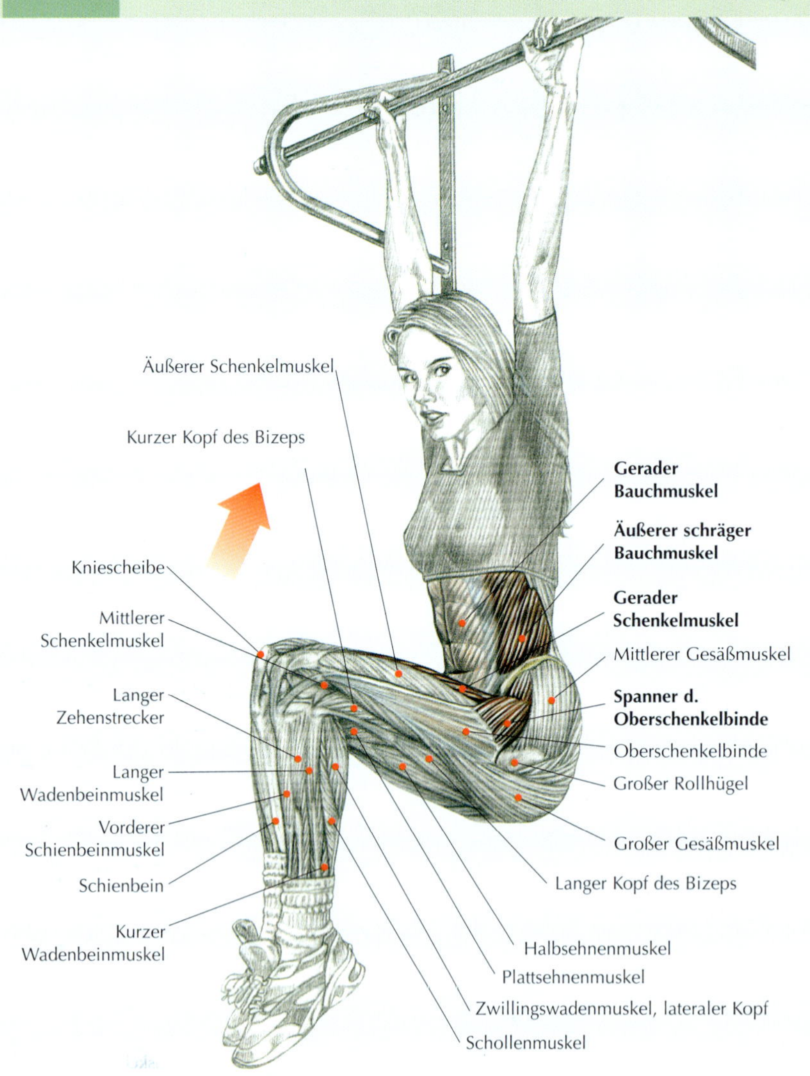

VARIATION:
Werden die Knie abwechselnd zur linken und rechten Seite angehoben, wird die schräge Bauchmuskulatur verstärkt trainiert.

Sie hängen mit gestreckten Armen an der Stange:
– Beim Einatmen die Knie so hoch wie möglich heben und dabei den Rücken rund machen, sodass sich das Schambein dem Brustbein nähert. Am Ende der Bewegung ausatmen.

Die Wirkung der Übung erstreckt sich auf:

– Den Hüft-Lenden-Muskel, den geraden Schenkelmuskel und den Spanner der Oberschenkelbinde während des Beinhebens;

– den geraden Bauchmuskel und in geringem Maße die schräge Bauchmuskulatur während der Annäherung von Scham- und Brustbein.

Um den Trainingseffekt mehr auf die Bauchmuskulatur zu konzentrieren, können kleine Wippbewegungen mit den Oberschenkeln gemacht werden, ohne dabei die Knie unter Hüfthöhe sinken zu lassen.

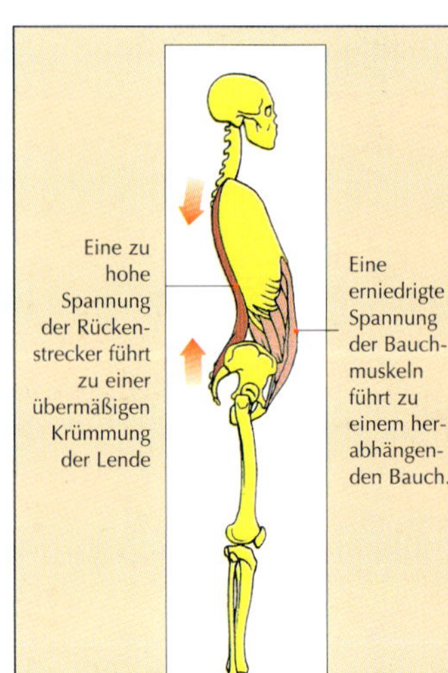

Eine zu hohe Spannung der Rückenstrecker führt zu einer übermäßigen Krümmung der Lende
Eine erniedrigte Spannung der Bauchmuskeln führt zu einem herabhängenden Bauch.

GLEICHMÄSSIGES TRAINIEREN VON BAUCH UND RÜCKEN

Es ist wichtig, gleichmäßig die Bauchmuskeln, die Rückenmuskeln und die Rückenstrecker zu trainieren.
Eine fehlende Spannung oder eine überhöhte Anspannung bei einer dieser Muskelgruppen kann zu einer schlechten Haltung und damit auf lange Sicht auch zu einer Erkrankung führen.

Beispiel: Eine überhöhte Spannung im unteren Teil der Rückenstrecker (Darmbein-Rippen-Block) in Verbindung mit einer erniedrigten Spannung der Bauchmuskeln führt zu einer übermäßig nach vorn gerichteten Krümmung der Wirbelsäule mit einem herabhängenden Bauch. Dieser Haltungsfehler lässt sich manchmal, wenn er rechtzeitig erkannt wird, durch Übungen zum Aufbau für die Bauchmuskulatur mildern.
Umgekehrt führt eine überhöhte Spannung der Bauchmuskeln in Verbindung mit einer Erschlaffung der Rückenstrecker, besonders in ihrem oberen Teil (Brustteil des Dornmuskels und des längsten Rückenmuskels, Darmbein-Rippen-Muskel in der Brust), zu einer zum oberen Rücken gerichteten Krümmung der Wirbelsäule und einem Verlust der natürlichen Wölbung der Wirbelsäule im Lendenbereich. Dieser Haltungsfehler kann durch spezifische Übungen zum Muskelaufbau für die Rückenstrecker abgeschwächt werden.

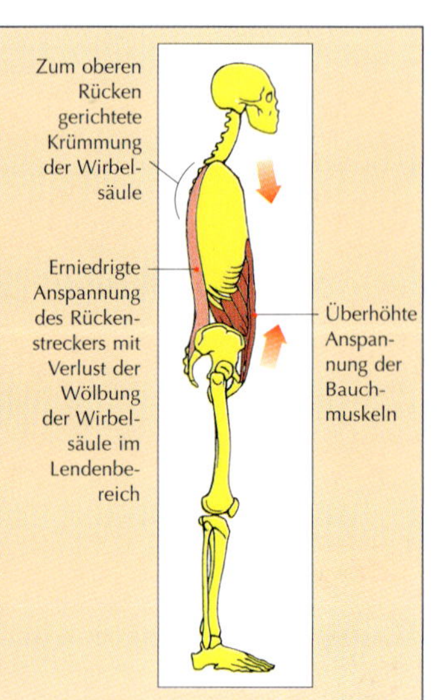

BEIN- UND BECKENHEBEN AUF DEM SCHRÄG GESTELLTEN BRETT

16

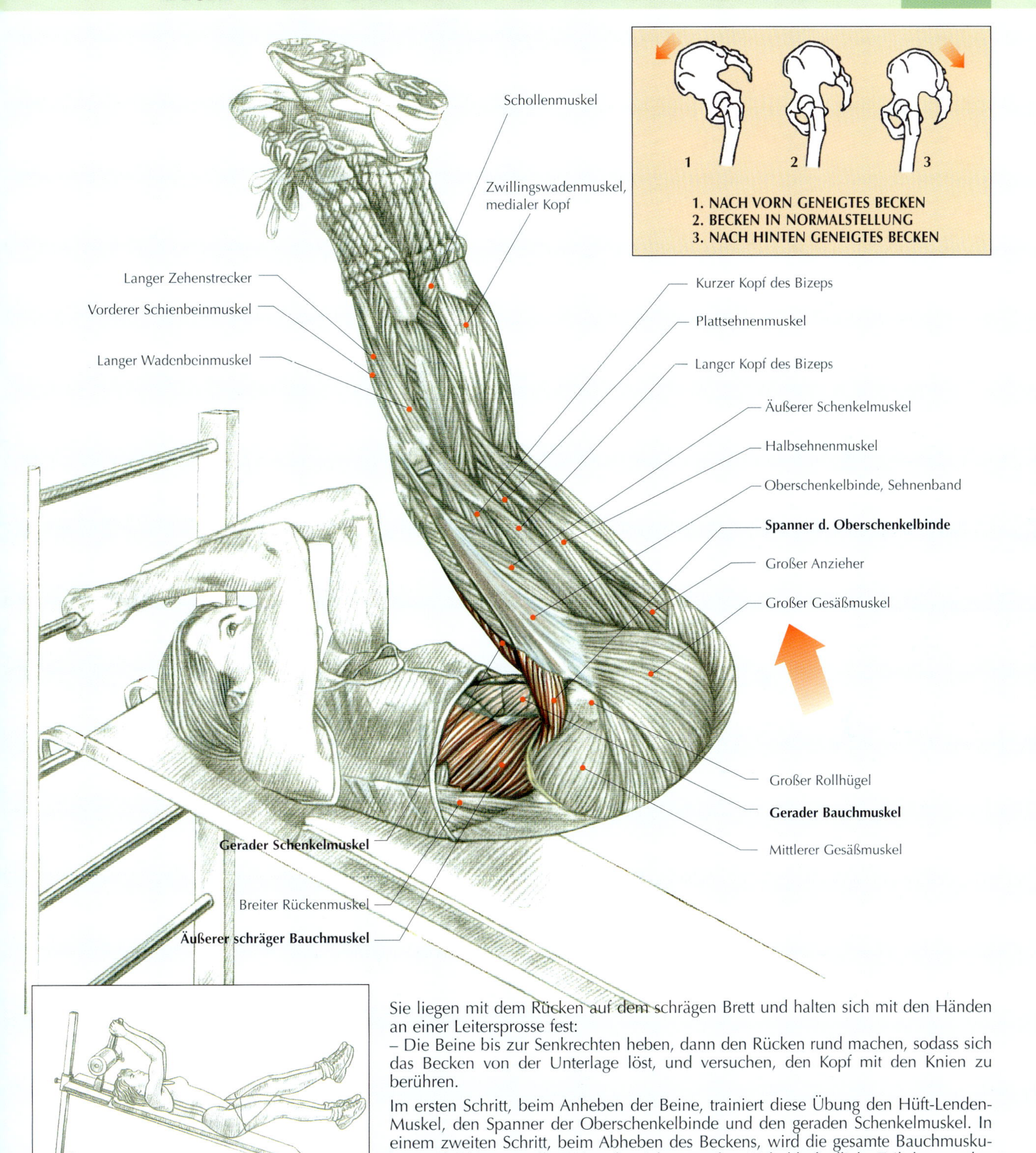

VARIATION
Mit kleinen schwingenden Bewegungen der Beine

Sie liegen mit dem Rücken auf dem schrägen Brett und halten sich mit den Händen an einer Leitersprosse fest:
– Die Beine bis zur Senkrechten heben, dann den Rücken rund machen, sodass sich das Becken von der Unterlage löst, und versuchen, den Kopf mit den Knien zu berühren.

Im ersten Schritt, beim Anheben der Beine, trainiert diese Übung den Hüft-Lenden-Muskel, den Spanner der Oberschenkelbinde und den geraden Schenkelmuskel. In einem zweiten Schritt, beim Abheben des Beckens, wird die gesamte Bauchmuskulatur gekräftigt, vor allem aber der sich unter dem Nabel befindliche Teil des geraden Bauchmuskels.

Anmerkung: Diese Übung ist für Personen geeignet, die Schwierigkeiten haben, die Muskelarbeit im unteren Teil des Bauchmuskels zu spüren. Anfängerinnen sei geraten, mit geringer Neigung der Bank zu beginnen, da die Übung schwierig auszuführen ist.

17 BECKENHEBEN AM BODEN

AUSFÜHREN DER BEWEGUNG

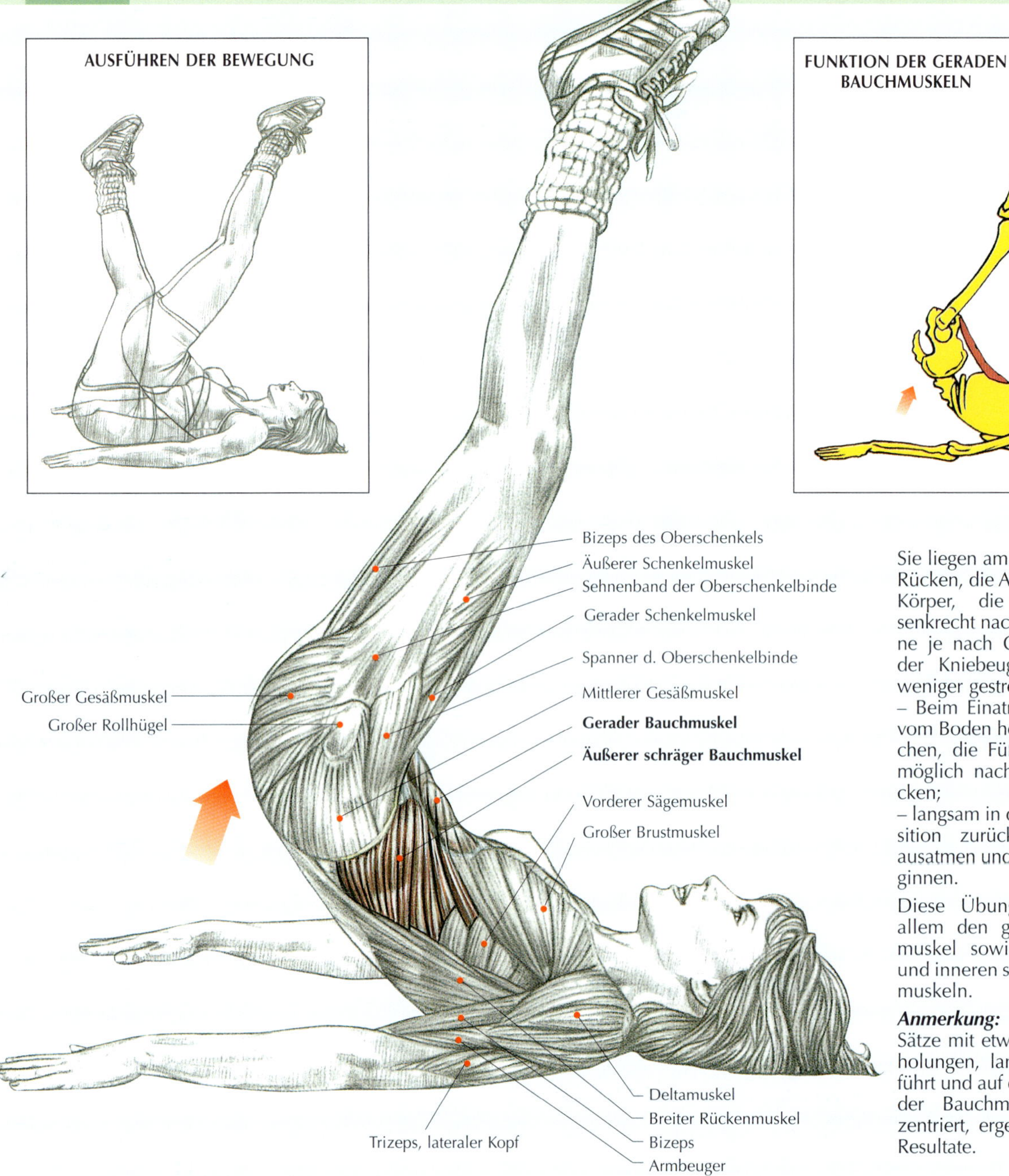

FUNKTION DER GERADEN BAUCHMUSKELN

Sie liegen am Boden auf dem Rücken, die Arme neben dem Körper, die Oberschenkel senkrecht nach oben, die Beine je nach Geschmeidigkeit der Kniebeuger mehr oder weniger gestreckt:

– Beim Einatmen das Gesäß vom Boden heben und versuchen, die Füße so weit wie möglich nach oben zu strecken;

– langsam in die Ausgangsposition zurückkehren, dabei ausatmen und von neuem beginnen.

Diese Übung trainiert vor allem den geraden Bauchmuskel sowie die äußeren und inneren schrägen Bauchmuskeln.

Anmerkung:
Sätze mit etwa zehn Wiederholungen, langsam durchgeführt und auf die Anspannung der Bauchmuskulatur konzentriert, ergeben die besten Resultate.

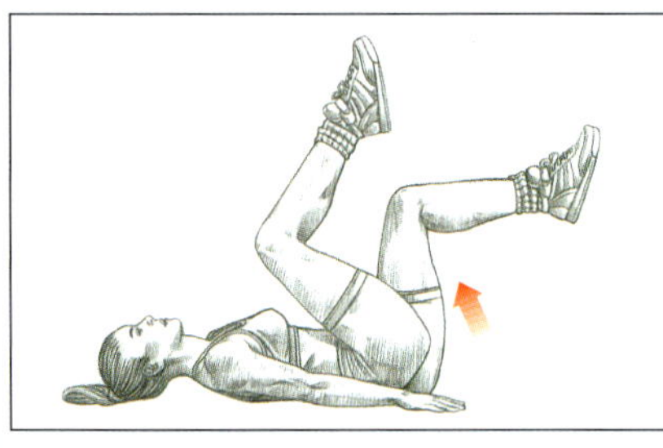

VARIATION MIT GERINGER BEWEGUNGSAMPLITUDE

Diese Übung kann auch mit geringer Bewegungsamplitude ausgeführt werden, das heißt das Becken wird zwar angehoben, aber der Rücken bleibt fest auf dem Boden liegen.
Mit dieser Variation kann die Anstrengung auf den unteren Teil der geraden Bauchmuskeln, also auf die Partie unterhalb des Nabels, konzentriert werden.
Sätze von ungefähr zwanzig Wiederholungen führen zu guten Resultaten.

BECKENDREHUNG AM BODEN 18

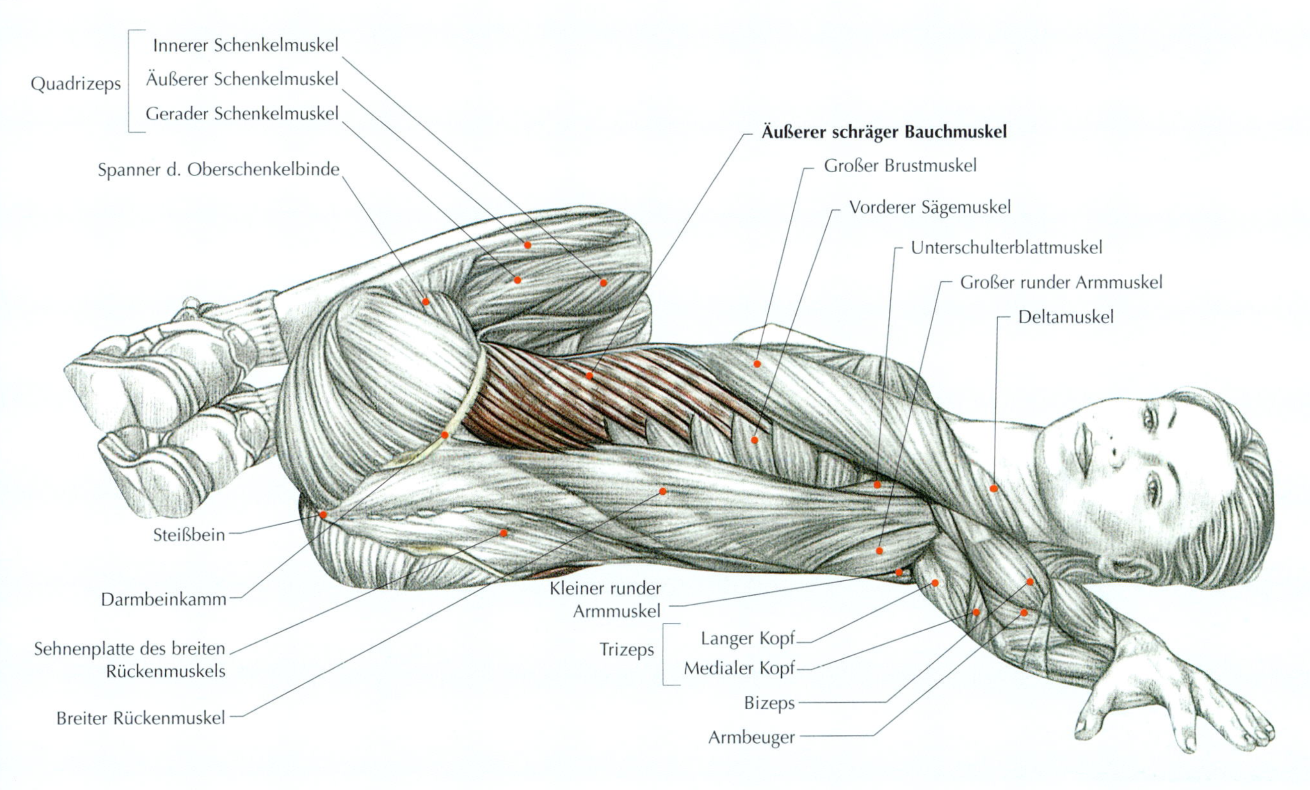

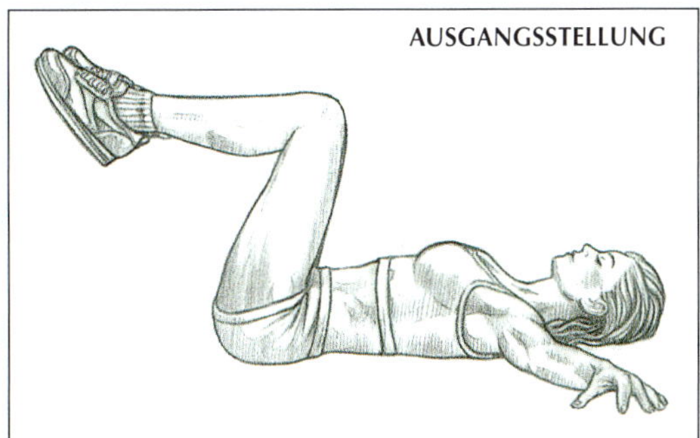

Sie liegen auf dem Rücken, die Oberschenkel senkrecht nach oben gestreckt, die Knie gebeugt:
- Beim Einatmen langsam die Knie zum Boden führen und dabei ausatmen;
- beim Einatmen in die Ausgangsposition zurückkehren;
- im Anschluss die gleiche Bewegung auf der anderen Seite durchführen.

Obwohl die Beuger der Hüfte statisch bleiben, werden sie dennoch gekräftigt. In erster Linie trainiert diese Übung aber die äußeren und inneren schrägen Bauchmuskeln sowie die unter dem Nabel liegende Partie des geraden Bauchmuskels.

Lange Sätze mit 20 bis 30 vollständigen Drehungen in langsamer Ausführung führen zu den besten Resultaten.

Anmerkung:
Zur richtigen Ausführung dieser Übung, und um die schrägen Bauchmuskeln bei jeder Senkung der Knie gut zu dehnen, ist es wichtig, den Kopf und die Schultern am Boden zu lassen.

Variationen:
1. Personen, bei denen der hintere Teil der Oberschenkel geschmeidig ist, können den Trainingseffekt steigern, indem sie die Übung mit gestreckten Beinen ausführen.

2. Um die schrägen Bauchmuskeln etwas mehr zu dehnen, ist es empfehlenswert, bei jeder Drehung in der Hüfte auch den Kopf zu drehen, zum Beispiel beim Ablegen der Knie nach links den Kopf nach rechts drehen. Diese letzte Variation kann als Dehnübung für die schrägen Muskeln und den Lendenbereich betrachtet werden.

19 BAUCHPRESSE ODER »CRUNCH« SCHRÄG, FÜSSE AM BODEN

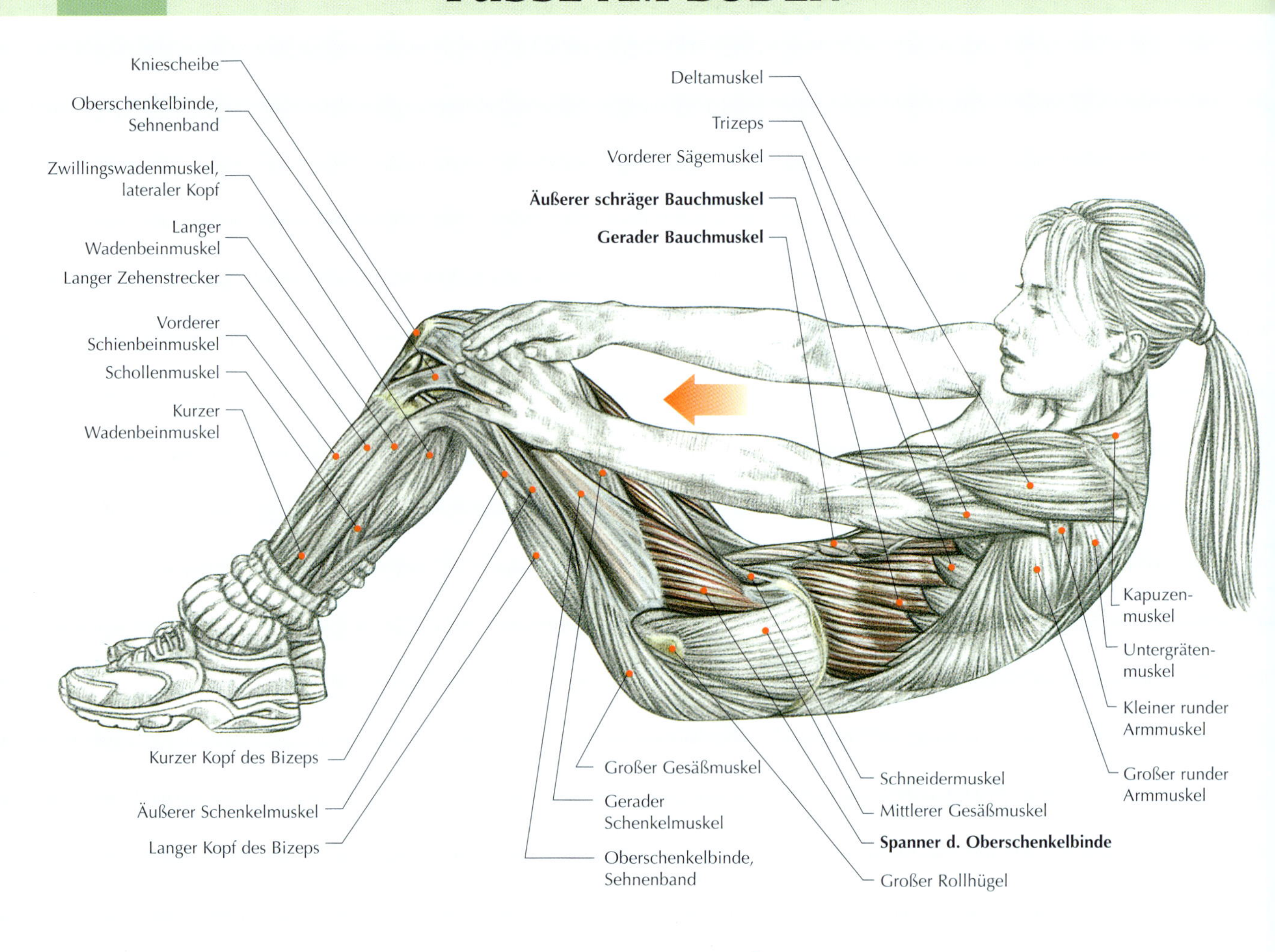

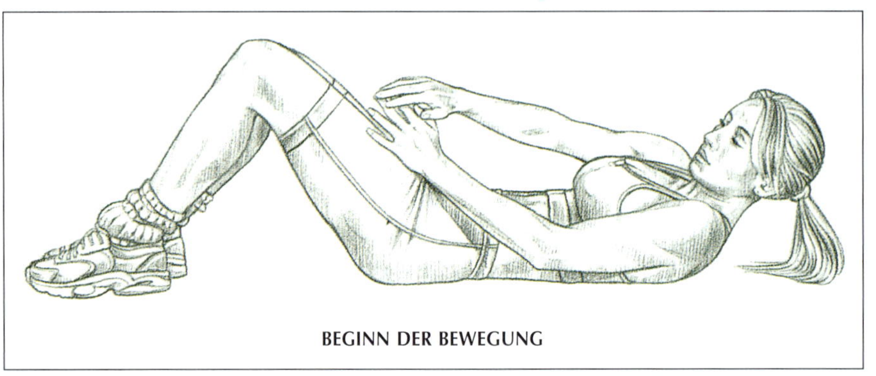

BEGINN DER BEWEGUNG

Sie liegen auf dem Rücken, die Knie gebeugt, die Füße am Boden, die Arme waagerecht zu einer Seite des Körpers gestreckt:
– Beim Einatmen die Schultern vom Boden anheben, dabei den Rücken rund machen und den Oberkörper leicht verdrehen, sodass Sie das Knie mit den Händen berühren; am Ende der Bewegung ausatmen;
– in die Ausgangsposition zurückkehren, diesmal jedoch ohne den Oberkörper abzulegen;
– von neuem beginnen und jeweils die Seite wechseln, bis Sie ein Brennen im Muskel spüren.

Diese Übung trainiert vor allem die äußeren und inneren schrägen Bauchmuskeln. Ebenfalls gekräftigt, jedoch auf Grund der geringen Beweglichkeit der Hüfte nicht so intensiv, werden der gerade Schenkelmuskel, der Hüft-Lenden-Muskel und der Spanner der Oberschenkelbinde.

UNTERSCHIEDLICHE TYPEN DES BAUCHES

Im herkömmlichen Sinn ist ein flacher Bauch mit nur wenig Fett das Symbol für einen kräftigen Bauch. Aber eine Reihe von Menschen mit großem »Umfang« besitzen eine kräftige Bauchwand, und die einzige Art für sie, ihren Bauch loszuwerden, ist es, die Dicke der Fettschicht mit Hilfe einer ausgeglichenen Ernährung in Verbindung mit regelmäßigen sportlichen Übungen zu verringern.

Im Gegensatz dazu steht bei manchen dünnen Menschen ohne übermäßig viel Fett der Bauch nach vorn heraus, da die Spannung der Bauchmuskeln zu gering ist und die Muskeln erschlafft sind. Diese Menschen müssen ihr Training mit spezifischen Übungen stark auf die Bauchmuskulatur ausrichten, mit dem Ziel, ihre Haltung wieder ins Gleichgewicht zu bringen.

SCHEMATISCHE DARSTELLUNG DER VERSCHIEDENEN TYPEN BEI DER BAUCHWAND

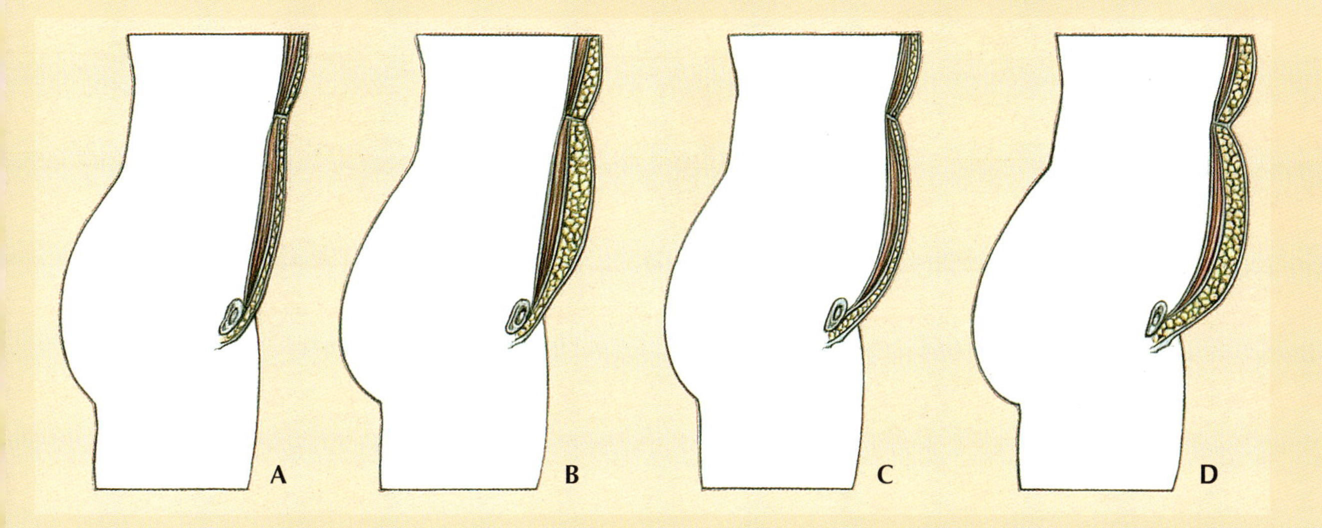

A: normale Bauchwand mit kräftiger Muskulatur

B: normale Bauchwand mit kräftiger Muskulatur und zu viel Fett in den unteren Hautschichten, wodurch der Eindruck einer Absenkung *(Ptose*)* entsteht

C: Abgesenkte Bauchwand auf Grund einer fehlenden Muskelspannung, ohne zu viel Fett

D: Abgesenkte Bauchwand auf Grund einer fehlenden Muskelspannung in Verbindung mit zu viel Fett

**Ptose:* Absenkung eines Organs, sehr häufig durch ein Erschlaffen des Gewebes verursacht, das sonst für seinen festen Halt sorgt. Wenn es der Bauchwand an Kraft mangelt, kann sie die Eingeweide nicht mehr halten, der Bauch senkt sich ab und bildet eine Tasche, in die sich die Schlingen des Darms legen.

20 »FAHRRADFAHREN« ODER SCHRÄGLAGE AM BODEN, WECHSELSEITIG

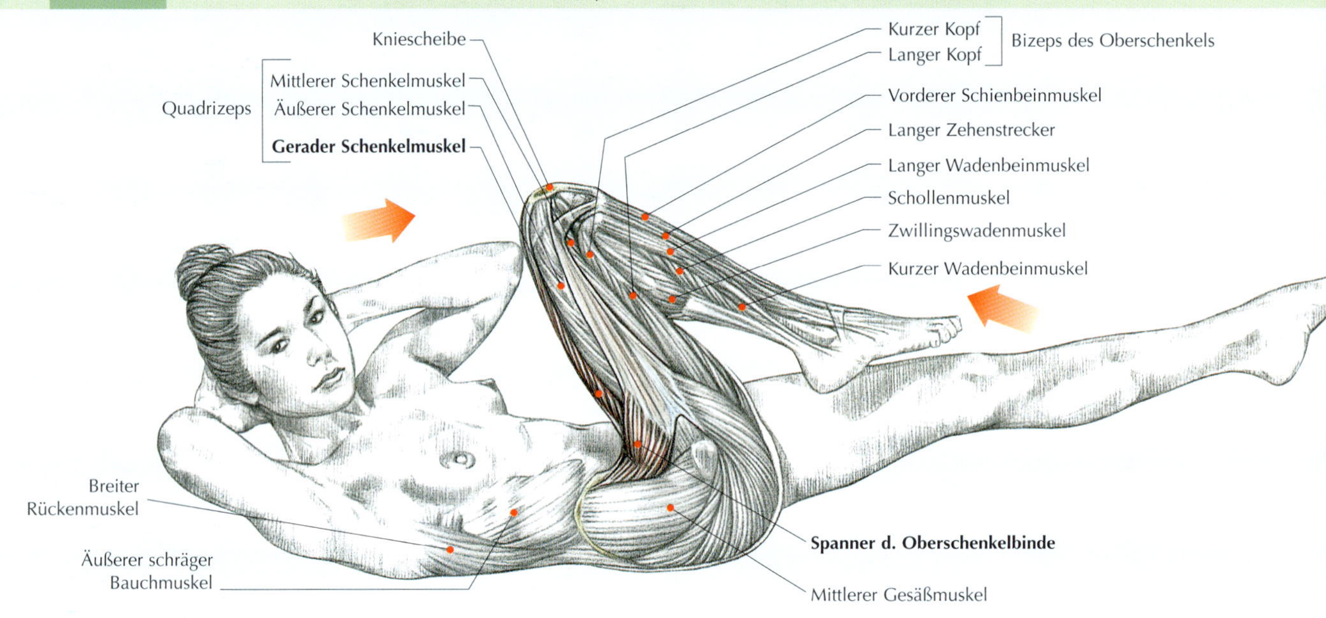

Sie liegen auf dem Boden, die Hände hinter dem Nacken:
– Abwechselnd auf der einen, dann auf der anderen Seite den Ellbogen dem gegenüberliegenden Knie annähern und dabei versuchen, es zu berühren.

Zur richtigen Ausführung dieser Bewegung ist es wichtig, bei jeder Annäherung eines Ellbogens an ein Knie die Wirbelsäule einzurollen, indem Sie die Schultern vom Boden abheben und niemals den Boden mit dem Fuß des gestreckten Beines berühren. Diese Übung wird immer mit vielen Wiederholungen ausgeführt, bis ein Brennen auf der Höhe des Bauches zu spüren ist.

Besonders beansprucht werden die äußeren und inneren schrägen Bauchmuskeln, der gerade Bauchmuskel und, beim Beugen der Hüfte, der gerade Schenkelmuskel, der Spanner der Oberschenkelbinde, der Schneidermuskel und der tiefer gelegene Hüft-Lenden-Muskel.

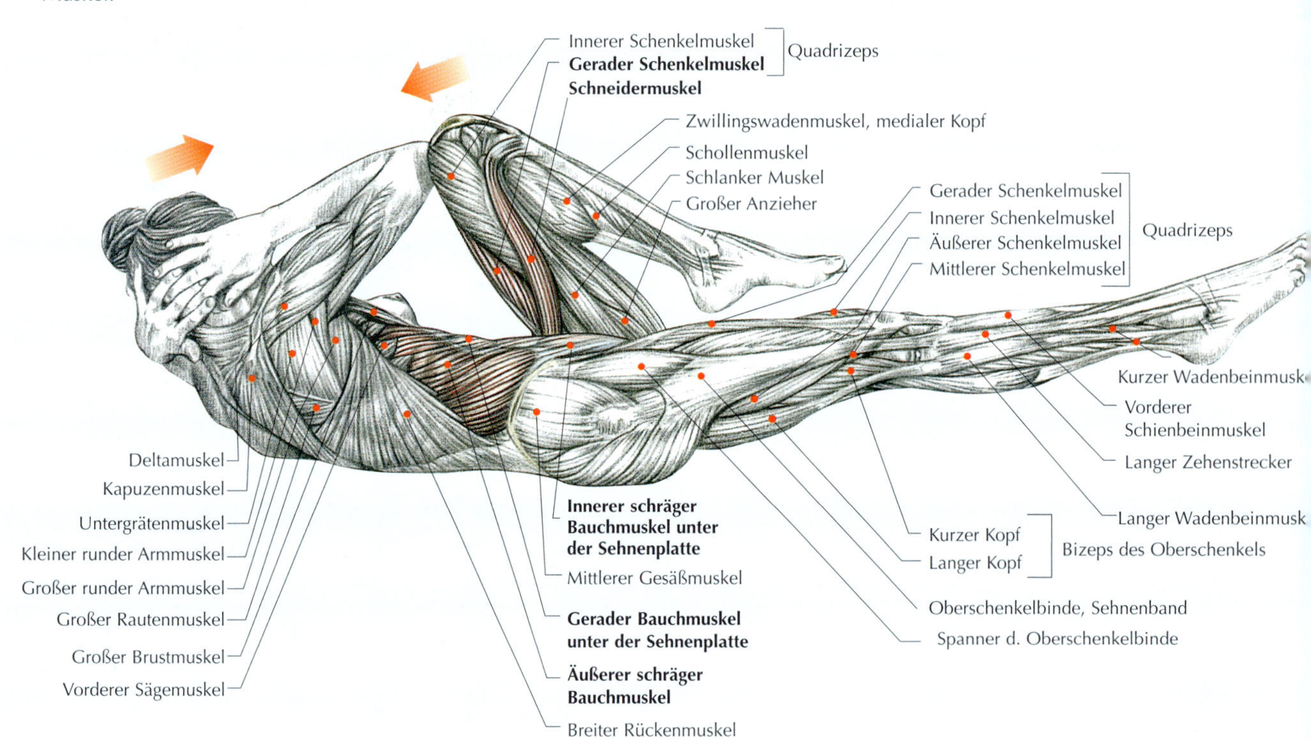

SEITLICHES BEUGEN DES OBERKÖRPERS AM BODEN

21

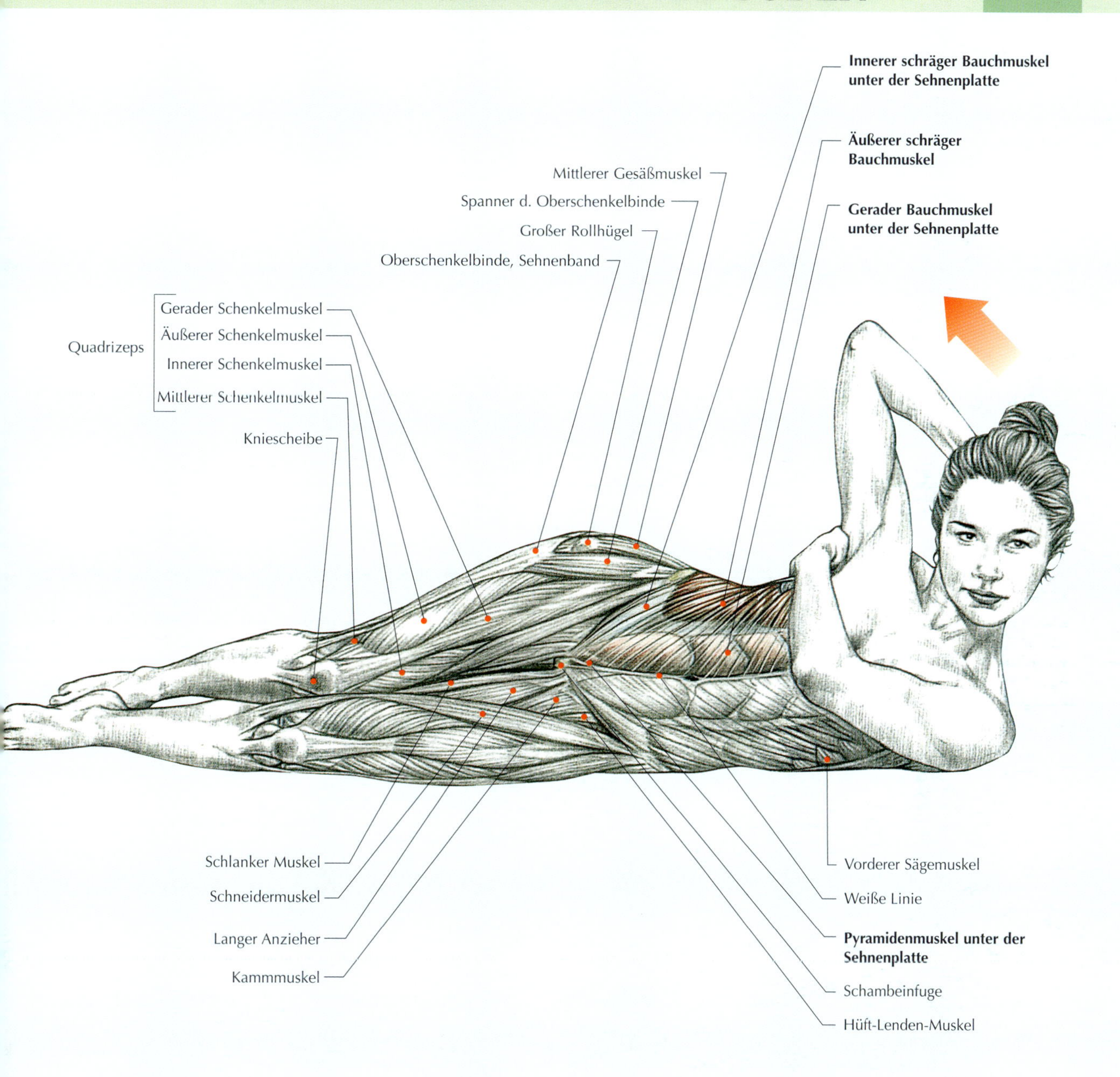

Sie liegen auf der Seite am Boden, die Beine gestreckt, eine Hand hinter den Kopf gelegt, die andere stützt die Seite:
– Den Oberkörper seitlich nach oben beugen und dabei versuchen, ihn auf Schulterhöhe etwa zehn Zentimeter vom Boden zu heben;
– in die Ausgangsposition zurückkehren, jedoch ohne die Schulter auf dem Boden abzulegen und von neuem beginnen.

Diese Übung trainiert vor allem auf der zu beugenden Seite die äußeren und inneren schrägen Bauchmuskeln, den geraden Bauchmuskel sowie den viereckigen Lendenmuskel und in einem geringeren Maße auch die Rückenstrecker.

Diese Übung wird langsam ausgeführt, immer mit vielen Wiederholungen, und jedes Mal wird dabei die Seite gewechselt, bis ein Brennen in den Muskeln zu spüren ist.

Variation:
Damit es leichter wird, können die Füße unter einem Möbelstück oder unter einer Treppe eingekeilt werden, oder Sie können auch eine Partnerin bitten, Ihre Füße festzuhalten.

22 BAUCHPRESSE ODER »CRUNCH« AM HOHEN BLOCK

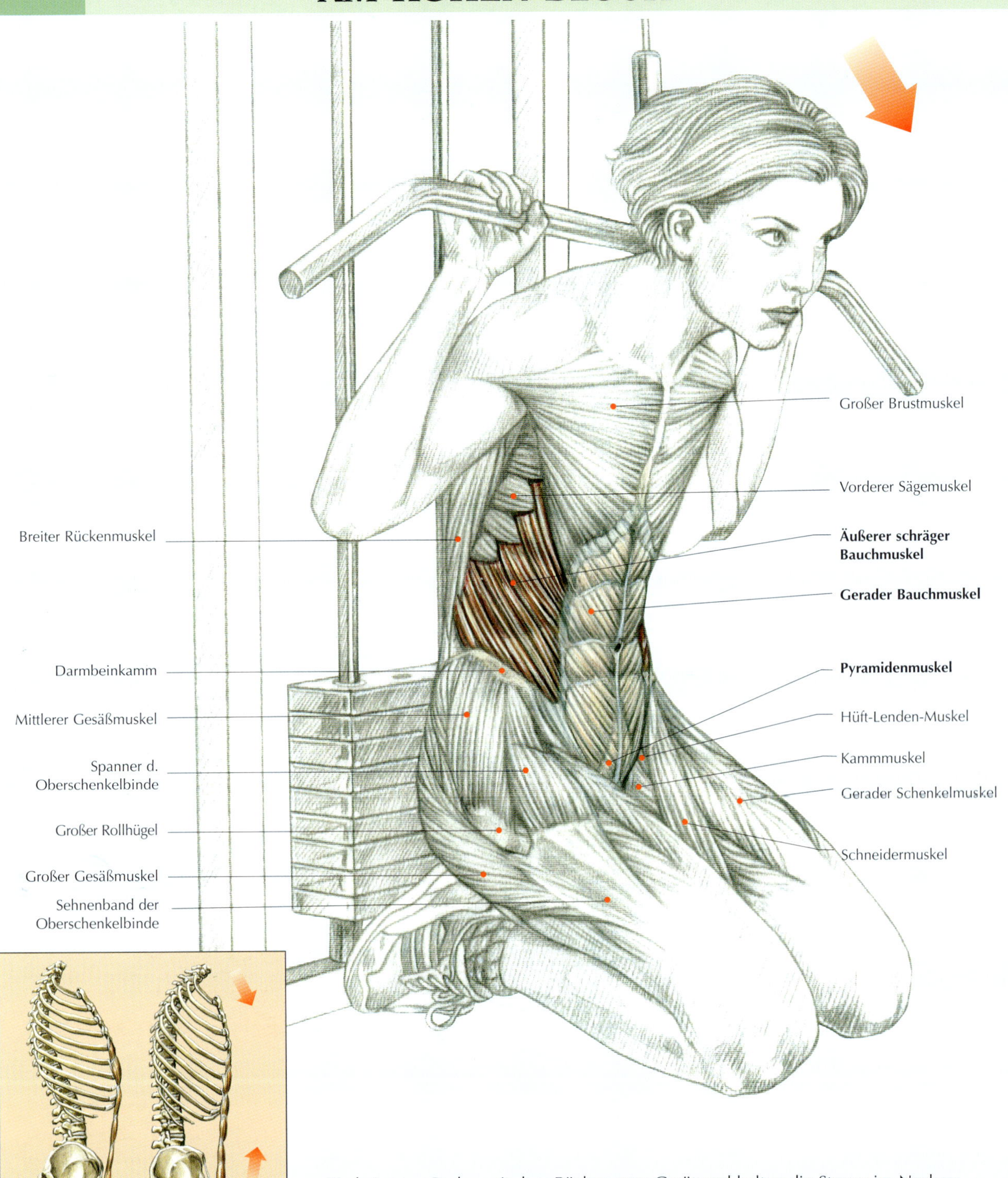

FUNKTION DES GERADEN BAUCHMUSKELS

Sie knien am Boden mit dem Rücken zum Gerät und halten die Stange im Nacken:
– Beim Einatmen den Rumpf beugen, sodass sich das Brustbein dem Schambein nähert. Während der Durchführung ausatmen.

Diese Übung sollte nicht mit schweren Gewichten ausgeführt werden. Das Wichtigste dabei ist, die fortschreitende Anspannung auf die Bauchmuskulatur und vor allem auf den geraden Bauchmuskel zu konzentrieren.

»CRUNCH« AM GERÄT

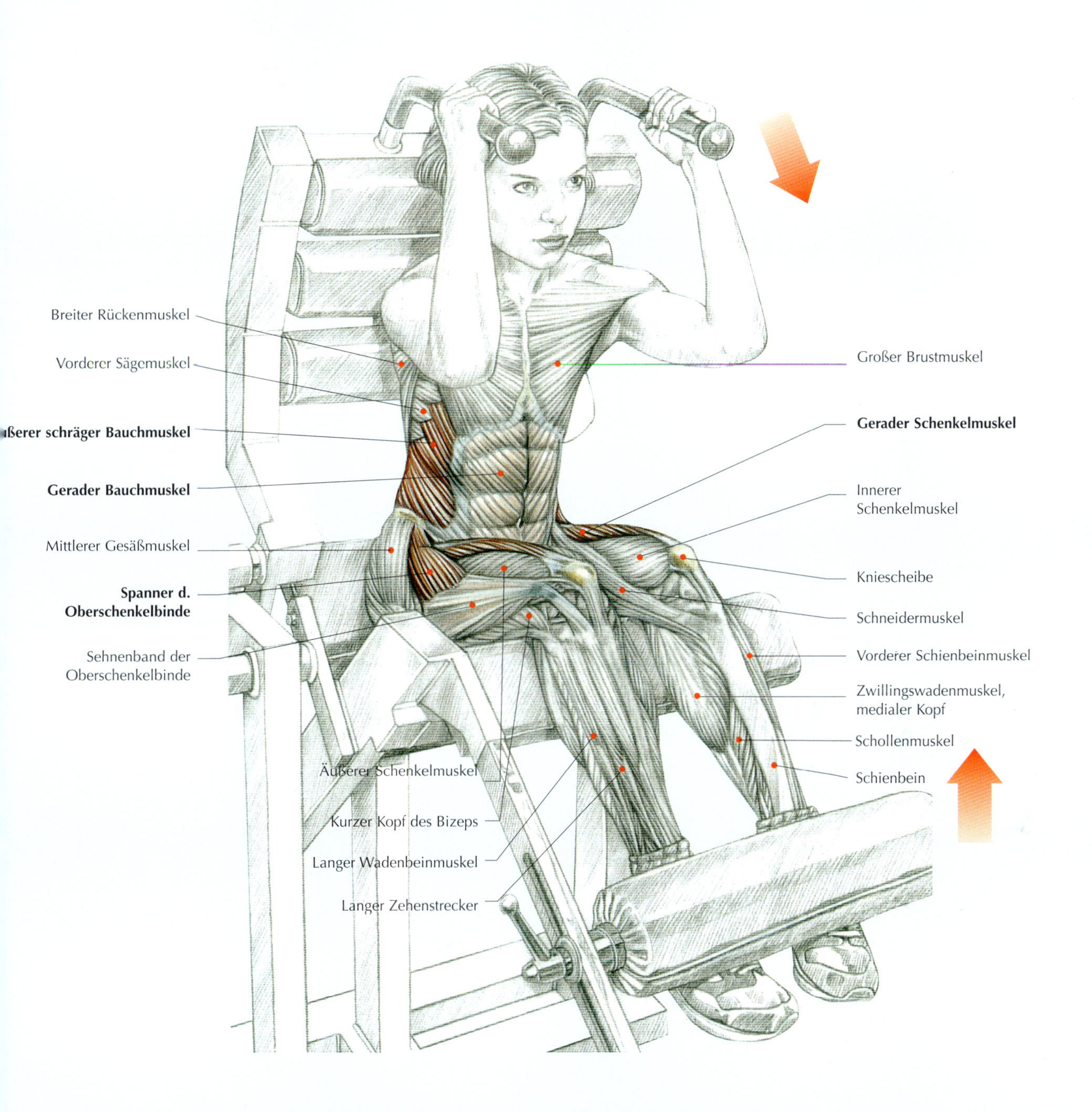

Sie sitzen auf dem Gerät, die Hände umfassen die Griffe, die Fußgelenke sind unter den Rollen eingehakt:
– Beim Einatmen den Rumpf beugen und dabei versuchen, das Brustbein dem Schambein so weit wie möglich anzunähern. Am Ende der Bewegung ausatmen.

Diese Übung ist hervorragend, denn dabei kann das Gewicht dem Kraftniveau der Trainierenden angepasst werden. Sie kann sowohl mit wenig Gewicht für Anfängerinnen als auch mit hohem Gewicht und ohne Risiko bei versierten Bodybuilderinnen durchgeführt werden.

24 SEITLICHES BEUGEN DES OBERKÖRPERS AUF DEM GERÄT

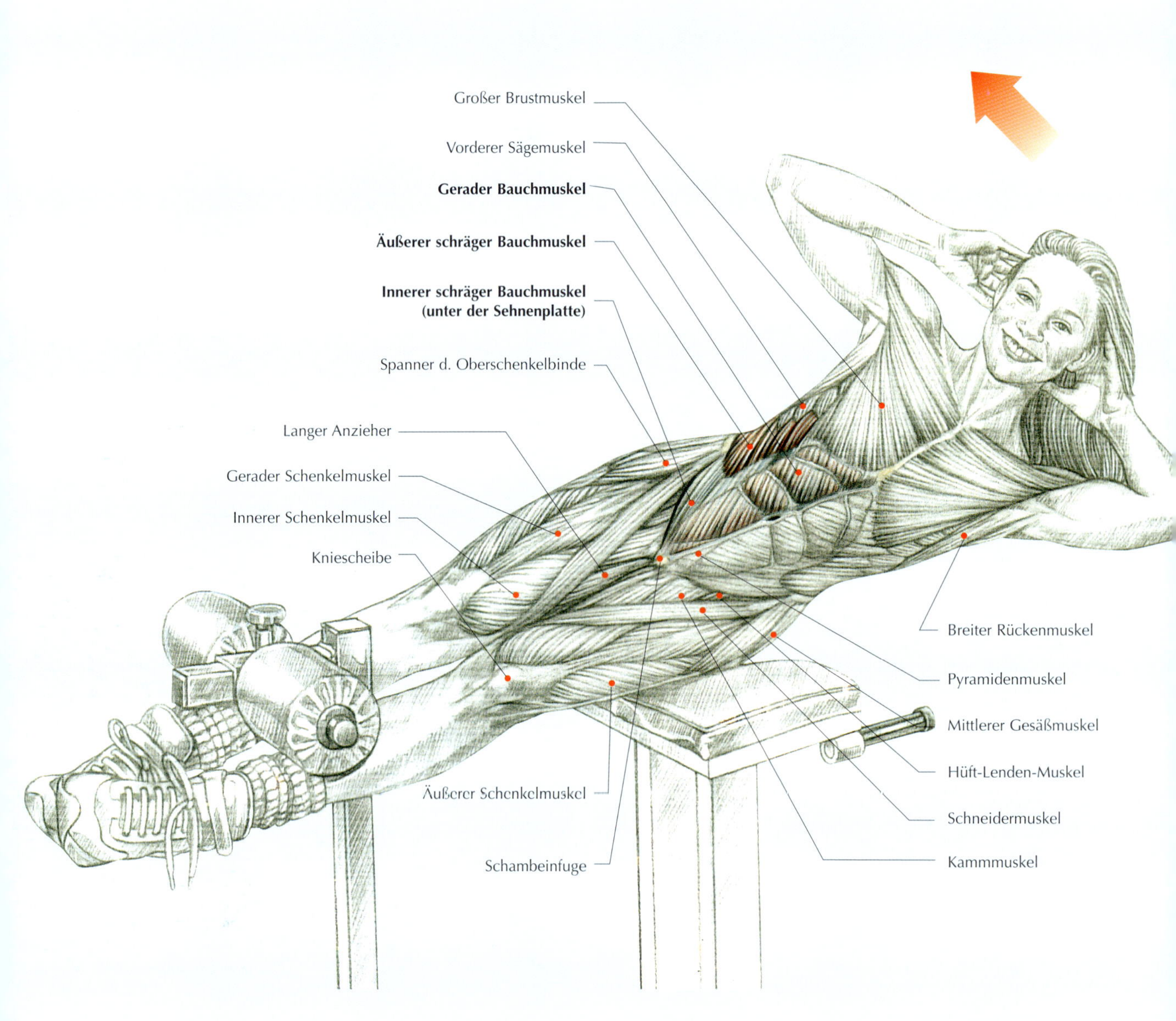

Diese Übung wird auf der gleichen Bank ausgeführt, auf welcher der Oberkörper aus der Bauchlage angehoben wird, damit die Rückenstrecker trainiert werden. Auf dieser Bank liegen Sie jetzt seitlich mit der Hüfte auf der Polsterung, die Unterschenkel unter den Rollen eingehakt und die Hände am Hinterkopf oder auf der Brust:

– Den Oberkörper seitlich nach oben heben und senken.

Diese Bewegung kräftigt besonders die schräge Bauchmuskulatur und den geraden Bauchmuskel jener Körperhälfte, die gebeugt wird. Bei der gleichen Bewegung werden aber auch die schräge Bauchmuskulatur und der gerade Bauchmuskel der anderen Seite trainiert, da sie sich in isometrischer Anspannung befinden, damit sich der Oberkörper nicht unter die Vertikale senkt.

Es ist festzuhalten, dass die recht unbequeme Stellung das Ausführen der Übung schwierig machen kann und dass die Hüften schmerzhaft zusammengedrückt werden, wenn die Bank schlecht gepolstert ist.

Anmerkung: Während der Bewegung des Oberkörpers wird auch der viereckige Lendenmuskel trainiert.

BAUCHPRESSE SCHRÄG MIT BAUCHTRAINER

25

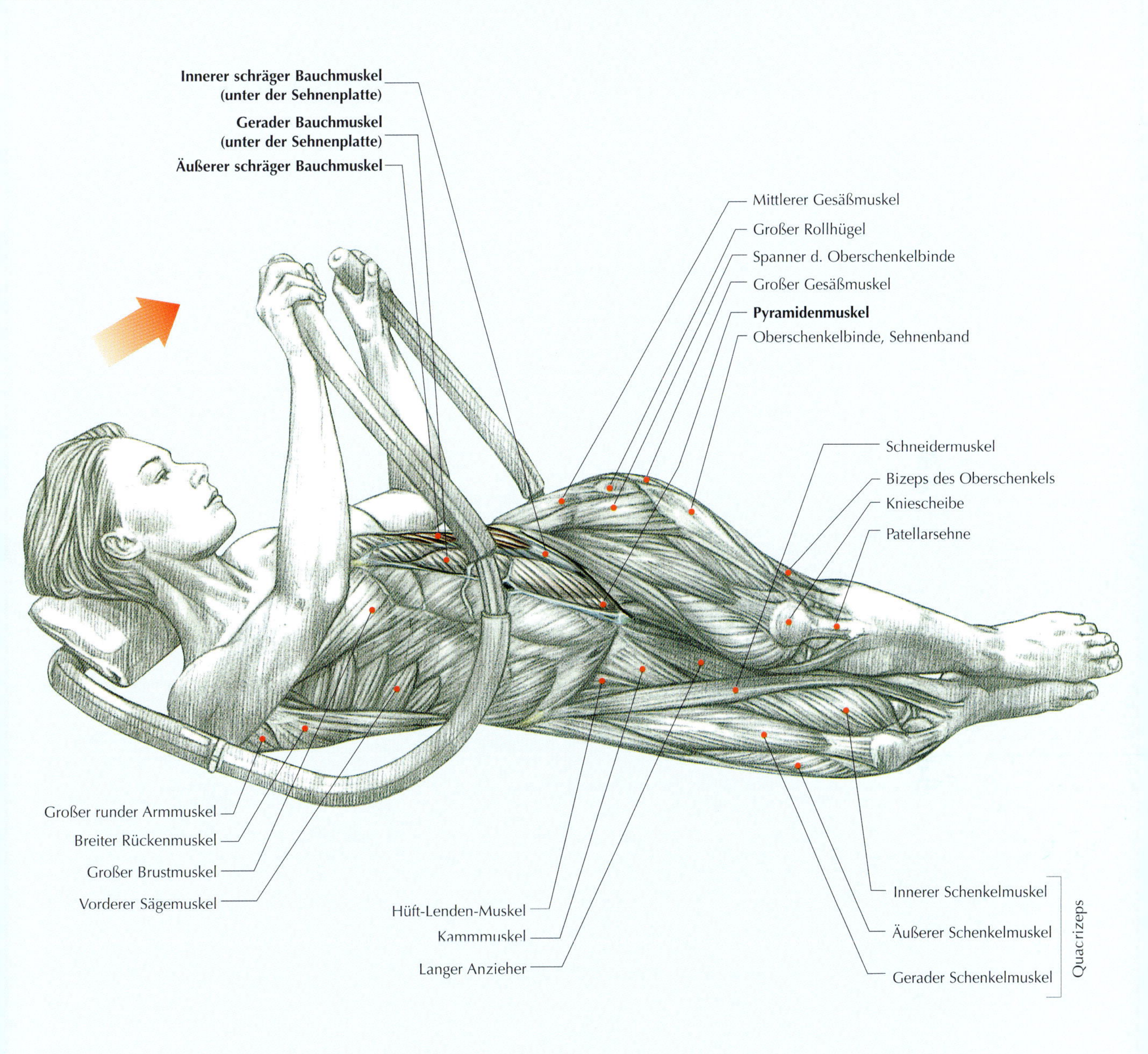

Sie liegen auf der Seite, die Oberschenkel leicht angewinkelt, die Knie gebeugt, die Hände oben an den Handgriffen, der Kopf ruht auf der Stütze:

- Beim Einatmen den Oberkörper seitlich anheben; am Ende der Bewegung ausatmen;
- langsam in die Ausgangsposition zurückkehren und von neuem beginnen.

Diese Übung trainiert hauptsächlich auf der zu beugenden Seite die inneren und äußeren schrägen Bauchmuskeln und in einem geringeren Maße auch den geraden Bauchmuskel.

26 SEITLICHES BEUGEN AM TIEFEN BLOCK

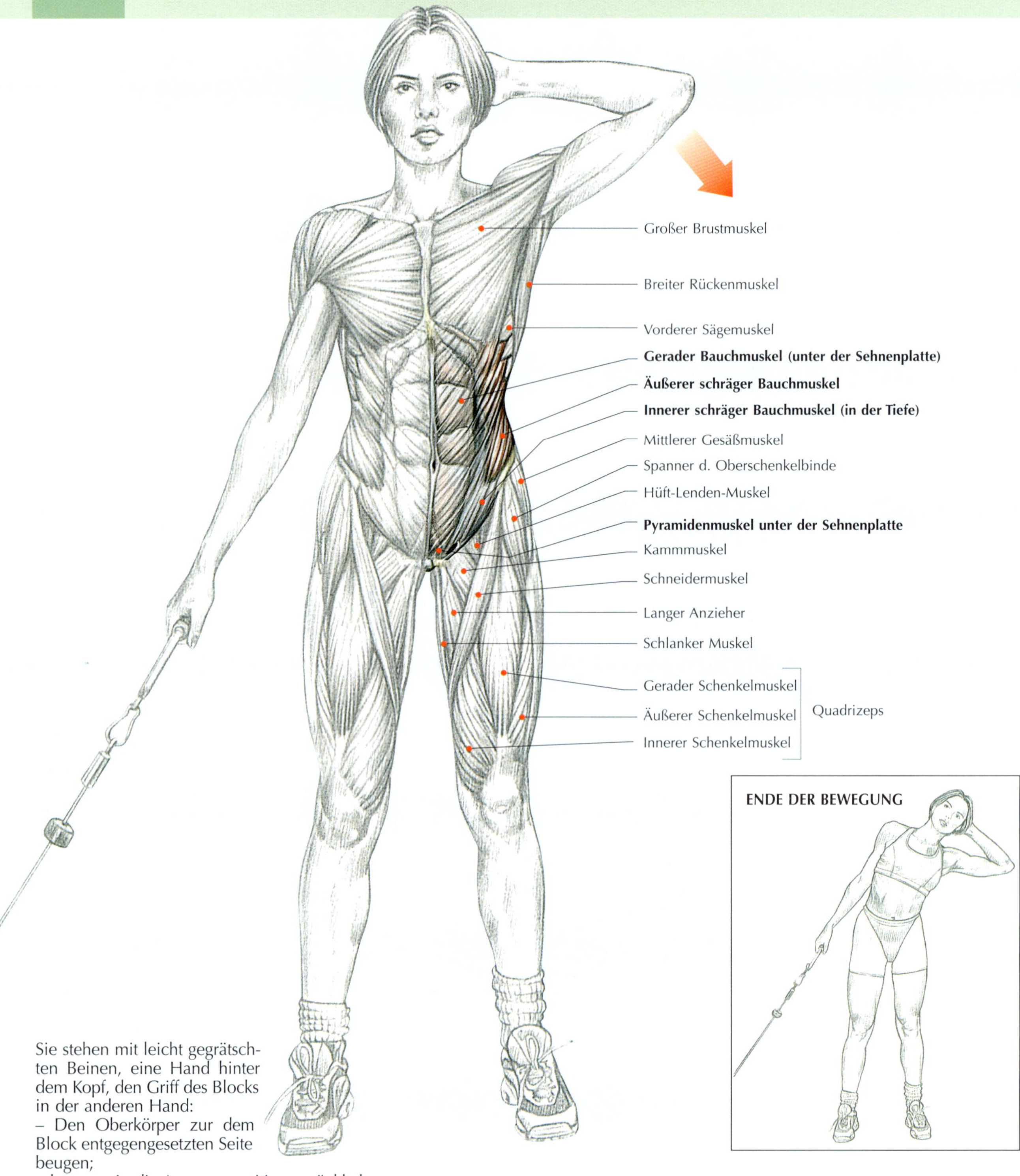

Sie stehen mit leicht gegrätschten Beinen, eine Hand hinter dem Kopf, den Griff des Blocks in der anderen Hand:

- Den Oberkörper zur dem Block entgegengesetzten Seite beugen;
- langsam in die Ausgangsposition zurückkehren;
- Sätze im Wechsel auf der einen Seite, dann auf der anderen durchführen, ohne sich zwischendurch auszuruhen.

Diese Bewegung trainiert vor allem auf der gebeugten Seite die äußeren und inneren schrägen Bauchmuskeln und in geringerem Maße auch den geraden Bauchmuskel, den viereckigen Lendenmuskel und die tiefen Rückenmuskeln.
Im Vergleich zum seitlichen Beugen des Oberkörpers mit der Kurzhantel (s. S. 118) kann bei der Übung am tiefen Block besser mit schwereren Gewichten gearbeitet werden und zudem ist auch die Arbeit der schrägen Muskeln leichter zu spüren.

SEITLICHES BEUGEN AM HOHEN BLOCK 27

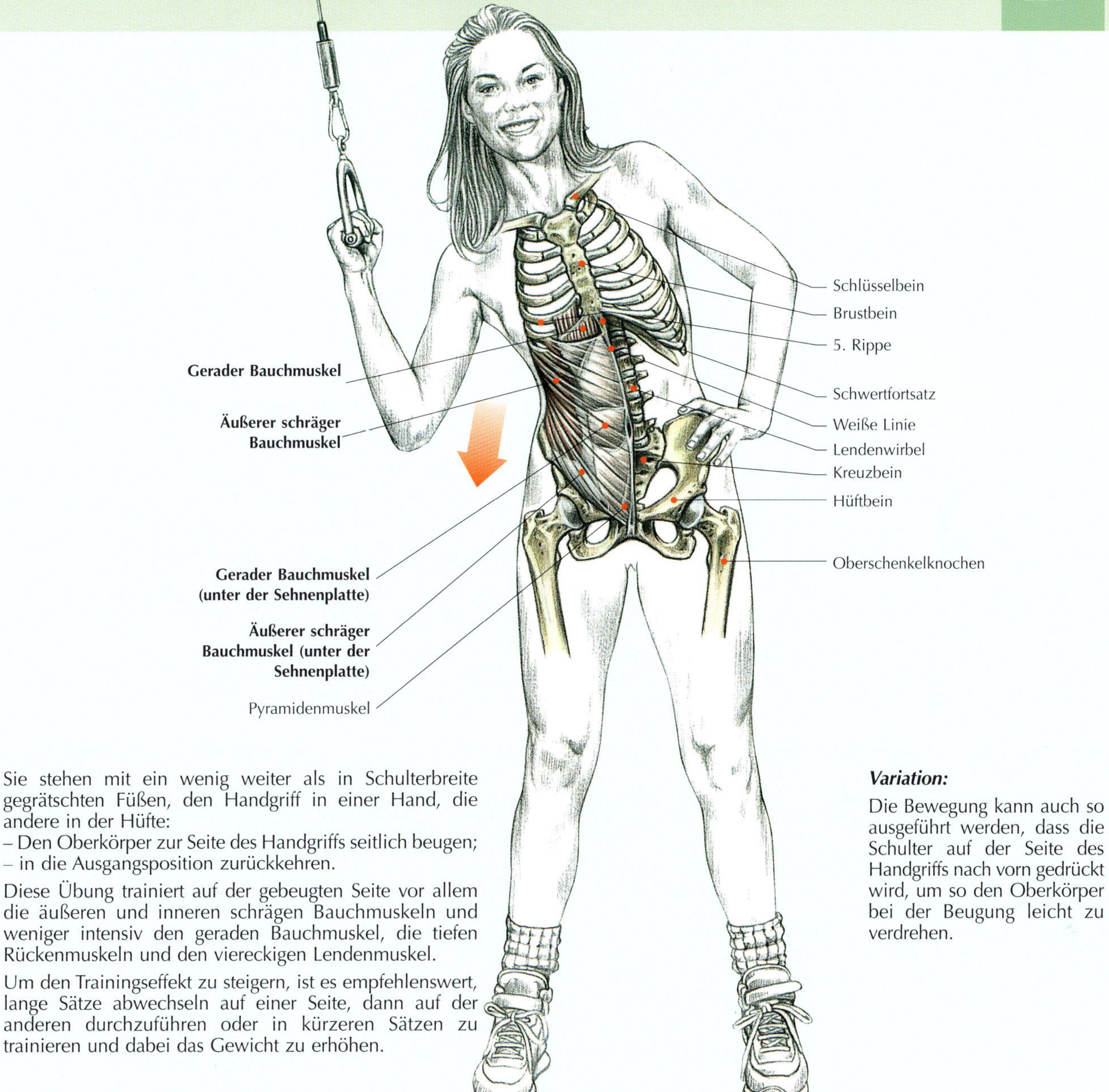

Sie stehen mit ein wenig weiter als in Schulterbreite gegrätschten Füßen, den Handgriff in einer Hand, die andere in der Hüfte:

– Den Oberkörper zur Seite des Handgriffs seitlich beugen;
– in die Ausgangsposition zurückkehren.

Diese Übung trainiert auf der gebeugten Seite vor allem die äußeren und inneren schrägen Bauchmuskeln und weniger intensiv den geraden Bauchmuskel, die tiefen Rückenmuskeln und den viereckigen Lendenmuskel.

Um den Trainingseffekt zu steigern, ist es empfehlenswert, lange Sätze abwechseln auf einer Seite, dann auf der anderen durchzuführen oder in kürzeren Sätzen zu trainieren und dabei das Gewicht zu erhöhen.

Variation:

Die Bewegung kann auch so ausgeführt werden, dass die Schulter auf der Seite des Handgriffs nach vorn gedrückt wird, um so den Oberkörper bei der Beugung leicht zu verdrehen.

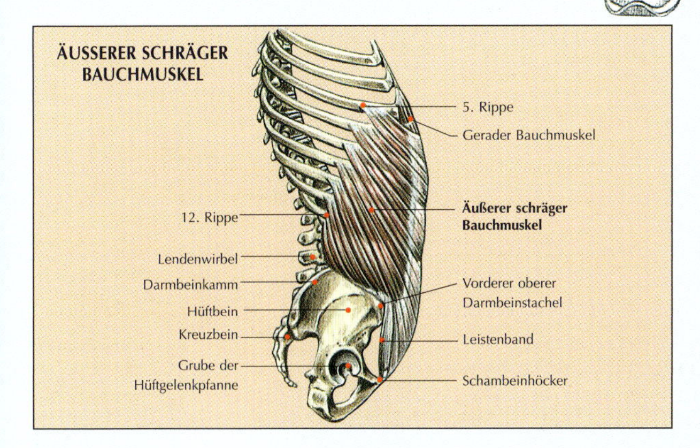

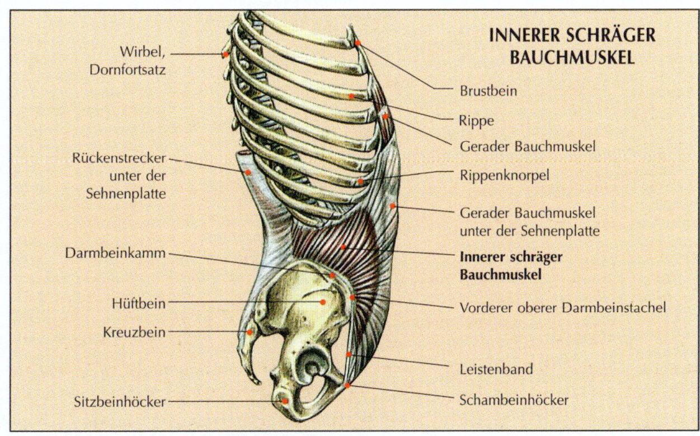

28 SEITLICHES BEUGEN MIT KURZHANTEL

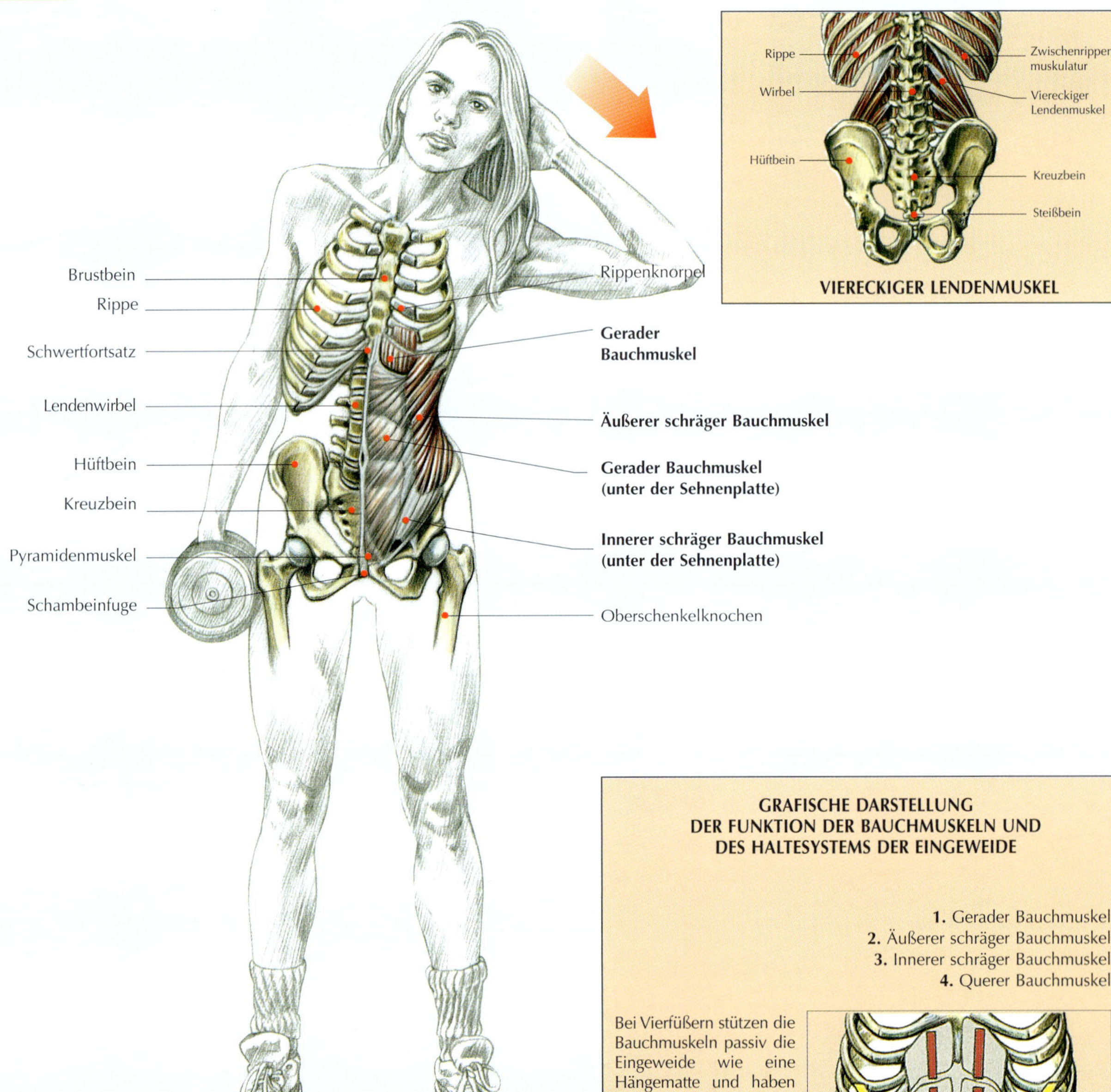

Sie stehen mit leicht gegrätschten Beinen, eine Hand hinter dem Kopf, in der anderen eine Kurzhantel:
– Den Oberkörper zu der der Kurzhantel gegenüberliegenden Seite beugen;
– zur Ausgangsposition zurückkehren, indem Sie den Oberkörper vom Gewicht der Kurzhantel wieder in die Aufrechte ziehen lassen; sie können bei dieser Bewegung den Oberkörper auch über die Senkrechte hinaus, in einer passiven Beugung, zur anderen Seite dehnen.

Wechseln Sie nach einigen Wiederholungen die Seite, ohne eine Pause einzulegen.

Diese Übung trainiert vor allem die schräge Bauchmuskulatur jener Seite, die gebeugt wird, in geringerem Maße den geraden Bauchmuskel, die Rückenstrecker und auch den viereckigen Lendenmuskel (ein Rückenmuskel, der am Darmbeinkamm entspringt und zu den Querfortsätzen der Lendenwirbel und zur zwölften Rippe zieht).

GRAFISCHE DARSTELLUNG DER FUNKTION DER BAUCHMUSKELN UND DES HALTESYSTEMS DER EINGEWEIDE

1. Gerader Bauchmuskel
2. Äußerer schräger Bauchmuskel
3. Innerer schräger Bauchmuskel
4. Querer Bauchmuskel

Bei Vierfüßern stützen die Bauchmuskeln passiv die Eingeweide wie eine Hängematte und haben in der Regel nur eine relativ beschränkte aktive Rolle bei der Fortbewegung.

Beim Menschen sind mit der Weiterentwicklung zur aufrechten Fortbewegung die Bauchmuskeln erheblich verstärkt worden, um in aufrechter Stellung das Becken mit dem Oberkörper zu verbinden und zu verhindern, dass Letzterer während des Gehens oder Laufens zu leicht kippt. Sie wurden zu kräftigen Haltemuskeln, die aktiv die Eingeweide umhüllen.

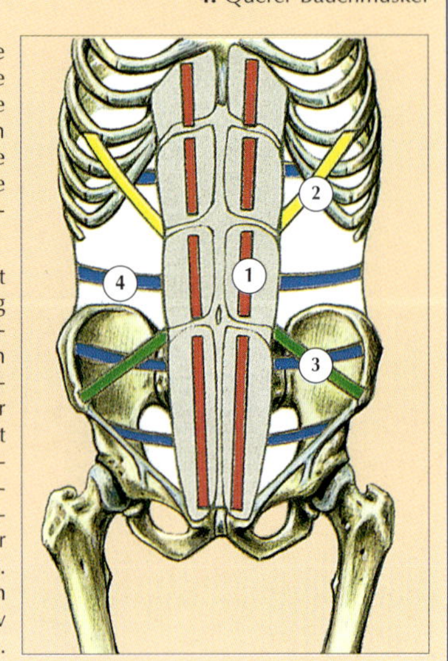

DREHEN DES OBERKÖRPERS MIT STAB

29

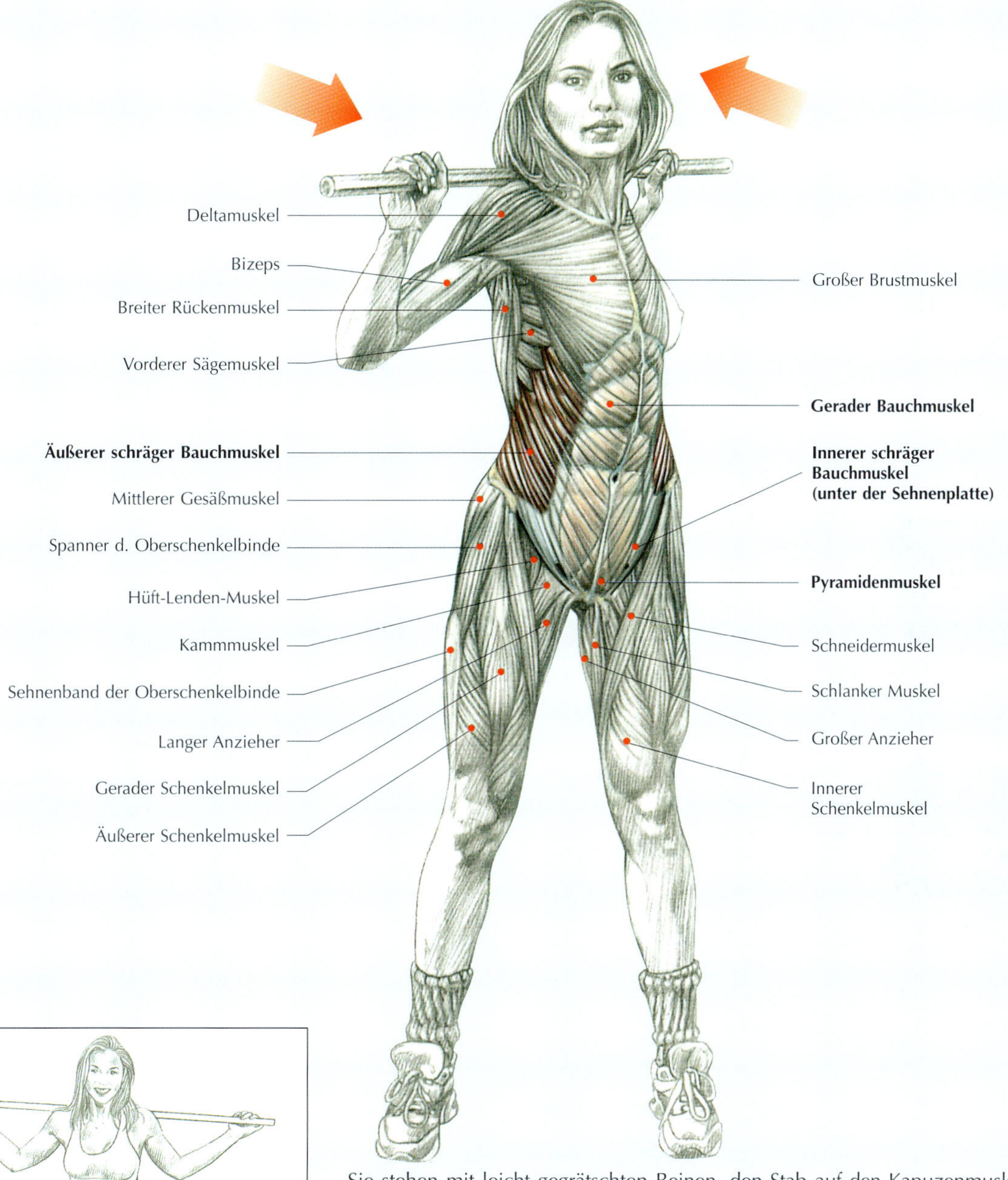

VARIATION
AUF EINER BANK SITZEND

Sie stehen mit leicht gegrätschten Beinen, den Stab auf den Kapuzenmuskel über den hinteren Teil des Deltamuskels gelegt; die Hände halten den Stab, ohne Druck auszuüben:

– Den Oberkörper von einer Seite zur anderen drehen und wieder zurück und dabei das Becken durch eine isometrische Anspannung der Gesäßmuskeln unbeweglich halten.

Wird die rechte Schulter nach vorn geführt, trainiert diese Übung den rechten äußeren schrägen Bauchmuskel, in der Tiefe den linken inneren schrägen Bauchmuskel und in geringerem Maße den geraden Bauchmuskel und den viereckigen Lendenmuskel sowie die Rückenstrecker der linken Seite. Um die Übung zu intensivieren, kann der Rücken dabei leicht rund gemacht werden. Die Übung kann auch im Sitzen ausgeführt werden, wobei die Knie fest aneinander gedrückt werden, um dadurch das Becken unbeweglich zu halten und die gesamte Bewegung auf die Bauchmuskulatur zu konzentrieren.

Mit langen Sätzen von einigen Minuten sind die besten Resultate zu erreichen.

30 DREHEN DES OBERKÖRPERS IM SITZEN MIT STAB

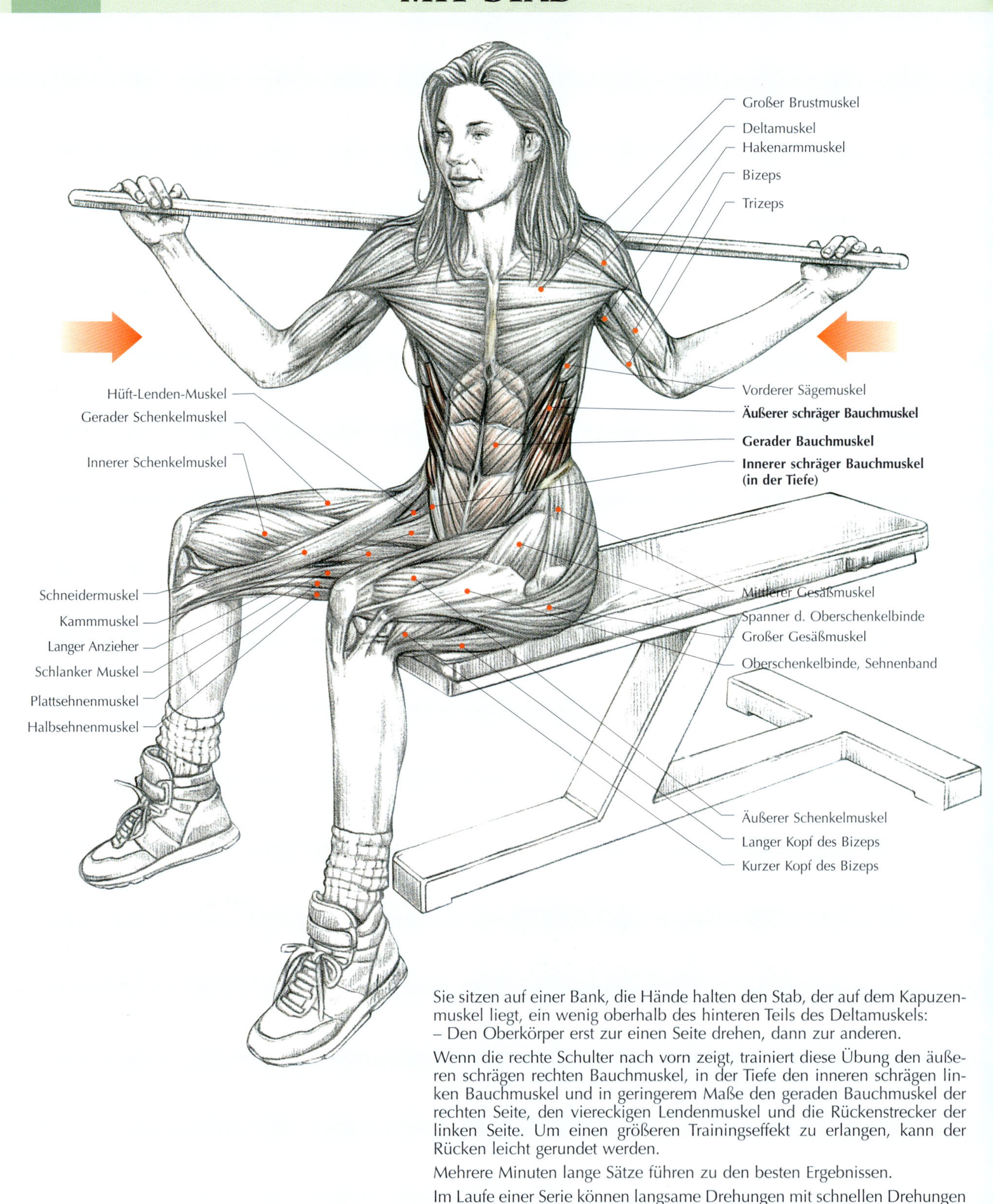

Sie sitzen auf einer Bank, die Hände halten den Stab, der auf dem Kapuzenmuskel liegt, ein wenig oberhalb des hinteren Teils des Deltamuskels:
– Den Oberkörper erst zur einen Seite drehen, dann zur anderen.

Wenn die rechte Schulter nach vorn zeigt, trainiert diese Übung den äußeren schrägen rechten Bauchmuskel, in der Tiefe den inneren schrägen linken Bauchmuskel und in geringerem Maße den geraden Bauchmuskel der rechten Seite, den viereckigen Lendenmuskel und die Rückenstrecker der linken Seite. Um einen größeren Trainingseffekt zu erlangen, kann der Rücken leicht gerundet werden.

Mehrere Minuten lange Sätze führen zu den besten Ergebnissen.

Im Laufe einer Serie können langsame Drehungen mit schnellen Drehungen abgewechselt werden, zum Beispiel 100 langsame Drehungen, gefolgt von 50 schnellen Drehungen.

DIE NEIGUNG DES BECKENS

VERGLEICH DER NEIGUNG DES BECKENS BEI DER FRAU UND BEIM MANN

A

B

A

B

Beim Vergleich des Beckens von Männern und Frauen fällt auf, dass das Becken der Frau in der Regel ein wenig weiter nach vorn geneigt ist. Durch diese Verdrehung nach vorn steht das Gesäß weiter heraus und das Schambein sitzt tiefer zwischen den Oberschenkeln, wodurch der Eindruck entsteht, dass der untere Bauch ein wenig vorsteht. Dieser typisch weibliche »kleine Bauch« steht im Kontrast zu der beim Mann häufiger auftretenden senkrechten Bauchwand mit einem gleichzeitig weniger nach vorn gedrehten Becken.

Die Beckenstellung bei der Frau verhindert während einer Schwangerschaft, dass das im Bauch getragene Kind die Eingeweide zu stark zusammenpresst, denn sein Gewicht liegt zum Teil auf der Bauchmuskulatur.

A: Vorderer oberer Darmbeinstachel

B: Schambeinhöcker

DAS INNERE DES BAUCHES BEI EINER SCHWANGEREN FRAU

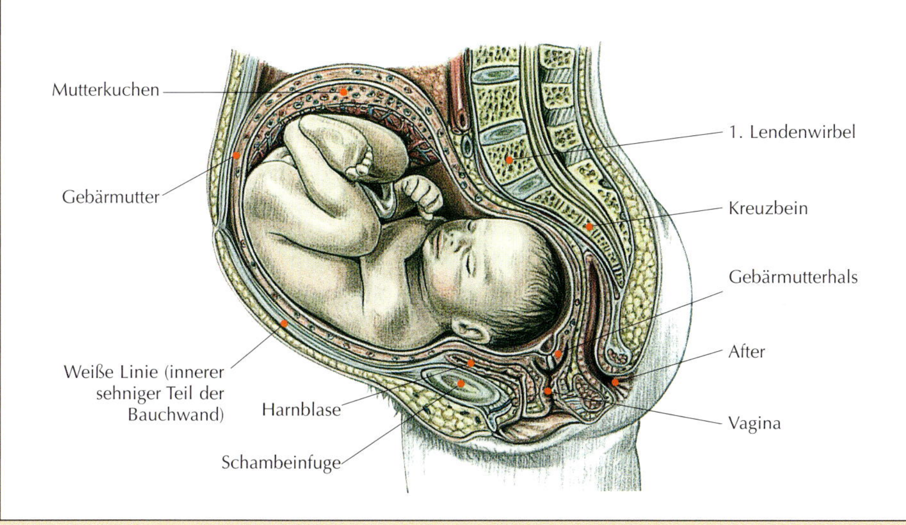

Anmerkung:

Durch die nach vorn geneigte Stellung des Beckens bei der Frau (in *Anteversion)* kann ein Teil des Gewichts des im Bauch getragenen Kindes von der Bauchmuskulatur gehalten werden. Daher werden diese Muskeln auch mit einer »Hängematte« verglichen.

31 DREHEN DES OBERKÖRPERS IM SITZEN AM GERÄT

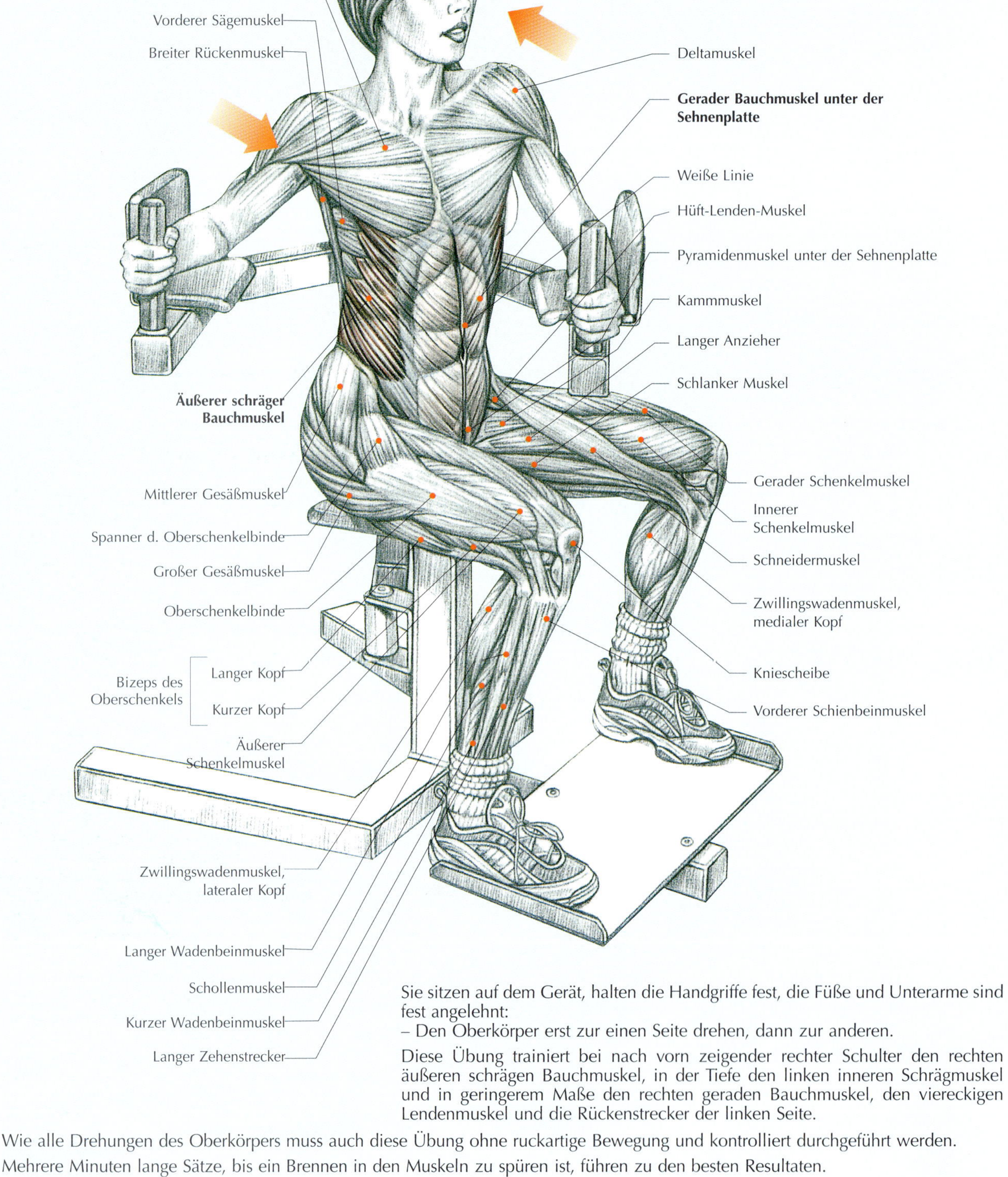

Sie sitzen auf dem Gerät, halten die Handgriffe fest, die Füße und Unterarme sind fest angelehnt:

– Den Oberkörper erst zur einen Seite drehen, dann zur anderen.

Diese Übung trainiert bei nach vorn zeigender rechter Schulter den rechten äußeren schrägen Bauchmuskel, in der Tiefe den linken inneren Schrägmuskel und in geringerem Maße den rechten geraden Bauchmuskel, den viereckigen Lendenmuskel und die Rückenstrecker der linken Seite.

Wie alle Drehungen des Oberkörpers muss auch diese Übung ohne ruckartige Bewegung und kontrolliert durchgeführt werden. Mehrere Minuten lange Sätze, bis ein Brennen in den Muskeln zu spüren ist, führen zu den besten Resultaten.

»TWIST«

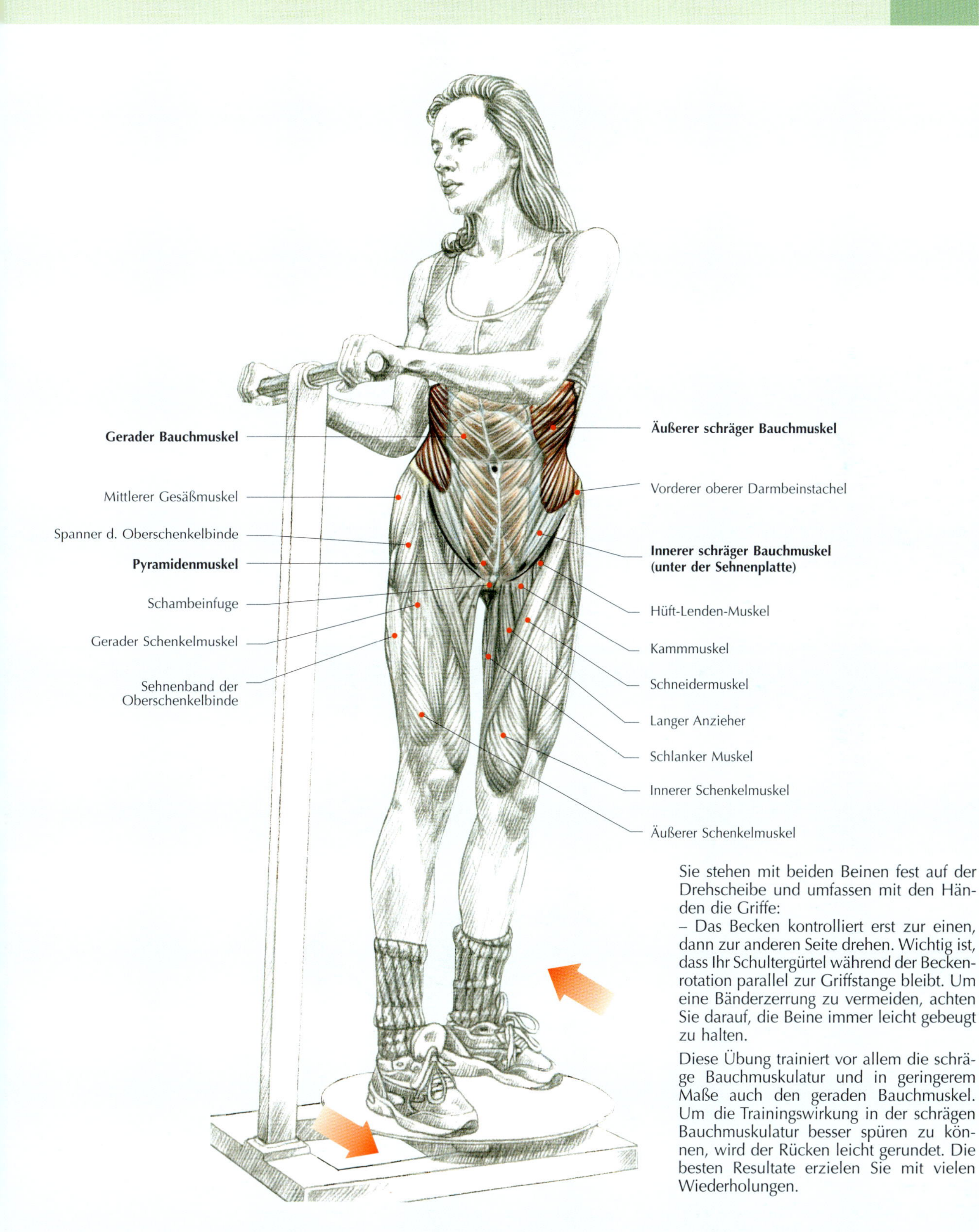

Sie stehen mit beiden Beinen fest auf der Drehscheibe und umfassen mit den Händen die Griffe:

– Das Becken kontrolliert erst zur einen, dann zur anderen Seite drehen. Wichtig ist, dass Ihr Schultergürtel während der Beckenrotation parallel zur Griffstange bleibt. Um eine Bänderzerrung zu vermeiden, achten Sie darauf, die Beine immer leicht gebeugt zu halten.

Diese Übung trainiert vor allem die schräge Bauchmuskulatur und in geringerem Maße auch den geraden Bauchmuskel. Um die Trainingswirkung in der schrägen Bauchmuskulatur besser spüren zu können, wird der Rücken leicht gerundet. Die besten Resultate erzielen Sie mit vielen Wiederholungen.

33 BAUCHEINZIEHEN IM SITZEN

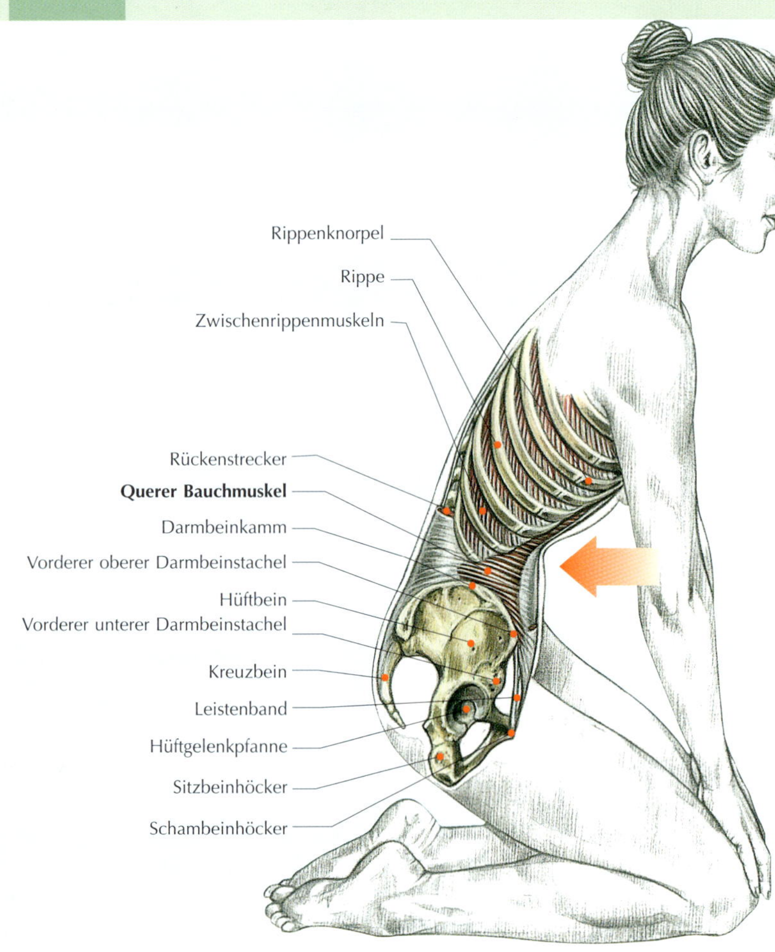

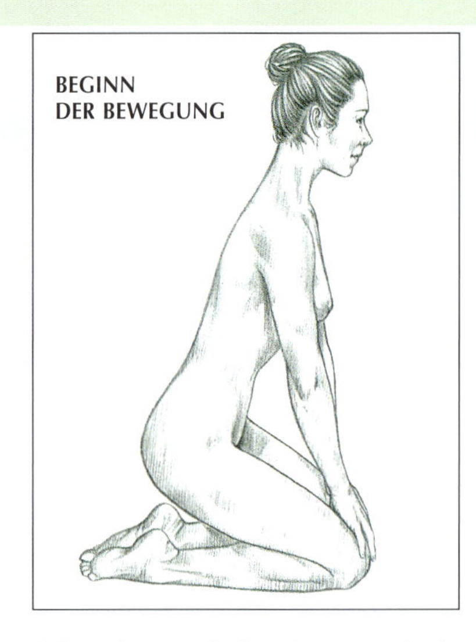

Sie knien sich hin, das Gesäß über den Fersen leicht angehoben, die Arme gestreckt, die Hände auf die Oberschenkel gestützt, der Rücken ein wenig rund:
– Einatmen, den Atem anhalten und den Bauch so weit wie möglich einziehen;
– in die Ausgangsposition zurückkehren und dabei ausatmen.

Diese Übung trainiert vor allem den queren Bauchmuskel, den tiefsten Muskel im Bauch, dessen bogenförmige und horizontale Anteile bei der Kontraktion den Durchmesser der Bauchregion verkleinern.

Diese Bewegung ist für junge Mütter empfehlenswert, denn dadurch können die queren Bauchmuskeln gestärkt werden, die während der Schwangerschaft häufig erschlafft sind.

Anmerkung:
Da das Anspannen des queren Bauchmuskels nicht leicht zu spüren ist, ist es ratsam, sich auf die Muskelarbeit und nicht auf die Intensität des Trainings zu konzentrieren.

Variation:
Das Training für den queren Bauchmuskel kann auch »auf allen Vieren« mit leicht rundem Rücken durchgeführt werden. Wie bei der Bewegung im Sitzen müssen Sie dabei einatmen, den Atem anhalten, den Bauch einziehen und beim Zurückkehren in die Ausgangsposition ausatmen.

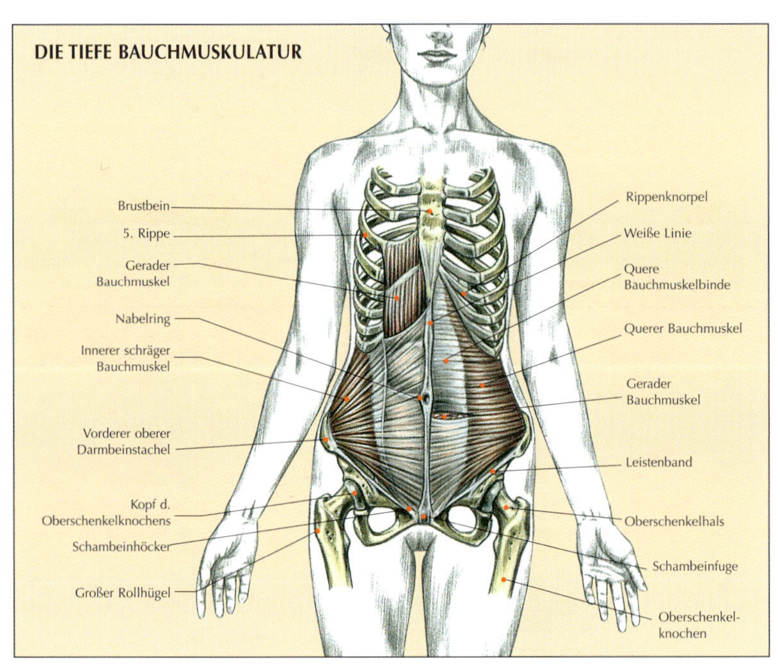

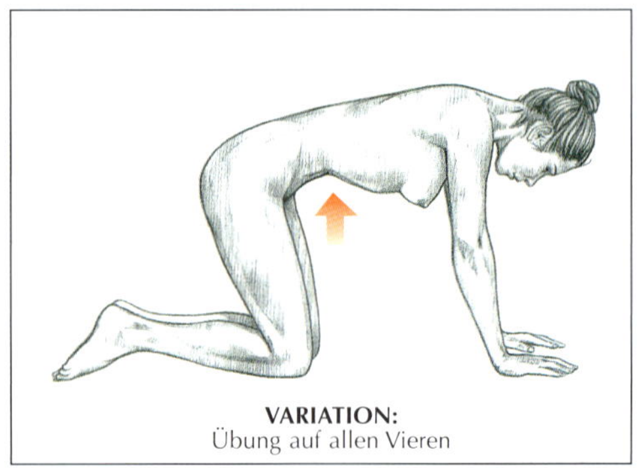

VARIATION:
Übung auf allen Vieren

KRÄFTIGUNG DER BAUCHMUSKULATUR IM ELLBOGENSTÜTZ

34

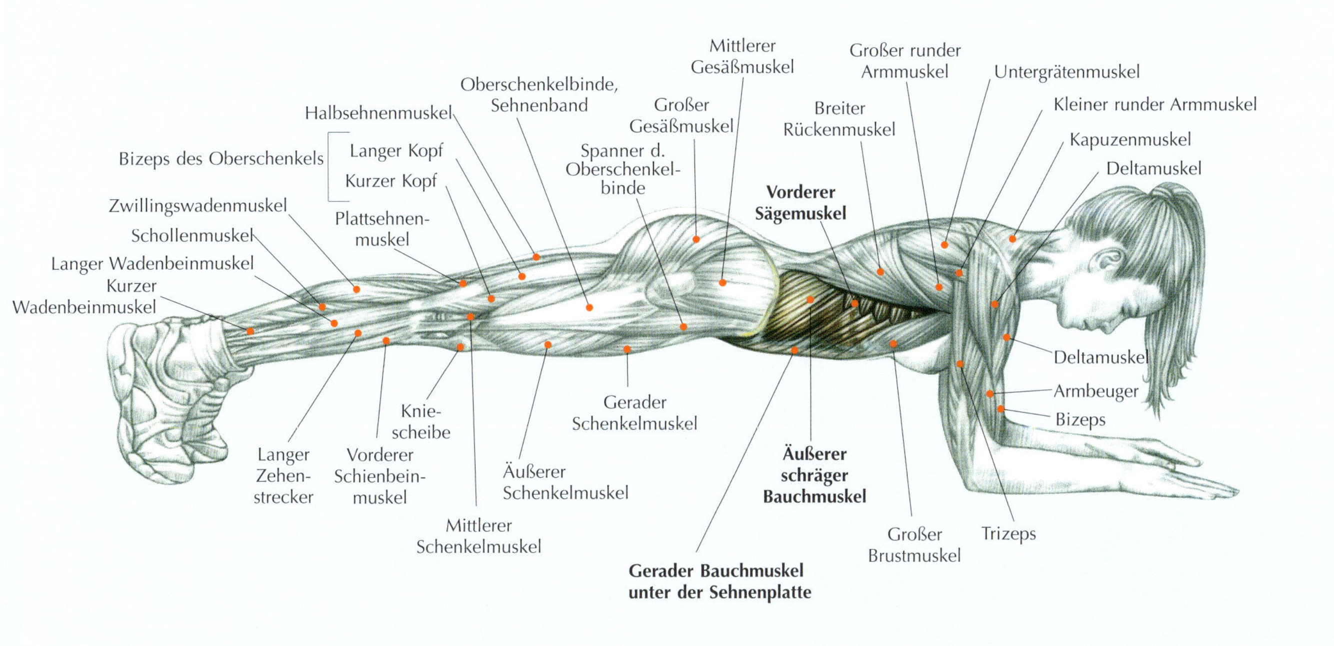

Sie stützen sich bäuchlings mit den Vorderarmen am Boden auf die Ellbogen, setzen die Fußspitzen auf und versuchen, den Rücken gerade zu halten:
– Etwa 10 bis 30 Sekunden in dieser Stellung bleiben, dabei daran denken, normal zu atmen und auf den Boden zu blicken, sodass der Kopf nicht allzu sehr angehoben und die Nackenmuskulatur nicht zu sehr verkürzt wird.

Diese Übung trainiert hauptsächlich die geraden Bauchmuskeln sowie die äußeren und inneren schrägen Bauchmuskeln.

Während der Übung werden ebenfalls die vorderen Sägemuskeln stark beansprucht, um die Schulterblätter eng gegen den Brustkorb zu halten.

Anmerkung:

Die waagerechte Haltung führt zu einer stabilisierenden oder isometrischen Übung, das heißt die Muskelanspannung verursacht keine Bewegung im Gelenk.

Es ist empfehlenswert, sie nach dynamischen Übungen in ein Trainingsprogramm zu setzen, also nach einer Bewegung im Gelenk, wie etwa Sit ups oder Crunches.

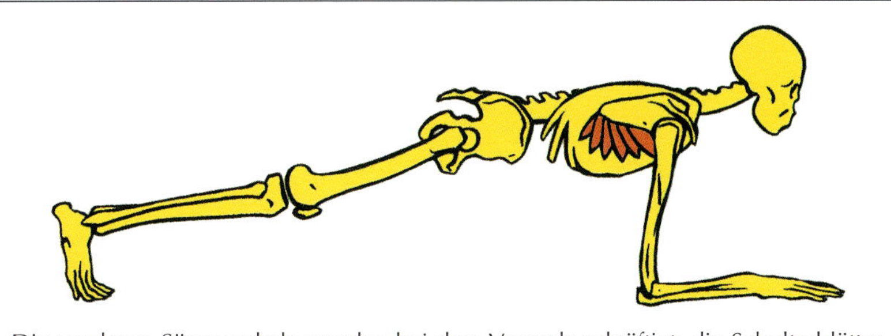

Die vorderen Sägemuskeln werden bei dem Versuch gekräftigt, die Schulterblätter an den Brustkorb heranzupressen.

VARIATIONEN:

1. Um die schrägen Bauchmuskeln intensiver zu trainieren, kann eine seitliche Position eingenommen werden (seitlicher Ellbogenstütz).

2. Es kann in dieser Haltung auch eine leichte Bewegung durchgeführt werden, indem Sie das Becken langsam nach unten senken und dann wieder in die Ausgangsposition zurückkehren.

Bei der letzten Variation ist es empfehlenswert, kurze Sätze mit 10 Wiederholungen auszuführen.

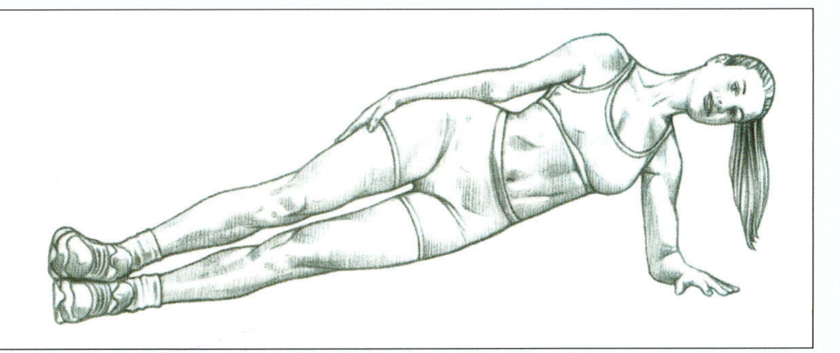

DER RÜCKEN

1. Oberkörperheben am Boden
2. Diagonalstütz
3. Oberkörperheben auf dem Gerät
4. Rumpfaufrichten
5. Rumpfaufrichten im Sumo-Ringer-Stil
6. Strecken des Oberkörpers am Gerät

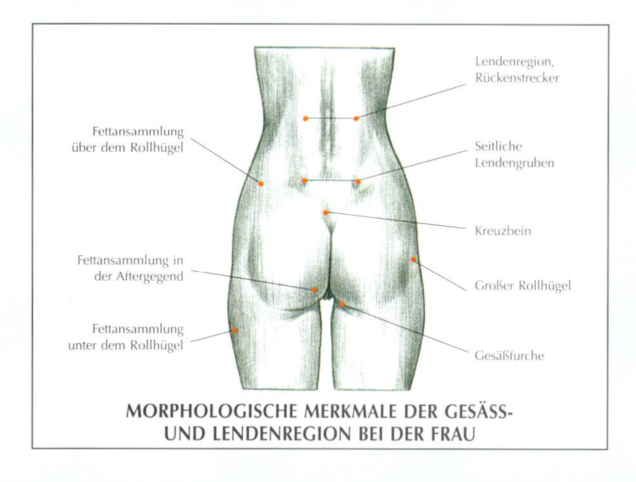

MORPHOLOGISCHE MERKMALE DER GESÄSS- UND LENDENREGION BEI DER FRAU

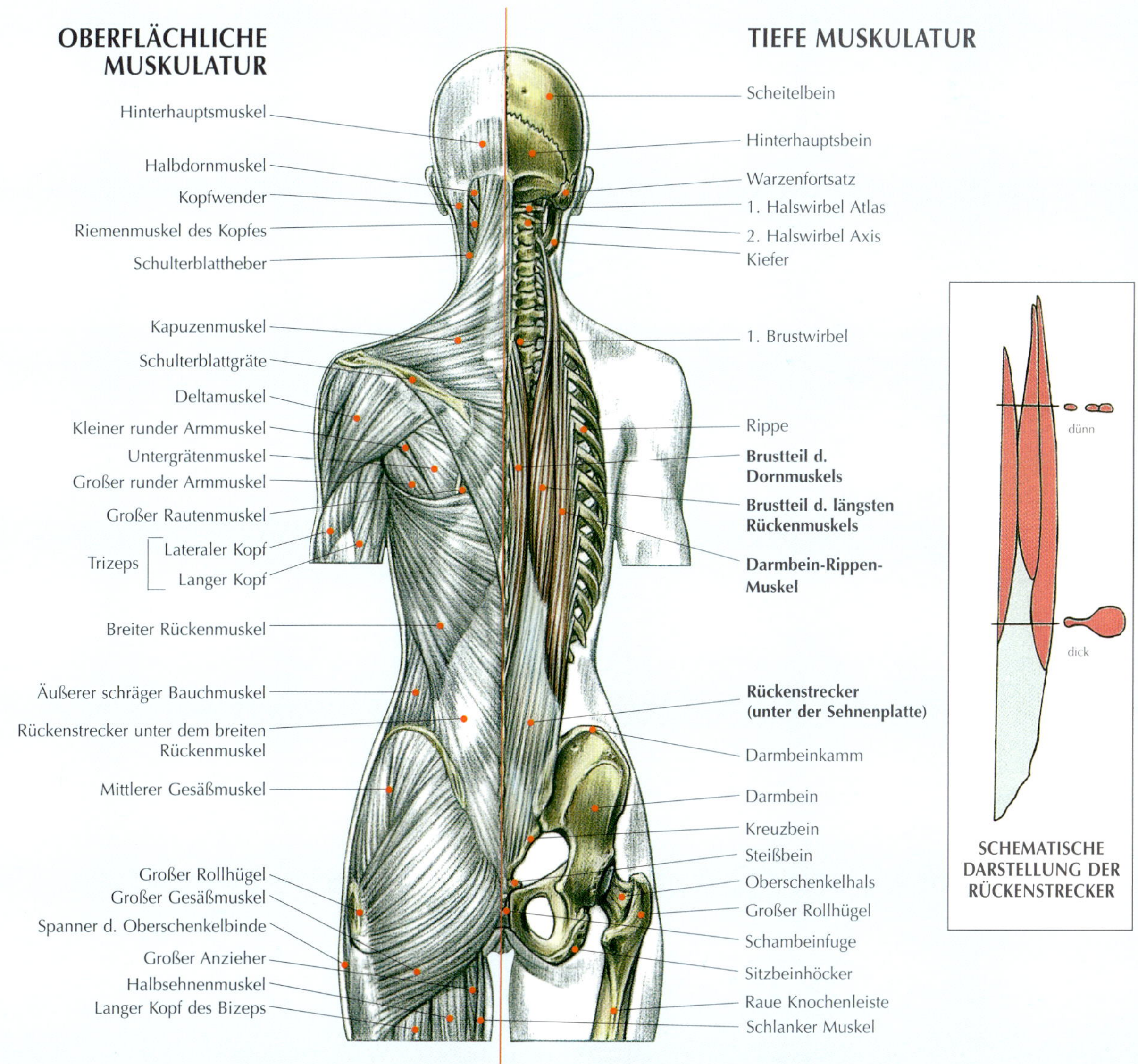

SCHEMATISCHE DARSTELLUNG DER RÜCKENSTRECKER

1 OBERKÖRPERHEBEN AM BODEN

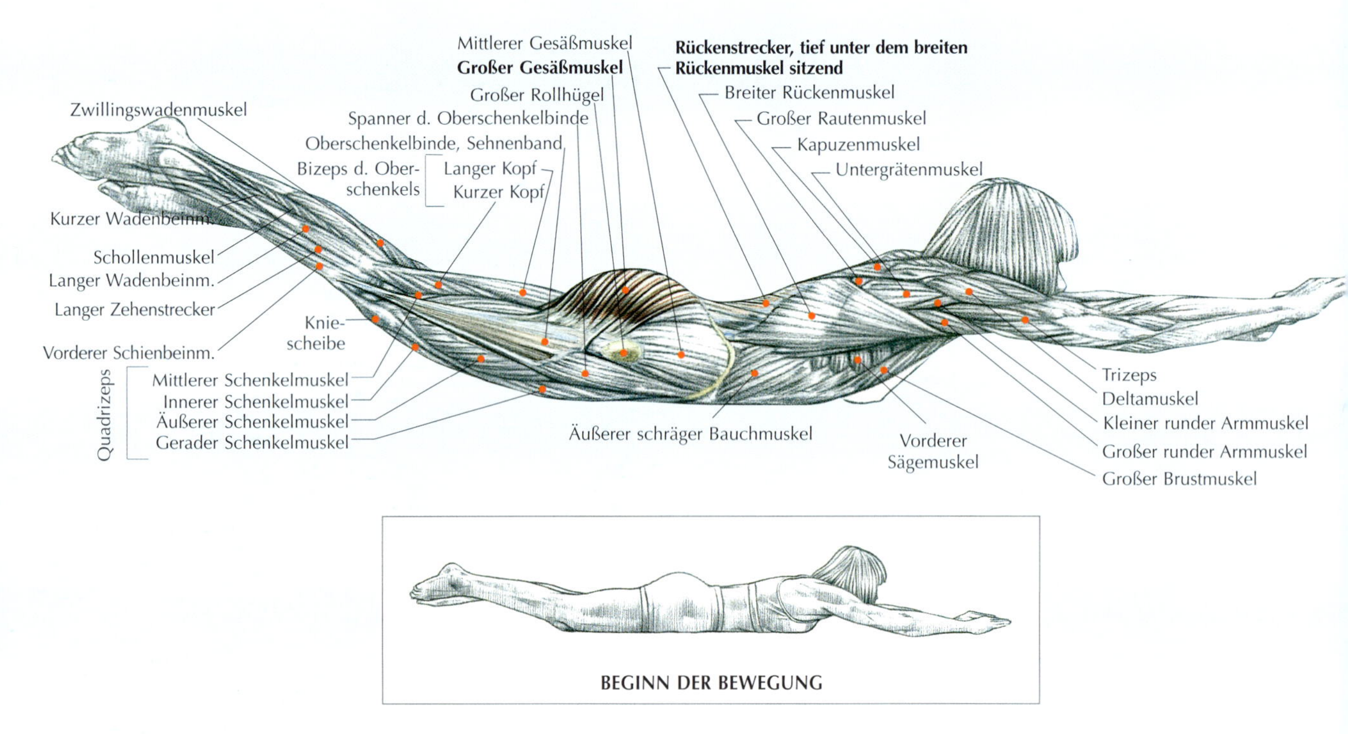

BEGINN DER BEWEGUNG

Sie liegen bäuchlings auf dem Boden, halten den Kopf hoch und schauen geradeaus, die Arme und Beine sind gestreckt und ein wenig vom Boden angehoben:
– Den Oberkörper strecken und dabei versuchen, die Arme und Beine so weit wie möglich anzuheben;
– Muskelanspannung einige Sekunden halten und in die Ausgangsposition zurückkehren.

Langsame Sätze mit 10 bis 15 Wiederholungen führen zu den besten Resultaten.

Wenn keine Trainingsgeräte zur Verfügung stehen, können mit dieser Übung die gesamten Rückenstrecker hervorragend und ganz besonders die Muskeln in der Lendenregion trainiert werden. Außerdem werden die großen Gesäßmuskeln gekräftigt sowie die Muskeln des Nackens (Riemenmuskel, Halbdornmuskel und der obere Teil – am Schlüsselbein– des Kapuzenmuskels).

VARIATION (NACH ARLOW)

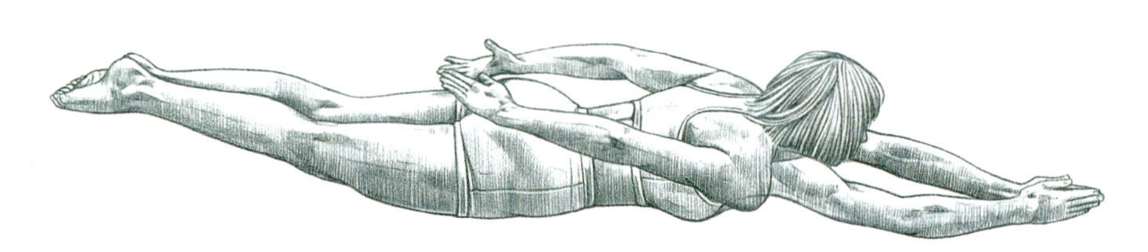

Sie liegen flach auf dem Bauch, den Kopf angehoben und sehen nach vorne, machen ein leichtes Hohlkreuz, die Arme und Beine sind einige Zentimeter über dem Boden gestreckt, die Hände zusammen:
– Versuchen Sie, die Hände auf dem Rücken zusammenzuführen und in die Ausgangsposition zurückzukehren, ohne dabei den Boden mit den Händen oder Füßen zu berühren.

Sätze mit 10 bis 15 Wiederholungen führen zu guten Resultaten.

Wie beim Oberkörperheben am Boden trainiert diese Übung die gesamten Rückenstrecker, bei der Annäherung der Arme auf dem Rücken werden jedoch auch der große Rautenmuskel und die mittlere und untere Partie des Kapuzenmuskels gekräftigt.

Anmerkung:
Da die Arme in großer Schwingungsamplitude gedreht werden, darf diese Übung nicht von Personen mit einer Erkrankung am Schultergürtel, das heißt an einer oder an beiden Schultern, ausgeführt werden.

DIAGONALSTÜTZ

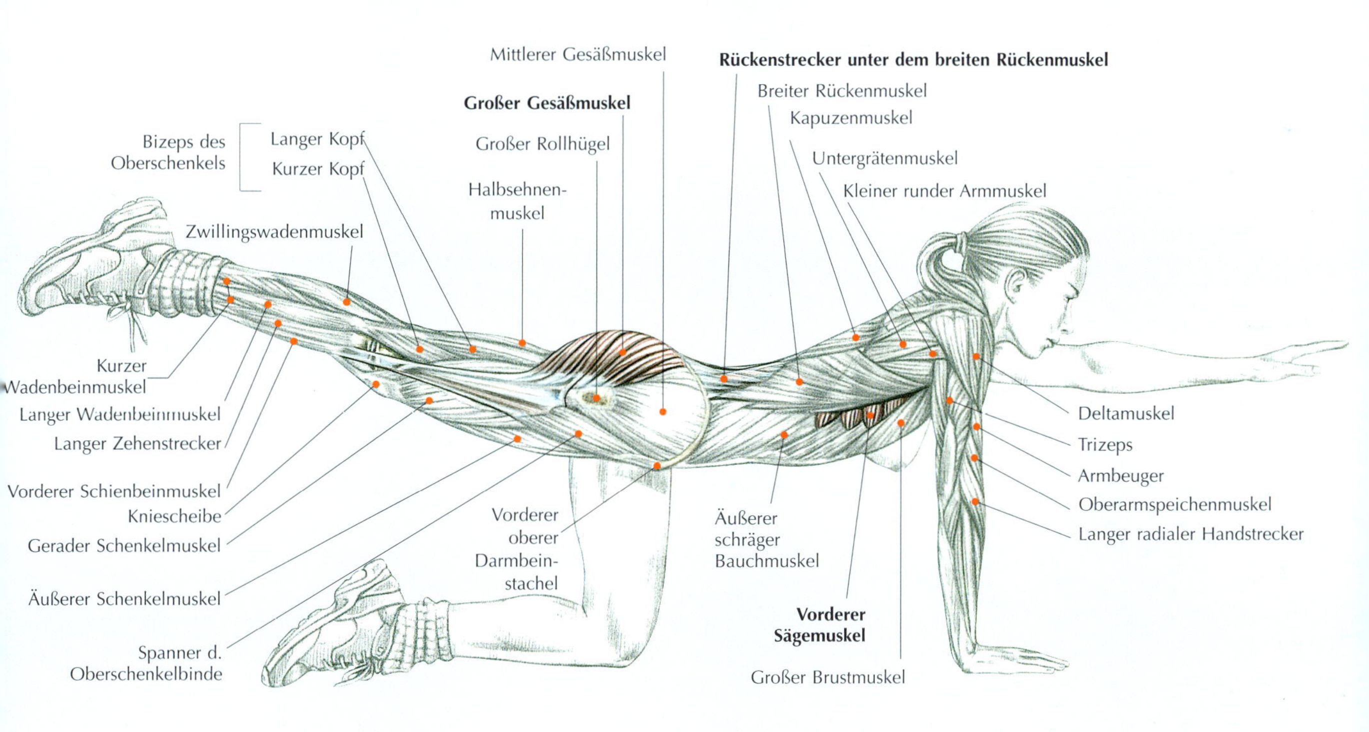

Sie knien auf dem linken Bein und stützen sich auf die rechte Hand:
– Beim Einatmen das rechte Bein und den linken Arm langsam anheben und dabei den Rücken so gerade wie möglich halten; am Ende der Bewegung ausatmen;
– diese Stellung für 10 bis 20 Sekunden halten, dabei langsam atmen, und in die Ausgangsposition zurückkehren;
– von neuem beginnen und dabei die Seite wechseln.

Diese Übung trainiert die großen Gesäßmuskeln, die viereckigen Lendenmuskeln, die gesamten Rückenstrecker (tiefe Rückenmuskeln entlang der Wirbelsäule) sowie den Deltamuskel, während der Arm angehoben ist.

Es ist festzuhalten, dass der vordere Sägemuskel, der sich auf der Seite der Stützhand befindet, ebenfalls gekräftigt wird, da er dabei versucht, das Schulterblatt an den Oberkörper anliegend zu halten.

Variation:
Diese Übung kann auch mit wechselseitigem Anheben ohne Pause am Ende der Bewegung praktiziert werden.

3 OBERKÖRPERHEBEN AUF DEM GERÄT

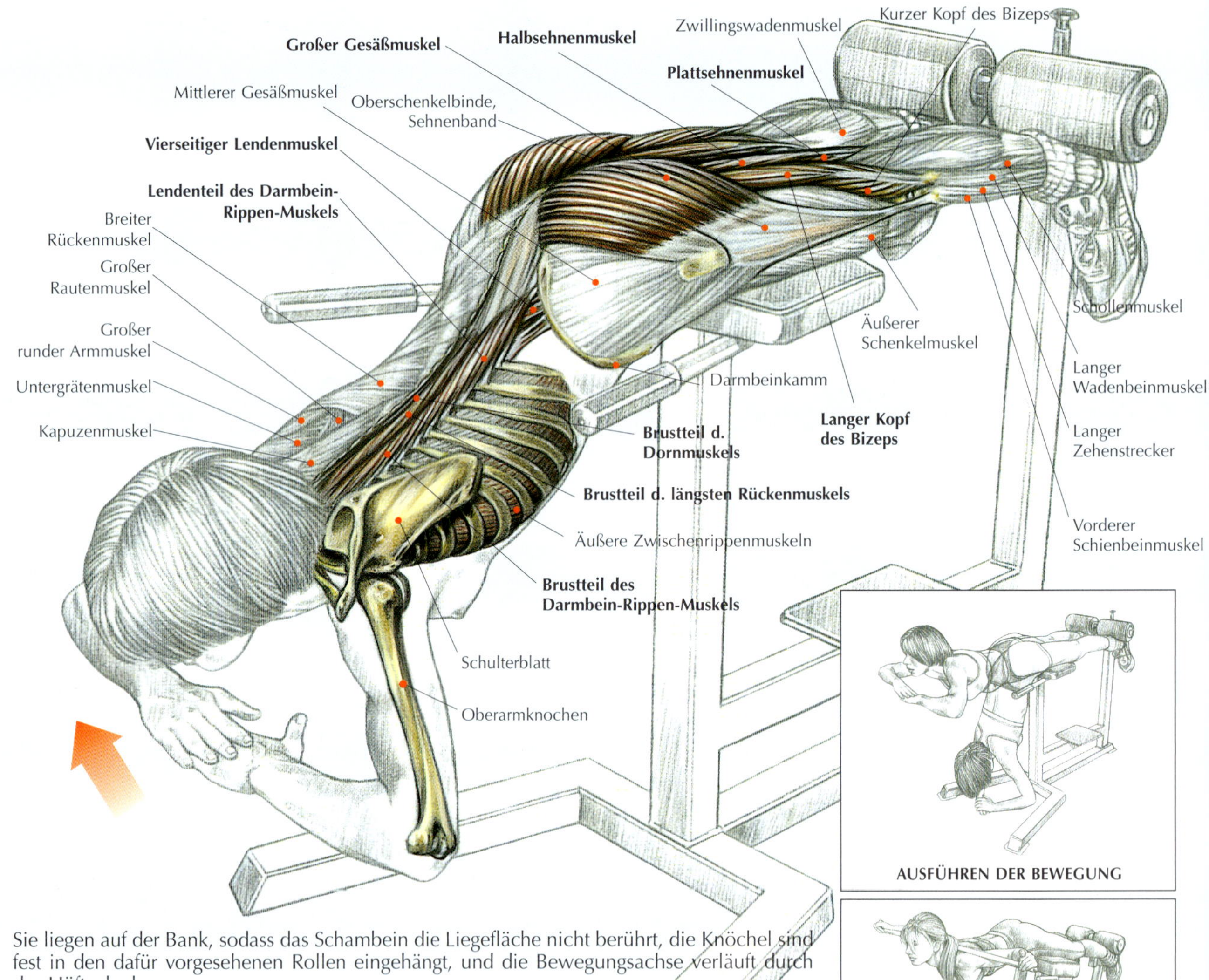

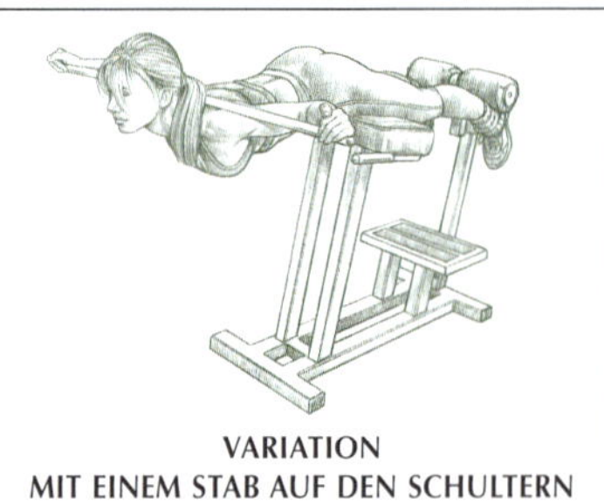
AUSFÜHREN DER BEWEGUNG

VARIATION
MIT EINEM STAB AUF DEN SCHULTERN

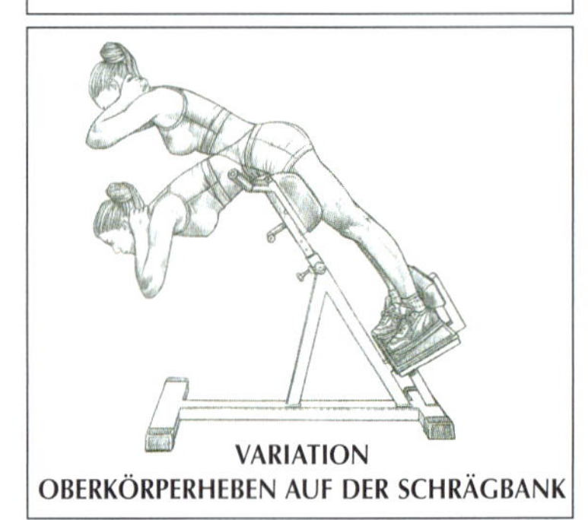
VARIATION
OBERKÖRPERHEBEN AUF DER SCHRÄGBANK

Sie liegen auf der Bank, sodass das Schambein die Liegefläche nicht berührt, die Knöchel sind fest in den dafür vorgesehenen Rollen eingehängt, und die Bewegungsachse verläuft durch das Hüftgelenk:
– Lassen Sie den Oberkörper zuerst nach unten sinken und heben ihn dann nach oben bis in die Waagerechte. Der Kopf wird ebenfalls gehoben. Danach strecken Sie den Rücken weiter nach oben, sodass die Kurve im Lendenbereich deutlich sichtbar ist.
Diese Übung muss mit Bedacht ausgeführt werden, um den Rücken zu schonen.
Sie trainiert vor allem die Gesamtheit der Rückenstrecker, den viereckigen Lendenmuskel und in geringerem Maße den großen Gesäßmuskel und die Muskeln der Oberschenkelrückseite, mit Ausnahme des kurzen Kopfes des Biceps femoris. Außerdem ist das Vornüberhängen des Oberkörpers hervorragend dazu geeignet, den unteren Rücken zu dehnen. Wird das Becken auf der Bank ein wenig nach hinten verschoben, wird es unbeweglich und die Bewegungsachse im Körper wird nach oben verlagert, sodass sich die Anstrengung mehr auf die unteren Partien der Rückenstrecker konzentriert, aber auch vermindert, da die Reichweite der Bewegung eingeschränkt und das zu hebende Körpergewicht verringert sind.
Für eine intensivere Wirkung kann am Ende der Bewegung der Oberkörper für einige Sekunden in der Waagerechten gehalten werden. Anfängerinnen wird eine Schrägbank empfohlen, die ein bequemeres Ausführen der Übung ermöglicht.

Variationen:

1. Wird der Oberkörper mit einem Stab auf der Schulter angehoben, wird der obere Rücken unbeweglich; der Trainingseffekt konzentriert sich damit auf den unteren Teil der Rückenstrecker.
2. Mit einem spezifischen Gerät lässt sich das Training auf den Bereich um Kreuzbein und Lende in der Wirbelsäule konzentrieren (s. S. 135, Strecken des Oberkörpers am Gerät).
3. Um einen größeren Trainingseffekt zu erzielen, kann die Übung mit einer Gewichtsscheibe von einigen Kilo vor die Brust gebunden oder im Nacken gehalten ausgeführt werden.

DER HEXENSCHUSS

Der Hexenschuss ist das in der Lendenregion am meisten verbreitete schmerzhafte Leiden. Häufig ist er nur leicht und dann meistens auf Verspannungen in den kleinen Muskeln neben der Wirbelsäule tief im Rücken zurückzuführen, die im Prinzip die Knochenfortsätze für den Sehnenansatz der einzelnen Wirbel miteinander verbinden.

Wenn im Laufe einer schlecht kontrollierten Drehung oder Streckung der Wirbelsäule einer dieser kleinen Muskeln übermäßig gedehnt wird oder einen kleinen Riss erleidet, spannt dieser sich automatisch an, was gleichzeitig auch zur Anspannung der benachbarten Muskeln, aber auch der oberflächennäheren Rückenstrecker führt. Der Rücken stellt sich so fest, was zu Schmerzen führt. Durch diese Verspannung wird jedoch Bewegungen Einhalt geboten, die einen Riss in den kleinen tiefen Muskel bewirken oder eine Verstärkung eines solchen Risses nach sich ziehen könnten.

Diese unwillkürliche Dauerverkürzung eines Teils der Rückenmuskeln hält für eine gewisse Zeit an und verschwindet meistens, wenn die Schädigung des kleinen tiefen Muskels verheilt ist. Es kommt jedoch vor, dass der Hexenschuss sich festsetzt und die lokalen unwillkürlichen Dauerverkürzungen im Rücken sogar nach der Heilung noch mehrere Wochen anhalten, bei manchen Menschen sogar einige Jahre.

GRAFISCHE DARSTELLUNG DER KLEINEN TIEFEN RÜCKENMUSKELN

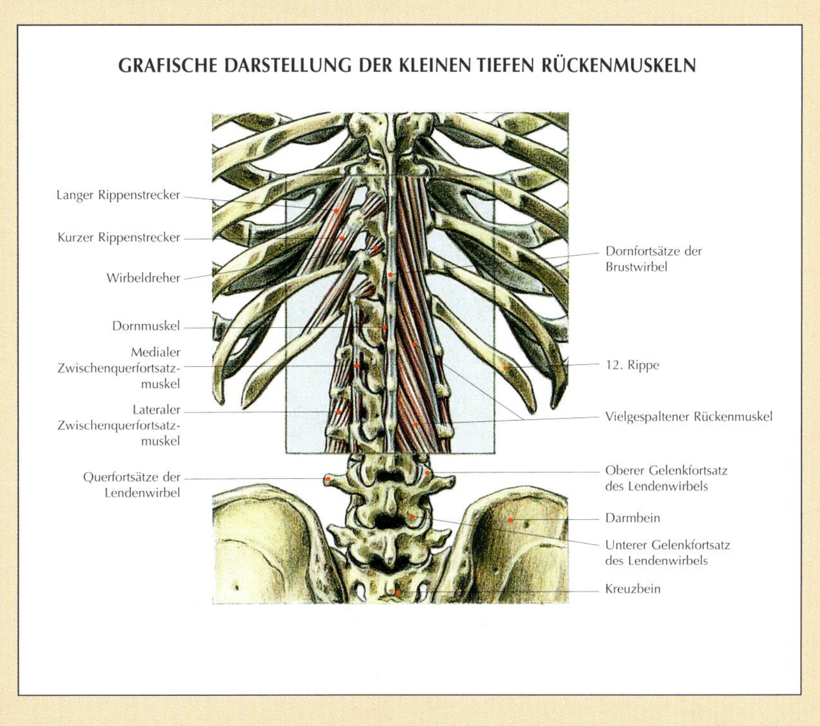

Anmerkung:
Obwohl der Hexenschuss – eine schmerzhafte unwillkürliche Dauerverkürzung der Rückenmuskeln – eigentlich nur eine leichtere Verletzung ist, kann er auch in Verbindung mit viel schwereren Wirbelerkrankungen auftreten, wie etwa einem Bandscheibenvorfall, Rissen in Muskeln und Bändern neben der Wirbelsäule oder Frakturen.

IST EIN HOHLKREUZ SINNVOLL?

Für Menschen ohne Erkrankungen an der Wirbelsäule ist es gefahrlos, während einer Übung ein Hohlkreuz zu machen. Im Gegenteil kann man bei Übungen wie Kniebeugen (Seite 46) und Rumpfaufrichten (Seite 132), bei denen das Rückgrat leicht ins Hohlkreuz gebracht wird, durch diese Haltung Verletzungen vermeiden.

Bei manchen Menschen kann sich jedoch ein Hohlkreuz im Laufe einer Übung als sehr gefährlich herausstellen, und zwar:

- Bei Personen, die an einem angeborenen Defekt im Bereich des Wirbelbogens (*Spondylolyse*) leiden, kann die Streckung des Rückgrats in der Lendenregion zu einem Verschieben des Wirbels führen (*Spondylolisthesis*) und die Nerven können dort stark eingeklemmt werden (was ein Ischiassyndrom auslöst).
- Bei Personen, bei denen das Wachstum noch nicht beendet ist oder die auf Grund ihres Alters an einer Mineralienarmut leiden (*Osteoporose*), kann ein Strecken der Wirbelsäule in der Lendenregion einen Bruch des Wirbelbogens nach sich ziehen. Nachdem das hintere Befestigungsgefüge eines Wirbels gebrochen ist, kann dieser wegrutschen und die Nerven stark einklemmen (was dann ein Ischiassyndrom auslöst).

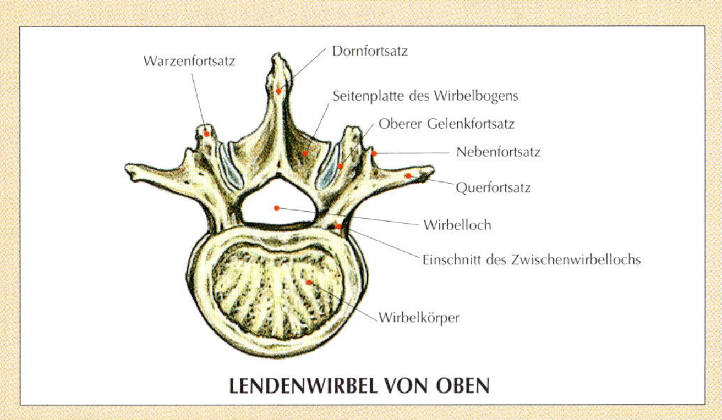

LENDENWIRBEL VON OBEN

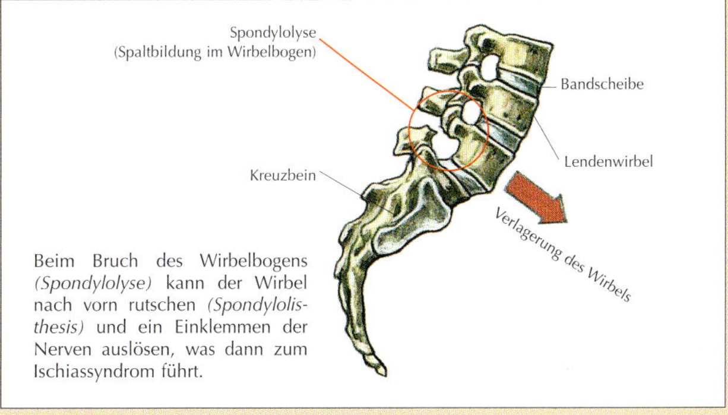

Beim Bruch des Wirbelbogens *(Spondylolyse)* kann der Wirbel nach vorn rutschen *(Spondylolisthesis)* und ein Einklemmen der Nerven auslösen, was dann zum Ischiassyndrom führt.

4 RUMPFAUFRICHTEN

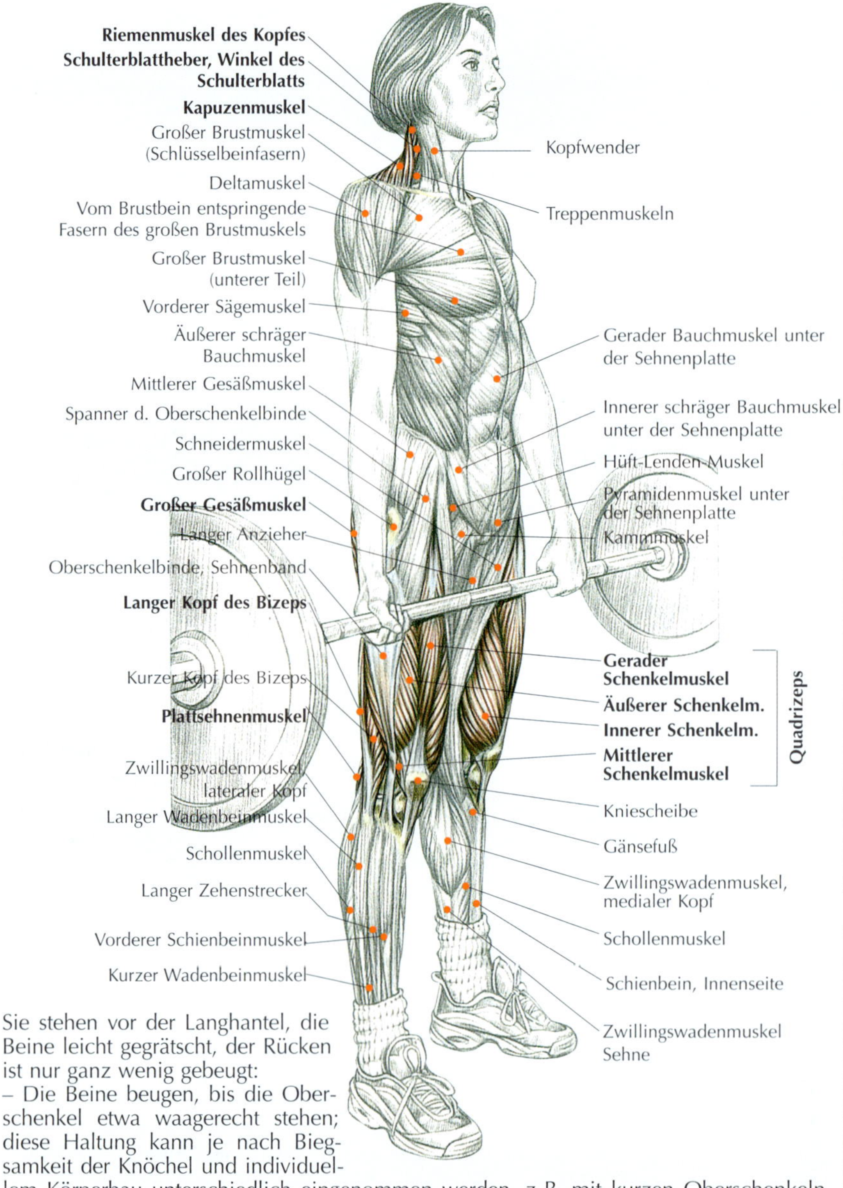

Sie stehen vor der Langhantel, die Beine leicht gegrätscht, der Rücken ist nur ganz wenig gebeugt:
– Die Beine beugen, bis die Oberschenkel etwa waagerecht stehen; diese Haltung kann je nach Biegsamkeit der Knöchel und individuellem Körperbau unterschiedlich eingenommen werden, z.B. mit kurzen Oberschenkeln und kurzen Armen befinden sich die Oberschenkel in der Waagerechten, mit langen Oberschenkeln und langen Armen bleiben die Oberschenkel etwas höher als waagerecht;
– die Langhantel mit gestreckten Armen greifen, die Hände in Pronationsstellung befinden sich in etwas mehr als schulterbreitem Abstand (wenn man eine Hand proniert und die andere supiniert – d.h. eine Hand nach innen, eine nach außen gedreht –, kann die Langhantel nicht wegrollen, und man kann mit höheren Gewichten arbeiten);
– einatmen und den Atem anhalten, die Muskeln des Bauches und der Lendenregion anspannen;
– die Langhantel durch Strecken der Beine anheben, indem sie entlang des Schienbeins hochgezogen wird;
– wenn die Langhantel in Kniehöhe ist, den Oberkörper vollständig aufrichten und die Beine ganz durchstrecken. Am Ende der Übung ausatmen;
– den Körper für 2 Sekunden aufrecht halten, dann die Langhantel unter fortgesetzter Anspannung der Bauchmuskeln und der Muskeln des unteren Rückens wieder ablegen.
Während der gesamten Übung ist es zwingend notwendig, den Rücken gerade zu halten. Diese Übung trainiert die gesamten Muskeln des Körpers und erweist sich als äußerst wirkungsvoll für den Aufbau der Rückenstrecker und der Kapuzenmuskeln.

AUSFÜHREN DER BEWEGUNG

Anmerkung:
Der invertierte Griff verhindert ein Wegrollen der Stange und ermöglicht so das Heben weitaus höherer Gewichte.

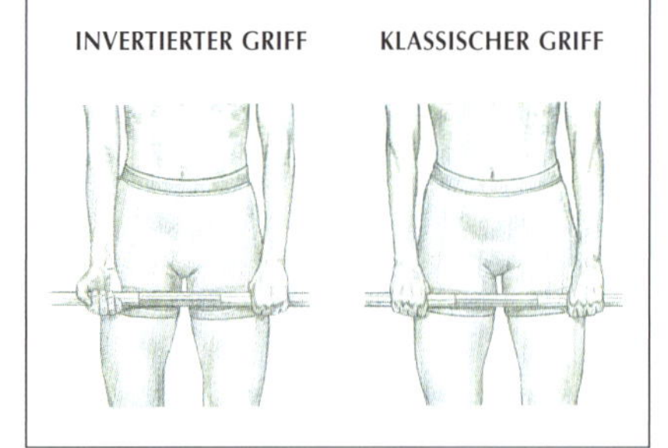

Um jede Verletzungsgefahr zu vermeiden, ist es wichtig, den Rücken während dieser Übung niemals zu beugen.

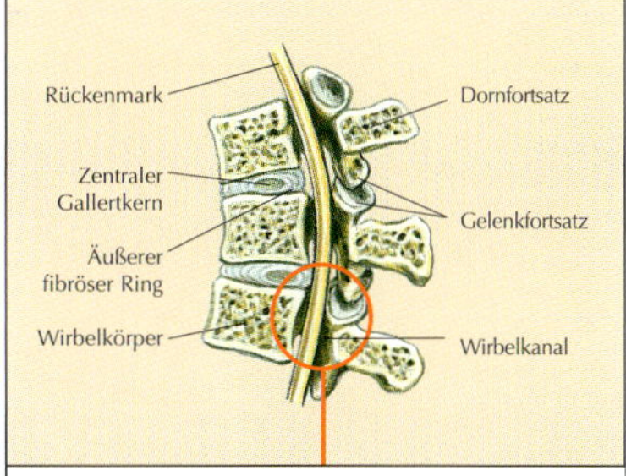

Bei der Beugung der Wirbelsäule wird die Bandscheibe vorn zusammengedrückt. Hinten entsteht ein Spalt zwischen Wirbelkörper und Bandscheibe. Der zentrale Gallertkern wandert nach hinten und übt zunehmenden Druck auf die dort befindlichen Nerven aus (Ischiassyndrom).

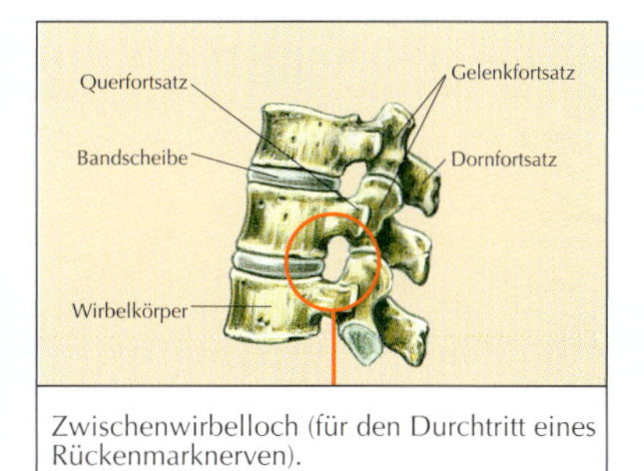

Zwischenwirbelloch (für den Durchtritt eines Rückenmarknerven).

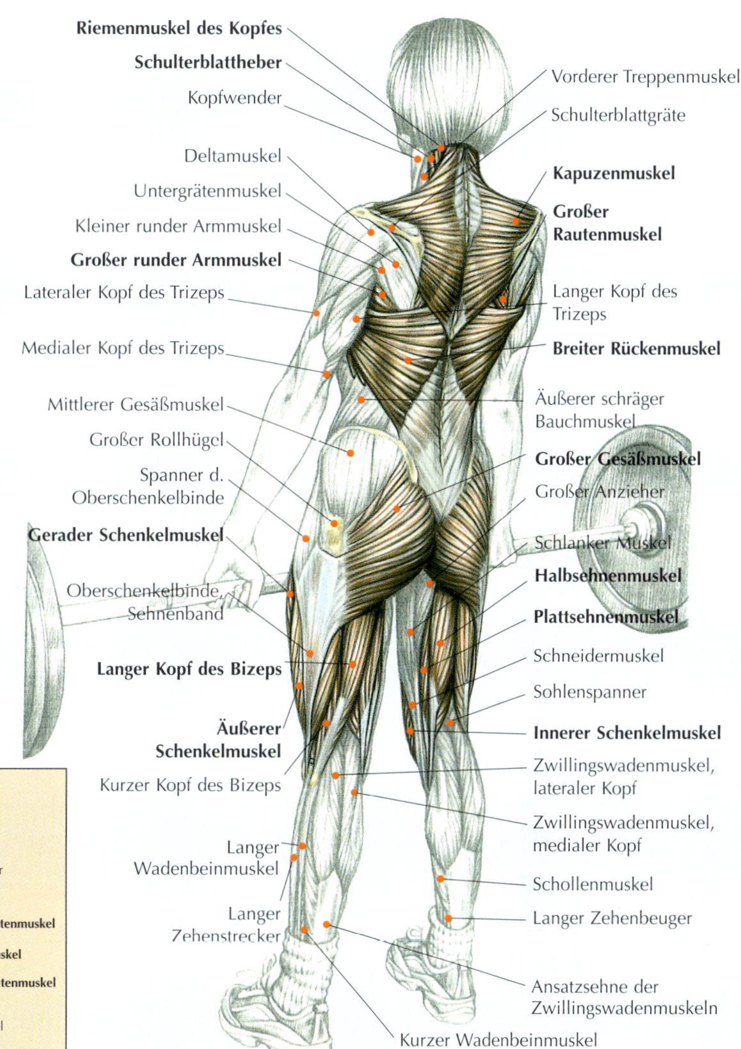

BEIM RUMPFAUFRICHTEN BEANSPRUCHTE MUSKELN (FETT GEDRUCKT)

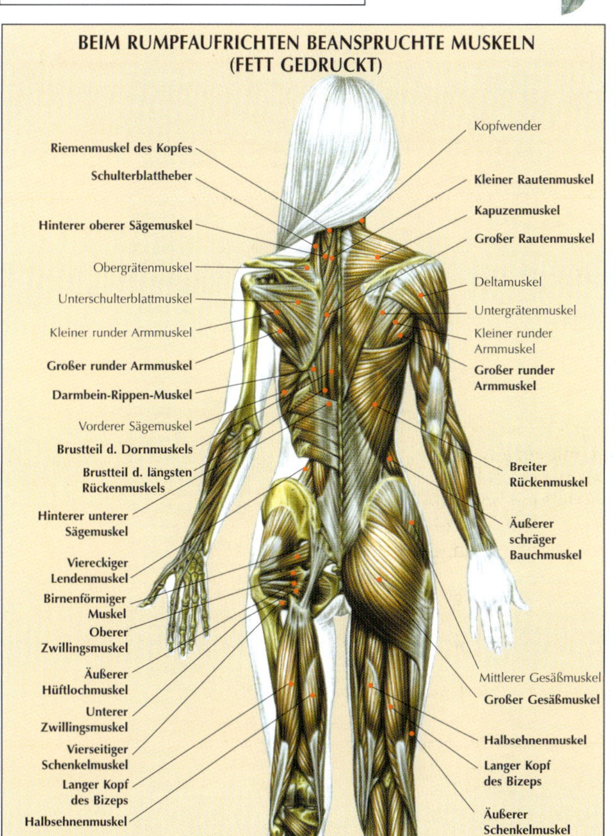

Beim Training mit schweren Gewichten ist es bei den verschiedensten Übungen unerlässlich, eine **»Blockierung«** herbeizuführen:

1. Mit einer tiefen Einatmung wird die Brust wie ein Ballon aufgeblasen und der Atem angehalten, wodurch der Brustkorb starr wird. Dies verhindert, dass sich die Brust nach vorn neigt.

2. Durch Anspannung der Bauchmuskulatur wird der Bauch hart gemacht und der Druck in der Bauchhöhle erhöht, was verhindert, dass der Oberkörper nach vorn nachgibt.

3. Schließlich wird die natürliche nach vorn gerichtete Wölbung der Wirbelsäule im unteren Rücken verringert und die Lendenwirbelsäule nach hinten gedrückt.

Das Aufrichten des Rumpfes in der angegebenen Weise wird als **»Blockierung«** bezeichnet. Es vermindert sowohl eine übermäßige Krümmung der Brustwirbelsäule als auch der Lendenwirbelsäule, was beides die Entstehung von Bandscheibenschäden und -vorfällen beim Training mit schweren Gewichten begünstigt.

5 RUMPFAUFRICHTEN IM SUMO-RINGER-STIL

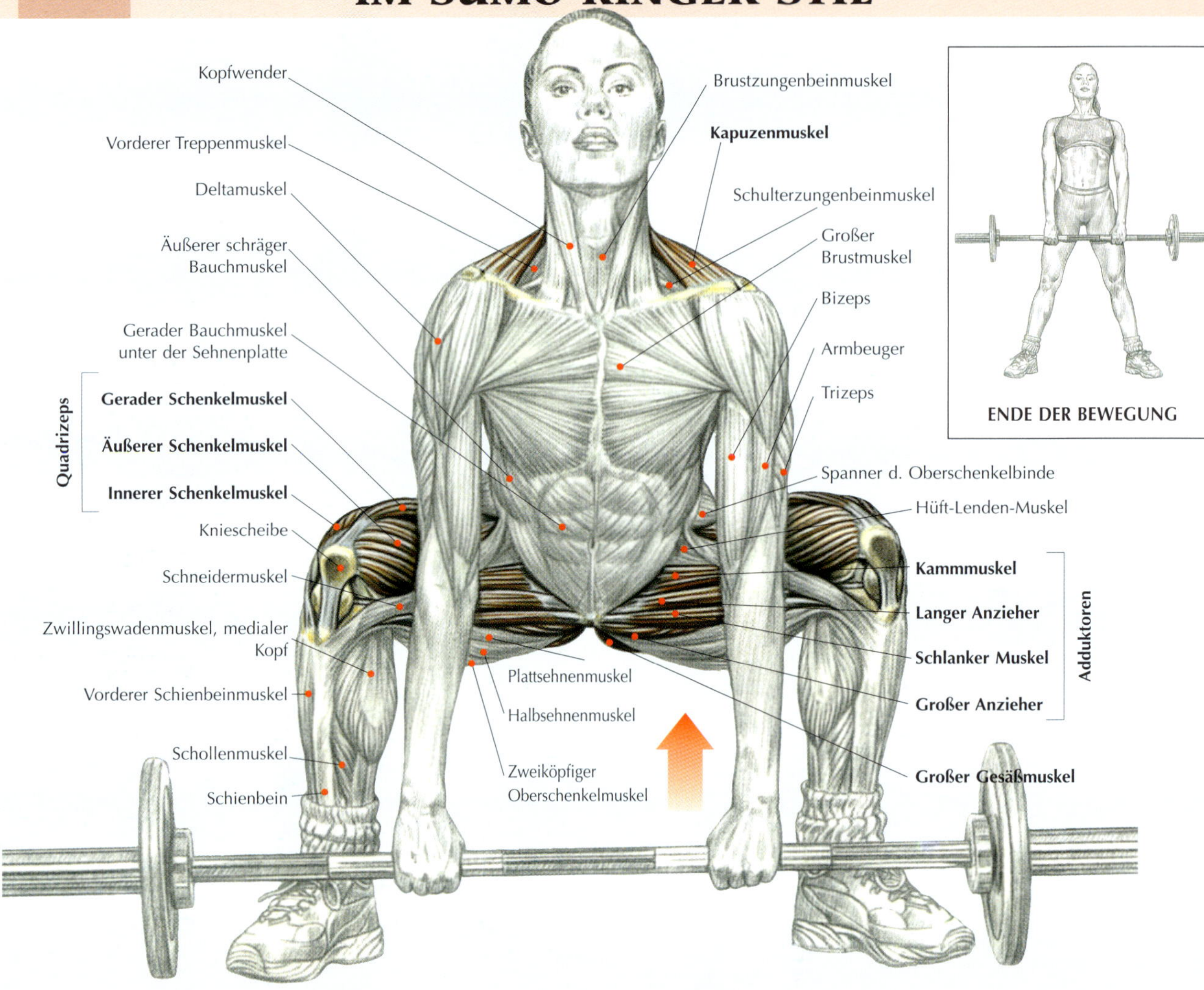

BEI DIESER ÜBUNG BEANSPRUCHTE TIEFE MUSKULATUR

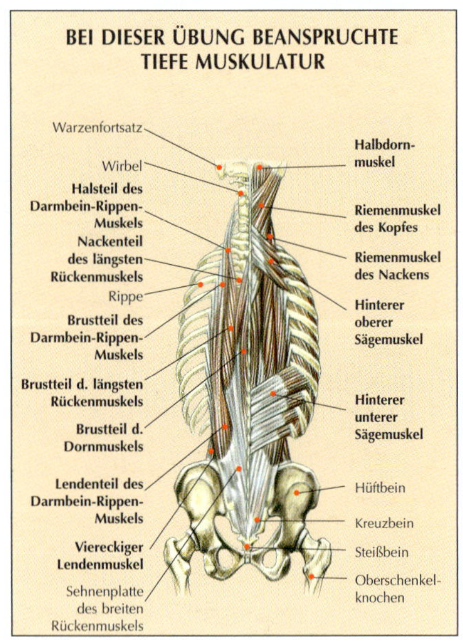

Sie stehen in weiter Grätsche, die Füße nach außen gedreht:
– Die Beine beugen, bis sich die Oberschenkel in der Waagerechten befinden;
– die Langhantel mit gestreckten Armen ergreifen, die Hände in Pronationsstellung und in einem mehr als schulterbreiten Abstand (wenn Sie eine Hand nach innen und die andere auswärts drehen, kann so das Wegrollen der Stange verhindert werden, dies erlaubt die Verwendung von hohen Gewichten);
– einatmen, dann den Atem anhalten, den Rücken leicht durchstrecken, die Bauchmuskeln anspannen, die Beine strecken und dabei den Oberkörper aufrichten, bis Sie aufrecht stehen; die Schultern werden dabei nach hinten gezogen; am Ende der Bewegung ausatmen;
– die Langhantel langsam auf den Boden legen, ohne den Rücken zu krümmen.

Im Unterschied zum klassischen Gewichtheben trainiert diese Übung mehr den vierköpfigen Schenkelmuskel (Quadrizeps) und die Adduktoren und weniger intensiv den Rücken, da dieser zu Beginn der Übung weniger nach vorn geneigt ist.

Anmerkung: Zu Beginn des Hebens ist es wichtig, die Langhantel entlang der Schienbeine nach oben zu führen. Wird diese Übung in langen Serien mit maximal zehn Wiederholungen pro Satz und leichten Gewichten durchgeführt, eignet sie sich ausgezeichnet zur Kräftigung des unteren Rückens, der Gesäßmuskeln und des gesamten Oberschenkels. Dennoch muss diese Bewegung äußerst vorsichtig und unter genauer Einhaltung der Technik ausgeführt werden, besonders wenn Sie mit schweren Gewichten arbeiten, um die Adduktoren, die Hüfte sowie das Lumbosakralgelenk nicht zu verletzen.

STRECKEN DES OBERKÖRPERS AM GERÄT 6

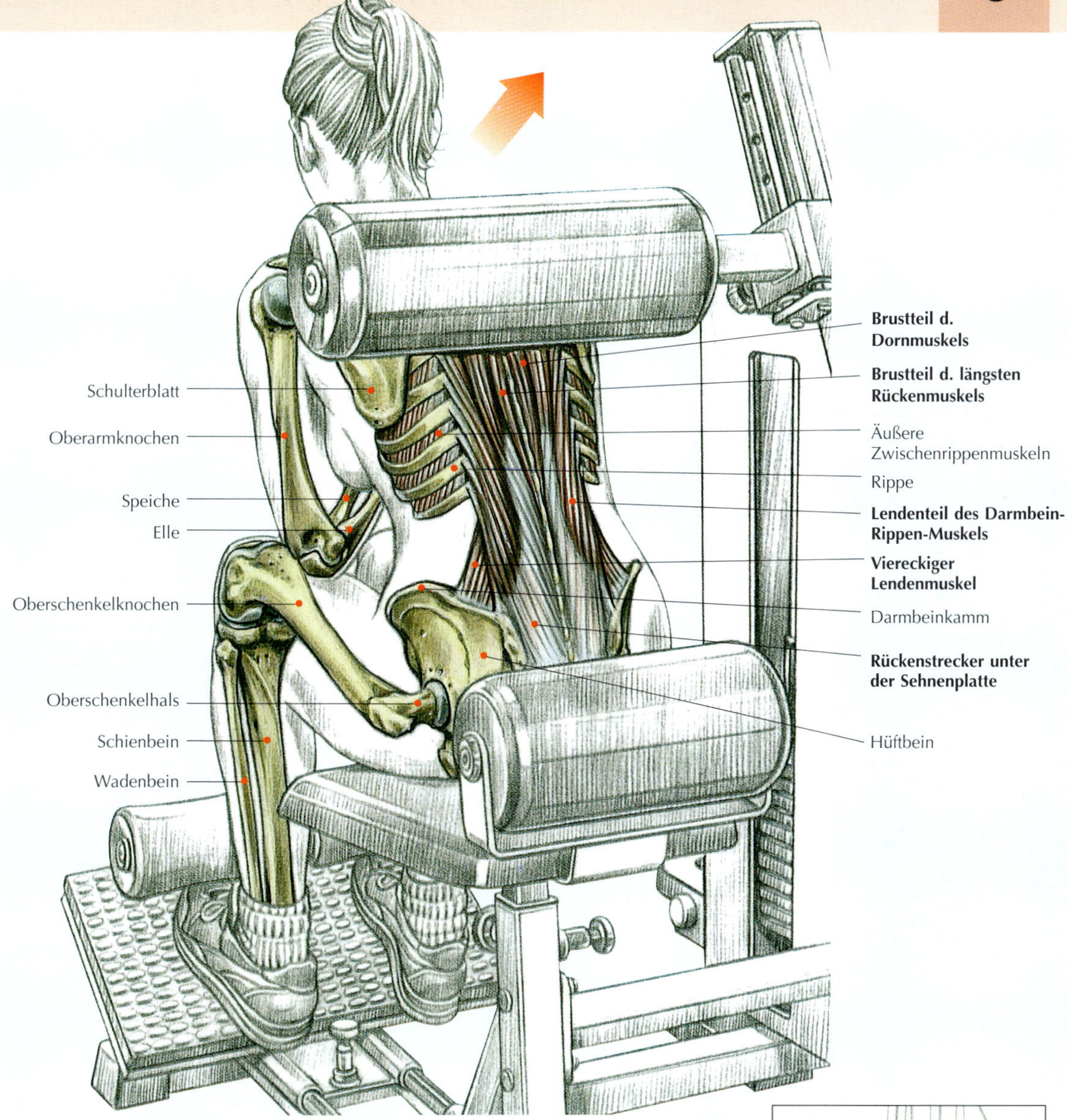

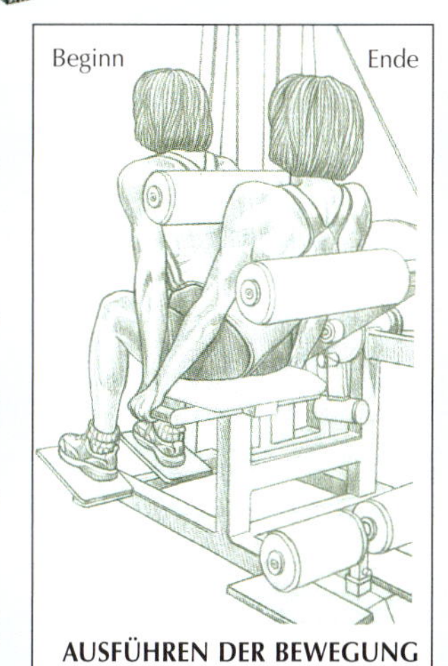

AUSFÜHREN DER BEWEGUNG

Sie sitzen auf der Sitzfläche des Gerätes, den Oberkörper nach vorn geneigt, die Rolle in Höhe der Schulterblätter:
- Beim Einatmen den Oberkörper so weit wie möglich aufrichten;
- langsam in die Ausgangsposition zurückkehren, ausatmen und von neuem beginnen.

Diese Übung trainiert die Rückenstrecker und konzentriert die Arbeit auf den unteren Teil des Rückens, genauer auf den Lendenbereich der Rückenmuskeln.

Sie ist hervorragend für Anfängerinnen und wird in Sätzen von 10 bis 20 Wiederholungen ausgeführt. Mit ihr ist ein ausreichender Kraftaufbau möglich, um später zu schwierigeren Übungen für den Rücken überzugehen.

Diese Bewegung lässt sich auch mit höherem Widerstand ausführen, im Laufe einer Serie kann auch ein unterschiedlicher Widerstand eingestellt werden.

Beispiel:
Zwei Sätze mit 15 Wiederholungen in geringerem Widerstand mit vollständiger Bewegungsamplitude, danach zwei Sätze mit sieben Wiederholungen mit einem höheren Widerstand und geringerer Bewegungsamplitude.

Für die Trainingspraxis

BLV Sportpraxis Top
Wolfgang Mießner
Richtig Trainieren im Fitness-Studio
Trainingsmöglichkeiten im Studio und die verschiedenen Geräte; Trainingsprogramme für Kraft, Ausdauer und Beweglichkeit – mit Variationen.

BLV Sportpraxis Top
Wolfgang Mießner
Richtig Sanftes Krafttraining
Sanftes Gesundheitstraining zur Stärkung der Muskulatur, zur Prävention von Rückenschmerzen und zur Rehabilitation nach Verletzungen; Trainingsplanung und richtige Durchführung.

BLV Sportpraxis Top
Wolfgang Mießner
Richtig Body-Styling
Den Körper formen durch Muskel- und Cardiotraining: Grundlagen, Trainingspraxis, Regeneration.

BLV Sportpraxis Top
Wolfgang Mießner
Richtig Hanteltraining
Grundlagen des Krafttrainings, Trainingsplanung; Praxis: Trainingseinheiten und -programme.

BLV Sportpraxis Top
Manfred Grosser / Hans Ehlenz / Rainer Griebl / Elke Zimmermann
Richtig Muskeltraining
Trainingstheorie; Trainingsmethodik: Prinzipien, Methoden, Aufwärmen, Muskeldehnung, Regeneration, Ernährung; Ausrüstung, Trainingsprogramme; Prinzipien des Bodybuilding: Basis- und Hochleistungstraining.

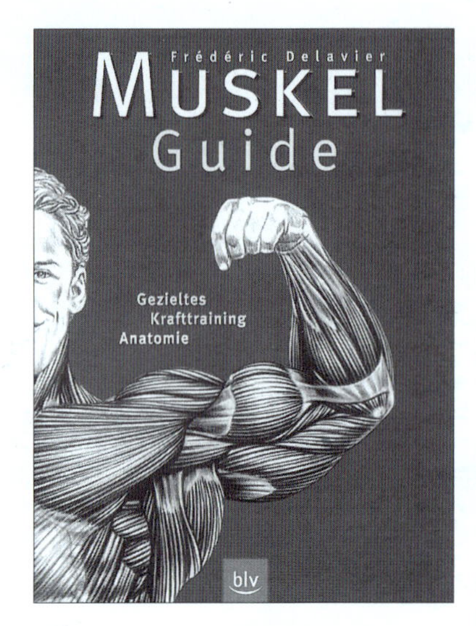

»Perfekte Anatomie und gezieltes Training.« ***fit for fun***

Frédéric Delavier
Muskel-Guide
Die Funktion der Muskelbereiche und Übungen zum Aufbau einzelner Muskelgruppen – mit einzigartig präzisen anatomischen Zeichnungen.

BLV Sportpraxis Top
Wolfgang Mießner
Richtig Aerobic
Trainingseinheiten, Bewegungen, Schrittkombinationen, Musik.

BLV Sportwissen
Ludwig V. Geiger
Überlastungsschäden im Sport
Sportbedingte Überlastungsschäden: Entstehung, Behandlungskonzepte und vorbeugende Maßnahmen zur Vermeidung; Hilfe zur Selbsthilfe für Freizeit- und Leistungssportler.